KB156246

화폐와 금융의
역사 연구

양동휴 지음

도서출판
해남

화폐와 금융의 역사 연구

초판1쇄 인쇄 2015년 10월 15일
초판1쇄 발행 2015년 10월 22일

저 자 양동휴
발행인 노현철
발행처 도서출판 해남

출판등록　1995. 5. 10 제 1-1885호
주　　소　서울특별시 서대문구 충정로 38-12(충정로 3가) 우리타워 6F
전　　화　739-4822　팩스 720-4823
이 메 일　haenamin30@naver.com
홈페이지　www.hpub.co.kr

ISBN　　978-89-6238-092-7　　93320

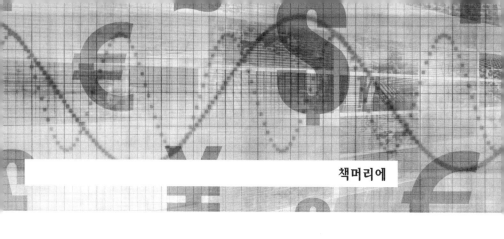

내가 화폐사와 금융사에 흥미를 가진 것은 대학원 시절로 거슬러 올라간다. 저술은 1992년에 미국 대공황에 관한 짤막한 글로 시작했고, 강의는 대학원에 1989년 '화폐금융사'를, 1993년 '금융·재정사'를 개설했다. 학부 차원의 교과 과정 개편의 일환으로 2004년부터 '화폐와 금융의 역사 연구'를 정규적으로 강의하기에 이른다. 즉, 2004, 2006, 2007, 2009, 2011, 2012, 2014년에 같은 이름의 과목을 대학원에 개설하여 주로 19-21세기 유럽과 미국의 화폐와 금융의 역사를 개관했다. 그 동안 내 관심의 초점도 많이 바뀌었으며, 특히 2008년의 세계 금융 위기는 역사 연구의 새로운 전기를 가져왔다. 그러는 동안 내 나름대로 강의의 내용과 순서가 자리잡았고 이것을 짤막하게 소개한 것이 제1장 총설: 화폐금융사의 연구 동향이다.

이 책에는 비교적 최근에 출간된 관련 논문들을 모았다. 이들은 『경제논집』(서울대학교 경제연구소)을 비롯한 여러 학술지에 실렸고, 상당 부분은 약간의 수정을 거쳐 또 다른 단행본에 수록되기도 하여 새로운 정보의 전달이라는 면에서 책의 가치는 떨어진다. 그럼에도 책의 편집을 강행하는 이유는 '화폐와 금융의 역사'라는 테두리 안에 넣어서 함께 읽으면 따로 찾는 수고를 아낄 뿐 아니라 교재로도 쓸 수 있어 더 효율적이지 않을까 하는 바람이고, 정년 퇴임이 얼마 안 남은 스스로에게 미리 주는 마무리 선물이라고도 생각하고 싶다. 각 장에 중복되는 서술을 조정하였고 명백히 낡은 통계 자료는 새것으로 대체했다.

제7장은 KDI 김도형 박사와 공저임을 밝힌다. 각각의 글이 출간될 때마다 초고를 읽고 좋은 논평을 해준 여러분과 심사 위원에 대한 감사의 말은 출전에 있으므로 반복하지 않는다. 책으로 만들 때 새로 집필한 1장 총설에 대해 매우 좋은 조언을 준 경북대학교 박경로 교수께 고마움을 표한다. 다만 연구 지원을 제공한 한국연구재단, 한국은행, 무역협회, 서울대학교 경제학부 BK21 플러스 프로그램, 서울대학교 경제연구소에는 사사 표기를 생략할 수 없다.

편집 과정에서 서울대학교 대학원 조성훈 씨가 도와주었다. 그리고 3년간 공동 연구 동료인 서울대 석사 김종훈 씨가 표와 그림의 자료 출처 확인이라든가, 독자들에게 전달하는 방식, 여러 가지를 나와 상의하며 책의 개선을 위해 노력했다. 졸업 후 직장 생활 중에도 이 책을 위해 수고했다. 도서출판 해남의 노현철 사장과 제작진의 헌신적이고도 효과적인 노고에 특히 감사한다.

2015년 10월 반포 남동서실에서
양 동 휴

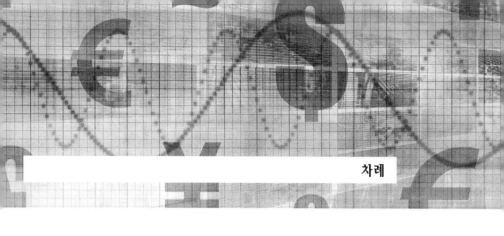

차례

제1장   총설: 화폐금융사의 연구 동향

표 차례

그림 차례

사진 차례

1

총설: 화폐금융사의 연구 동향

제1장
총설: 화폐금융사의 연구 동향

화폐사는 주로 '돈'의 지불 수단 기능을 중심으로 서술되었으며, 상품 화폐, 귀금속 본위제, 관리 통화제로 진화되는 과정을 추적한다. 금융사는 '빌리고 빌려주는' 형태의 변화를 설명하는데, 여기에 기업의 발달과 기업의 자금 조달 등이 등장한다. 이들을 아우르는 제도의 변천, 이들의 운행에서 위기의 도래, 이와 관련된 규제, 개혁 등을 포함하여 화폐 금융의 역사라는 분야를 설정할 수 있다. 연구 동향은 이제는 세부 주제로 정리되어 나오고 있으나 얼마 전에만 해도 포괄적인 서베이들이 있었다[Bordo(1986); Eichengreen(1987)]. 이 장은 저자 나름의 순서로 화폐금융사의 연구 동향을 정리하여 차후 연구에 좌표를 제공하려는 목적으로 썼으며, 동시에 이 책의 총설로서 기능을 가진다.

1. 근대 초기의 주제들

전근대 금융 시스템의 발달 정도를 평가하고 서로 다른 경제의 금융을 비교하는 데 여러 가지 지표가 쓰였다. GDP에서 차지하는 금융 자산의 비중, 금융 자산의 유동성별 구성, 금융 수단의 다양성, 금융 기관의 발전 정도를 수량화해서 비교하는 방법이다[Goldsmith(1969,

1987)]. 이러한 방법과 기타 자료를 이용하여 '금융 자본주의'가 17세기 네덜란드와 영국에서 발흥했다는 주장이 있다[Neal(1990, 2000)]. 14세기 말의 외국 환어음(bill of exchange)이 주요 금융 혁신으로 꼽히고, 네덜란드와 영국의 동인도회사, 영구 자본금에 대한 장기 투자가 이루어진 것도 의미가 컸다. 이들 동인도회사의 주식은 영란은행의 주식과 함께 런던 거래소의 주요 거래 품목이었다. 초기 금융 혁신은 국제적으로 전파되었으며 전쟁과 여러 차례의 버블을 통해 금융 수단의 다양화, 국가 재정의 안정이 이루어졌다[Garber(2000)].

남해회사(South Sea Company 1711)는 남아메리카 무역과 노예 무역 독점권을 얻는 대가로 영국 정부 공채를 주식으로 전환했다. 이 과정에서 남해회사 주식값이 1720년에 7월까지 치솟았다가 폭락하여 많은 부작용을 낳았고 '버블'의 대명사가 되었다. 남해 버블이 버블인지에 대해 의문이며 정상적인 국가 채무의 차환 과정으로 평가할 수도 있다[Temin and Voth(2004, 2013); 송병건(2013), 반론으로 Dale, Johnson and Tang(2005)]. 여하튼 의회는 버블을 예상했는지 모르지만 버블법(Bubble Act 1720. 6)을 통과시켰고 1825년 폐지될 때까지 주식회사(joint stock company)의 설립을 제한했다. 버블법이 공공 이익을 목표로 하지 않았고 남해회사의 국채 차환을 돕는 전략이었다는 새로운 해석이 있다[Harris(1994, 1997)].

프랑스에서는 미시시피회사(1717년에 서부회사, 1719년부터 인도회사)가 루이지애나와 아시아, 아프리카 무역 독점을 얻고 정부 부채를 인수했다. 존 로(John Law)는 자신의 은행(1716, Banque Générale Privée, 1718, Banque Royale)에서 불환 지폐를 발행하여 인도회사 주식을 사려는 사람들에게 주식 담보 대출을 제공했다. 은행권 남발과 주가 폭등이 가져온 미시시피 버블(1721. 2. 정점)은 존 로의 시스템을 붕괴시켰고, 이의 파장이 너무 커서 프랑스의 회사 조직, 주식 시장, 나아가서는 금융 전반의 발달이 늦어졌다[Neal(1990, 2012)].[1]

16세기에 신대륙에서 귀금속이 대거 유입된 후 유럽의 물가가 장기간 대폭 상승한 사실을 '가격 혁명'이라 부른다. 장기 파동의 호황 국면에서 상공업이 번성하는 가운데 인구 증가, 도시화, 경기 상승이 함께 나타나는데 13세기, 16세기, 18세기가 그러한 상승 국면이다[Fischer(1996)]. 19세기와 20세기 후반도 상승 국면이지만 19세기에는 기술 진보와 생산성 향상 때문에 생산비가 하락하고 물가도 내렸다. 16세기 물가 상승을 특히 아메리카에서 스페인으로, 스페인에서 유럽 전반으로, 아시아로 귀금속이 이동한 사실과 관련시켜 설명하려는 노력이 있었고[Hamilton(1934)], 그 이후 이를 둘러싼 논란이 축적되었다. 최근까지의 관련 문헌을 비판적으로 검토한 것이 제2장이다[양동휴(2014)].

2. 금융과 경제 성장

공업화를 위한 자본 형성에서 후발국일수록 금융 기관(은행)이나 정부의 역할이 커진다는 기본 가설[Gerschenkron(1962)]을 수량적으로 검증하는 작업이 전통적이었다[Cameron(1967, 1972); Cameron, ed.(1992); Pollard and Ziegler(1992)]. 국가의 역할은 다시 다각도로 검토되었다[Sylla, Tilly and Tortella, eds.(1999)]. 영국 공업화가 진행되면서 유동 자본보다 고

---

1 프랑스의 은행들은 Banque Royale의 악명 때문에 중앙은행을 제외하고는 banque 명칭을 쓰지 못하고 caisse, credit 등으로 불렀다. 존 로의 전기 비슷한 소설로 Cueni(2006)가 재미있다.

정 자본의 중요성이 높아진다는 가설은 여러 반론을 효과적으로 극복한 것으로 보인다[Richardson(1989)]. 영국 산업 혁명 기간에 외국 자본의 역할도 점차 심도 있게 논의되고 있다[Brezis(1995); Ward(1994); Wright(1997, 1999); Cuenca Esteban(2001)]. 미국의 은행 자금이 공업화로 흘러가는 과정에서 내부 여신(insider lending)의 예가 많았음이 강조되었다[Lamoreaux(1994)].

공업화 자금 조달에 특정짓지 않고 더 포괄적인 금융의 역할로 관심 범위를 넓히면 '금융 혁명'이 1914년까지, 또 1980년대부터 경제 성장의 견인차였다고 주장하는 심포지엄이 눈에 띈다[Rousseau and Sylla(2006)]. 그 중간 기간에는 특히 대공황시 폐쇄 경제 때 부상한 기득권자들의 방해 등으로 오히려 금융이 후퇴했다. 외부 금융 비용의 감소, 경쟁 촉진 등을 중시하여 금융의 중요성이 은행에서 주식 시장으로 이동했음에 주목하고 개방과 이익 집단 억제를 강조할 수 있다[Rajan and Zingales(2003)]. 금융 발달이 경제 성장을 추진하는 전통적인 전달 경로는 금융 시장과 중개 기관이 정보 비용과 거래 비용을 줄여서 저축을 동원하고 자원을 배분하고 기업을 통제하고 위험 관리를 촉진하고 현물 거래나 계약 거래를 용이하게 함으로써 자본 축적과 기술 혁신을 가져온다는 것이다[Levine(1997)]. 실증적으로는 암스테르담(1640-1794), 영국(1720-1850), 미국(1750-1850), 일본(1880-1913)에 대한 VAR 분석이 있다[Rousseau(2002)].

금융 발달보다 금융 구조와 경제 성장의 관계에 초점을 맞추어 시장 중심과 은행 중심 구조 간 성과 비교를 시도한 연구들은 금융 구조는 그다지 체계적 우열을 보이지 않으며, 법·제도·정치에 따른 금융 발달 수준이 경쟁, 투자 배분과 성장을 좌우한다는 결론을 내고 있다[Demirgüç-Kunt and Levine, eds.(2001)]. 금융 발달이 불평등을 낳는다는 가설도 부인되고 있다[Demirgüç-Kunt and Levine(2009)]. 2008년 세계 금융 위기 이후 과잉 금융이 경제 안정을 저해한다는 우려가 축적되고 있으나 금융 환경을 개선함으로써 충분히 금융이 건전한 사회의 필수 요인이 될 수 있음이 강조되고 있다[Shiller(2012)]. 이와 같은 문제는 금융 위기를 다룰 때 다시 언급한다.

3. 국제 통화 제도

국제 통화 제도 변천의 역사는 훌륭한 교과서적 정리가 있다[Eichengreen(1996, 2008)]. 1870년대부터 1914년까지는 고전적 금본위제 시기로서 이 시기를 특징짓는 대표적 논문이 많고[Bordo and Schwartz, eds.(1984); Eichengreen and Flandreau, eds.(1997); Bordo and Rockoff(1996); Bordo(2003)], 복본위가 못할 것이 없다는 견해도 있다[Friedman(1990)]. 이 논의를 검토한 것이 제3장이며[양동휴(2012a)], 동아시아의 복본위제 시기를 분석하는 연구는 제4장에 정리되었다[양동휴(2013)]. 전간기에 재건된 금본위제는 매우 불안정했다. 경직적 금본위에 집착한 것은 세계 대공황의 심화를 부추겼고 금 족쇄에서 풀려나야 경제 회복을 위한 팽창 정책을 쓸 수 있었다[Eichengreen(1995); Eichengreen and Sachs(1985)].

제2차 세계 대전 후 브레튼우즈 체제는 일종의 타협책으로서, 달러의 금 태환, 다른 나라 화폐의 달러 태환을 기본으로 하고 있었다. 초기의 달러 부족 때문에 연쇄적인 태환 체계는 1958년에야 작동하기 시작했고, 미국의 경상 수지 악화를 수반한 달러 공급은 결국 '트리핀 딜레마'를 불러일으켜 '골드풀'의 노력에도 불구하고 브레튼우즈 체제는 1971년 붕괴할 수밖에 없었다. 그 이후에도 계속 누적되는 미국의 경상 수지 적자는 '글로벌 불균형'을 심화시켜 21세기에 와서 걷잡을 수 없게 되었다[Eichengreen(2007)]. 이와 같은 과정을 제5장에서 검토했다[양동휴(2011)]. 글로벌 불균형에도 불구하고 달러가 소위 '안전 자산'으로 인식되어 달러 가치가 하락하지 않는 기현상이 계속되고 있다. 혹자는 이를 '부활한'(revived) 브레튼우즈 체제라고 부른다. "장님 세계에서는 애꾸눈이 왕이다"[Dooley, Folkert-Landau and Garber(2014); Blanchard and Milesi-Ferretti(2009, 2011); Prasad(2014), 인용은 p. 11].

브레튼우즈 체제 이후의 국제 통화 제도는 변동 환율제로 알려져 있지만 사실상 달러에 환율을 고정시킨 나라가 많으며, 유럽연합은 통화 통합을 추진하여 1999년에 유로를 도입했다. 초기에는 안정적 국제 금융 시장 발달에 기여한 듯 보였으나[Buti et al., eds.(2010); James(2012)], 유럽의 통화 통합에 부정적인 시각도 많았다[Feldstein(1997, 2005a)]. 최근 진행 중인 유로존 부채 위기에 대해서는 뒤에서 언급한다.

4. 금융 제도 비교사

기업의 투자 자금을 어디에서 조달하느냐에 따라, 즉 금융 구조에 따라 시장형과 은행형을 양극에 놓고 비중 순서로 미국, 영국, 일본, 프랑스, 독일을 나열할 수 있다. 그러나 내부 자금의 비중이 압도적이므로 시장형과 은행형으로 구분하는 의미가 반감한다. 자본 시장은 저축을 수익률이 높은 투자에 배분하고 기간별 자금 공급의 변동을 완화하며 위험을 분산하는 효율성이 있지만 대리인 문제, 무임승차자, 도덕적 해이, 적대적 인수 합병 등에 취약하다. GDP 대비 주식 시장 총자본 가치와 은행 자산의 통계를 보면 미국과 독일이 대조적인 반면 영국은 은행과 시장이 동시에 발달하고 있다[Zamagni, ed.(1992); Allen and Gale(2000)]. 앞서 말한 남해 버블과 미시시피 버블에 대응한 방식이 영미식과 대륙식으로 갈리는 계기가 되었다. 이러한 대조적 특색은 1970년대 이후 더욱 강화되었다. 미국은 다수의 소규모 은행이 경쟁하는 듯 보이지만 지리적 파편화 때문에 은행의 지역 시장 점유율이 높고 다각화 미비로 도산 위험이 크다[Frankel and Montgomery (1991)]. 즉, 미국은 지점 설치를 오래 금지한 단점 은행제 (unit banking)를 고수하고 1930년대 이후 상업 은행과 투자 은행을 분리하여 종합 은행(universal banking)을 규제한 비용이 컸다.[2] 금융 중개 기관의 비금융 법인 소유 지분을 제한하는 정도(금산 분리)는 1930년대 이후 미국에서 두드러진다. 우리나라는 기업의 은행 소유를 금지하는 독특한 형태의 규제를 가지고 있다.

나라별 금융 구조의 특징도 연구가 많다. 미국 단점 은행의 폐해를 지적하는 문헌이 계속 나오고 있고[Calomiris(2000); Giedeman(2005); Calomiris and Haber(2014)], 이와 대조적으로 지점을 허용하고 은행 감독의 통일성, 일관성을 유지한 캐나다 은행 부문의 안정성을 부각시키는 글들이 돋보인다[Bordo, Redish and Rockoff(2011); 김현정(2013)]. 독일은 혼합 은행(Grossbanken)과 기업 내 이사 파견 제도(Hausbank), 일본은 주 거래 은행 제도(main bank system)의 역사가 기록되었다[Guinnane(2002); Fohlin(2001); Packer(1997); Aoki and Patrick, eds.(1994)]. 현대 중국의 대안적 금융으로 교배 부문(hybrid sector)이 성장한 특색과 금융의 안정적 발달을

---

2 1999년에 상업 은행 투자 은행 분리 법안(글래스-스티걸 법, 1933)이 폐기되었으나 2008년 금융 위기에 대응하여 거의 부활했다(Dodd Frank 법).

위해 공적 은행/시장의 개혁 필요성이 연구되고 있다[Brandt and Rawski, eds.(2008, ch. 14)]. 한편, 자본 시장의 발달도 교과서적 수준으로 정리되고 있다[Baskin and Miranti(1999); Gordon(1999); Homer and Sylla(1996)].

5. 중앙은행의 진화와 자유 은행 시기의 경험

중앙은행의 목표는 인플레이션 통제, 산출의 안정성과 대외 균형이며, 부가적으로 지급 결제 제도의 관리와 은행 감독의 역할도 맡는다. 이를 위한 정책 수단으로 지불 준비율과 재할인율의 조정, 공개 시장 조작 등이 있다. 미국의 경우 연방 기금 이자율(federal fund rate, 준비금에 대한 은행 간 시장의 초단기 금리)이 주로 쓰인다.[3] 중앙은행의 독립성이란 목표 추구의 방식을 자유롭게 결정한다는 뜻으로 금융 시장으로부터 독립적으로 의사 결정을 함으로써 신뢰성을 얻는다[Blinder(1998)]. 여기서 목표, 수단, 독립성이 역사적으로 발전하는 과정이 중앙은행의 진화라고 할 수 있다[Toniolo, ed.(1988)].

중앙은행의 설립은 스웨덴의 릭스방크(Riksbank, 1668)와 영국의 영란은행(BOE, 1694)이 효시라고 알려졌으나 실제 중앙은행의 기능을 행사하기 시작한 것은 발권 독점(각각 1897, 1844), 최종 대부자의 역할(1890년대, 1870년대) 등을 맡으면서부터라고 할 수 있다. 1900년에는 중앙은행을 가진 나라가 18개에서 1990년에는 161개국으로 늘었다[Capie et al.(1994, p. 6)]. 영국, 프랑스, 독일 등 대부분의 중앙은행은 국가 기관이고 벨기에, 일본 등은 반관반민 기구인데, 미국의 연방준비제도 이

---

3 그런 의미에서 최근에 시행된 양적 완화(QE), 즉 중앙은행의 채권 매입은 비전통적 방법이라고 할 수 있다.

사회는 연방 준비 시스템 회원 은행들이 소유한 민간 기구이다. 반관 반민 또는 민간 소유의 중앙은행은 주주에게 이익 배당을 하되 상한 이 설정되어 있으며(미국은 6%) 나머지 수익은 정부에 귀속된다 [ibid.(pp. 56-57)].

중앙은행의 진화 과정에서 청산소(clearing house)가 징검다리 역할 을 했다. 또한 은행에 대한 정보를 집중시켜 민간에게 제공하는 일이 중요했다. 은행 간 예치금을 보수적 명성이 높은 중앙 집권된 기관이 독점해야 은행 정보와 시장 평가, 품질 관리 등을 유지할 수 있다. 위 험 분산의 보험 기능도, 도덕적 해이를 막는 규제도 비경쟁적, 비이윤 극대화적 중앙은행이 맡는 것이 효율적이다. '회원'들에게 결제와 자 산 구성 조정 서비스도 제공하게 된다[Goodhart(1985); Gorton(1985)].

미국의 경우 중앙은행 설립이 1914년까지 늦어졌다. 1873, 1884, 1890, 1893, 1907년에 대규모 은행 위기를 겪었고 이자율의 변동이 심 했다. 연방준비제도가 도입된 이후에야 금융 안정과 달러의 국제 통 화로서 지위 획득을 이룰 수 있었다[Broz(1999)]. 중앙은행이 처음부터 최종 대부자 역할을 염두에 두고 설계되었던 것이다[Timberlake(1978, 1993); Bernstein, Hughson and Weidenmier(2008)].

자유 은행(free banking)이란 중앙은행이 없고 은행에 대한 규제도 없고 일반 상법만 존재하여 은행 설립, 은행권 발행, 요구불 예금과 저축 예금 수신, 대부, 선불, 기타 신용 제공에 제한이 없는 상태 또는 이런 상태가 유지된 기간을 뜻한다. 역사적으로 55개국에서 자유 은 행의 경험을 찾을 수 있으며, 1727-1844년 기간 중 스코틀랜드의 은행 제도가 가장 자유로웠다고 한다. 인가를 받지 않은 무한 책임 은행들 이 100개 이상 존재했고 청산소를 통해 결제했다. 스웨덴, 벨기에, 혁명 직후 프랑스의 자유 은행도 상당한 '자유'를 누렸다. 규제를 동반한 자유 은행의 역사는 독일, 이탈리아, 스위스, 스페인, 포르투갈, 그리스에서 찾아볼 수 있다. 19세기의 어느 한때에 북아메리카, 남아메리카의 모든 나라에서 자유 은행 시기가 있었고, 미국, 캐나다 등은 정부 화폐의 실패 이후 자유 은행으로 회귀했다[Schuler(1991); Rockoff (1989); Shambaugh(2006); Bodenhorn(2004)].

다른 산업의 경쟁과 마찬가지로 자유 은행은 혼돈 상태가 아니고 어느 정도 질서를 유지했다. 중앙은행의 규제, 감독이 있을 때보다 못할 것이 없었다는 것이다. 위기 시에는 은행 간 대부 시장이 작동했고 신디케이트를 조성하여 파산 은행을 구조하기도 했다. 정치적 산물인 중앙은행의 등장으로 자유 은행은 막을 내리는데, 경제적 취약점 때문에 쇠퇴한 것이 아니라는 주장이 많다. 경쟁이 효율을 낳고 기술 혁신을 촉진했으며 금리 스프레드도 낮았다[Dowd, ed.(1992)]. 자유 은행 때 과다 발권, 정보 비대칭성 때문에 은행 도산이 더 많았다는 전통설과는 반대로 이자율 상한, 대부 투자 제한, 법정 지불 준비율 등 규제가 있을 때보다 오히려 안정적이었다고 한다[Vaubel(1984); Chu(1996); Dowd(2001)]. 화폐 발행 측면에서 보면 '금본위 자유 은행'의 우위가 주장되기도 하지만[White(1984)] 불환 지폐의 자유 발행도 과잉을 우려할 필요가 없는데 은행권이 청산소를 통해 발행 은행으로 환류하기 때문이다[Smith(1988)].

결제 수단으로서 법화(legal tender)를 대체하는 '자유'로운 도구들이 많이 등장했다. 전자 화폐(e-money)를 보아도 자유 은행의 은행권과 비슷한 점이 많다. 보장 없는 민간 부문의 부채이며 태환성 자체가 발행자의 명성에 의존한다. 전자 거래(e-commerce)와 전자 결제는 정보 통신 기술(ICT)의 발달에 따라 엄청난 속도로 확산되고 있는데, 이미 이를 예견한 문헌들이 있다[Dwyer(1996); Schmidt, Dobler and Schenk(2002)]. 민간 화폐의 통용 역사를 분석한 글들이 많다. 영국 산업 혁명 당시 회사에서 노동자들에게 발행한 스크립(scrip)은 회사가 운영하는 가게에서 상품 구입에 쓰였고 제3자에게 양도 가능했다. 19세기 후반까지 탄광 발행 스크립은 은행권의 5분의 1에 달했고 정부가 금지 노력을 기울였다[Tan(2011)]. 휴대 전화 결제(mobile money)의 대표적 사례는 케냐의 엠페사(M-PESA)이다. 유선 통신과 교통 인프라가 늦게 발달하고 대조적으로 휴대 전화 보급이 빨랐던 아프리카, 라틴아메리카, 중동, 동남아시아에 널리 퍼진 휴대 전화 결제는 은행 구좌를 대신하거나 또는 연결하여 저축, 이체, 상품 구매 등 소규모 금융 거래 서비스 틈새 시장을 차지했다. 엠페사는 케냐의 중요한 금융 제도로 정착했고 효율과 신뢰성이 계속 높아지고 있다[Jack and Suri(2011)]. 최근에는 비트 코인이 화제가 되었고 그 추이가 관심사이다[Prasad(2014, pp. 276-278); *Economist*(March 15, 2014); 노구치(2014)].

6. 금융 위기와 금융 개혁

효율적 시장 이론과는 달리 금융 시스템은 불안정하며 중앙은행이 경기 침체 예상시 금융 완화를 주도하므로 경기 변동 폭을 오히려 키운다. 즉, 부분 준비 제도(fractional reserve banking) 하에서 중앙은행이 최종 대부자 역할을 하면서 상업 은행이 위험 자산을 과다 보유하는 도덕적 해이가 발생하는 것이다[Minsky(1986); Cooper(2009); Shiller(2005)]. 은행 위기, 외환 위기, 주식 시장 위기, 재정 위기 등이 시기와 장소에 따라 발생 · 전파 · 진화되었고, 회복 이후에는 대개 재발 방지를 위한 금융 개혁이 시도된다[Barro and Ursua(2009); Reinhart and Rogoff(2009); 양동휴(2012c)].

은행 위기는 인출 쇄도(bank-run)에 의해 많은 은행이 도산하거나 구제를 받는 사태를 뜻하는데, 펀더멘털은 건전하지만 단기적 유동성이 부족한 때와(illiquidity) 실제로 부실한(insolvency) 경우를 구분하려는 노력이 있고 이를 정보 비대칭성으로 설명하기도 한다[Calomiris(2000, ch. 2); Calomiris(2009a); Schwartz(1986); Richardson(2007)].

외환 위기(또는 통화 위기)는 통화 가치를 유지하기 힘든 상태를 말한다. 은행 위기와 외환 위기가 동시에 발행하면 쌍둥이 위기라고 부른다[Kaminsky and Reinhart(1999)]. 외환 위기는 심한 경상 수지 적자, 과다 차입, 심한 재정 적자, 외채 누적과 외환 보유고 고갈로 인한 국가 부도 사태, 외자 공급의 급한 단절(sudden stop), 자산 가격 급락, 높은 이자율, 전염, 투기적 공격 등의 원인에 의해 도래한다[Flood and Marion(1998); Kaminsky(2003)]. 선진국보다 신흥국에서 과다 차입과 외채 누적에 따른 외환 위기가 잦은데 신흥국만 따로 다룬 문헌이 있다[Velasco(1999); Glick et al., eds.(2001); Eichengreen and Hausman, eds.(2005); Feldstein(1999); Geithner(2007)]. 선진국의 외환 위기를 개별적으로 분석한 글도 많다[Mitchener and Weidenmier(2008); Bordo and Meissner(2005); Brunner and Carr(2007)].

1930년대 세계 대공황의 금융 위기는 오래 전부터 최근까지 관심의 대상이다. 1929년 미국 주식 시장이 버블인지 아닌지의 논란부터[White(1990); McGrattan and Prescott(2001)] 1930년대 미국의 은행 위기가 실물 부문 공황을 촉발하고 심화했는지, 아니면 공황의 증상일 뿐이었는지, 중앙은행의 긴축 정책이 문제였는지에 관한 논의는 고전적이다[Friedman and Schwartz(1963, ch. 7); Temin(1976, 1991); Hsieh and Romer(2006); Chin and Warusawitharana(2010); Wicker(1996); Carlson and Mitchener(2007); Calomiris and Mason(1997, 2003)]. 미국을 떠나 세계적 시각으로 옮겨가면 금융 위기가 실물 공황을 선행했음이 분명해진다[Bernanke and James(1991); Kasuya(2003); Richardson and Horn(2007); Schnabel(2004)]. 금융 위기의 관점에서 1930년대 세계 대공황을 재검토하고 2008년 위기와 비교한 것이 제6장이다[양동휴(2010)].

1930년대 대공황을 경험한 후 각국에서 금융 개혁이 있었다. 특히, 미국의 뉴딜 금융 개혁은 상업 은행과 투자 은행을 분리했으며 연방 예금 보험을 도입했다. 이것에 대한 비판적 평가가 진행 중이다[Kroszher and Rajan(1994); Ramirez(1999); Sylla(1996); Mitchener(2005); 이철희(2008); Calomiris and Mason(2003); Calomiris(2010); Fishback(2010)]. 그런데 위기 이후에는 이러한 복고적 수정주의에 대한 재비판도 제기되고 있다[Focarelli, Marqyes-Ibanez and Pozzolo(2011); Zingales(2012); 박경로 · 김정욱(2015)].

2008년 미국발 세계 금융 위기에서 어느 나라도 아직 완전히 회복하지 못한 가운데 유로존 부채 위기로 이어지고 있다. 대공황(Great Depression) 이래 가장 심한 경기 침체인 대불황(Great Recession)에 대해서 학계 권위자들의 저작이 홍수를 이루었고, 대불황의 원인 설명은 강조하는 측면이 다르지만 상호 배타적이지 않은 듯 보인다[Shiller (2008); Krugman(2009); Bordo(2008); Calomiris(2009a); Taylor(2009); Stiglitz(2010); Roubini and Mihm(2010)]. 부동산 시장 버블부터 파생 상품 과잉 금융까지 온갖 요인의 결합이 만들어낸 대불황의 대책으로 단기적인 '양적 완화', 장기적으로 금융 개혁이 뒤따랐는데, 이에 대한 설명과 조급한 평가가 이어졌다[Bernanke(2013); Blinder(2013); Temin and Vines(2013); Kroszner and Shiller(2011); Acharya et al.(2011)]. 금융 개혁에는 건전성 규제(prudential regulation)의 개혁도 포함되는데 자본 구성의 위험도를 평가하는 미시적 건전성 규제와 함께 경기 변동에 따라 자본 보유 요구 수준을 달리하는 거시적 건전성 규제 도입이 논의된다[Calomiris(2010); Galati and Moessner(2011)]. 특히, 대불황의 확산에 책임이 있는 것으로 여겨지는 '그림자 은행'(shadow banking)에 관한 연구가 눈에 띈다[Bakk-Simon et al.(2012); Economist(May 10, 2014); Gorton(2010)]. 제7장에서 2008년 위기를 정보 비대칭성에 중점을 두어 설명하려고 시도했다[김도형·양동휴(2009)].

대불황과 대공황을 비교하여 상호 이해를 심화시키려는 노력이 많았다. 주로 대공황의 경험에 비추어 대불황을 이해하고 대처 방안을 마련하려는 의도이지만 대공황을 재해석할 기회를 제공하기도 했다[Bordo and James(2010); Eichengreen(2012); Temin(2010); Grossman and Meissner(2010); 양동휴(2010)]. 대공황 시에 긴축 정책으로 잘못 대응한 것을 반면교사로 삼아 대불황 시에는 재정 팽창, 금융 팽창, 양적 완화 등으로 대응할 수 있었는데, 이 결과에 지나치게 만족하여 팽창 기조를 일찍 포기하고 회복이 불완전한 상태로 머무는 것이 아닌가 걱정스럽기도 하다[Eichengreen(2015)].

미국발 세계 금융 위기는 유럽으로 전파된 뒤 유로존 부채 위기를 낳았다. 재정 적자의 누적으로 정부 부채가 지나치게 커진 남유럽 국가들(PIGS: 포르투갈, 이탈리아, 그리스, 스페인)이 부채를 상환 또는 유지하기 곤란해진 것이다. 물론 GDP 대비 국가 채무의 비중은 미국이나 일본도 매우 높다. 그러나 미국은 달러가 안전 자산으로서 특혜를 누리고 있고(글로벌 불균형의 지속), 일본은 채권자가 전부 국내 민간 부문이므로 위기라고 할 수 없다. 유로존의 남유럽 나라들은 대외 채무의 상환 부담이 문제인데, 이것은 경상 수지 적자 때문에 악화된 것이며 적자는 고정 환율(유로) 때문에 해소되지 않는다. 글로벌 임밸런스처럼 유로존 내의 임밸런스가 생긴 것이다[Lane and Pels(2012); Shambaugh(2012); Bordo and James(2013)]. 유럽 통화 통합, 즉 유로의 도입 자체를, 나아가서는 유럽연합을 회의적으로 보는 시각이 존재한다. 유로존 위기를 양적 완화로 해결하려는 최근 시도는 실패할 것이며 중립적인 재정적 유인 제공으로 접근해야 한다는 주장이 있다[Feldstein(2015)]. 제8장은 역사적으로 남유럽이 건전한 '재정 국가'로 발달하지 못했다는 점을 지적하고 유로존이 고정 환율 때문에 적자국과 흑자국 간의 불균형을 가져왔다고 주장한다[양동휴(2012b)].

국가 부채와 관련하여 일본의 '잃어버린 20년'에 관해 언급할 필요가 있다. 주택 가격의 버블이 꺼진 이후 재정 적자 누적이 걷잡을 수 없게 되어버린 일본을 설명하기 위해 본원 통화가 늘어도 통화량이 증가하지 않는 상태, 제로 이자율 하에서도 민간이 차입보다 오히려 부채 상환을 서두르는 상태를 의미하는 '대차대조표 불황'(balance sheet recession) 개념이 도입되었다[Koo(2008, 2014)]. 이후 장기 침체에 대한 이론화 작업이 계속되고 있다[Eggertsson and Krugman(2012); Eggertsson and Mehrotra(2014)].

7. 금융 규제와 금융 혁신

금융 시장의 실패를 보완하기 위해, 금융 기관 경영자의 부적절한 행위를 방지하기 위해 건전성 규제(prudential regulation)가 필요하며, 금융 공급의 효율 달성을 위한 창조적 노력으로서, 또는 규제를 회피하는 방편으로 금융 혁신(innovation)이 일어난다. 시장에 기반을 둔 자율 규제는 탈규제나 다름없고 1970년대 말에 시작된 규제 완화 물결이 2008년 위기를 맞아 규제 강화로 돌아서는 두 번째 '대역전'(Great Reversal)이 일어났다.[4] 이번에는 세계 금융 시장이 통합된 상태이므로 세계적 차원의 규제 협조가 필요할 것이다[Battilossi and Reis, eds.(2010); Grossman(2010, ch. 10); Aizenman(2009); Mikdashi(2003)]. 특히, 2005년 이후 부채의 증권화가 SIV, CDO, ABS 등으로 복잡해지고 증권이 CDS, RP같이 보험 대상이 되는 동시에 국제 대부가 폭발적으로 증가했는데, 금융 규제는 국내에 머무는 한계가 있었고 이것이 2008년 위기의 세계적 확산을 심화시킨 요인으로 작용했다[James(2009)].

금융 혁신은 구체적으로 새로운 은행, 증권, 보험 상품의 모습으로 나타난다. 정보 처리와 통신 기술 발달, 경쟁 가속, 더 위험해진 경제 환경에 대응할 필요 등을 배경으로 1960년대 말부터 가속되기 시작했다. 규제와 혁신은 복잡한 상호 작용을 한다. 즉, 규제가 심하면 이를 회피, 우회하기 위한 혁신이, 규제가 완화되면 혁신 비용이 낮아지므로 새로운 파생 상품 등이 등장한다. 새로운 상품이 생겨나면 금융 구조가 바뀌므로 새로운 규제가 필요하다. 기술 진보에 따라 바람직한 혁신을 해치지 않으면서 과잉 경쟁이나 위험 증가 등 혁신의 부작용을 최소화하는 규제 방안을 모색해야 한다[Calomiris(2009b)].

증권 시장 규제는 위기 대응의 형태로 발달해왔다. 미국의 예를

---

4 첫 번째는 대공황 시 금융 개혁에 뒤따른 1930년대의 규제 강화이다.

들면 1929년 주식 폭락 이후 제정된 1933년 증권법과 1934년 증권거래법은 거래소와 상품의 투명성을 제고하고 비용을 절감하였으며, 이후 여러 번 개정되었다. 1990년대 후반 주식 붐을 둘러싼 파문과 2001년 엔론(Enron) 회계 부정 사건 이후 증권거래위원회(SEC) 규칙을 개정하고 기존 규제 시행을 더욱 엄격히 했다(Sarbanes-Oxley 법, 2002). 소비자 보호 차원의 일련의 법 개정은 뇌물 금지, 내부자 거래 금지 등의 내용을 실었다[Zitzewitz(2005)].

금융 규제도 위기 이후의 개혁 시기에 늘어난다. 대공황 이후 벨기에와 미국은 상업 은행이 투자 은행 업무를 못하게 했다. 예금을 수신한다는 점 때문에 상업 은행에 대한 규제가 상대적으로 많다. 진입 규제는 국왕이나 의회의 개별 설립 허가에서 시작하여 포괄적 은행법이나 회사법으로 이행하였다. 최초의 은행법은 영국 1844년, 스웨덴 1846년이고, 미국은 자유은행법이 미시간 주가 1837년, 뉴욕 주가 1838년에 제정되었다. 최소 자본 준비 의무는 19세기 각국의 은행법부터 요즈음 바젤, 바젤III협약까지 은행 규제의 주요 측면이다. 은행은 예금을 수신하므로 자본이 거의 필요가 없어 레버리지가 매우 높다. 자본을 보유하는 이유는 현금 흐름 부족에 대비하자는 것이며, 자본이 많으면 은행이 건전하다는 신호이고 좋은 평판을 얻는다. 정부의 최소 자본 규제는 은행 시스템의 건전성을 보장하자는 의도로서 예금 보험, 최종 대부, 청산소 등 다른 안전망 발달과 함께 자본/자산, 자본/부채 비율이 낮아졌다. 다른 은행 규제는 대출 담보 자산 제한, 각종 대차대조표 비율 규제, 대부액 상한제, 지배 구조 규제 등이 있다. 규제와 탈규제의 순환적 변동의 역사 속에 규제자와 피규제자의 상호 작용 게임이 계속된다[Mitchener(2006); Tarullo(2009); Grossman(2010, ch. 6)].

8. 금융 세계화와 자본 시장 통합

세계화(globalization)란 경제학적으로 시장 통합을 말한다. 따라서 금융 세계화는 자본 시장 통합을 지칭한다. 자본 시장 통합은 GDP 대비 국제 투자의 비율, 또는 이자율의 국제적 수렴으로 측정하며 이 수치가 19세기 말에 매우 높았고 1990년대 이후 더 커지고 있다. 자본 이동의 구성을 보면 1930년대 이전에는 채권, 1970년대에는 은행 대부, 1990년대 이후에는 주식 투자 방식이 크고 해외 직접 투자(FDI) 비중도 꾸준히 증가한다. 19세기 말에는 자본이 영국, 프랑스, 독일에서 미국, 캐나다, 호주, 아르헨티나로 이동했고 주로 사회 간접 자본(SOC)이나 정부 부문에 투자했다. 20세기 말부터는 직접 투자와 서비스 부문 투자가 증가했다. 통신 기술, 보험, 금융 기관이 발달하고 정보 비대칭성이나 계약상의 위험 감소, 회계 기준의 표준화 등이 자본 시장을 통합시킨 요인이며, 자본은 주로 선진국 간에 이동했고 저개발국으로는 많이 가지 않았다[Obstfeld and Taylor(2004); 양동휴(2012, ch. 2)].

금융 세계화는 자본 비용을 절감하고 기술 이전을 촉진하며 금융 다각화, 위험 분산 등의 효과를 낸다. 시장 규율과 경쟁 논리를 작동시켜 거시 정책과 제도 개선을 통해 국내 금융 발전에도 기여한다. 무엇보다도 국제 자본 시장에서 자본을 가장 효율적으로 배분하여 세계 각국의 성장과 안정에 기여한다. 그러나 일정 수준 이상의 금융 환경이 조성되어야 금융 세계화의 이점을 누릴 수 있으므로 금융 저개발국은 시기와 순서를 적절히 조절해가며 세계 자본 시장에 통합되는 편이 자본 통제를 유지하는 것보다 득이 된다. 제9장은 이와 같은 기본적 논의를 정리한 것이다[양동휴(2005); Mishkin(2005); Kose et al.(2009a,

2009b)].

　대규모 자본 이동과 예상치 않은 중단(sudden stop)은 채무국에 금융 위기를 가져올 수 있다[Bordo and Meissner(2007)]. 경화 부채의 비중('original sin')이 높고 경상 수지 적자와 해외 자본 의존도가 큰 나라에 sudden stop 경향이 있다[Bordo, Cavallo and Meissoner(2007)]. 금융 위기는 금융 세계화의 일시적 후퇴(backlash)를 가져오는데, 1997년 아시아 외환 위기, 2008년 세계 금융 위기 등 최근의 예가 있다[Rajan and Zingales (1998); Milesi-Ferretti and Tille(2011)].

　금융 세계화에도 불구하고 통화 정책의 역할은 거의 불변이라는 견해[Mishkin(2008)]와 자본 시장 통합 때문에 이자율이 수렴하므로 국내 통화 정책은 효력을 잃는다는 설명[Feldstein(2005b)]이 경합하고 있다. 자본이 자유롭게 이동하면 금융 위기 전파 속도를 높인다. 정보 비대칭성, 유한 책임, 도덕적 해이, 대리인 비용, 체계적 위험 등의 문제가 국제적으로 전염되는데 이를 해결할 국제적 규제와 표준이 없다. 국제적 예금 보험도 국제적 최종 대부자도 없다. 브레튼우즈 체제 붕괴 이후 자본 이동은 급속도로 늘어나서 금융 세계화가 과잉되었으며, 1970년대부터 2008년까지 은행 위기가 124건, 통화 위기가 208건, 국가 채무 위기가 63건 발생했다. 세계화된 금융을 규제해야 하며 최소 자본 규제 공조, 레버리지 제한, 임원 보수 한도, 은행 파산 유도, 정보 공개, 은행 규모 제한 등이 필요하며 기본적으로 규제 완화 경쟁을 피하기 위해 자본 이동을 제한하자는 주장이 있다[Rodrik(2011); Fratzscher(2012)].

9. 기업 지배 구조와 기업 금융

기업의 소유, 경영 관계에 따라 자본 조달의 원천이 달라지고, 다른 한편으로는 자금의 연원이 기업 지배 구조를 결정하는 상호 작용이 있다. 이것은 4절에서 금융 제도 비교쪽으로 접근했으나 이제 거버넌스(corporate governance)를 직접 살펴보자.

기업사의 흐름을 보면 대기업의 등장은 대량 생산과 대량 분배의 결합으로 제조업 기업이 유통 쪽으로 수직 팽창, 그리고는 다각화로 다품종 대기업 형성 순서로 나아간다[Chandler(1977, 1990)]. 더욱 최근의 구조 조정, 벤처 자본, 중형 기업의 등장도 주목거리이다[Lamoreaux, Raff and Temin(2003)]. 이들 대기업 그룹과 중소기업은 서로 다른 산업에 포진해 있고 나라마다 다르게 자금을 조달한다[Cull et al.(2005)]. 대표적 재무 관리 역사 교과서를 보면 제2차 세계대전 후 '중심 기업'의 자금 조달에서 주식보다 채권을 선호했음을 이야기하고 있다. 새롭게 등장한 다품종 대기업(conglomerate)과 LBO(Leveraged Buyout) 파트너십들은 경영이나 기술 혁신에 전력한 기존 중심 기업과는 달리 금융 혁신에서 효율성을 추구하여 주식 시장이 민감하게 되었다[Baskin and Miranti(1999, chs. 6-7)].

나라별로는 금융 제도 비교에서 보았듯이 1970년대, 1980년대 자료에 의하면 영국, 미국이 주식·채권 시장에, 일본, 독일이 대부에 상대적으로 더 의존하기는 하나, 내부 자금(사내 유보)의 비중이 특히 영국, 미국에 압도적으로 높다[Allen and Gale(2001, p.52); Corbett and Jenkinson(1996, p. 77)]. 상장 기업의 1995년 소유 구조는 미국은 개인과 보험 회사, 연기금이, 독일은 타기업이, 일본은 은행과 기업, 개인이 높은 비중을 보였다[Streek and Yamamura(2001)]. 더 많은 나라의 10대 기업의 소유 지분 자료를 종합한 한 연구는 지배 주주가 없는 나라로 호주, 캐나다, 프랑스, 아일랜드, 스위스, 영국, 미국과 함께 한국을 꼽고 있다. 아마도 통계 처리 기준 설정에 잘못이 있었을 것으로 보인다 [Morck, ed.(2005); Morck and Steiner(2005); Morck and Yeung(2009)]. 대기업 등장과 소유와 경영의 분리를 연결시킨 연구[Berle and Means(1932)]와는 달리 1995년 27개 부유 국가 20대 상장 기업을 대상으로 한 연구는 주주가 널리 분산되어 있지 않았고 전형적으로 가족이나 국가가 통제했음을 보인다. 대주주는 피라미드 형태의 간접 영향력, 또는 경영 참가 등으로 지분 이상의 권한을 행사한다. 예외적으로 미국은 소액 주주 보호 정책 때문에 소유 분산이 많이 보인다[Hilt(2008, 2014); La Porta, Lopez-de-Silanes and Shleifer(1999); Shleifer and Vishniv(1997)].

기업 금융별로 보면 대기업 조직으로는 공개 법인(corporations)이 파트너십보다 우월하지만 중소기업은 법인격을 향유하면서도 유연한 내부 조직 구조와 주식 분산의 이점을 누리는 사적 유한 책임 회사(PLLC)를 선호한다. 19세기 말부터 독일(GmbH)에서 확산되기 시작하여 영국(PLLC), 프랑스(SARL)가 뒤따랐으며, 미국은 1980년대 유한 회사(LLC) 붐이 불었다[Guinnane et al.(2007); Guinnane, Harris and Lamoreaux(2014)].

정치적 설명도 있다. 유럽은 사회 민주주의가 강하여 생산물 시장에서 경쟁이 덜하고 경영에서 대리인 비용이 커서 소유 분산이 주주에게 부담스러우므로 소유 집중이 나타난다. 반면, 미국은 사회 민주주의가 결여되어 소유와 경영이 분리되고 소유 분산의 결과를 가져온다는 것이다. 저개발국과 체제 전환국은 미국식 지배 구조를 따라가려고 하면서 사회 민주주의 정치 체제를 추구하고 있어서 친주

주적 제도를 수용하기 힘들다[Roe(2003); Gourevitch and Shinn(2005)].

10. 맺음말

선진국들의 화폐금융사를 공부하는 것은 신흥국 입장에서 반면교사로 삼거나 선택지로 삼거나 유용할 수밖에 없다. 우리나라는 현재 상황을 보든 고도성장기의 기록을 보든 금융이 매우 낙후되었음을 알 수 있다. 차후 금융 발전에 노력하면서 이 글들이 도움이 된다면 더 이상 바랄 것이 없다[오두환(1991); 배영목(2002); 이영훈 외(2004); 이영훈 외(2005); Cole and Park(1983); Park and Eichengreen, eds.(2011); Kim(2007); 매일경제(2014.3.10-11); 김인준(2013)].

김도형 · 양동휴(2009), 「2007-2009년 국제금융 위기의 역사적 조망」,
　　『경제발전연구』, 15-2.

김인준(2013), 『위기 극복의 경제학』, 율곡출판사.

김현정(2013), 「캐나다 은행의 안정성 원인 분석: 2008년 글로벌 금융
　　위기를 중심으로」, 『경제논집』, 52-2.

노구치 유키오(2014), 『가상통화혁명: 비트코인은 시작에 불과하다』,
　　김정환 옮김, 한스미디어, 2015.

매일경제(2014.3.10-11), 「역주행하는 한국금융」.

박경로 · 김정욱(2015), 「미국과 영국에서 기업의 소유와 지배, 경영
　　의 분리과정」, 경제학공동학술대회 경제발전학회분과 발표문.

배영목(2002), 『한국금융사』, 개신.

송병건(2013), 「남해회사 거품(South Sea Bubble)을 위한 변명」, 『영국
　　연구』, 29.

양동휴(2005), 「금융 세계화와 국제자본이동: 역사적 · 실증적 개관」,
　　『경제논집』, 44-3/4.

＿＿＿(2010), 「1930년대 세계대공황과 2008년 위기」, 『경제논집』, 49-
　　1(『세계화의 역사적 조망』, 개정판, 서울대학교 출판문화원, 2012,
　　6장).

＿＿＿(2011), 「트리핀 딜레마와 글로벌 불균형의 역사적 조망」, 『경
　　제논집』, 50-1(『세계화의 역사적 조망』, 개정판, 서울대학교 출
　　판문화원, 2012, 7장).

_____(2012a), 「금본위제 성립은 역사적 진화인가? 복본위제 단상」, 『경제논집』, 51-1.

_____(2012b), 「재정국가의 역사와 유로존 부채 위기」, 『경제논집』, 51-2.

_____(2012c), 「서평: This Time is Different: Eight Centuries of Financial Folly」, 『경제사학』, 53.

_____(2013), 「16-19세기 귀금속의 이동과 동아시아 화폐제도의 변화」, 『경제사학』, 54.

_____(2014), 「16세기 영국 가격 혁명의 재조명」, 『경제논집』, 53-2.

오두환(1991), 『한국 근대 화폐사』, 한국연구원.

이영훈 외(2004), 『한국 일반은행 100년사』, 금융학회.

이영훈 외(2005), 『한국의 유가증권 100년사』, 증권예탁결제원.

이철희(2008), 「미국의 반금융자본 정서와 금융규제의 장기적 변화」, 『경제논집』, 47-2.3.

Acharya, Viral et al.(2011), *Regulating Wall Street: The Dodd-Frank Act and the New Architecture of Global Finance*, John Wiley & Sons.

Aizenman, Joshua(2009), "On the Paradox of Prudential Regulations in the Globalized Economy: International Reserves and the Crisis: A Reassessment," NBER Working Paper 14779.

Allen, Franklin and Douglas Gale(2000), *Comparing Financial Systems*, MIT Press.

Aoki, M. and H. Patrick, eds.(1994), *The Japanese Main Bank System*, Oxford University Press.

Bakk-Simon, Klara et al.(2012), "Shadow Banking in the Euro Area: An

Overview," ECB Occasional Paper No. 133.

Barro, Robert J. and Jose F. Ursua(2009), "Stock-market Crashes and Depressions," NBER Working Paper 14760.

Baskin, Jonathan Barron and Paul J. Miranti, Jr.(1999), *A History of Corporate Finance*, Cambridge University Press.

Battilossi, Stefano and Jaime Reis, eds.(2010), *State and Financial Systems in Europe and the USA*, Ashgate.

Berle, Adolf A. and Gardiner C. Means(1932), *The Modern Corporation and Private Property*, Harcourt, Brace & World.

Bernanke, Ben(2013), *The Federal Reserve and the Financial Crisis*, Princeton University Press(김홍범 · 나원준 옮김, 『연방준비제도와 금융 위기를 말하다』, 미지북스, 2014).

Bernanke, Ben and Harold James(1991), "The Gold Standard, Deflation, and Financial Crisis in the Great Depression: An International Comparison" in R. G. Hubbard, ed., *Financial Markets and Financial Crises*, pp. 33-68.

Bernstein, A., E. Hughson and M. D. Weidenmier(2008), "Can a Lender of Last Resort Stabilize Financial Market? Lessons from the Founding of the Fed," NBER Working Paper 14422.

Blanchard, Olivier and Gian Maria Milesi-Ferretti(2009), "Global Imbalances: In Midstream?" IMF Staff Position Note SPN/09/29, December 22.

_____(2011), "(Why) Should Current Account Balance Be Reduced?" IMF Staff Discussion Note SDN/11/03, March 1.

Blinder, Alan S.(1998), *Central Baking in Theory and Practice*, MIT Press.

_____(2013), *After the Music Stopped*, Penguin.

Bodenhorn, Howard(2004), "Free Banking and Bank Entry in Nineteenth Century New York," NBER Working Paper 10654.

Bordo, Michael D.(1986), "Explorations in monetary history: A survey of the literature," *Explorations in Economic History*, 23-4, pp. 339-415.

_____(2003), "Exchange Rate Regime Choice in Historical Perspective," NBER Working Paper 9654.

_____(2008), "An Historical Perspective on the Crisis of 2007-2008," NBER Working Paper 14569.

Bordo, Michael D. and Harold James(2009), "The Great Depression Analogy," NBER Working Paper 15584, *Financial History Review*, 17-2.

_____(2013), "The European Crisis in the Context of the History of Previous Financial Crises," NBER Working Paper 19112.

Bordo, Michael D. and Christopher M. Meissner(2005), "The Role of Foreign Currency Debt in Financial Crises: 1880-1913 vs. 1972-1997," NBER Working Paper 11897.

_____(2007), "Foreign Capital and Economic Growth in the First Era of Globalization," NBER Working Paper 13577.

Bordo, Michael D. and Hugh Rockoff(1996), "The Gold Standard as a Good Housekeeping Seal of Approval," *Journal of Economic History*, 56, pp. 389-428.

Bordo, Michael D. and Schwartz, eds.(1984), *A Retrospective on the*

Classical Gold Standard, University of Chicago Press.

Bordo, Michael D., Alberto F. Cavallo and Christopher M. Meissoner(2007), "Sudden Stops: Determinants and Output Effects in the First Era of Globalization, 1880-1913," NBER Working Paper 13489.

Bordo, Michael D., Angela Redish and Hugh Rockoff(2011), "Why Didn't Canada Have a Banking Crisis in 2008 (or in 1930, or 1907, or …)," NBER Working Paper 17312.

Brandt, Loren and Thomas G. Rawski, eds.(2008), *China's Great Economic Transformation*, Cambridge University Press.

Brezis, E. S.(1995), "Foreign Capital Flows in the Century of British Industrial Revolution: New Estimates, Controlled Conjectures," *Economic History Review*, 48, pp. 46-67.

Broz, J. L.(1999), "Origins of the Federal Reserve System: International Incentives and the Domestic Free-rider Problem," *International Organization*, 53, pp. 39-70.

Brunner, Robert F. and Sean D. Carr(2007), *The Panic of 1907: Lessons Learned from the Market's Perfect Storm*, John Wiley and Sons(하윤숙 옮김, 『패닉: 1907년 금융공황의 통찰』, 황금부엉이, 2008).

Buti, Marco et al., eds.(2010), *The Euro: The First Decade*, Cambridge University Press.

Calomiris, Charles W.(2000), *U.S Bank Deregulation in Historical Perspective*, Cambridge University Press.

_____(2009a), "Banking Crises and the Rules of the Game," NBER Working Paper 15403.

_____(2009b), "Financial Innovation, Regulation, and Reform," *Cato Journal*, 29-1.

_____(2010), "The political lessons of Depression-era banking reform," *Oxford Review of Economic Policy*, 26-3.

Calomiris, Charles W. and Stephen H. Haber(2014), *Fragile by Design: The Political Origins of Banking Crises and Scarce Credit*, Princeton University Press.

Caloromis, Charles W. and J. Mason(1997), "Contagion and Bank Failures during the Great Depression: The June 1932 Chicago Banking Panic," *American Economic Review*, 87, pp. 863-883.

_____(2003), "How to Restructure Failed Banking Systems: Lessons from the U.S. in the 1930s and Japan in the 1990s," NBER Working Paper 9624.

Cameron, Rondo(1967), *Banking in the Early Stages of Industrialization: A Comparative Economic History*, Oxford University Press.

_____(1972), *Banking and Economy: Some Lessons of History*, Oxford University Press.

_____, ed.(1992), *Financing Industrialization*, Edward Elgar.

Cameron, R. and V. I. Bovykin, eds.(1992), *International Banking 1870-1914*, Oxford University Press.

Capie, Forrest et al.(1994), *The Future of Central Banking*, Cambridge University Press.

제1장 총설: 화폐금융사의 연구 동향

_____(2007), "Branch Banking As a Device for Discipline: Competition and Bank Survivorship during the Great Depression," NBER Working Paper 12938.

Chandler, Alfred D., Jr.(1977), *The Visible Hand*, Harvard University Press.

_____(1990), *Scale and Scope*, Belknap Press.

Chin, Alycia and Missaka Warusawitharana(2010), "Financial Market Shocks during the Great Depression," *B. E. Journal of Macro-economics*, 10-1.

Chu, Kam Hon(1996), "Is Free Banking More Prone to Bank Failures than Regulated Banking?" *Cato Journal*, 16-1.

Cole, David C. and Yung Chul Park(1983), *Financial Development in Korea*, 1945-1978, Harvard University Asia Center.

Cooper, George(2008), *The Origin of Financial Crisis,* Harriman House(김영배 옮김, 『민스키의 눈으로 본 금융 위기의 기원』, 리더스하우스, 2009).

Corbett, J. and T. Jenkinson(1996), "The Financing of Industry, 1970-1989: An International Comparison," *Journal of Japanese and International Economies*, 10, pp. 71-96.

Cuenca Esteban, J.(2001), "The British Balance of Payments, 1772-1820: India Transfer and War Finance," *Economic History Review*, 54, pp. 58-86.

Cull, Robert, Lance E. Davis, Naomi R. Lamoreaux and Jean-Laurent Rosenthal(2005), "Historical Financing of Small and Medium Sized Enterprises," NBER Working Paper 11695.

Dale, Richard S., Johnnie E. V. Johnson and Leilei Tang(2005), "Financial markets can go mad: evidence of irrational behaviour during the South Sea Bubble," *Economic History Review*, 58, pp. 233-271.

Demirgüç-Kunt, Asli and R. Levine, eds.(2001), *Financial Structure and Economic Growth*, MIT Press.

Demirgüç-Kunt, Asli and R. Levine(2009), "Finance and Inequality: Theory and Evidence," NBER Working Paper 15275.

Dooley, Michael P., David Folkert-Landau and Peter Garber(2014), "The Revived Bretton Woods System's First Decade," NBER Working Paper 20454.

Dowd, Kevin, ed.(1992), *The Experience of Free Banking*, Routledge.

_____(2001), *Money and the Market: Essays on Free Banking*, Routledge.

Dwyer, Gerald P., Jr.(1996) ⟨http://www.dwyerecon.com/ecommerce/index.html⟩.

Economist(March 15, 2014), "Money from nothing".

_____(May 10, 2014), "Shadow and substance".

Eggertsson, Gauti B. and Paul Krugman(2012), "Debt, Deleveraging, and the Liquidity Trap: A Fisher-Minsky-Koo Approach," *Quarterly Journal of Economics*, 127, pp. 1469-1513.

Eggertsson, Gauti B. and Neil R. Mehrotra(2014), "A Model of Secular Stagnation," NBER Working Paper 20574.

Eichengreen, Barry(1987), "Macroeconomics and History," in Alexander J. Field, ed., *The Future of Economic History*, Boston: Kluwer-Nijhoff Publishing, pp. 43-90.

_____(1995), *Golden Fetters: the Gold Standard and the Great Depression, 1919-1939*, Oxford University Press.

_____(1996), *Globalizing Capital: A History of the International Monetary System*, Princeton University Press, 2nd ed.(김명세 옮김, 『글로벌 라이징 캐피탈』, 미지북스, 2008).

_____(2007), *Global Imbalances and the Lessons of Bretton Woods*, MIT Press(박복영 옮김, 『글로벌 불균형』, 미지북스, 2008).

_____(2012), "Economic History and Economic Policy," *Journal of Economic History*, 72-2.

_____(2015), *Hall of Mirrors: The Great Depression, The Great Recession, and the Uses-and Misuses-of History*, Oxford University Press.

Eichengreen, Barry and M. Flandreau, eds.(1997), *The Gold Standard in Theory and History*, 2nd ed.

Eichengreen, Barry and Richard Hausmann, eds.(2005), *Other People's Money: Debt Denomination and Financial Instability in Emerging Market Economies*, University of Chicago Press.

Eichengreen, Barry and Jeffrey Sachs(1985), "Exchange Rates and Economic Recovery in the 1930s," *Journal of Economic History*, 45.

Feldstein, Martin(1997), "The Political Economy of the European Economic and Monetary Union," *Journal of Economic Perspectives*, 11-4, pp. 23-42.

_____(1999), "A Self-Help Guide for Emerging Markets," *Foreign Affairs*, 78(2).

_____(2005a), "The Euro and the Stability pact," NBER Working Paper

11249.

_____(2005b), "Monetary Policy in a Changing International Environment: The Role of Global Capital Flows," NBER Working Paper 11856.

Fischer, David H.(1996), *The Great Wave: Price Revolution and the Rhythm of History*, Oxford University Press.

Fishback, Price(2010), "U.S. Monetary and Fiscal Policy in the 1930s," NBER Working Paper 16477.

Flood, R. and N. Marion(1998), "Perspective on the Recent Currency Crisis Literature," NBER Working Paper 6380.

Focarelli, Dario, David Marques-Ibanez and Alberto Franco Pozzolo(2011), "Are Universal Banks Better Underwriters? Evidence from the Last Days of the Glass-Steagall 3Act," ECB Working Paper 1287.

Fohlin, C.(2001), "Regulation, Taxation and the Development of the German Universal Banking System, 1884-1913," *European Review of Economic History*.

Frankel, Allen B. and John D. Montgomery(1991), "Financial Structure: An International Perspective," *Brookings Papers on Economic Activity*, pp. 257-310.

Fratzscher, Marcel(2012), "Capital controls and foreign exchange policy," ECB Working Papers No. 1415.

Friedman, M. and A. J. Schwartz(1963), *A Monetary History of the United States, 1867-1960*, Princeton University Press(양동휴 · 나원준 옮김, 『대공황 1929-1933』, 미지북스, 2010).

Friedman(1990), *Money Mischief: Episodes in Monetary History*, Houghton

Mifflin(김병주 옮김, 『화폐경제학』, 한국경제신문, 2009).

Galati, G. and R. Moessner(2011), "Macroprudential policy-a literature review," BIS Working Paper 337.

Garber, Peter(2000), *Famous First Bubbles: The Fundamentals of Early Manias*, MIT Press(이용우 옮김, 『버블의 탄생: 유명한 최초의 버블들』, 아르케, 2011).

Geithner, Timothy F.(2007), "Reflections on the Asian Financial Crises," Speech at the Trends in Asian Financial Sectors Conference, FRB Sanfrancisco, 20 June 2007.

Gerschenkron, Alexander(1962), *Economic Backwardness in Historical Perspective*, Belknap Press.

Giedeman, Daniel C.(2005), "Branch Banking Restrictions and Finance Constraints," *Journal of Economic History* 65.

Glick, Reuben et al., eds.(2001), *Financial Crisis in Emerging Markets*, Cambridge University Press.

Goldsmith, Raymond(1969), *Financial Structure and Development*, Yale University Press.

_____(1987), *Premodern financial systems: A historical comparative study*, Cambridge University Press.

Goodhart, C.(1985), *The Evolution of Central Banks: A Natural Development?*, ICERO, LSE(김홍범 옮김, 『중앙은행의 진화』, 비봉출판사, 1997).

Gordon, John Steele(1999), *The Great Game: The Emergence of Wall Street As a World Power 1653-2000*, Touchstone Books(강남규 옮

김, 『월스트리트 제국』, 참솔, 2002).

Gorton, G.(1985), "Clearing Houses and the Origins of Central Banking in the United States," *Journal of Economic History*, 45, pp. 277-283.

_____(2010), *Slapped by the Invisible Hand: The Panic of 2007*, Oxford University Press.

Gourevitch, Peter A. and James Shinn(2005), *Political Power and Corporate Control*, Princeton University Press.

Grossman, Richard S.(2010), *Unsettled Account: The Evolution of Banking in the Industrialized World since 1800*, Princeton University Press.

Grossman, Richard S. and C. M. Meissner(2010), "International Aspects of the Great Depression and the Crisis of 2007: Similarities, Differences, and Lessons," NBER Working Paper 16269.

Guinnane, Timothy W.(2002), "Delegated Monitors, Large and Small: Germany's Banking System, 1800-1914," *Journal of Economic Literature*, 40(1), pp. 73-124.

Guinnane, Timothy W. et al.(2007), "Putting the Corporation in its Place," NBER Working Paper 13109.

Guinnane, Timothy W., Ron Harris and Naomi R. Lamoreaux(2014), "Contractual Freedom and the Evolution of Corporate Control in Britain, 1862 to 1929," NBER Working Paper 20481.

Hamilton, Earl J.(1934), *American Treasure and the Price Revolution in Spain, 1501-1650*, Harvard University Press.

Harris, Ron(1994), "The Bubble Act: Its Passage and Its Effects on Business Organization," *Journal of Economic History*, 54-3, pp. 610-627.

_____(1997), "Political Economy, Interest groups, Legal Institutions, and the Repeal of the Bubble Act in 1825," *Economic History Review*, 50-4, pp. 675-696.

Hilt, Eric(2008), "When did Ownership Separate from Control? Corporate Governance in the Early Nineteenth Century," *Journal of Economic History*, 68-3.

_____(2014), "History of American Corporate Governance: Law, Institutions, and Politics," NBER Working Paper 20356.

Homer, S. and R. Sylla(1996), *A History of Interest Rates*, 3rd ed. revised, Rutgers(이은주 옮김, 『금리의 역사』, 리딩리더, 2011).

Hsieh, Chang-Tai and Christina D. Romer(2006), "Was the Federal Reserve Constrained by the Gold Standard during the Great Depression? Evidence from the 1932 Open Market Purchase Program," *Journal of Economic History*, 66, pp. 140-176.

Jack, William and Tavneet Suri(2011), "Mobile Money: The Economics of M-PESA," NBER Working Paper 16721.

James, Harold(2009), *The Creation and Destruction of Value: The Globalization Cycle*, Harvard University Press.

_____(2012), *Making the European Monetary Union*, Harvard University Press.

Kaminsky, G.(2003), "Varieties of Currency Crises," NBER Working Paper 10193.

Kaminsky, G. and C. Reinhart(1999), "The Twin Crisis: The Causes of Banking and Balance-of-Payments Problems," *American Economic*

Review, 89, pp. 473-500.

Kasuya, Makoto, ed.(2003), *Coping with Crises: International Financial Institutions in the Interwar Period*, Oxford University Press.

Kim, Shin-haing(2007), "Finance and Growth of the Korean Economy from 1960 to 2004," *Seoul Journal of Economics*, 20-4.

Koo, Richard C.(2008), *The Holy Grail of Macroeconomics: Lessons from Japan's Great Recession*, Wiley(김석중 옮김, 『대침체의 교훈』, 더난출판, 2010).

_____(2014), *The Escape from Balance Sheet Recession and the QE Trap: A Hazardous Road for the World Economy*, Wiley.

Kose, M. Ayhan, Eswar Prasad and Ashley Taylor(2009), "Thresholds in the Process of International Financial Integration," NBER Working Paper 14916.

Kose, M. Ayhan, Eswar Prasad, Kenneth Rogoff and Shang-Jin Wei(2009), "Financial Globalization: A Reappraisal," *IMF Staff Paper*, 56-1, pp. 8-62.

Kroszner, R. and R. Rajan(1994), "Is the Glass-Steagall Act Justified? A Study of the U.S. Experience with Universal Banking Before 1933," *American Economic Review*, 84.

Kroszner, Randall S. and Robert J. Shiller(2011), *Reforming U.S. Financial Markets: Reflections Before and Beyond Dodd-Frank*, MIT Press.

Krugman, Paul(2009), *The Return of the Depression Economics and the Crisis of 2008*, Novion(안진환 옮김, 『불황의 경제학』, 세종서적, 2009).

La Porta, Rafael, Florencio Lopez-de-Silanes and Andrei Shleifer(1999), "Corporate Ownership around the World," *Journal of Finance*, 54-2, pp. 471-517.

Lamoreaux, Naomi(1994), *Insider Lending: Banks, Personal Connections, and Economic Development in Industrial New England*, Cambridge University Press.

Lamoreaux, Naomi R., Daniel M. G. Raff and Peter Temin(2003), "Beyond Markets and Hierarchies: Toward a New Synthesis of American Business History," NBER Working Paper 9029.

Lane, Philip R. and Barbara Pels(2012), "Current Account Imbalances in Europe," The Institute for International Integration Studies Discussion Paper No. 397, Trinity College.

Levine, Ross(1997), "Financial Development and Economic Growth: Views and Agenda," *Journal of Economic Literature*, 35, pp. 688-726.

McGrattan, E. R. and E. C. Prescott(2001), "The Stock Market Crash of 1929: Irving Fisher was Right!" NBER Working Paper 8622.

Mikdashi, Zuhayr(2003), *Regulating the Financial Sector in the Era of Globalization*, Palgrave Macmillan.

Milesi-Ferretti, Gian-Maria and Cedric Tille(2011), "The great retrenchment: international capital flows during the global financial crisis," *Economic Policy*, 26-4.

Minsky, Hyman(1986), *Stabilizing An Unstable Economy*, Yale University Press.

Mishkin, Frederick(2005), "Is Financial Globalization Beneficial?" NBER

Working Paper 11891.

_____(2008), *The Next Great Globalization: How Disadvantaged Nations can Harness their Financial Systems to Get Rich*, Princeton University Press.

Mitchener, Kris James(2005), "Bank Supervision, Regulation, and Instability During the Great Depression," *Journal of Economic History*, 65.

_____(2006), "Are Prudential Supervision and Regulation Pillars of Financial Stability? Evidence from the Great Depression," NBER Working Paper 12074.

Mitchener, Kris James and M. D. Weidenmier(2008), "The Baring Crisis and the Great Latin American Meltdown of the 1890s," *Journal of Economic History*, 68-2.

Morck, Randall, ed.(2005), *The History of Corporate Governance around the World: Family Business to Professional Managers*, University of Chicago Press.

Morck, Randall and Lloyd Steiner(2005), "The Global History of Corporate Governance: An Introduction," NBER Working Paper 11062.

Morck, Randall and Bernard Yeung(2009), "Never Waste a Good Crisis: An Historical Perspective on Comparative Corporate Governance," NBER Working Paper 15042.

Neal, Larry(1990), *The Rise of Financial Capitalism: International Capital Markets in the Age of Reason*, Cambridge University Press.

_____(2000), "How it All Began: The Monetary and Financial Architecture of Europe During the First Global Capital Markets, 1648-1815,"

Financial History Review, 7, pp. 117-140.

_____(2012), "I Am Not Master of Events": The Speculations of John Law and Lord Londonderry in the Mississippi and South Sea Bubbles, Yale University Press.

Obstfeld, Maurice and Alan M. Taylor(2004), Global Capital Markets: Integration, Crisis and Growth, Cambridge University Press.

Packer, Frank(1997), "Before Main Banks," ch. 8 of Gerard Caprio, Jr. and Dimitri Vittas, eds., Reforming Financial Systems: Historical Implications for Policy, Cambridge University Press.

Park and Eichengreen, eds.(2011), Changes in the International Economic Order after the Global Financial Crisis, KIEP Policy Analysis 11-01.

Pollard, Sidney and Dieter Ziegler(1992), "Banking and Industrialization: Rondo Cameron twenty years on," ch. 2 of Youseff Cassis, ed., Finance and Financiers in European History, 1880-1960, Cambridge University Press, 1992, pp. 17-36 and Harold James' comment pp. 113-118.

Prasad, Eswar S.(2014), The Dollar Trap: How the U.S. Dollar Tightened Its Grip on Global Finance, Princeton University Press.

Rajan, Raghuram G. and Luigi Zingales(1998), "Which Capitalism? Lessons from the East Asian Crisis," Journal of Applied Corporate Finance, 11-3, pp. 40-48.

_____(2003), Saving Capitalism from the Capitalists, Crown Business(고승의 옮김, 『시장경제의 미래』, 앤트, 2008).

Ramirez, Carlos(1999), "Did Glass-Steagall Increase the Cost of External

Finance for Corporate Investment?" *Journal of Economic History*, 59.

Reinhart, Carmen M. and Kenneth Rogoff(2009), *This Time Is Different: Eight Centuries of Financial Folly*, Princeton University Press(최재형·박영란 옮김, 「이번엔 다르다」, 다른세상, 2010).

Richardson, Gary(2007), "Categories and Causes of Bank Distress during the Great Depression, 1929-1933: The Illiquidity Versus Insolvency Debate Revisited," *Explorations in Economic History*, 44-4, pp. 588-607.

Richardson, Gary and Patrick van Horn(2007), "Fetters of Debt, Deposit, or Gold during the Great Depression? The International Propagation of the Banking Crisis of 1931," NBER Working Paper 12983.

Richardson, P.(1989), "The structure of Capital during the Industrial Revolution Revisited," *Economic History Review*, 42, pp. 484-503.

Rockoff, H.(1989), "Lessons from the American Experience with Free Banking," NBER Historical Paper 9.

Rodrik, Dani(2011), *The Globalization Paradox: Democracy and the Future of the World Economy*, W. W. Norton(고빛샘·구세희 공역, 「자본주의 새판짜기」, 21세기북스, 2011).

Roe, Mark J.(2003), *Political Determinants of Corporate Governance*, Oxford University Press.

Roubini, Nouriel and Stephen Mihm(2010), *Crisis Economics: A Crash Course in the Future of Finance*, Penguin Press(허익준 옮김, 「위기경제학」, 청림출판, 2010).

Rousseau, Peter(2003), "Historical Perspective on Financial Development and Economic Growth," Review 85, St. Louis: Federal Reserve Bank of St. Louis, pp. 81-106. NBER Working Paper 9333(2002).

Rousseau, Peter and Richard Sylla(2006), "Financial revolutions and economic growth: Introducing this EEH symposium," *Exploration in Economic History*, 43, pp. 1-12.

Schleifer, A. and R. W. Vishniv(1997), "A Survey of Corporate Governance," *Journal of Finance*, 52, pp. 737-783.

Schmidt, Inga D., Thomas Döbler and Michael Schenk, eds.(2002), *E-commerce: A Platform for Integrated Marketing Case Study on U.S. Retailing*, LIT Verlag.

Schnabel, Isabel(2004), "The German Twin Crisis of 1931," *Journal of Economic History*, 64(Sep. 2004), pp. 822-872, comments and reply, pp. 873-878.

Schuler, Kurt(1991), "The World History of Free Banking," HKCER Letters 10⟨http://www.hku.hk/hkcer/articles/v10/rschuler.htm⟩, longer article in Kevin Dowd, ed., *The Experience of Free Banking*, Routledge, 1992, pp. 7-47.

Schwartz, A. J.(1986), "Real and Pseudo Financial Crises," in F. Capie and G. Wood, eds.(1986), *Financial Crises and the World Banking System*, St. Martin's Press.

Shambaugh, Jay C.(2006), "An Experiment with Multiple Currencies: the American Monetary System from 1838-60," *Explorations in Economic History*, 43, pp. 609-645.

_____(2012), The Euro's Three Crises: Trifecta of Crises in Europe

Threatens Future of Common Currency/Euro, Brookings Papers on Economic Activity, Spring 2012.

Shiller, Robert J.(2005), *Irrational Exuberance*, Princeton University Press, 2nd ed., 초판(2000)(이강국 옮김, 『이상 과열』, 매일경제신문사, 2003).

_____(2008), *The Subprime Solution*, Princeton University Press(정준희 옮김, 『버블경제학』, 랜덤하우스, 2009).

_____(2012), *Finance and the Good Society*, Princeton University Press (노지양 · 조윤정 공역, 『새로운 금융시대』, 알에이치코리아, 2013).

Smith, R.(1988), "Free Banking: A Critical Survey," FRB of St. Louis Discussion Paper G88-2.

Stiglitz, Joseph E.(2010), "Lessons from the Global Financial Crisis of 2008," *Seoul Journal of Economics*, 23-3.

Streek, Wolfgang and Kozo Yamamura, eds.(2001), *The Origins of Nonliberal Capitalism: Germany and Japan in Comparison*, Cornell University Press.

Sylla, Richard(1996), "The 1930s Financial Reform in Historical Perspective," in Dimitri Papadimitriou, ed.(1996), *Stability in the Financial System*, St. Martins.

Sylla, Richard, Richard Tilly and Gabriel Tortella, eds.(1999), *The State, the Financial System, and economic modernization*, Cambridge University Press.

Tan, Elaine(2011), "Scrip as private money, monetary monopoly, and the rent-seeking state in Britain," *Economic History Review*, 64-1, pp. 237-255.

Tarullo, Daniel K.(2009), "Financial Regulation in the Wake of the Crisis" 〈http://www.iie.com/publications/papers/paper.cfm?ResearchID= 1227〉.

Taylor, John B.(2009), "The Financial Crisis and the Policy Responses: An Empirical Analysis of What Went Wrong," NBER Working Paper 14631.

Temin, Peter(1976), *Did Monetary Forces Cause the Great Depression?*, W. W. Norton.

_____(1991), *Lessons from the Great Depression*, MIT Press.

_____(2010), "The Great Recession and the Great Depression," NBER Working Paper 15645.

Temin, Peter and David Vines(2013), *The Leaderless Economy: Why the World Economic System Fell Apart and How to Fix It*, Princeton University Press.

Temin, Peter and Hans-Joachim Voth(2004), "Riding the South Sea Bubble," *American Economic Review*, 94-5.

_____(2013), *Prometheus Shackled: Goldsmith Banks and England's Financial Revolution after 1700*, Oxford University Press.

Timberlake, Richard(1978), *The Origin of Central Banking in the United States*, Harvard University Press.

_____(1993), *Monetary Policy in the United States: An Intellectual and Institutional History*, Chicago University Press.

Toniolo, Gianni, ed.(1988), *Central Banks' Independence in Historical Perspective*, Walter de Gruyter.

Vaubel, Roland(1984), "The Government's Money Monopoly: Externalities or Natural Monopoly?" *Kyklos*, 37, pp. 27-58.

Velasco, Andres(1999), "Financial Crisis in Emerging Markets," Research summary ⟨http://www.nber.org/reporter/fall99/velasco.html⟩.

Ward, J. R.(1994), "The Industrial Revolution and British Imperialism, 1750-1850," *Economic History Review*, 47, pp. 44-65.

White, L.(1984), *Free Banking in Britain: Theory, Experience and Debate, 1800-1845*, Cambridge University Press.

White, Eugene N.(1990), "The Stock Market Boom and Crash of 1929 Revisited," *Journal of Economic Perspective*, 4, pp. 67-83.

Wicker, Elmus(1996), *The banking panics of the Great Depression*, Cambridge University Press.

Wright, J. F.(1997), "The Contribution of Overseas Savings to the Funded National Debt of Great Britain, 1750-1815," *Economic History Review*, 50, pp. 657-674.

_____(1999), "British Government Borrowing to Wartime, 1750-1815," *Economic History Review*, 52, pp. 355-361.

Zamagni, Vera, ed.(1992), *Finance and Enterprise*, Academic Press.

Zingales, Luigi(2012), "Why I was won over by Glass-Steagall," *Financial Times*, June 10.

Zitzewitz, Eric(2005), "Financial Regulation in the aftermath of the bubble" ⟨http://nber.org/~confer/2005/reg/zitzewitz.pdf⟩.

2

16세기 영국 가격 혁명의 재조명

제2장
16세기 영국 가격 혁명의 재조명

1. 머리말

16세기와 17세기 전반 약 150년간 서유럽에서 물가가 6배 가량 오른 사건을 가격 혁명이라 지칭한다. 이는 연평균 1-1.5% 상승에 해당하여 당시로서는 상대적으로 높은 인플레이션이었다. 1540년대부터 신대륙에서 스페인을 통해 유입된 귀금속, 15세기 말부터 인구 증가의 가속에 못 미치는 곡물 생산, 도시화와 상업 발달 등 요인이 물가 상승을 초래한 것으로 지적되었다.[1]

이 장에서는 관련 자료와 기존 연구가 비교적 풍부한 영국의 가격 혁명을 중심으로 16세기 유럽의 물가 상승을 재조명하려고 한다. 가격 혁명의 배경을 설명한 기존 문헌을 비판적으로 검토하고 최근 통계에 기반을 둔 실증 분석을 시도하며 더 장기적 기간, 즉 14-18세기의 맥락에서 16세기 가격 혁명을 평가한다. 영국의 물가 상승은 13세기와 18세기 후반에도 상대적으로 빨랐다. 14세기 후반부터 18세기 전반까지는 16세기 가격 혁명 기간을 제외하면 안정적이었다(〈그림 2-1〉 참조). 그렇기 때문에 가격 혁명의 사회 경제적 원인, 결과와 의미가

---

1 '가격 혁명'이라는 개념은 Wiebe(1895)에서 도입되었다.

그림 2-1 영국의 소비자 물가

(지수: 1451-1475=100, 로그스케일)

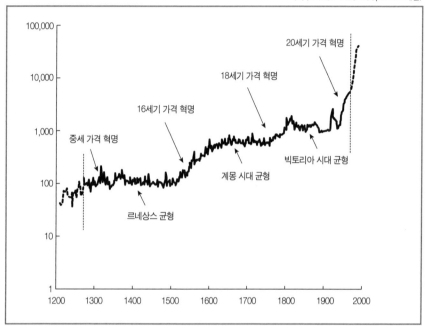

자료: Fischer(1996), p. 4.

중요하며 몇 학자는 이를 자본주의의 발흥과 연결시키기도 한다.[2]

이 장의 구성은 다음과 같다. 2절에서는 물가 상승이 가속할 당시 사람들의 불평, 설명, 당국의 대응을 살펴본다. 3절에서는 물가 상승을 화폐적 측면에서 다룬다. 피셔[Fisher(1911)]의 교환 방정식 $MV=PT$를 중심으로 논의를 전개한다. 4절에서는 실물 측면에서, 즉 재화와 용역 시장의 수요, 공급 틀로 물가 상승을 분석한다. 5절은 비교적 새로운 자료를 이용하여 실증 분석을 시도한다. 통계적으로 유의한 결과

2 Hamilton(1929)의 '이윤 인플레이션'설을 Wallerstein(1974) 등이 확대 해석하고 있다.

를 얻지는 못했으나 방향은 제시하고 있다. 6절은 흑사병 창궐(1347-1348) 이후 산업 혁명 시동기까지 장기적인 시각에서 16세기 영국 가격 혁명을 새로이 평가한다. 마지막 절은 글을 요약하고, 남은 이야기들, 즉 16세기에 명목 임금이 물가 상승을 따라잡지 못하여 실질 임금이 하락하는데, 이것이 갖는 의미는 무엇인지 등에 대해 주목한다.

2. 당대의 시각과 반응

16세기 '가격 혁명' 시절 물가 상승이 심각했다. 당대 정치가와 경제 이론가들의 논의, 의회의 청원과 입법 기록 등에 나타난 물가 상승 관련 언급에서도 이를 알 수 있다. 예를 들어, 카스틸 의회(Cortes)에 1520-1528년 기간 내내 곡물 및 육류의 높은 가격에 대한 불만이 표현되었으며, 1524년에 입도선매 금지, 1525년 송아지 도축 금지 등 입법이 뒤따랐다. 1537, 1548년에는 일반적 물가 상승을 외국인의 투기적 수요에 돌리고 1552년 수출 금지 조치 등이 있었다. 경제학 논술들에도 아메리카 귀금속에 대한 언급은 없고 대신 외국 수요, 신용 거래, 매점매석, 목양 길드(Mesta)와 농업 쇠퇴, 과세, 시장 조작, 인클로저 등이 복잡하게 등장한다[Hamilton(1934, pp. 282-286)]. 1598년에는 국내외 상인의 매점매석, 투기 등에 더해 주화의 귀금속 함량 감소(순도 하락, debasement), 동화(vellon) 남발이 지적되었다. 곡물과 육류 가격 안정을 위한 보조금 정책, 수입 촉진이 시행되었다. 1627-1628년에는 최고 가격 정책이 시도되었으나 별 효과 없이 1629년에 폐지되었다[ibid.(pp. 288-289)].

영국에서도 16세기 의회 기록과 기타 문서에서 물가에 대한 높은 관심을 확인할 수 있다. 물론 주로 단기적인 흉작, 기근에 관한 언급이 많아서 이것이 장기 인플레이션에 대한 논의인지 분간하기는 어렵지만 1548-1556년간에 논의가 가장 빈번했고 1594-1597년 기간도 많았다. 목양 인클로저의 비난, 투기, 상인의 농간, 독점, 지나친 정부수요, 특히 군사적 지출, 수출, 특별 품목, 즉 주석, 곡물, 목재, 양모, 모직물의 수요 공급 상태, 나아가서는 인간의 탐욕, 지주의 압박에 의한 지대 상승 등 그 내용이 다양하다. 인구 증가에 따른 소비 수요 압력, 주화의 순도 하락과 환율에 관한 언급도 나온다[Outhwaite(1969, pp. 15-23)]. 이뿐만 아니라 이식금지법, 외국 자본가, 부랑인, 여성의 허영과 사치, 아메리카로 재화 수출에 따른 공급 부족 등에 대한 지적도 있다. 이들은 '코스트 푸시' 측면을 강조하는 설명으로 보인다. 퇴장, 투기, 사재기, 상품의 질 저하 등 물가 추가 상승의 악순환과 함께 1555년 식료품 및 목재 수출 금지 등 입법이 뒤따랐다[Fisher(1989, p. 885); Fischer(1996, pp. 75-76)].

16세기에는 신대륙 귀금속의 유입과 물가 상승을 연결시키는 논의도 시작되었다. 프랑스 철학자 보댕(Jean Bodin, 1568)과 영국의 토머스 스미스(Sir Thomas Smith, 1581)가 그 선구자이다. 귀금속과 통화량의 연결 고리에서 고려할 사항은 퇴장, 장신구, 교회의 수요, 아시아로의 재수출 등이다[Hamilton(1934, pp. 293, 299-305); Outhwaite(1969, pp. 21-23)]. 이러한 논의가 여러 학자의 손을 거쳐 정합성과 논리를 더해가는 과정은 다음 절에서 살펴본다. 그러나 이미 애덤 스미스(1776)에 오면 인식이 달라진다. 1570-1640년 기간 "곡물 가치에 비해 은 가치가 하락한 것은 유일하게 아메리카에서 매장량이 풍부한 광산이 발견되었기 때문으로 보인다"[Smith(1776, 1976, p. 213); Hamilton(1934, p. 283)].

3. 화폐적 설명

보댕은 약 4세기에 걸친 화폐 금융 관련 문서를 연구하여 신대륙 귀금속의 유입이 16세기 프랑스의 인플레이션을 초래했다고 결론지었다. 그는 귀금속 보유량과 물가의 비례적 관례를 주장하고 있다. 사실상 '화폐 수량설 선언'인 셈이다. 당시에는 회계 단위로서 리브르(livre tournois)의 문제, 금은 가격비 상승 같은 현안이 있었다. 리브르는 금화, 은화, 동전, 토큰, 어음 등 실제 통용되는 '돈'의 가치를 종합하는 추상적 통화 단위이다. 리브르의 가치는 프랑스 화폐가 더 강건한 경제(16세기 스페인, 17세기 네덜란드)의 화폐와 교환되는 환율을 반영했다. 이것은 주화 통용과는 달리 안정적인 것으로 간주되었다. 실제로는 16-17세기 동안 '국제 수지'와 관련하여 리브르의 가치 하락이 있었다. 즉, 그만큼 물가 상승 요인이 있었다[Spooner(1972, pp. 89-93)]. 금, 은 가격비는 1 대 12가 '적정'이었다. 이보다 낮으면 금이 유출되고, 높으면 은이 유출된다[ibid.(p. 93)]. 그러나 카스틸의 금, 은 가격비는 16세기 초에 1 대 10 정도에서 1650년경에는 1 대 15 정도로 높아졌다. 따라서 16세기에는 프랑스로 은 유입, 17세기에는 금 유입의 재정거래(arbitrage) 유인이 있었다[Hamilton(1934, p. 71); Spooner(1972, pp. 93-97)]. 즉, 그만큼 화폐 수량설을 실제 적용하기 위해서는 조정이 필요하다.

화폐 수량설은 피셔(Irving Fisher)의 유명한 교환 방정식 $MV=PT$로 표현된다. 화폐의 유통 속도(V)와 경제 전체의 거래량(T)이 일정하다면 물가(P)는 통화량(M)에 비례한다는 것이다. 볼리비아의 포토시 광산 개발(1546) 이후 신대륙 귀금속이 스페인으로 유입되고 이것이 무역을 통해 네덜란드와 다른 유럽 나라들로, 동양으로 퍼졌다. 귀금속 스톡 증가에 따라 물가가 상승했다. 금속 화폐량 증가보다 물가가 덜 상승했다. 이것은 경제 활동의 증가(T)로 설명이 된다. 인구 증가와 무역 기술, 교통 발달 덕분이다. 이 무렵 유통 속도(V)의 변화에 대해서 우리가 아는 것은 전혀 없다[Fisher(1911, 2012, pp. 234-238)].

3.1. 통화량

16세기 영국에 관해 화폐 수량설의 실증 연구는 어디까지 와 있는가? 먼저 통화량 추계를 보자. 1280-1330년 시기와 1464-1475년 시기에 주화 통용량은 각각 90만 파운드로 추계되었다. 은화보다 금화 유통이 많았다[Mayhew(1995, pp. 243-245)]. 통화량이 그 이전 30년간 주조량 합계와 비슷하다고 가정하면 1526년 통화량은 167만, 1544년 순도 하락 전야에 164만 파운드로 추계된다[ibid.(p. 246)]. 순도 하락(1546-1551)과 금속 함량 복귀(revaluation, 1551-1561)로 이어지는 1544-1561년 기간의 통화량은 단기적 주조 및 낡은 주화의 재주조에 직접적으로 의존했다. 이는 비교적 정확하게 추계할 수 있다. 〈표 2-1〉은 이 시기의 통화량 추계이다[ibid.(p. 246); Challis(1978, pp. 241-246); Gould(1970, pp. 81-82)]. 이 시기에도 금화 유통이 은화 유통을 압도했다.

17세기에는 다시 '30년 관례'로 돌아와 1603년에 주화 통용이 350만 파운드로 추계된다. 그 이후는 〈표 2-2〉와 같다. 차츰 금화보다 은화가 더 많이 주조되고 통용되었다. 내전, 왕정복고, 또 그 이후는 주조국의 퇴장, 주조 자료 등을 이용하여 1650년에 1,200만, 1700년에 1,450만 파운드로 추정했다[Mayhew(1995, p. 247)].

〈그림 2-2〉는 1300-1700년간 영국의 통화량 추계와 물가 수준, 신대륙에서 유럽으로 유입된 귀금속의 규모를 같이 보여준다. 이들의

표 2-1a 통화량 추계, 1546-1561년

연도	시점	통화량
1546	March	1.45
1548	September	1.76
1549	Michaelmas	1.92
1551	July	2.66
1551	August	1.38
1560	September	1.71
1561	October	1.45

자료: Mayhew(1995), p. 246.

표 2-1b 통화량 추계, 1542-1562년

(단위: 백만£)

연도	시점	통화량
1542		0.85
1546	April	1.19
1549	Early	1.75
1551	Early	2.02
1551	7 July	2.17
1551	18 August	1.19
1560	pre-calling down	1.58
1560	post-calling down	1.29
1562		1.39

자료: Gould(1970), pp. 81-82.

표 2-2 통화량 추계, 1599-1649년

(단위: £)

연도	금	은	합계
1599	475,734	2,869,689	3,345,423
1609	1,265,380	3,710,529	4,975,909
1619	2,741,907	2,823,315	5,565,222
1629	5,844,799	2,007,631	7,852,430
1639	6,346,063	2,568,616	8,914,679
1649	5,016,286	8,879,655	13,895,941

자료: Challis(1989), p. 14.

그림 2-2 영국의 통화량 추계, 물가 수준, 신대륙에서 유입된 귀금속 규모

(지수: 1451-1475=100, 로그스케일)

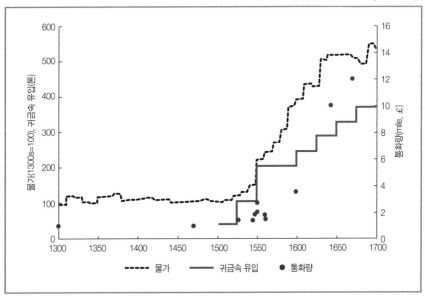

자료: 통화량은 Mayhew(1995, pp. 244, 246); 물가는 Clark(2005, pp. 1324-1325); 귀금속 유입은 Barrett(1999, pp. 242-243).

관계는 무엇인가? 귀금속이 영국으로 유입된 증거가 없다는 반론이 있지만, 주조국 문서 분석 결과 상당량이 영국 경제 전반으로, 특히 주조국으로 흘러들었다는 가설을 뒷받침한다[Challis(1975)]. 1550년대에 통용되던 스페인 레알 은화를 녹여 영국 은화로 재주조하는 붐이 1561-1562년간 일었다. 1568년에는 알바 공작(Duke Alva)의 보물선을 탈취하여 1569-1570년 기간에 귀금속을 주화로 만들었다. 이런 특수 사건 이외에 특히 1580년대와 1590년대에 귀금속이 광범위하게 유입되었다는 증거가 있다. "정확한 기록이 있는 1583, 1584-1585, 1598-1599년에 주조된 튜더 왕조의 주화 성분은 … 거의가 스페인 은화를 녹여

만든 것이다"[ibid.(pp. 387-388, 392)]. 16세기 말에 귀금속 유입 방법은 대개 세 가지였다. 첫째, 해적/사략선의 수취 행위,[3] 둘째 무역 수지 흑자, 셋째 금, 은 가격비 차이에 따른 재정거래이다. 이 재정거래는 금을 유출시키고 은을 유입시킨다. 이로써 영국 주조국 귀금속 총가치를 증가시킨다[ibid.(pp. 389-391)]. 1620년대와 1630년대에는 프랑스와 스페인이 전쟁 중일 때 중립국 영국 선박이 스페인과 합의하여 은을 스페인에서 플랑더스로 운송하는 대가로 초기에는 총액의 3분의 2, 나중에는 3분의 1을 징수했다[Challis(1989, p. 13)].

〈그림 2-2〉에서 확인되듯이, 그리고 이후 그림에서도 일부 보이듯이, 16세기 초–17세기 중엽에 통화량은 8배, 상품 가격은 6배, 임금은 3배, 재화 용역은 4, 5배, 인구는 2배 증가했다. 17세기에 통화량이 부족했는가? 이는 중세 말에 통화 부족, 16세기 통화 풍부, 17세기 부족이라는 큰 그림에 들어맞는다. 금화, 은화가 부족하면 대체로 상쇄 거래, 물물 교환, 상품 화폐, 신용 등의 이용이 불가피하다. 유럽 대륙과 달리 영국은 동전 사용이 드물었는데, 17세기 초에 민간이 발행한 잔돈인 토큰(token) 도입이 활발해졌다[ibid.(pp. 15-27); Sargent and Velde(2002, pp. 261-266)]. 다시 말해, 화폐 수량설의 원리에 따르면 귀금속 공급이 늘면 통화량이 증가하고 이것이 통화 수요보다 크면 물가가 오른다. 반대로 통화량이 모자라면 대체 통화가 개발되지 않는 한 물가가 내리거나 경제 활동(T)이 상대적으로 위축된다. 16세기 초–17세기 중엽의 150년간 통화량 증가 속도가 물가 상승보다 빨랐으므로

---

3 18세기 들어 여러 이유로 해적 행위가 줄어들었다[Hillmann and Gathman(2011)]. 16세기 말에도 약탈 수입의 크기는 별것이 아니었으며[Hamilton(1934, pp. 19–20); Outhwaite(1969, pp. 33–34)], 청교도 이민들의 귀금속 유입을 오히려 중시하는 문헌도 있다[Wordie(1997, pp. 58–59)].

거래량(T)이 증가했다면 유통 속도(V)의 방향은 알 수 없다. 유통 속도는 순도 하락 때문에 올랐을 수도 있다. 이것은 국왕의 정치력 신장과 증세에 관련된다[Miskimin(1975, pp. 184-185)].

1540년대부터 본격화된 귀금속 유입보다 유럽 물가 상승의 시작이 시기적으로 더 빨랐다는 지적이 있다. 북부 이탈리아, 남부 독일은 1472년부터, 프랑스와 영국은 1480년부터 물가가 올랐다. 스페인과 포르투갈은 1490년에, 동유럽 일부에서는 1500년경에 가격 혁명이 시작되었다[Fischer(1996, p. 70)].

그러나 15세기 말부터 남부 독일 등지의 은광이 개발되었고[Munro(1991)] 신대륙 귀금속 유입 이전 영국 내부의 은 공급, 즉 이전에 화폐 목적 이외의 용도로 썼던 은의 주조, 연금 등 신용 발달, 모직물 수출 대금과 해운 수입 등에 주목한 연구도 있다[Outhwaite(1969, pp. 34, 51-52)]. 또 최근 이론의 발달과 함께 귀금속이 이동할 필요가 없었을 가능성이 제기되고 있다. 소위 '국제 수지에 관한 화폐적 접근'(MABOP)이 그것이다. 물가는 국제적으로 결정되고 국내의 화폐 수요와 국제 물가에 의해 국내 통화 스톡이 정해진다는 것이다. 예를 들어, 프랑스에 귀금속이 유입되기 이전에 물가가 오른 것은 스페인의 물가가 프랑스의 통화량에 영향을 미친 때문이다[Fisher(1989, pp. 888-889, 898-902)].

3.2. 유통 속도

이제 통화량(M)과 물가(P) 추계가 있으므로 거래 총액(T) 또는 총생산(GDP)을 알면 자연히 유통 속도(V)를 구할 수 있다. 영국의 총생산(국민소득)은 1300년경에 500만 파운드, 1688년에 5,000만 파운드로

그림 2-3 영국의 화폐 유통 속도

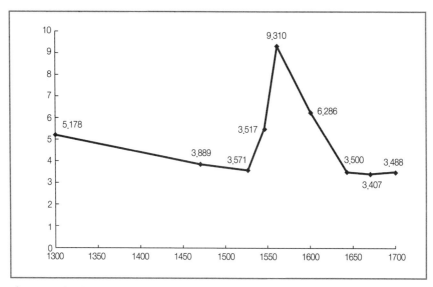

자료: Mayhew(1995), p. 244.

추계되었다. 그 사이의 기간에 대해서는 인구 추계, 임금과 생활 수준 지표 등에서 유추할 수 있다. 계층별 인구 구성과 계층별 가구 소득 정보가 있으면 국민 소득 추계는 더욱 신빙성이 높아진다. 결론부터 말하면 메이휴[Mayhew(1995, p. 244, Table 1)]의 꼼꼼한 작업으로 1300-1700년 중 9개 시점의 유통 속도가 계산되었다(〈그림 2-3〉 참조). 그 결과는 13세기부터 20세기까지 유통 속도가 지속적으로 하락했다는 일반론과 부합한다. 16세기에는 예외적으로 높았음을 나타낸다.

유통 속도는 화폐에 대한 수요와 반비례한다. 교환 방정식 $MV=PT$를 $M=PT/V$로 쓸 수 있으므로 화폐 수요를 뜻하는 캠브리지 k는 $1/V$가 된다. $M=kPY$. 즉, 항등식에 가까운 교환 방정식이 통화량과 통화 수요가 일치할 때 물가가 불변이라는 균형 조건으로 변한다. 통화 수요가 안정적이면 물가가 통화량과 정비례하며(통화주의자), 통화 수요를 국민 소득, 이자율, 기타 변수로 설명할 수도 있을 것이다(케인스주의자). 소득 대신에 인구와 임금이 설명 변수로 들어갈 수도 있고, 기타 변수에 도시화, 상업화 등이 포함될 수 있다. 이러한 생각으로 그 동안 유통 속도를 논의한 문헌들을 살펴보자. 유통 속도란 경제가 화폐화되고 호황일수록 높아지는 것이 아니고 오히려 화폐 부족 시에 더 높고 역사적으로 계속 하향 추세였다. 다시 말해, 유통 속도는 화폐의 사용 증가와 관련이 없고, 화폐의 형태로 자산을 보유하고자 하는 욕구(플로우가 아닌 스톡 수요)와 반비례한다. 13세기까지 중세의 번영기에도, 18세기 이후에도 모든 형태의 화폐가 팽창할 때 유통 속도가 줄었다[ibid.(pp. 239-240)]. 일반적으로 자산을 화폐 형태로 보유하려 하지 않는 현상은 화폐 유통 속도가 빠를 때 나타난다.

16세기와 17세기 초에 유통 속도가 빨라져서 물가 상승에 일조했다는 주장이 있다. 주화의 순도 하락과 복잡한 신용 시스템의 발달로 인한 귀금속의 레버리지 확장, 인구 증가와 도시화에 따른 분업과 특화의 심화 등이 그 주 내용이다[Miskimin(1975, pp. 184-186)]. 국가 행위의 증가, 농토 소유 분포의 양극화와 농민 분해, 농업의 상품화, 시장 생산, 도시화와 직업 특화에 따른 연계 네트워크 복잡화를 장황하게 설명하기도 한다[Goldstone(1984)]. 그러나 신용 시스템의 발달은 오히려 통화량 증가로 해석해야 한다. 도시화에 따른 분업과 특화는 화폐 수요를 높인다. 농업 소득의 양극화나 농산물의 시장 생산, 도시 직업 분화 등도 화폐 수요를 높여서 유통 속도를 떨어뜨릴 것이다. 네트워크 가설도 유통 속도가 거래 횟수와는 무관함을 인식하지 못한 것이다. 예를 들어, 6실링 8펜스의 한 번 지불이나 1페니의 80번 지불이나 화폐의 유통 속도는 같다. V는 총계에만 관련되기 때문이다. V의 계산은 통화의 총명목가치에 의해 수행된 거래의 총액에만 의존한다 [Mayhew(1995, p. 253)].

결국 이 모든 혼란은 화폐 수요는 플로우가 아닌 스톡 수요, 즉 일정 기간 동안이 아니라 주어진 시점에서 자산을 화폐 형태로 보유하려는 욕구라는 것을 이해하지 못한 데서 비롯된다. 급증하는 "화폐에 대한 수요"(PT)에 대응하기 위해 귀금속 유입으로도 모자란 화폐 공급만큼 다른 곳에서 추가 화폐 공급(M)이 있거나 유통 속도(V)가 올라 주어야 한다든가, 현금 부족이 심각하여 대안이 필요했다거나 등등, 이해할 수 없는 논리가 오해를 더한다[Goldstone(1984, pp. 1134-1135)]. 16세기 중엽에 유통 속도가 예외적으로 높았다면 이것은 은화의 순도 하락 때문이다[Mayhew(1995, p. 254)].

근대 초기 영국의 인구 증가와 도시 발전은 사실 괄목할 만하다. 15세기에 중세 도시의 인구 감소와 도시 쇠퇴에 비하면 1520-1650년 간 영국 총인구는 2배로 증가했고, 3,000명 이상 도시에 거주하는 인구는 5배가 되었으며, 런던 인구는 6만에서 40만으로 7배가 되었다. 이스트 앵글리아의 예를 들면, 도시 인구 비율이 1524년에 20%, 1603년에 25%, 1670년에 30%였다[Patten(1978, p. 111)]. 직업 분화에 대해서는 법인 도시 등록, 도제의 예속 계약서, 유서, 유산 검증 기록 등을 이용한 분석이 있는데, 요크나 브리스톨 같은 대도시의 직업이 1500년 100개에서 1700년에 200개 항목으로 늘었다. 햄프셔 같은 소도시는 65개에서 100개로 늘었다[Goldstone(1984, pp. 1148-1149); Patten(1978, ch. 3)]. 〈표 2-3〉은 몇몇 영국 도시의 성장을 보여준다. 그러나 단지 이것이 유통

표 2-3 영국 도시들의 인구

(단위: 명)

	1520년경	1603년경	1670년경	1695년경
London(metropolitan)	60,000	200,000	–	575,000
Norwich	12,000	15,000	–	29,332
Bristol	10,000	12,000	–	19,403
York	8,000	11,000	12,000	–
Exeter	8,000	9,000	12,500	–
Salisbury	8,000	7,000	–	6,976
Coventry	6,601	6,500	–	6,710
Bury St. Edmunds	3,550	4,500	6,200	–
Leicester	3,000	3,500	5,000	–
Warwick	2,000	3,000	3,300	–
Ashby de la Zouch	?800	1,200	1,130	–
Hitchin	?650	1,800	2,400	–
East Dereham	600	1,100	1,500	–

자료: Clark and Slack(1976), p. 83.

속도를 높이지 않았다.

요즘은 교과서에도 유통 속도라는 단어가 없어졌다.

4. 실물적 설명

화폐적 설명과 대비되는, 그러나 아마도 상호 보완되는 실물적 설명이 있다. 이것은 재화와 용역의 생산보다 지출 수요가 높아서 물가가 오른다는 시장 논리적 접근이다. 여기에서 인구 증가가 주요인으로 두드러진다. 맬서스[Malthus(1798)]의 재해석으로부터 시작했다고도 할 수 있다. 맬서스에 따르면 인구가 증가하면 1인당 소득이 감소하여 결혼을 늦추든가 포기하든가 결혼 이후에도 출산을 자제하는

'예방적 규제'가 필요하다. 그런데 이것이 잘 되지 않을 때 기근, 질병, 전쟁 등 '적극적 규제'가 작용하여 인구 증가를 제한한다는 것이다. 이를 재해석하면 기근이 오기 전에 인구 압력이 곡물 가격 상승을 불러일으킨다. 흉작 기간인 1550년대, 1590년대에 이러한 현상이 두드러졌다. 따라서 인구 증가와 물가 상승의 상관관계를 주장하는 논리는 '맬서스적'이라고 불리기도 한다[Fischer(1996, pp. 73-74)].

인구 증가에 따라 곡물, 육류, 목재 순으로 초과 수요가 발생하고 이들이 제조업품보다 가격 상승 폭이 크다. 16세기 동안 곡물 가격은 6배, 육류는 5배, 목재는 3배, 공산품 가격은 2.5배 올랐다[Bowden(1967, p. 862)]. 일반적으로 인구 증가보다 생산 증가가 작고 느리다. 더욱이 인구 증가 기간 중 출산율이 늘었거나 영유아 사망률이 줄었거나, 똑같이 연령 구성이 변하여 부양비(dependency ratio)가 높아지므로 식품 수요가 더 많이 늘어난다. 또한 개방 경제를 염두에 둔다면 교역 가능 품목(tradables), 즉 주로 공산품 가격은 덜 오를 것이다[Lindert(1985, pp. 626-632)]. 〈그림 2-4〉는 영국 인구와 물가의 밀접한 상관관계를 보여준다.

〈그림 2-4〉를 보면 인구 증가와 함께 농산물 가격이 공산품 가격보다 빠른 속도로 높아졌다. 이것은 한편으로는 인구 증가 결과 농산물과 공산품의 상대 가격이 변화했다는 사실을 나타낸다. 뿐만 아니라 인구와 모든 상품 가격의 상관관계도 보여준다. 농산물 수요의 낮은 탄력성 때문에 농산물은 공산품보다 가격 상승이 심하다는 설명으로 농/공 가격 지수 추이를 설명할 수 있다. 그렇지만 인구 증가가 상대 가격 구조의 변화뿐 아니라 절대적 물가 수준을 높였다는 주장은 아직도 이론적 뒷받침에 소홀한 듯하다. 인구 급증에 동반한 도시화와 인구 밀도 상승, 이에 따른 화폐의 유통 속도 증가라는 논리 고

그림 2-4 영국 물가와 인구의 장기적 추이

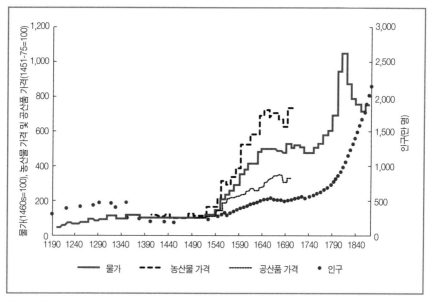

자료: 물가는 Clark(2005), pp. 1324-1325; 농산물 가격과 공산품 가격은 Outhwaite(1969), p. 10; 인구는 1541년 이전은 Broadberry et al.(2011), p. 23, 1541년 이후는 Wrigley et al.(1997), pp. 614-615.

리는 앞 절에서 이미 비판했다. 그러면 '실물적 설명'이 지탱할 수 있는 기반이 있는가? 지속적 물가 변동을 특별 품목에 대한 수요 공급의 일시적 불균형으로 해석할 수는 없다. 19세기의 장기적 물가 하락은 기술 진보와 상품 공급 가격으로 설명되면서 맬서스 체제의 인구 압력과 물가 상승의 고리를 효과적으로 끊었다. 그렇다면 16세기에만 인구 압력 때문에 물가가 상승하였다고? 맬서스 이론에 따르면 인구 압력은 임금을 하락시킨다. 실질 임금의 하락은 명목 임금의 상승 속도가 물가 상승에 못 미치는 형태로 나타날 수 있는데 16세기 유럽, 특히 영국에서 이 가설이 돋보인다. 즉, 인구 압력이 물가 상승의 형태로 실질 임금을 떨어뜨린다는 것이다.

　인구와 임금 관계에 대해서는 다시 이야기하기로 하고 〈그림 2-4〉를 보자. 이 그림에서 알 수 있는 인구-물가 상관관계에 대해 아직도 설득력 있는 설명이 안 보인다. 경제사 백과사전에도 "인구 증가는 물가 상승의 원인이 아니라 경제 성장과 물가 상승의 결과"라고 되어 있다. 이에 관해서는 아직도 더 연구될 여지가 크다는 뜻이다 [Mokyr, ed.(2003, p. 253)].

　물론 인구 증가, 통화량 증가, 생산 증가, 물가 상승 등은 소위 '상승 국면'(A-phase)에 해당하는 경제 현상이다. 시미앙(François Simiand)에 따르면 1500-1650, 1789-1815년 기간이 A국면이다[Burke(1972, pp. 4-5)].

　영국뿐 아니라 유럽의 여러 나라에서 인구와 물가가 중세부터 근대까지 같이 움직였다는 사실을 기억하자[Lindert(1985, pp. 629-630)]. 그러한 자료 위에 인구 증가가 물가 상승을 제한하는 요인에 대해 살펴봄직하다. 첫째, 인구 증가는 노동 공급 증가를 뜻한다. 인구가 늘면 임금이 낮아지고 이에 따라 생산비가 절약되므로 가격 하락 유인이 발생한다. 임금 하락은 노동자 소득 하락을 의미하므로 재화 용역에 대한 수요가 감소하여 물가가 내릴 것이다. 인구 증가 자체에 수요 증가 요인이 있음을 지나치게 주장하지 말라는 뜻이다. 둘째, 단기적으로 곡물의 공급 탄력성은 낮고 공산품은 높다. 따라서 가격 상승에 따라 공산품 공급은 빨리 늘어나므로 공산품의 상대 가격이 낮아진다. 이러한 경향은 16세기보다 공산품 비중이 커지는 17세기에 물가 하락 방향으로 더욱 큰 힘을 발휘했다[Wordie(1997, pp. 41-46)].

　당시 영국의 '농업 혁명'을 생각하면 이들 인구 증가-물가 상승론자들의 설명이 아직 부족함을 더욱 크게 느낄 수 있다. 인클로저부터 경작지 확장, 농업 기술 진보 등으로 17세기 초에 농업 생산성과 농산물 산출이 늘었다. 16세기에 인구가 2배 증가하여 곡물 가격이 6배로 상승했다고 주장하지만 1600-1640년간 인구는 25% 증가했는데 곡물 가격은 33% 상승하는 데 그쳤다. 17세기 말에서 18세기까지는 오히려 곡물을 수출했다[ibid, (pp. 47-48)].

영국의 인클로저만 해도 그렇다. 개방 경지를 없애고 따라서 공동 경작이 폐지되고 농민 구성이 3분제(지주-농업 경영 차지농-농업 노동자)로 서서히 옮아가는 시기에 공동 경지를 개별 경지로 전환하여 울타리를 치는 것이 인클로저이다. 16세기에는 국내외적으로 경작지를 목양지로 전환하는 인클로저를 촉진하는 환경이 조성되었다. 이를 비판하는 여론도 높았다. 목양 인클로저와 곡물 가격 상승은 시기적으로 일치했다. 목양 때문에 경작지가 줄고 곡물 생산이 수요를 맞추지 못해 곡물 가격 상승이 일어난 것으로 비판받았다[Outhwaite(1960, pp. 16-17)]. 토마스 모어도 1516년에 다음과 같이 썼다. "양이 사람을 잡아먹는다. … 인클로저로 인해 곡물 가격이 급등했다"[More(1516); 주경철 옮김(2007, pp. 27-28)]. 그러나 6절에서 자세히 살펴보듯이 곡물 경작에서 목양으로 이동은 미혼 여성의 취업 기회를 늘리고 여성 임금을 올린다. 이에 따라 초혼 연령이 늦어져서 인구 감소의 요인이 된다 [Voigtlaender and Voth(2013)]. 즉, 목양 인클로저는 인구 감소와 곡물 가격 상승을 가져오므로 인구와 물가의 역관계에 기여한다.

돌이켜보면 '실물적 설명'은 1960년대, 1970년대에 압도적이었고 1980년대 이후 재등장한 '통화적 설명'의 공격에도 끄떡없다. 그러나 이론이나 실증을 통해 내부적으로 노력한 연구 흔적은 보이지 않는다.

5. 실증 분석

가격 혁명에 관한 계량 분석은 주로 그랜저 인과검정(Granger causality test)이나 벡터자기회귀(VAR)를 이용했다. 피셔[Fisher(1989)]에 따르면, 1525-1585년 기간 프랑스의 통화량이 물가에 영향을 미쳤으나 (Granger-caused) 1586-1618년 기간에는 통계적 유의성을 잃는다. 또한 1525-1585년 기간에 스페인 물가 상승이 프랑스, 영국, 독일, 오스트리아의 물가 상승으로 파급되었다고 결론지었다[Fisher(1989, p. 898, Table 3; p. 900, Table 5)]. 쿠글러와 번홀츠[Kugler and Bernholz(2007)]는 SVAR 모델을 이용했다. 이들은 1500-1600년 스페인의 물가 상승은 통화 공급에 기인한 항상적 충격(permanent money supply shock)에 압도되었고, 화폐 수요에 따른 일시적 충격에는 작은 영향밖에 받지 않았다고 주장했다. 이것은 신대륙 귀금속의 유입에 무게를 두는 결과이다.

이 장에서는 새로 이용 가능하게 된 여러 가지 영국의 관련 통계에서 간단한 회귀 분석을 시도한다. 물가는 클라크[Clark(2005)], 농산물과 공산품 각각의 가격 지수는 보우든[Bowden(1967)], 오트웨이트[Outhwaite(1969)], 임금은 클라크[Clark(2005)], 인구는 리글리와 스코필드[Wrigley and Schofield(1981, 1997)], 브로드베리 외[Broadberry et al.(2011)], 귀금속의 유럽 유입은 바렛[Barrett(1990)] 등을 이용한다. 자료는 부록에 첨부하였다. 각 변수는 10년 단위이고 물가를 종속 변수로, 임금, 인구, 귀금속 유입을 독립 변수로 하여 최소자승법 회귀 분석(OLS)을 시행했다. 귀금속 유입은 영국 통화량의 대리 변수이고 인구와 임금은 소득, 경제 활동의 크기 등을 나타낸다. 임금은 추가적으로 경기 호황의 정도와 비용 압박을 의미하기도 한다. 모든 변수가 커지고 있으므로

표 2-4 영국 물가 상승의 설명, 회귀 분석 결과

식	상수	임금 (일당 펜스)	인구 (백만)	귀금속 (은 환산 톤)	16세기 더미	R^2	F(P>F)	관측치 수	자료
1	1,523 (0,60)	0,657 (0,38)	10,2 (1,79)	-,072 (0,85)		,27	1,98 (,16)	20	1540-1750
2	3,863 (1,29)	-,1507 (-0,08)	5,48 (0,85)	-,0504 (0,60)	-2,88 (1,40)	,35	2,07 (,13)	20	1540-1750
3	-,1050 (0,05)	2,094 (1,55)	10,3 (2,05)	-,0268 (0,39)		,26	2,50 (,08)	25	1490-1750
4 (식품 가격)	10,3 (0,32)	4,61 (0,2)	116,9 (1,38)	,129 (0,10)		,12	0,70 (,56)	19	1510-1700
5 (공산품)	-19,6 (2,55)	22,56 (4,12)	20,3 (1,02)	,6649 (2,19)		,64	9,24 (,001)	19	1501-1700
6 (농산물)	23,82 (0,56)	21,84 (1,02)	16,5 (0,13)	-,2283 (0,20)		,10	0,38 (,77)	14	1500-1640

주: ( ) 안은 t통계량.

각 수치에서 차분을 구해 사용했다. 회귀 분석 결과는 〈표 2-4〉에 요약되어 있다.

일견하여 관측치 수가 작아서 회귀 계수의 유의도가 떨어진다는 것을 알 수 있다. 인구를 내삽(interpolate)하여 관측치 수가 약간 많은 (3)식에서 F값이 좋다. 식품과 공산품으로 나누어보면 (4)식 식품 가격에 인구가 미친 영향이 더 크게 나타났고, (5)식 공산품 가격은 임금과 귀금속 유입에 통계적으로 유의하게 반응했음을 보인다.

(5)식은 R^2나 F값 등을 볼 때 다른 식보다 결과가 좋다. (3)식과 (5)식의 분석에 우리가 앞 장에서 논의한 화폐적 설명, 실물적 설명이 어느 정도 반영되었다고 생각할 수 있다. 통계적 유의성이 큰 문제이나

실증 분석을 시도한다면 이런 방향으로 접근해야 할 것이다.

6. 장기적 시각, 1348-1750년

여태까지 인구 증가가 유통 속도를 통한 화폐적 요인으로, 더욱 중요하게 재화 용역의 초과 수요를 통한 실물적 요인으로 물가 상승에 영향을 미쳤음을 이야기했다. 그러나 인구 증가 자체가 외생 변수가 아니고 경제 행위의 순환과 함께 변화한 사실을 따져야 한다. 바로 맬서스가 설파한 인구–소득 관계로 돌아온다. 인구 압력 때문에 1인당 소득이 줄어들면 예방적 규제를 통해 인구 증가가 억제되고 이에 따라 1인당 소득이 회복된다. 소득이 늘면 다시 출산율이 늘고 사망률이 줄어 인구가 늘어난다. 이러한 과정을 통해 실질 임금이 '기본 수준'을 중심으로 소폭 변동하는 것이 맬서스 체제이다.[4] 1350-1811년 기간 또는 1548-1800년 기간 자료로 실증되었다는 주장도 있다 [Lindert(1985, p. 612, Table 1; p. 617, Table 2)].

최근에 포익틀랜더와 포스는 1348년 흑사병 이후 맬서스 체제의 '기본 수준'이 새로운 균형으로 바뀌었다는 가설을 제기했다[Voigtländer and Voth(2013)]. 이들은 '유럽형 결혼 패턴'(European Marriage Pattern: EMP)이 14세기에 이미 정착되었다고 본다. EMP의 특징은 여성의 초혼 연령이 늦고(25세 이상), 평생 결혼을 하지 않는 여성이 많으며, 핵가족 단일 가구가 일반적이라는 것이다. 이것은 북서유럽에 존재한 특이한 관습으로 인구 증가를 억제하는 결혼 패턴이다. 1348-1349년 전 세계를 강타한 전염병으로 서유럽 인구는 3분의 1 내지 2분의 1이 감소

---

4 또는 적극적 규제로 인구가 급격히 감소한다. 1348–1349년 세계적 전염병의 예가 있다.

했다. 이것은 토지 노동 비율을 높였다. 인구당 이용 토지가 넓어진 셈이 되자 토지 집약적 농업, 즉 목축이 유리해졌다. 목축은 곡물 농업보다 신체적 근력이 덜 필요했다. 쟁기질, 제초, 수확 등이 젖짜기나 양치기에 비해 힘들다. 따라서 여성은 목축 농업에 비교 우위가 있다. 흑사병 이후 토지가 풍부해져서 곡물 농업의 비중은 줄고 목축 생산, 즉 육류, 낙농품, 양모 생산이 늘었다. 이것은 여성의 고용 기회를 향상시켰다. 주로 연중 내내 숙식 제공 노동 계약의 형태로 미혼 여성을 고용했으므로 여성 임금도 높아지고 평균 초혼 연령이 늦어진 것이다.

그 결과 출산율이 낮아지고 인구 압력이 줄었다. 1인당 소득은 흑사병 이전 수준으로 되돌아가지 않았다[ibid.(pp. 2227-2234)]. 〈그림 2-5〉는 흑사병 이전부터 20세기까지의 인구와 임금의 움직임을 보여준다. 1450년에 실질 임금은 1340년 수준보다 50% 이상 높아졌다.

여성 임금과 함께 남성 임금도 올라 '고임금 경제'가 도래했다. 이는 기존의 규범 근처에서 단순 변동한 것이 아니라 새로운 균형 수준으로의 이동을 초래했다. 고임금 경제의 시작은 토지 노동 비율의 상승에 기인한다. 신대륙 토지를 이용할 수 있게 되어 토지 노동 비율이 높아지기 훨씬 전에 이미 북서유럽 자체에서 그 비율이 급격히 높아진 사실에 주목해야 한다. 산업 혁명 몇 세기 이전에 EMP 지역인 북서유럽은 남유럽, 동유럽보다 잘 살았다. 이것은 출산이 적절히 규제되어 왔던 북서유럽 결혼 패턴의 효과였다. 중국이나 동유럽처럼 곡물 농업 생산성이 높은 곳에는 EMP가 발달하지 않았다. 영국에서는 1730년대 이후 EMP가 쇠퇴하고 초혼 연령이 빨라졌다. 18세기에 곡물 가격이 육류나 낙농 제품보다 빨리 오르자 목축 생산이 감소했고, 목

그림 2-5 영국의 인구와 실질 임금의 장기 추세

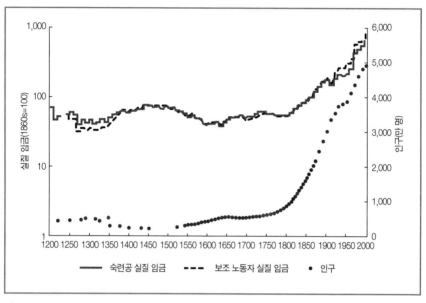

자료: 실질 임금은 Clark(2005), pp. 1324-1325; 인구는 1541년 이전은 Broadberry et al.(2011), p. 23, 1541-1871년은 Wrigley et al.(1997), pp. 614-615, 1871년 이후는 영국 센서스 자료.

축 농업 이외의 부문에 여성 소득 기회가 늘었다. 결혼 후에도 가내 수공업에 종사할 수 있었으므로 평균 초혼 연령이 1700년에 26세에서 1830년에 23세로 낮아졌다. 인구 증가가 빨라진 것은 물론이다 [ibid.(pp. 2234, 2252-2259)].[5]

포익틀랜더와 포스는 '고임금 경제'가 "자기지속적 성장으로 이행을 촉진했으며 서유럽 공업화의 기반을 제공했다"고 단순히 결론을 냈으나[ibid.(p. 2260)] 테민[Temin(2014a, 2014b)]은 이를 앨런[Allen(2009)]의

---

5 Dennison and Ogilvie(2014)는 11–19세기 유럽 39개국을 망라한 관측치 수 4,705개의 결혼 패턴을 분석하여 EMP가 성장을 촉진한 것이 아니라는 결론을 내고 있다.

산업 혁명 설명과 연결시켰다. 앨런에 의하면 18세기에 영국이 다른 나라보다 임금이 높고 자본 비용이 싸고 에너지 가격이 매우 낮은 상대 가격 체제였으므로 발명가들의 인적 자본이 산업 혁명을 수행할 수 있었다. 고임금 때문에 노동 절약적, 에너지 집약적 기술 진보가 '유발'되었다는 것이다. 제니 방적기, 아크라이트의 수력 방적기, 코크스 제련 등은 영국의 가격 체계에서는 수익률이 높아 도입되었다. 그렇지만 프랑스나 인도에서는 수익률이 낮아 이를 도입할 유인이 없었다고 한다. 그러나 수익률 계산 자체가 의심스러울뿐더러 석탄 가격은 면방직 공업 기술과는 관련이 없다. 수력 공장이 많기 때문이다. 또한 시장 크기도 문제 아닌가[Crafts(2011, pp. 157-159)]. 무엇보다도 노동력 부족(labor scarcity)이 기술 진보를 가져온다는 '유발적 발명' (induced innovation)에 대해서는 하바쿡[Habakkuk(1962)] 이래로 모스크 [Mosk(2013, pp. 71-81)]까지 논란이 많다. 고임금이 노동 절약적 기술 진보를 초래했는가에 대한 긴 논란을 여기서 살필 여유는 없다. 다만 저임금 노동자의 탄력적 공급이 공업화의 밑바탕이라는 가설도 만만치 않은 지지를 받고 있다는 사실을 지적하자. 예를 들어, 미국 북부에 여성 임금이 상대적으로 낮았기 때문에 여성 노동 집약적 공업화가 여성 임금이 높은 남부보다 일찍 도래했다는 설명은 매우 설득력이 있다[Goldin and Sokoloff(1982)]. 또한 다음 절에서 살펴볼 이윤 인플레이션 가설은 실질 임금 하락에서 자본주의 발흥의 실마리를 찾고 있다. 요컨대, 고임금 경제와 산업 혁명을 직접 연결시키려는 시도는 무리인 듯 보인다. 앨런은 여러 반론들에 대응하고 있다[Allen(2015)]. 물론 장기간 고임금 경제가 지속되어 유발적 기술 진보가 도입될 환경에서 탄력적 노동 공급이 부가적 유인을 제공할 수도 있다. 따라서 두 가지 다른 방향의 해석은 상호 배타적이 아닐 수도 있다.

EMP 지역에서 1348-1750년 기간에 고임금, 저인구를 유지한 사실과 16세기 가격 혁명은 무슨 관계에 있는가? EMP에 주목하는 학자들은 16세기 인구 증가와 실질 임금 하락, 물가 상승에 대해 한 마디도 없다. 16세기는 장기적 시각에서 설명할 필요가 없는 예외적 시기라는 뜻일까? 결국 16세기 신대륙 정착이 유럽 토지 노동 비율을 증가시킨 의미를 깎아내리고 14세기를 강조한다. 즉, 16세기 인클로저로 목양업이 성장하는 경향은 EMP를 강화하고 인구 증가를 억제했을 터인데도 오히려 인구는 빨리 성장한 사실의 중요성을 언급하지 않는다. 그렇다면 16세기에는 신대륙 귀금속의 유입만 남고, 이들은 16세기 가격 혁명을 화폐적 설명으로 돌리는 데 암묵적으로 동의하는 것으로 간주할 수밖에 없다.

7. 맺음말: 요약과 남은 이야기

16세기 가격 혁명에 대한 당대의 시각과 반응은 수요 공급의 시장 균형을 방해하는 요인을 중심으로 전개되었다. 화폐적 설명도 귀금속의 공급이 수요를 초과하는 상태를 분석한 것이다. 다만, 아직 케인스 경제학이 도입되기 전에는 화폐 수요와 역관계에 있는 유통 속도를 잘못 이해한 학자들이 많았고, 이들 오해가 아직까지도 지속된다는 사실을 지적했다.

스페인으로 들어온 신대륙의 귀금속은 상당량 무역 수지, 무역외 수지, 금, 은 가격비 차이에 따른 재정거래 형태로 영국에 유입되어 은화 주조로 이어졌다. 이것은 물론 다른 조건이 불변이라면 물가 상승으로 이어진다. 영국의 유통 속도는 인구 증가와 도시화에 따른 분업과 특화의 심화에 따라 여러 학자들의 설명과는 반대로 장기적으로 하락했다. 16세기에만 예외적으로 높게 나타나는데, 이는 은화의 순도 하락 때문이다.

인구 증가는 실물 부문에서 생산 증대를 앞지르는 수요 증가를 초래하여 물가 상승을 가져왔는데, 수요의 가격 탄력성에 따라 곡물, 육류, 목재, 제조업품 순으로 가격 상승 폭이 달랐다. 그러나 인구 증가가 상대 가격 변화를 넘어 절대적 물가 수준에 영향을 미쳤다는 주장은 아직도 이론적 뒷받침이 부족한 듯 보인다. 인구 증가가 원인이 아니라 결과일 수도 있다.

임금, 인구, 귀금속 유입을 설명 변수로 한 단순 회귀 분석은 인구와 물가, 인구와 식품 가격 간의 상관관계를 시사하며, 공산품 가격을 임금, 귀금속 유입으로 설명할 가능성을 나타낸다. 자유도가 낮아 통계적 유의성이 결여되었으나 새로 이용 가능한 자료가 많아진 덕택에 시도할 수 있었던 거의 최초의 계량 분석이다.

최근에 1348-1349년 흑사병으로 북서유럽 인구가 3분의 1 내지 2분의 1 감소한 이후 바로 그 이전 수준으로 회복하지 않고 오랫동안 저인구 체제를 유지함으로써 북서유럽에 '고임금 경제'가 도래했으며, 이것이 영국 산업 혁명의 기반을 제공했다는 가설이 주목받는다. 연결 고리로서 토지 노동 비율의 상승, 토지 집약적인 목축 농업의 발달, 곡물 농업보다 목축에 비교 우위가 있는 여성 노동의 고용 기회 확산, 여성의 초혼 연령 증가와 미혼율 상승 등 '유럽 결혼 패턴'의 정착, 이에 따른 인구 증가 속도의 하락과 1인당 소득 증대 등을 들고 있다. 이러한 1348-1750년 기간의 장기적 설명에 16세기 인구 증가, 실질 임금 하락, 물가 상승은 예외적으로 보인다. '고임금 경제' 가설을 주장하는 학자들이 16세기를 전혀 언급하지 않음을 볼 때 이들을 가격 혁명 설명에서는 화폐론을 암묵적으로 동의하는 것으로 간주할 수밖에 없다.

한 마디로 화폐적 설명도, 실물적 설명도 논리의 정합성이나 실증적 뒷받침에서 개선의 여지가 많다. 그러나 이들 설명을 반박할 근거도 없다. 16세기는 유럽의 팽창 시기이다. 또 다른 설명이 필요하다 [양동휴(2014)].

〈그림 2-5〉에서 보듯이 16세기에 실질 임금이 하락했다. 따라서 자본가들의 이윤이 올랐으며 이러한 '이윤 인플레이션'이 자본 축적과 자본주의적 기업 활동의 유인으로 작용했다는 가설이 있다 [Hamilton(1929, pp. 355-356); Hamilton(1960, p. 160)]. 인플레이션은 강제 저축과 자본 축적의 메커니즘이었고 소득 분배를 악화시켰다. 이것을 월러스틴은 지역에 따른 노동 통제 방식에 따라 중심부와 주변부에 이윤이 분배되는 방식이 달랐다고 하여 세계 자본주의론의 단초로 삼았다[Wallerstein(1974, ch. 2)]. 영국에서 자본가들의 수익률이라고 생각할 수 있는 이자율 추이는 15세기에는 낮았다가 16세기는 높고 17, 8세기로 올수록 낮아진다[Homer and Sylla(2005)]. 그러나 16세기에는 물가 상승의 혼란, 종교 전쟁과 국가 파산 등으로 이자율이 높아졌다. 이것을 자본 수익률로 해석함에는 어려움이 따른다. 물론 영국은 종교 전쟁의 피해를 덜 보았다. 또한 물가를 농산물 가격과 공산품 가격으로 구분해보면 임금 상승이 농산물 가격 상승보다 늦고 못 미쳤을지도 모른다. 하지만 공산품 가격 상승보다 떨어졌는지는 불분명하다. 산업 '자본가'의 '이윤 인플레이션'은 존재 자체가 회의된다[Outhwaite(1969,

그림 2-6 토지 수익률: 영국 물가와 지대의 추이

(지수: 1510-1519=100)

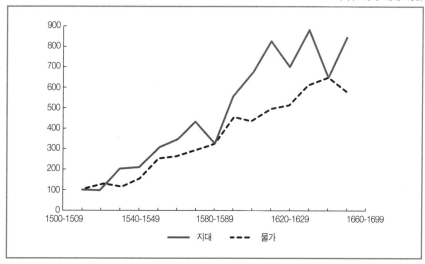

자료: Fischer(1996), p. 79.

pp. 40-41)]. 이에 반해 토지에 대한 급부인 지대는 16세기와 17세기 전반에 물가 상승보다 더 큰 폭으로 높아진 것으로 보인다(〈그림 2-6〉 참조). 그렇다면 자본 축적의 주체는 자본가가 아니고 지주였으며, 영국에서는 '이윤 인플레이션'이 아니라 '지대 인플레이션'에 의해 농업 자본주의가 발달하는 계기가 되었을 것이다. 지주의 수취 강화는 동유럽에서 더 심했는데 거의 쇠퇴했던 농노제가 다시 도입되고 공고화한다.

가격 혁명 기간에는 물가 급등락 때문에 불안감이 팽배했다. 상대 가격 변화와 인플레이션이 갖는 소득 재분배 효과 때문에 경제와 사회가 전반적으로 안정성을 잃었다. 여기에 간헐적으로 들이닥치는 기근, 전염병, 종교 전쟁, 재정 적자와 정부 부채의 누적, 국가 파산 등이 포개져 결국은 정치 불안과 혁명, 폭동, 대규모 전쟁으로, 즉 '17세기 위기'로 치닫는다[Fischer(1996, pp. 87-91)]. 그러나 16세기 가격 혁명 자체가 장기적 호황 국면임을 부인하기 어렵다. 신대륙 탐험, 정착과 함께 유럽이 엄청난 속도로 팽창하고 번영하는 도중 부작용이 일어난 것은 불가피했다.

아메리카 귀금속의 영향은 유럽의 가격 혁명뿐 아니라 전 세계에 미쳤다[양동휴(2013)].[6)]

---

6 유럽에서는 은 유입이 인플레이션을 가져온 반면 인도와 중국에서는 상품 화폐 경제의 성장을 지속시키는 데 도움이 되었다. 페르시아에서는 은 유입이 수입 대체 공업화와 대안적 교역로 모색에 사용되었고, 오토만제국에서는 16세기에 물가 상승, 17세기에 하락을 보였다. 은의 이동은 기본적으로 유라시아 내부 교역 증가에 기여했다[Findlay and O'Rourke (2007, pp. 221-225)].

부표 2-A1 인구, 물가, 임금 자료

	인구 (만)	물가 (1860=100)	숙련공 실질 임금 (1860=100)	보조 노동자 실질 임금 (1860=100)	식품 가격 (1490=100)	농산물 가격 (1451-75 =100)	공산품 가격 (1451-75 =100)	귀금속 유입 (은 환산 톤)
1490-99		13.4	72.1	74.1	100	99	97	
1500-09		13.4	70.0	72.9	106	106	98	17.9
1510-19		13.9	70.0	72.5	116	118	102	43.9
1520-29	235	15.8	63.7	64.1	159	132	110	69.9
1530-39		16.8	61.6	63.0	161	139	110	96.0
1540-49	283	19.2	57.5	61.4	217	169	127	131.0
1550-59	307	28.4	51.2	53.7	315	270	186	171.0
1560-69	304	31.4	52.2	56.4	298	282	218	202.6
1570-79	331	35.0	49.3	53.5	341	313	223	205.0
1580-89	363	39.6	46.9	49.0	389	357	230	205.2
1590-99	394	47.8	40.1	41.4	530	451	238	215.4
1600-09	416	50.7	41.0	43.6	527	463	256	231.4
1610-19	448	55.7	40.7	41.8	583	540	274	247.8
1620-29	474	55.0	43.1	43.5	585	535	264	265.7
1630-39	493	64.7	39.0	40.7	687	634	281	283.7
1640-49	513	66.4	43.0	43.8	723	644	306	300.4
1650-59	531	66.2	47.8	48.8	687		327	316.4
1660-69	528	66.4	50.5	50.5	702		343	332.4
1670-79	516	65.0	51.6	53.4	675		351	348.4
1680-89	511	63.2	53.6	56.1	631		310	364.4
1690-99	509	70.4	50.2	51.1	737		331	381.7
1700-09	521	66.7	54.2	51.8				399.7
1710-19	538	69.2	54.1	50.8				421.1
1720-29	550	68.0	55.8	52.8				454.1
1730-39	541	63.1	61.1	57.7				488.1
1740-49	572	63.9	61.4	57.4				523.4
1750-59	592	67.5	57.8	56.4				559.4

자료: 인구는 Broadberry et al.(2011)에서 1522년 자료를, Wrigley et al.(1997)에서 1541년 이후 자료를 사용. 물가, 숙련공 실질 임금 및 보조 노동자 실질 임금은 Clark(2005) 자료. 식품 가격은 Phelps Brown and Hopkins (1957), 농산물 가격은 Braudel and Spooner(1967), 공산품 가격은 Outhwaite(1969) 자료. 귀금속 유입은 Barrett(1999)의 자료로부터 내삽하여 얻은 연평균 유입량.

제2장 16세기 영국 가격 혁명의 재조명

참고 문헌

양동휴(2013), 「16-19세기 귀금속의 이동과 동아시아 화폐제도의 변
    화」, 『경제사학』, 54, pp. 131-166.

_____(2014), 『유럽의 발흥: 비교경제사 연구』, 서울대학교 출판문화
    원.

Allen, Robert C.(2009), *The British Industrial Revolution in Global
    Perspective*, Cambridge University Press.

_____(2015), "The high wage economy and the industrial revolution: a
    restatement," *Economic History Review*, 68-1, pp. 1-22.

Barrett, Ward(1990), "World Bullion Flows, 1450-1800," in James D. Tracy,
    ed., *The Rise of Merchant Empires: Long-Distance Trade in the
    Early Modern World, 1350-1750*, Cambridge University Press.

Bowden, Peter(1967), "Statistical Appendix," in Joan Thirsk, ed., *The
    Agrarian History of England and Wales*, Vol. 4: *1500-1640*,
    Cambridge University Press, pp. 814-870.

Braudel, F. P. and F. Spooner(1967), "Prices in Europe from 1450-1750,"
    in E. E. Rich and C. H. Wilson, eds., *Cambridge Economic History
    of Europe*, Vol.4: *The Economy of Expanding Europe in the
    Sixteenth and Seventeenth Centuries*, Cambridge University Press.

Broadberry, Stephen, Bruce M. S. Campbell and Bas van Leeuwen(2011),
    "English Medieval Population: Reconciling Time Series and Cross
    Sectional Evidence," London School of Economics, October.

Burke, Peter, ed.(1972), *Economy and Society in Early Modern Europe: Essays from Annales*, Routledge.

Challis, Christopher E.(1975), "Spanish Bullion and Monetary Inflation in England in the Sixteenth Century," *Journal of European Economic History*, 4-2, pp. 381-392.

_____(1978), *The Tudor Coinage*, Manchester: Manchester University Press.

_____(1989), *Currency and the Economy in Tudor and early Stuart England*, London: Historical Association.

Clark, Gregory(2005), "The Condition of the Working Class in England, 1209-2004," *Journal of Political Economy*, 113-6, pp. 1307-1340.

Clark, Peter and Paul Slack(1976), *English Towns in Transition 1500-1700*, Oxford University Press.

Crafts, Nicholas(2011), "Explaining the First Industrial Revolution: Two Views," *European Review of Economic History*, 15-1, pp. 153-168.

Dennison, Tracy and Sheilagh Ogilvie(2014), "Does the European Marriage Pattern Explain Economic Growth?," *Journal of Economic History*, 74-3, pp. 651-693.

Findlay, Ronald and Kevin H. O'Rourke(2007), *Power and Plenty: Trade, War, and the World Economy in the Second Millennium*, Princeton University Press.

Fischer, David Hackett(1996), *The Great Wave: Price Revolutions and the Rhythm of History*, Oxford University Press.

Fisher, Douglas(1989), "The Price Revolution: A Monetary Interpretation,"

Journal of Economic History, 46-4, pp. 883-902.

Fisher, Irving(1911), *The Purchasing Power of Money: Its Determination and Relation to Credit, Interest and Crises*, New York: Macmillan, 1911, reprinted by Martino Publishing, 2012.

Goldin, Claudia and Kenneth Sokoloff(1982), "Women, Children and Industrialization in the Early Republic: Evidence from the Manufacturing Censuses," *Journal of Economic History*, 42-4, pp. 741-774.

Goldstone, Jack A.(1984), "Urbanization and Inflation: Lessons from the English Price Revolution of the Sixteenth and Seventeenth Centuries," *American Journal of Sociology*, 89-5, pp. 1122-1160.

Gould, J. D.(1970), *The Great Debasement: Currency and the Economy in Mid-Tudor England*, Oxford: Oxford University Press.

Habakkuk, H. J.(1962), *American and British Technology in the Nineteenth Century*, Cambridge: Cambridge University Press.

Hamilton, Earl J.(1929), "American Treasure and the Rise of Capitalism," *Economica*, 9-27, pp. 338-357.

_____(1934), *American Treasure and the Price Revolution in Spain, 1501-1650*, Cambridge: Harvard University Press, reprinted by Octagon Books, New York, 1965.

_____(1960), "The History of Prices Before 1750," International Congress of Historical Sciences, Stockholm.

Hillmann, Henning and Christian Gathman(2011), "Overseas Trade and the Decline of Privateerng," *Journal of Economic History*, 71-3, pp.

730-761.

Homer, Sidney and Richard Sylla(2005), *A History of Interest Rates*, 4th
    ed., John Wiley(이은주 옮김, 『금리의 역사』, 리딩리더, 2011).

Kugler, Peter and Peter Bernholz(2007), "The Price Revolution in the 16th
    Century: Empirical Results from a Structural Vectorautoregression
    Model," University of Basel⟨http://wwz.unibas.ch/uploads/
    tx_x4epublication/12_07.pdf⟩.

Lindert, Peter(1985), "English Population, Wages, and Prices: 1541-1913,"
    Journal of Interdisciplinary History, 15-4, pp. 609-634.

Malthus, Thomas Robert(1798), *An Essay on the Principle of Population*,
    Philip Appleman, ed., W. W. Norton, 1976.

Mayhew, N. J.(1995), "Population, money supply, and the velocity of
    circulation in England, 1300-1700," *Economic History Review*, 48-
    2, pp. 238-257.

Miskimin, Harry A.(1975), "Population Growth and the Price Revolution in
    England," *Journal of European Economic History*, 4-1, pp. 179-186.

_____(1977), *The Economy of Later Renaissance Europe 1460-1600*,
    Cambridge: Cambridge University Press.

Mokyr, Joel, ed.(2003), *Oxford Encyclopedia of Economic History*, Vol. 4,
    Oxford University Press.

More, Thomas(1516), *Utopia*(주경철 옮김, 『유토피아』, 을유문화사,
    2007).

Mosk, Carl(2013), *Nationalism and Economic Development in Modern
    Eurasia*, Routledge.

Munro, John(1991), "The Central European Mining Boom, Mint Outputs, and Prices in the Low Countries and England, 1450-1550," in Eddy H. G. van Cauwenberghe, ed., *Money, Coins, and Commerce: Essays in the Monetary History of Asia and Europe*, Louvain, pp. 119-183.

Outhwaite, R. B.(1969), *Inflation in Tudor and Early Stuart England*, Macmillan.

Patten, John(1978), *English Towns 1500-1700*, Dawson & Sons.

Phelps Brown, E. H. and Sheila V. Hopkins(1956), "Seven Centuries of the Prices of Consumables, Compared with Builders' Wages-Rates," *Economica*, 23-92, pp. 296-314.

_____(1957), "Wage-rates and Prices: Evidence for Population Pressure in the Sixteenth Century," *Economica*, 24-96, pp. 289-306.

Ramsey, Peter H., ed.(1971), *The Price Revolution in Sixteenth-Century England*, Methuen.

Sargent, Thomas J. and Francois R. Velde(2002), *The Big Problem of Small Change*, Princeton University Press.

Smith, Adam(1776), *An Inquiry into the Nature and Causes of the Wealth of Nations*, Edwin Cannan edition, University of Chicago Press.

Spooner, Frank C.(1972), *The International Economy and Monetary Movements in France, 1493-1725*, Harvard University Press.

Temin, Peter(2014a), "Economic History and Economic Development: New Economic History in Retrospect and Prospect," NBER Working Paper 20107, May.

_____(2014b), "The Cambridge History of 'Capitalism'," NBER Working
Paper 20658, November.

Voigtlaender, Nico and Hans-Joachim Voth(2013), "How the West
'Invented' Fertility Restriction," *American Economic Review*, 103-6,
pp. 2227-2264.

Wallerstein, Immanuel(1974), *The Modern World System I: Capitalist
Agriculture and the Origins of the European World-Economy in the
Sixteenth Century*, Academic Press.

Wiebe, Georg(1895), *Zur Geschichte der Preisrevolution des XVI. und
XVII. Jahrhunderts*, Duncker u. Humblot.

Wordie, J. R.(1997), "Deflationary Factors in the Tudor Price Rise," *Past
and Present*, 154, pp. 32-70.

Wrigley, E. A. and R. S. Schofield(1981), *The Population History of
England, 1541- 1871: A Reconstruction*, Harvard University Press.

Wrigley, E. A., R. S. Davis, J. E. Oeppen and R. S. Schofield(1997), *English
Population History from Family Reconstitution 1580-1837*,
Cambridge University Press.

3

금본위제의 성립은 역사적 진화인가: 복본위제 단상

제3장

금본위제의 성립은 역사적 진화인가: 복본위제 단상

"금본위제는 이미 야만적 잔해에 불과하다."
- J. M. Keynes(1923), *A Tract on Monetary Reform* -

1. 머리말

통화 제도가 상품 화폐에서 귀금속 본위 화폐로, 불환 지폐로 변화한 역사가 얼핏 보면 당연한 듯 보인다. 그 중에서도 여러 나라가 1870년대에 복본위나 은본위에서 금본위제로 이행한 사실은 자연스러운 과정으로 이해되고 있다. 이 장의 목적은 대안적 설명들을 검토함으로써 금본위제의 초기 정착을 재조명하려는 것이다. 우선 금본위제의 의미와 작동 방식을 설명한 후 각국 금본위제 채택 과정의 역사를 살핀다. 그 다음은 금본위제 이전의 다양한 통화 제도의 운행을 검토하고 평가한다. 이러한 논의가 국제 통화 체제의 성과와 현실 문제에 갖는 함의를 찾는 노력으로 장을 맺는다.

2. 금본위제의 작동

금본위제란 무엇인가? 여러 가지로 정의될 수 있으나 대략 다음과 같은 조건이 충족되는 국제 통화 제도를 지칭한다. ① 개인 간, 국가 간 금의 자유로운 이동, ② 금으로 표시된 각국 화폐 가치의 유지,

즉 국가 간 고정 환율의 유지, ③ 국제적 조정 기구의 부재, 이러한 조건은 자연히 국제 수지 흑자국과 적자국 간에 비대칭적 부담을 초래한다. 더욱이 적자국에 가해지는 국제 수지 조정 메커니즘은 평가 절하보다는 디플레이션, 즉 국내 물가 하락과 생산 위축이었다[Temin (1989, pp. 8-9)].

화폐 가치가 금에 고정되어 있다는 것은 금의 중량과 화폐의 단위 간 교환 비율이 일정하다는 뜻이다. 그런데 꼭 금 가격에 합당한 금화를 주조해서 쓰지 않더라도 보조 화폐인 은화, 동전, 또는 지폐가 통용되고 이들을 명목 가치로 금 태환이 가능한 것도 이에 해당한다.[1] 한 나라의 금 보유 총량에 따라 금의 구매력에 걸맞은 물가 수준이 결정된다. 다른 조건(예를 들어, 통화 승수, 화폐 유통 속도)이 같을 때, 실물 생산량이 일정한데 새로운 금광을 발견, 채굴하여 금의 총량이 늘면 물가가 오른다. 금의 양은 불변인데 경제 성장으로 재화와 용역의 공급이 늘면 물가가 내린다. 이러한 관계는 전 세계로 확대 해석할 수 있다.

그러나 나라마다 금의 구매력이 다르고 따라서 금으로 표시된 물가가 다르므로 값싼 상품들이 고물가국으로 팔려나가고 자연히 국제 수지의 적자국과 흑자국이 생긴다. 국가 간 고정 환율을 유지하면서 이러한 국제 수지 불균형은 어떻게 조정되는가? 여기에는 금의 이동에 따른 물가 수준의 변화를 강조하는 가격 정화 플로우 메커니즘, 이자율의 상대적 수준을 강조하는 자본 이동설, 경제 활동의 변화에 중점을 두는 개방 경제 승수 이론, 소비자와 생산자의 합리적 기대와 행동 때문에 항상 국제 가격과 국제 이자율이 같은 수준을 유지한다고

---

1 금화, 은화, 동전을 혼용하던 로마 말기도 이런 의미에서 금본위제다.

주장하는 국제 수지에 대한 통화론적 접근 등 다양한 설명이 있다. 그러나 이들은 같은 현상을 놓고 어느 한 측면을 특히 강조한 것에 불과하다. 실제로는 그 모든 과정이 동시에 진행된다. 따라서 이들 이론이 가리키는 내용은 서로 경쟁적이라기보다는 보완적이다.

다음과 같이 설명해보자[Eichengreen and Flandreau, eds.(1997, Introduction)]. 어느 한 나라의 국제 수지가 적자라고 하자. 은행의 역할을 무시한다면 금이 그 적자국에서 흑자국으로 유출될 것이다. 이에 따라 통화량이 감소하면 물가가 하락하여 적자국의 재화 값이 국제 가격 이하로 싸진다. 그러면 수출이 증가하고 수입이 감소하여 결국 국제 수지가 호전된다. 또한 화폐 부문의 초과 수요는 국내 이자율을 상승시켜 자본 유입을 불러일으키므로 국제 수지가 개선된다. 동시에 통화량 감소는 국내 유효 수요를 감축시켜 지출이 감소하고 고용이 위축되어 수입 수요를 줄인다. 이러한 효과에 대한 기대가 합리적일수록 구매력 평가(purchasing power parity)와 이자율 평가(interest parity)의 회복이 빨라진다. 이와 같이 네 가지 조정 과정이 동시에 진행되므로 이들 이론은 서로 보완적이라고 할 수 있다.

각국의 중앙은행이 이러한 국제 수지 조정 과정을 허용하거나 촉진시키는 것이 국제적으로 통용되는 금본위제의 게임 규칙(rule of the game)이었다. 즉, 적자국에서는 금 유출의 효과를 강화하기 위해 재할인율을 올리고, 흑자국에서는 그 반대의 정책을 수행한다. 고전적 금본위제 기간, 즉 1870년대 초-제1차 세계 대전 이전까지는 게임의 규칙이 지켜진 것으로 생각되었다. 그러나 전간기, 즉 1920년대 후반의 금본위제하에서는 실제로 적자국이 오히려 금 유출의 효과를 불태화(sterilize)하고자 재할인율 인하 등의 정책을 수행함으로써 규칙을 위반한 사실이 밝혀졌다. 특히, 필요한 분량을 초과하는 금을 보유한 프랑스, 스웨덴 등은 국내 금융 시장에서 보정적 정책을 수행할 여유가 있었다. 영국은 경상 수지 흑자로 금이 유입되고 이자율이 하락하자 파운드화를 계속 유출했다. 이러한 과정이 지속된 것이 금 유입의 효과를 영란은행이 불태화한 때문인지, 이자율에 비탄력적인 자본 유출이 누적된 결과인지는 분명하지 않다[Nurkse(1944)].[2]

제1차 세계 대전과 대전 직후의 인플레이션으로 각국은 금본위제를 일단 포기한다. 그러다가 전전 평가로 금본위제로 복귀할 것을 주장한 논의들이 나왔다. 이들은 금융 긴축을 권고했다(Cunliffe Committee). 실제로 영국을 비롯한 여러 나라가 1925년을 전후하여 전전 평가로 금본위제에 복귀했다. 그러나 전간기의 금본위제는 1931년에 다시 와해되고 관리 변동 환율제 기간을 맞게 된다. 물론 프랑스 등 금 블록은 1936년까지 금본위제를 고수했다.

1920년대의 금본위제가 실패한 원인은 무엇인가? 케인스(J. M. Keyenes)도 참여한 맥밀란 위원회(Macmillan Committee of Finance and Industry) 보고서가 이를 잘 지적했다. 그 내용은 ① 각국이 국내 경제 위주의 불태화 정책을 고수함으로써 국제 수지 조정 과정이 원활하지 못했다. ② 금 부족으로 통화량 증가가 억제되고 물가 하락의 압력이 가중되었다. ③ 임금과 물가의 하방 경직성으로 인플레이션의 압력이 생산과 고용 하락을 초래했다. ④ 금에 비해 화폐가 많아 태환 문제를 야기했다. ⑤ 국제적인 금 보유 상황을 볼 때 금 보유 비중이 미국과 프랑스에 치우쳐 있어 균형 있는 조정이 어려웠다. ⑥ 금융 중심지가 런던과 뉴욕으로 나뉘어 통일성 있는 협력 체제가 유지되기

---

2 이후 같은 주제에 대해 연구 문헌이 축적되었으나 아직 뚜렷한 결과가 없다.

곤란했다. ⑦ 나라마다 보호주의 정책을 강화했기 때문에 국제 수지 조정에 한계가 있었다.

하지만 이러한 문제들이 전쟁 이전에는 없었을까? 정도의 차이가 있을지언정 전쟁 이전에도 그런 문제들이 있었다[Bloomfield(1959); Triffin(1964)]. 그렇다면 왜 고전적 금본위제에 비해 전간기의 금본위제가 훨씬 더 불안정적이었을까? 투자가들의 전망과 태도를 바꾼 근본적인 환경 변화가 있었다면 그것은 무엇인가? 금융 정책의 질이나 신뢰도가 달라졌다는 것일까?

전간기에는 금본위제의 취약성이 증대했다. 그래서 자본이 급격히 이동할 위험성이 컸다. 또한 각국의 중앙은행은 국내와 해외 부문 간 균형을 위한 정책에서 어느 한 쪽을 선택해야 할 상황이었다. 전간기 이전에는 고전적 금본위제가 안정적으로 유지될 수 있었는데, 이는 그 시스템의 주도자인 영국(그 대리자인 영란은행)이 이를 효율적으로 관리할 수 있었기 때문이었다고 흔히 주장된다. 사실 경기 침체기에도 영국 자본 시장의 해외 대부는 증가하는 경향이 있었다. 영란은행이 이러한 국제적인 최종 대부자 역할을 함으로써 금본위제가 안정적으로 작동했던 것이다. 그러나 전간기에는 상황이 달라졌다. 제1차 세계 대전을 치르면서 영국은 국제 금융 질서를 주도할 능력을 잃었고, 미국은 그런 역할을 수행할 의사를 가지고 있지 않았다. 즉, 전간기 금본위 제도가 불안정성을 보인 것은 국제적인 헤게모니의 부재 때문이라는 것이다[Kindleberger(1986, chapter 14)].

다음과 같은 반론이 있다. 전쟁 전에 금본위제가 원활히 작동했던 것은 어느 한 지배적인 정책 단위가 안정적으로 개입한 덕분이 아니었다. 전쟁 이전의 고전적 금본위제도 분산된 다극화 체제였다. 그 상황에서 각국 간 신뢰(credibility)와 협조(cooperation)가 작동했기 때문에 금본위제가 안정적으로 움직일 수 있었다. 그리고 전간기에 헤게모니가 예외적일 만큼 부재 상태인 것도 아니었다. 전쟁 전과 마찬가지로 파리와 베를린은 런던 금융 시장의 경쟁자로서의 역할을 일정 수준 유지하고 있었다. 여기서 신뢰도란 경제 정책 당국의 여러 목표 중 국제 수지 균형 유지를 가장 중시하는 것을 말한다. 따라서 중앙은행은 금 보유고 유지, 통화의 금 태환성 유지를 위한 정책들을 최우선시했다. 협조란 각국 정부의 정책 협조를 말한다. 그 중에서도 가장 중요한 은행인 영란은행이 주도하고 각국 중앙은행들이 공동으로 보조를 맞추는 것이 필요했다. 한 나라가 심각한 금융 위기를 겪으면 각국의 중앙은행들은 이 나라의 채권을 할인해주고 금을 대출해준다. 예를 들면, 1890년의 베어링 위기(Baring crisis) 때 영란은행은 프랑스와 러시아에서 각각 300만 파운드와 150만 파운드를 차입했다. 영란은행이 파운드화 가치를 유지하고 최종 대부자 능력을 가졌다는 믿음을 잃지 않을 수 있었던 것이다. 그런데 이러한 신뢰와 협조 체제가 제1차 세계 대전을 거치면서 붕괴되고 그에 따라 전간기 금본위제가 불안정해졌다는 주장이다[Eichengreen(1992, Introduction)].[3]

금본위제가 사라진 배경 및 원인에 대한 연구는 많고 대강 비슷한 평가로 모인다. 이에 비해 금본위제 정착에 관한 기존 문헌은 양적, 질적으로 취약하다. 경제학의 발전이 경제 현안에 따라가는 경향을 보이는 것은 당연하지만, 경제사학계에서는 이제 금본위제 성립 과정에도 눈을 돌려야 할 때이다.

---

3 그 이후에도 다른 가설들이 있으나 아직 주목받지 못하는 듯하다.

3. 유럽 금본위제 성립과 복본위제

그러면 구미 각국이 금본위제를 채택한 과정을 살펴보고 중국과 일본은 나중에 따로 검토하자. 〈표 3-1〉은 19세기 초부터 제1차 세계 대전 발발 시까지 여러 나라의 통화 체제를 요약한 것이다.

귀금속본위제는 물론 상품 화폐에서 진화했다. 가볍고 유통이 편리하기 때문이다. 화폐로 주조한 여러 귀금속과 그 귀금속의 가치가 일치하는 복본위에서 금 단일 본위제로 이행한 것은 영국이 처음이다. 1717년 화폐 감독관인 아이작 뉴턴 경은 은에 비한 금 가격을 우연히 너무 낮게 책정했는데, 이 결과 대부분의 은화가 유통에서 사라졌다. 이후 1821년에 금본위를 공식 천명하게 된다. 영국이 산업 혁명으로 19세기에 금융과 상업을 주도하게 되자 영국과 교역하고 자본을 차입하고자 했던 복본위 또는 은본위 국가들에게 영국의 통화 제도가 점차 매력적인 선택이 되었다. 이에 따라 금에 연결된 고정 환율 국제 통화 제도가 탄생한 것이다(1870년대). 부분 준비금 은행(fractional reserve bank)의 등장과 함께 금본위제는 취약해졌다. 그렇지만 국제 통화 제도로서 금본위제가 유지된 것은 통화와 외환 안정에 우선권을 부여하는 정치적 분위기와 위기 때 국제 협력을 가져온 연대감 때문이었다[Eichengreen(2008, chapter 2)].

19세기에 많은 국가들은 금화와 은화 모두의 주조와 유통을 허용했다. 오직 영국만이 19세기 초부터 전적으로 금본위제에 의존했다. 1870년 이전에 금본위를 채택한 나라에는 포르투갈, 오스트레일리아, 터키, 브라질 등이 있다. 독일의 영방 국가들, 오스트리아-헝가리제국, 스칸디나비아, 러시아, 극동 지역 등은 은본위제를 사용했다. 프

표 3-1 19세기 초-제1차 세계 대전 발발까지 화폐 제도

	복본위에서 금으로	복본위에서 은으로	은에서 금으로	기타 사건들
프랑스	1873. 11 *1874. 1. 31* *1876. 8. 6*			**1870. 7. 14-1877. 12. 13** 지폐 태환 정지
벨기에		*1850. 12. 28*	1872. 12 *1873. 12. 18* *1874. 1. 31*	1861. 6. 4 프랑스 금화 통용 이후 사실상 복본위
이탈리아	1874. 1. 31			통일 후 1862. 8. 24 사실상 금본위, 지폐 태환 정지 1866. 5. 1-1884. 4. 11, 1894. 2. 21-1913-12
스위스	*1871. 12* *1874. 1. 31*			
독일			**1871 늦게** *1873. 7. 12*	
네덜란드		*1850*	1873. 10. 31 *1875. 6. 6* *1877. 12*	
영국				1821부터 금본위
오스트리아-헝가리			*1879* 1892. 8. 2	1848-1858, 1866-1892 지폐본위
덴마크			1873. 5. 27	
핀란드			1877. 8. 9	
그리스				1869-1877 외에는 지폐본위
포르투갈	*1854. 7. 29*			1891. 7. 19 지폐본위 1911. 5. 22 파운드에 페그
러시아			*1876* *1897. 1*	
스페인		*1868*		1883부터 지폐본위
스웨덴			1873. 5. 30	
터키			*1881*	
캐나다				**1858 금본위,** 1910. 5. 4 달러 페그
인도			1893. 6. 26	
남아프리카				파운드 페그
미국	*1873. 2. 12* *1879. 1. 1* **1900. 3. 14**			지폐 태환 정지 1862-1878

주: 주요 사건은 고딕체로, 사실상의 변화는 이탤릭체로 표기했음.
자료: Bailey and Bae(2003).

그림 3-1 연도별 금, 은 가격 비율, 1800-1914년

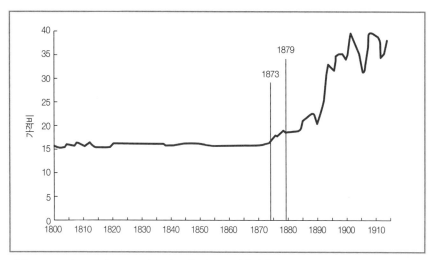

자료: Warren and Pearson(1933, *Prices*), Friedman(1992), p. 90에서 전재.

랑스, 벨기에, 이탈리아, 스위스, 미국 등 복본위제 국가들은 금본위
권과 은본위권 사이에서 중계 역할을 했다.

1803년의 프랑스 화폐법은 프랑스 복본위제를 규정했다. 금과 은
의 조폐 비율은 15.5 대 1이었다. 이것은 시장 가격에 근접했기 때문
에 초기에는 금과 은, 둘 다 유통되었다. 그러나 〈그림 3-1〉에서 보듯
이, 1870년대 초처럼 금 가격이 은에 비해 오르면 아비트리지(arbitrage)
의 유인이 생기기 때문에 은을 수입하고 금을 수출한다. 이것은 은화
가 금화를 구축하는 그레샴의 법칙이 작동하는 것으로 생각할 수 있
다. 또는 1850년대 금광 발견 때와 같이 시장 비율이 조폐 비율보다
낮아지는 경우에는 금을 수입하고 은을 수출한다.

금과 은은 두 비율이 충분히 근접할 때에만 모두 유통된다. '충분

히 근접'한다는 것은 '동일'하다는 것보다 약한 조건이다. 주조 비용과 아비트리지의 운송, 보험, 시간 비용 등이 금의 교환 비율을 변동폭 내에서 안정시키는 효과가 있었다. 프랑스의 복본위제는 지속되었으나 금의 시장 가격 상승으로 금이 서서히 유통에서 사라졌다.

1848년 캘리포니아와 1851년 오스트레일리아에서 금광 발견으로 세계의 금 생산량이 약 10배 증가했다. 시장 가격이 하락하면서 프랑스로 금이 수입되었고 조폐창은 고정 가격에 금을 매입했다. 프랑스 은은 저평가되었고 은본위제가 지배하던 동아시아로 흘러들어갔다. 은광이 1859년 네바다에서 발견되고 함량이 낮은 원광에서 은을 추출하는 새로운 기술이 개발되자 흐름은 역전되어 이제는 금이 프랑스에서 유출되고 은이 수입되었다. 이러한 변동은 미국에서 더 심했다. 19세기 처음 30여 년 동안 조폐 비율은 15 대 1로 시장 비율과의 차이가 프랑스보다 컸고 오직 은만 유통되었다. 1834년 조폐비가 거의 16 대 1까지 올랐을 때는 금이 은을 밀어냈다.

이와 같이 금과 은이 서로를 구축하고 광산 개발과 조폐 비율의 변화에 따라 유통이 격렬하게 변동하는 등 운용하기 어려워보이는 복본위제가 19세기 후반까지 지속된 것은 일종의 네트워크 익스터널리티로 설명할 수 있다.

여기서 네트워크 익스터널리티 개념을 잠깐 설명하자. 이는 요즈음 정보 통신 경제학에서도 기본적으로 받아들여지는 개념이다. 너도나도 이를 소비함으로써 그 단가가 떨어진다는 것이다. 본위 화폐의 전파 및 확장도 이와 똑같다. 본위 화폐가 전파, 확장되면 우선 해외 교역에서 유리하며, 다음으로는 국제 자본 시장에서 차입 비용이 낮아진다. 금본위제가 1870년대 이후 세계적으로 파급되는 과정에 관한 탁월한 설명[Meissner(2005)]과 똑같다.

각 나라들은 다른 나라들과 동일한 통화 제도를 유지하는 것이 유리하다. 그리해야 교역하기가 쉬워진다. 은본위제 국가였던 스웨덴은 영국과 무역 결제 정산을 위해 금본위제를 병행했다. 공통의 국제 통화 기준의 존재는 해외 차입에 좋다. 부채 국가 아르헨티나는 국내 거래에서는 불환 지폐를 사용했지만 국제 거래에서는 금으로 결제했다. 그러므로 기존 제도를 포기하려면 기존 제도의 불편함이 분명해져야 했다. 네덜란드는 금융적, 지리적으로 은본위 독일과 금본위 영국의 사이에 위치했기 때문에 영국의 통화 제도에 맞추어야 할 동기가 있었다. 이러한 동기를 극복하려면 복본위제 블록을 흔들 만한 충격이 필요했다. 결국 그러한 충격은 산업 혁명의 확산과 보불전쟁으로 절정에 달한 국제적 대립 및 충돌에서 왔다.

19세기 후반에 복본위제에 대한 압력이 가중되었다. 우연히 금본위제를 일찍 채택한 영국은 산업 혁명을 통해 세계 경제를 주도했다. 영국과 긴밀히 교역하던 포르투갈은 1854년 금본위제로 돌아섰다. 서유럽이 금 블록과 복본위권으로 분열하리라는 전망이 나타났다. 한편, 유럽 대륙은 복본위제를 운용하는 데 점차 어려움을 느꼈다. 교통, 통신의 발달로 무역이 증대하자 많은 나라에서 해외 은화의 유통이 증가했다. 증기력이 화폐 주조에 도입되면서 이러한 추세가 가속되었다. 1861년에 독립, 통일한 이탈리아는 화폐 개혁을 실시하여 은 함유량(fineness) 0.835의 은화를 발행했다. 개인들은 가능한 한 이탈리아 은화를 사용하고 가치가 높은(은 순도 0.9) 프랑스 은화는 사장했다. 그 결과 프랑스에서 이탈리아 화폐가 넘쳐나고 프랑스 화폐는 사라질 운명이었다. 이에 대응하여 프랑스는 1864년 은화의 은 함량을 0.9

에서 0.835로 줄었다. 그러나 스위스 은화의 순도가 0.8로 전환되면서 스위스 은화는 프랑스, 이탈리아, 벨기에 화폐를 유통에서 구축할 위협을 가져왔다. 이들 나라는 상호 의존성을 인식하고 1865년에 국제 회의를 열었다. 그 결과가 라틴통화동맹(Latin Monetary Union)이다. 라틴통화동맹은 벨기에, 프랑스, 이탈리아, 스위스(나중에 그리스, 스페인 참여) 등이 결성하여 은 함량을 0.835로 맞추도록 정했다.

라틴통화동맹은 여러 가지로 재해석된다[Flandreau(2000)]. 제2제정의 나폴레옹 3세가 자유 무역 이데올로기 때문에 통화 동맹을 추진했다는 고전적 설명은 부인된다. 오히려 국제 금융이 중요하다는 가설이 유력하다. 라틴통화동맹은 1867년 파리 국제 박람회와 같은 맥락에서, 프랑스를 중심으로 한 유럽 대륙 경제 통합이라는 방대한 구상의 한 측면으로 보아야 한다는 것이다. 프랑스의 자본 수출을 바탕으로 프랑화의 국제화, 특히 채무국에 프랑화의 영향력을 강화하고, 이를 통해 프랑화 중심의 세계적 통화 통합을 이룬다는 장기적 계획이 있었다. 이 추진 과정은 보불전쟁(1870-1871)으로 중단된다. 물론 1860년대부터 한계가 있기는 했다. 프랑스는 금융 부문에서는 영국과, 무역 부문에서는 독일과 경쟁해야 했다. 그러나 전반적으로 1860년대는 자유 무역과 우호적인 국제 환경 덕에 통화 통합 유토피아를 구상할 만했다. 금융 통합에서 보자면 자본 공여국인 프랑스가 자연스럽게 통화 통합의 축 역할을 담당하게 되었다. 프랑화는 국제 통화 시스템의 잠재적 기반이었다. 1867년 파리 국제 금융 회의와 통화 적극주의는 이를 잘 보여준다. 반면, 당시 풍미했던 자유주의는 그 자체가 국제적인 협조를 실행에 옮기는 데 강제력이 없어 집행에 애로로 작용했다. 특히, 보불전쟁 배상금 지급 기간(1871-1874) 중 프랑스의 자본 수출 중단은 프랑화의 매력을 감소시켰다. 결국 라틴통화동맹은 확장 및 심화 계획을 포기해야 했다. 상업 어음 수익률, 채권 수익률, 인플레이션 등의 변동 폭, 그리고 구매력 평가(PPP)에서의 이탈 정도로 볼 때 라틴통화동맹이 현대 유럽통화동맹(EMS, EMU)보다 취약하고 신뢰성이 부족했다고 평가된 것은 당연하다[Bailey and Bae(2003)].

보불전쟁은 국제 통화 제도의 큰 전환점이었다. 복본위나 은본위제 또 금본위제를 유지하던 나라들끼리의 균형이 깨진 것이다. 오스트리아-헝가리제국과 러시아에서 은화 대신 불태환 지폐가 유통되면서 독일이 동유럽과 교역하는 데 은본위제는 더 이상 이점이 되지 않았다. 그리고 19세기에 동유럽 시장보다 금본위제 영국의 시장이 급속히 팽창했다. 독일 무역의 상당 부분이 런던에서 파운드스털링 신용을 통해 결제되었고 독일도 금본위제의 안정성에서 덕을 보았다. 독일은 통일 제국의 수립(1871년)으로 통화 체제 쇄신의 명분과 수단을 함께 얻었다. 보불전쟁에서 승리한 독일이 패전국 프랑스에서 받은 배상금은 독일이 새로운 금본위 통화인 마르크화(Reichsmark)를 창출하는 기반이 되었다. 50억 프랑스 프랑의 배상금을 이용해 독일은 금을 모았고 세계 시장에서 은을 팔고 금을 사들였다. 이와 같이 국제적 금본위제가 정착하기 시작한 첫 단계부터 가속도가 붙었다. 독일은 유럽 대륙의 주도적인 산업국이었으므로 금의 매력이 올라간 것이다. 좋은 예로서 은본위에서 금본위로 전환한 독일의 정책을 뒤따르기 위해 결성한 스칸디나비아통화동맹을 들 수 있다. 스웨덴, 노르웨이, 덴마크 3개국 통화는 서로 교환되어 사용되었기 때문에 독일의 전환에 대해 공조할 동기가 강했다. 1873년 5월에 은본위에서 금본위로 바꾼 세 나라는 1877년부터 금 크로나를 공용 통화로 사용했다.

이 결과 무역 신장보다 단기 신용 시장의 발달로 금융 통합에 기여한 것으로 평가된다[Øksendal(2007)].

이제 복본위제나 은본위제에서 국제 금본위제로 수렴하는 과정을 설명하는 전통적 가설들을 살펴보자[Flandreau(1996)]. 1820-1870년대에 세 가지 통화 제도가 공존한 것은 금–은 교환 비율이 프랑스의 법정 가격 15.5를 중심으로 안정되어 균형을 이루었기 때문이다. 특히, 복본위제의 지탱에는 복본위 주도국 프랑스의 최종 재정거래자(arbitrageur of last resort) 역할이 중요했다. 1850년의 통계로 프랑스는 10억 프랑의 금, 23억 프랑의 은을 보유했고, 연간 3억 6,000만 프랑의 금, 2억 5,000만 프랑의 은을 생산했으므로 금–은 교환 비율에 가해지는 충격을 완화할 능력이 충분했다.

금 단일 본위제로 수렴을 설명하는 첫 번째 가설은 '펀더멘탈 이론'으로서, 1860년대와 1870년대의 은 생산 증가로 은 가치가 하락하여 은본위를 포기했다는 것이다. 그러나 네바다와 멕시코의 은광 발견에 따른 은 생산의 급증은 1850년대 캘리포니아 금 러시보다 충격이 절반 정도밖에 안 되었으며, 금–은 스톡 비율에서 폐화의 거래 비용(전환 비용, switching cost)을 감안한 상한과 하한을 벗어나지 않았다.

두 번째 '전략적 이론'은 1871년 독일이 은본위에서 금본위로 전환하면서 은을 팔고 금을 확보(배상금 포함)하는 과정에서 은 가치가 하락하여 은본위제가 사라졌다는 것이다. 보불전쟁의 배상금은 당시 프랑스 GNP의 3분의 1인 50억 프랑으로 1871-1873년 동안 지불되었고, 1873년부터 독일은 20억 프랑어치 은을 국제 시장에 내놓을 예정이었다. 은 가치 하락을 예상하는 작은 나라라면 인플레이션을 우려하여 은본위를 포기할 것이다. 그러나 프랑스는 큰 나라였으며 배상금은 영구 채권(Rente Thiers)을 발행하여 세계 각국에서 단기 어음을 획득, 독일에 지급했다. 귀금속으로 지급한 배상액은 5억 프랑에 불과했고 그 절반은 은이었다. 독일은 이 중 일부(5분의 1 이하)만 금으로 교환했다. 독일의 금본위제 전환은 금-은 교환 비율이나 은 블록의 물가에 별 영향을 미치지 않았다. 프랑스의 금 보유가 충분했기 때문이다.

세 번째 '기술적 이론'은 금본위제가 증기력 주조 기술이 도입될 때까지 기술적으로 가능하지 않았다는 주장이다. 금화는 복본위제에서처럼 소액권 은화로 보충되거나 법정 화폐의 가치가 금속의 가치보다 높은 대용 주화(token coin)에 의해 보완되어야 했다. 그러나 대용 주화는 위조하기 쉬워 영국 조폐창이 1816년 증기 압착기 도입으로 양질의 주화를 만들 때까지 은 폐화가 어려웠다는 것이다. 그렇다면 프랑스는 증기 압착 기술이 가용했던 1832년이나 1845년에 금본위로 돌아섰어야 하는데 그렇게 하지 않았다.[4] 또한 국제 거래에서 금이 우월하지도 않았다. 운송비가 부피에 비례하지 않고 금속 가치에 따라 부과되었기 때문이다.

네 번째는 '정치경제학적 해석'인데 도시 자본가(기업가, 은행가, 채권자)는 안정적 화폐 가치를 선호하는 반면 농민과 지주, 채무자는 인플레이션을 좋아한다. 은이 인플레이션을 가져오고 금이 물가 안정을 보장한다고 생각하면 이 양쪽 '계급'의 이해상충의 결과로 금본위제 전환을 설명할 수 있다는 것이다. 그러나 은행가들은 복본위제가 위험을 감소시키고 재정거래의 기회를 주므로 금본위제에 소극적

---

4 Redish(1995)는 프랑스가 은 대용 주화 도입으로 1850년대에 '사실상'(de facto) 금본위제로 돌아섰다고 주장한다. 1850년대 초에 대규모 은 수출과 금 수입이 있었다는 사실, 또한 은화 주조가 1858-1866년 동안 거의 이루어지지 않았다는 자료를 그 증거로 들고 있다(pp. 730-731). 그런데 '사실상'이란 무엇인가? 그리고 금, 은 수출입은 곧 역전되어 1860년대 말 1870년대 초에는 거의 반대 현상이 나타난다.

이었다. 또한 채권자, 채무자의 충돌은 1873년 이후 물가 하락, 농산물의 상대 가격이 하락하기 시작한 이후, 특히 1880년대에 생겨 확산되었으며 1850년대와 1860년대에는 오히려 금이 인플레이션적 금속으로 여겨졌다. 물론 1873-1896년간 물가 하락은 기술 진보와 생산성 증가에 기인했지만 금본위제와도 밀접한 관계가 있다.

그렇다면 결국은 앞에서 설명한 네트워크 외부성과 전환 비용으로 복본위제의 안정과 불안, 금본위제의 정착을 설명할 수밖에 없다. 영불무역협정(Cobden-Chevalier Treaty, 1860) 이후 1870년까지 유럽 내 무역(역내 무역 비중)이 59.5%에서 65%로 늘었고 공동 통화의 필요성이 대두되었다. 프랑스에서도 무역의 절반이 영국을 대상으로 하여 금본위의 선호가 늘었다. 1868년 상공회의소의 설문 자료에 의하면 북부나 센느 강 유역에서 금본위를 선호했고 라틴아메리카, 아시아와 교역이 많은 대서양이나 지중해의 항구들은 복본위의 유지를 옹호했다. 독일에서도 금본위 선호가 늘었다. 1867년 파리 국제 회의에서 국제 통화로 금본위 프랑이 거론되었다. 이와 같은 네트워크 외부성은 주요 무역 대상국의 경로종속성 때문에 더 커진다. 그러나 전환 비용 또한 만만치 않아서 복본위(프랑스)나 은본위(독일)에서 금본위로 쉽게 이행되지 않는다.

실제로 프랑스는 독일의 은 처분 및 은 폐화에 비협조적이었다. 1873년 9월부터 은화 주조를 하루 28만 프랑으로, 같은 해 11월 하루 15만 프랑으로 제한함으로써 은 가격을 하락시켰고 이에 따라 독일도 1873-1879년간 공식적인 은 매도를 유보했다. 같은 기간 비공식적으로 초기 은 탈러(Thaler) 스톡의 3분의 1이 매각되었다. 프랑스의 전략이 성공했는가? 독일이 정책을 뒤집을 정도는 아니었다. 그래서

1874년까지 "독일은 금본위제에 한 발만 올려놓았을 뿐이며, 프랑스는 복본위제에서 한 발만 뺐을 뿐이다"[ibid.(p. 887)]. 그럼에도 불구하고 프랑스의 은화 주조 제한은 국제 금본위제의 성립을 촉발했다. 우여곡절 끝에 1879년까지 프랑스와 독일은 완전히 금본위제를 채택하지는 않았으나 금에 환율을 고정시켰고 은 매도가 불가능한 가운데 은화가 유통되었다. 은화 주조 제한의 의도하지 않은 결과로 복본위 유지 노력이 신뢰를 잃었고 1880-1914년 금본위제의 황금기('고전적' 금본위)는 국제 협력의 기간이 아니라는 주장이다[ibid.(p. 891)]. 어찌 되었든 전환 비용을 감수한 금본위제 채택의 배경에는 네트워크 외부성이 있으며 이 외부성의 효과가 순식간에 국제적으로 파급되었다.

4. 미국의 금본위제 성립과 복본위제

복본위제 국가인 미국은 1792년 화폐주조법(Coinage Act)에 의해 금-은 교환 비율이 15 대 1로 금과 은 모두를 자유 주조(누구나 조폐국에 금속을 가져오는 만큼 같은 가치의 법화로 전환할 수 있게 함)로 인정했다[이하 Friedman(1992, chapters 3, 5)]. 시장 가격이 15 대 1을 넘었으므로 1834년까지는 은화만 사용되었다. 1834년 당시 세계 시장에서 약 15.525 대 1로 변한 금-은 가격 비율을 인식하게 됨에 따라 새로운 화폐 주조 법안이 논의되었다. 하원의 주화 특별위원회는 권장 비율을 16 대 1로 바꾸었는데, 이는 앤드류 잭슨 대통령과 그의 지지자들이 혐오하는 합중국 은행(2nd Bank of the United States)의 발행 지폐를 대체하여 금화를 통용시키기 위한 조치였다. 1834년 이후 은은 보조 주화 구실에 그치고 사실상 금본위제나 다름없었다.

그림 3-2 미국과 영국의 물가 수준, 1865-1914년

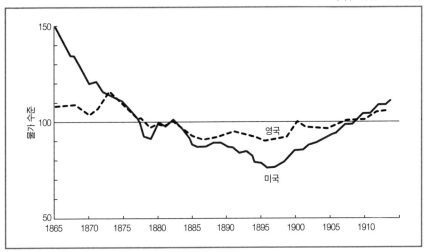

(지수: 1865-1914=100)

자료: Friedman(1992), p. 140에서 전재.

남북전쟁 때문에 불태환 지폐가 유통되었는데(1862-1878년) 1873년 그린백 지폐 가치가 액면 가격과 동등하게 상승하고 1879년 태환이 복원되었을 때(Resumption Act of 1875) 실질적으로 금본위 상태였다. 그러나 〈그림 3-2〉처럼 물가가 하락하였고 은화의 자유로운 주조를 재개하지 않은 "73년의 범죄"(Coinage Act of 1873)에 대해 광산업의 이익 단체들과 농산물의 가격 인상을 요구하던 농민들의 반발이 끓어올랐다. 물가 상승 요구는 불환 지폐를 더 발행하라는 그린백 당(Greenback Party), 은화를 자유 주조하라는 자유 은화 운동(Free Silver Movement), 그리고 더 큰 농민 운동(Populist Party)으로 확산되었다.

이들을 회유하기 위해 1878년(Bland-Allison Act)과 1890년의 은매입 법(Sherman Silver Purchase Act)이 통과되어, 재무부로 하여금 은을 구입,

16 대 1의 비율로 금과 교환 가능한 은화를 주조하도록 했다. 은화 주조의 의무는 제한적이었는데 셔먼법 하에서 재무부 장관은 매월 은 450만 온스를 매입하고 그 대신 재무부 채권을 발행해야 했다. 은 매입은 조폐 비율이 아니라 시장 가격에 따라 이루어졌으므로 이는 엄격한 의미에서 복본위제가 아니었다. 은매입법은 일종의 제스처로서 1893년에 폐지된다. 그러나 1900년 금본위제 법안(Gold Standard Act)이 통과되고서야 금에 대한 미국 정책의 신뢰가 견고해졌다. 즉, 1896년의 대통령 선거에서 민주당, 인민당(Populist Party), 자유은화당(National Silver Party)의 통합 후보 윌리엄 제닝스 브라이언을 누르고 공화당 윌리엄 매킨리 후보가 승리함으로써 화폐 문제가 일단락된 것이다. 이 승리는 예상되었던 것으로 당시 대통령 민주당의 그로버 클리블랜드는 셔먼 은매입법을 폐지한 금본위 지지 민주당원이었다. 당은 은 문제로 분열되었으며 금본위제에 우호적인 민주당원들은 분당하여 따로 후보자를 냈다. 분열된 민주당이 선거에서 패배한 것은 당연하며, 이후 브라이언 후보는 두 번 더 출마했으나 더 큰 득표 차이로 패배했다. 1896년 세계적 물가 상승의 시작도 좋은 징조였다. 오스트레일리아 서부, 남아프리카, 알래스카의 금광 발견과 저질의 금광에서 금을 추출하는 기술 진보 등이 금 공급을 증가시켰고 금본위제와 디플레이션의 연계성 믿음이 느슨해졌다. 1900년 금본위법으로 달러의 위상은 더욱 강고해졌다.

만약 미국에서 1873년 은 폐화가 없었다면 1875년에 이미 금−은 가격 비율이 16 대 1을 넘어섰으므로 본위제도 재개(태환 복원)와 함께 사실상 은본위가 되었을 가능성이 크다. 1873년에 무슨 일이 일어났는가? 은 폐화론자들은 자신들이 하는 일의 의미를 알고 있었을까?

아마도 그들은 은에 대한 '적개심'에서 오랫동안 계획적으로 '음모'를 진행했는지도 모른다[ibid.(p. 88)].

캔서스 주를 비롯한 미국 전역에서 유명한 동화이자 만화, 영화로 찬양받는 『오즈의 마법사』(The Wonderful Wizard of Oz)는 동화 형식으로 쓰인, 인민주의 시대의 정치적, 경제적 논쟁에 대한 세련된 풍자이다[Rockoff(1990)]. 즉, 소위 "1873년의 범죄"에 의해 야기된 은 문제 소요에 대한 논평이라는 것이다. 오즈의 땅은 금본위제가 지배하며, 금 1온스(Oz)가 신비하게도 중요한 동방(금융 중심지 또는 연방 수도)을 지칭한다. 셔먼 은매입법을 폐기한 금본위 지지 민주당의 대통령 클리블랜드는 사악한 마녀로 볼 수 있고, 이야기 속 가공의 장소, 인물, 사건들을 자유 은화 운동의 실제 장소, 인물, 사건과 일치시킬 수 있다. 간단한 예를 들면, 에메럴드 시의 노란색 벽돌 길은 금본위제를 상징하며 에메럴드 시는 워싱턴 D.C. 또는 백악관의 풍자이다. 은구두와 대조한 것을 보라. 허수아비는 서부의 농민이고, 양철나무꾼은 노동자의 표현이다. 겁쟁이 사자는 여러 번 낙선한 윌리엄 제닝스 브라이언 대통령 후보에 다름 아니다. 마지막으로 날개 달린 원숭이들은 초원의 인디언이리라.

만일 금-은 가격 비율이 상승하지 않았더라면 1873년 화폐주조법에 은에 대한 조항이 포함되었든 생략되었든 그것은 별로 중요하지 않았을 것이다. 실질적인 금본위제 상황이 지속되었을 것이기 때문이다. 그러나 사실은 금-은 가격 비율이 상승 중이었으며 1870년대에는 상승세가 빨라졌다(〈그림 3-1〉 참조). 독일과 프랑스가 은을 폐화하고 라틴통화동맹, 스칸디나비아통화동맹, 오스트리아-헝가리 등이 이를 뒤따르자 금 수요 증가와 비화폐적 은 공급의 증가는 금-은 가격 비율을 더욱 상승시켰다. 미국의 동참이 이를 부추겼음은 물론이다. 미국은 금본위제로 전환하면서 금의 비축에 노력했는데, 미국의 금 보유량은 1879년에 전 세계 총보유량의 7%, 1889년에 거의 20%에 달했다.

미국이 금본위제로 복귀한 결과 가운데 또 하나 중요한 것은 재화와 용역 전반의 가격에 미친 효과였다. 화폐적 목적 금 수요의 증가, 세계 금 공급 증가율 둔화, 재화와 용역 생산 증가가 맞물려 일반 물가가 하락하도록 압력을 가했다. 즉, 총생산에 비해 상대적으로 금이 희소하게 됨에 따라 금을 기준으로 한 물가가 하락했다. 이러한 압력은 금 1온스를 준비 자산으로 발행할 수 있는 화폐량을 증가시킨 은행 제도의 확산으로 다소 완화되었다. 반면, 실질 소득의 증가, 경제 활동 증대에 따른 화폐 경제의 확대 등이 사람들의 현금 보유 욕구를 늘려(즉, 화폐 유통 속도의 감소) 물가 하락 압력을 증대시켰다. 그 결과 1875-1896년 사이에 미국은 연 1.7%, 영국은 연 0.8%의 디플레이션이 발생했다(〈그림 3-2〉 참조). 남북전쟁 직후의 심각한 디플레이션에 뒤 이은 미국의 디플레이션은 특히 농촌 지역에 광범위한 불만을 일으켰는데, 그에 대응하여 은매입법이 통과된 것은 앞서 말한 바와 같다. 이와 같이 금, 은, 복본위를 둘러싼 소요와 불확실성이 오히려 물가의 급격한 변동을 가져온 것이다[Friedman(1992, pp. 95-96)].

복본위제가 지속되었다면 지불 재개가 1876년부터 사실상 은본위로 이루어졌을 것이며 금-은 가격비도 실제보다 덜 상승했을 것이다. 이에 따라 물가와 환율이 상대적으로 더 안정되었을 것이다. "1896년에는 그 폐해를 구제하기에는 너무 늦은 때였다. 브라이언은 소 잃고 외양간을 고치려 했던 것이다"[ibid.(p. 103)]. 1873년의 법은 선의의 지지자들의 의도와도 다른 결과를 가져왔다.

　미국은 다시 1920년(Pittman Act, 1918)과 1934년(Silver Purchase Act)에 은 매입 사업을 수행한다. 농촌의 로비 그룹은 부분적으로 인플레이션을 유발함으로써 농산물 가격을 상승시키기를 원했으며 은 생산자들의 압력도 꾸준했다. 루스벨트 대통령의 은 매입은 은 생산자에게 보조금을 지급한 효과가 있었으나 은을 화폐로 사용하던 중국과 라틴아메리카 여러 나라의 경제에 충격을 주었다. 국제적으로 은의 폐화를 매듭지었으며, 은을 화폐로 사용하던 시장을 파괴함으로써 은 이익 집단도 결국은 손해를 보게 되었다[ibid.(ch. 7)]. 중국은 결국 은본위제(사실은 은, 동 복본위제)를 포기하고 화폐 개혁을 실시하게 되는데, 이에 대해서는 다음 절에서 다시 논의한다.

5. 동아시아의 복본위제

　동아시아의 본위 화폐는 성립 자체가 느리다. 우선 중국도, 인도도 16세기 라틴아메리카에서 대규모로 생산된 귀금속, 특히 은을 근간으로 화폐 제도를 그나마 근대화한 사실은 잘 알려져 있다. 〈그림 3-3〉은 18세기까지 미주 대륙에서 아시아로 은이 이동한 총량을 표시하고 있으며, 〈그림 3-4〉는 17세기 초반과 18세기 초의 각 경로마다 국제적 은의 이동을 보인다. 은 이동은 결국 인도와 중국에 귀착되었는데 신대륙이나 유럽에 남은 양도 상당했다. 17세기 일본의 쇄국과 마닐라의 은 공급 중단으로 중국이 재정 위기를 맞아 명, 청 교체를 부추겼다는 설명은 사실과 다르다. 1644년 이전에 중국의 은 유입은 감소하지 않았다. 또한 중남미→유럽→희망봉→인도→중국이 전형

그림 3-3 아메리카의 귀금속 생산과 수출, 1501-1800년

(단위: 연평균, 톤)

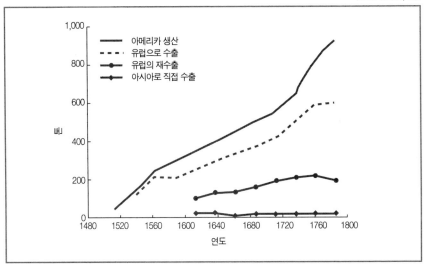

자료: Findlay and O'Rourke(2007), p. 166.

적인 은 이동로라는 설명은 18세기에 와서야 해당된다.

은 이동의 경제적 효과는 무엇인가? 서유럽의 은 유입은 은 공급이 통화량 증가로 이어져 물가 상승을 불러일으켰다(가격 혁명). 사실은 훨씬 복잡하다. 귀금속의 최초 도착지인 스페인에서도 은 유입과 물가 상승의 시점이 일치하지 않으며, 영국 같은 경우는 인구 증가를 따라오지 못한 농산물 생산 때문에 곡물 가격이 올랐다는 설명이 오랫동안 힘을 잃지 않고 있다(이 책의 2장 참조). 어찌되었든 동아시아의 은 유입은 가격 차이(금-은 가격비)에 따른 내생적 반응이며, 유입된 은은 교환의 매체로 쓰였다. 16세기 중국은 옥수수와 감자의 도입으로 인구 증가, 경제 팽창이 있었다. 또한 상업화로 인한 화폐 수요 증가가 컸으므로 유입된 은은 물가 상승으로 이어지지 않고 화폐 수요를

그림 3-4 17세기 초와 18세기, 대륙 간 은 이동

(단위: 연간, kg)

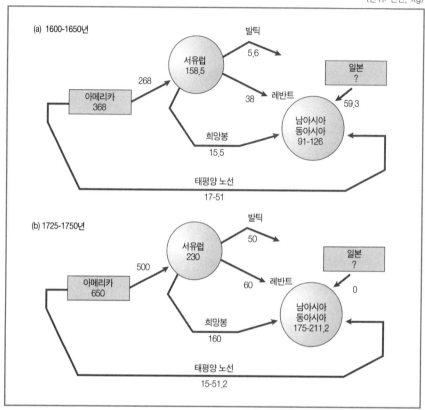

자료: Findlay and O'Rourke(2007), p. 218.

충당했다. 인도에서도 유입된 은이 은화 주조에 사용되었다.

수입된 귀금속을 화폐 발행의 본위로 쓴다는 것이 그 귀금속의 공급자나 수입자나 할 것 없이 무척 곤란한 의미를 갖는다는 사실에 주목하기 바란다. 공식화된 논의는 다음 장으로 미루지만 양쪽 모두에 화폐 경제의 혼란을 초래한다는 생각이며, 저자의 기본적 모델에서도 본위 금속 수입국에 비대칭적으로 더 큰 부담이 간다. 단기적으로는 무역 패턴의 급변에 따라 화폐 가치가 불안정해지며, 장기적으로는 귀금속 획득을 위해 실물(재화 용역)이 지속적으로 유출되므로 국민 복지가 하락한다.

은 유입 중단 및 은 유출로 중국 경제가 위기에 처한 것은 1808-1856년 기간이다. 위기는 은화 공급을 국가에서 통제하지 못하는 은, 동 복본위제의 취약성에 기인하며, 아편 수입 증가와 남미 독립운동 등의 직접적인 영향이 있었다. 결과로써 태평천국의 난과 동아시아의 패권이 일본으로 넘어간 것 등을 들 수 있다[Lin(2006, pt. 1)]. 복본위 자체는 문제 삼을 것이 없다. 유럽이나 미국의 금은 복본위제는 잘 운행했으며 단일 금속 본위제보다 나은 면도 있었다[Friedman(1992, ch. 6)]. 중국의 문제는 동전은 주조국에서 관장했으나 은화 공급을 중국 정부가 통제하지 못하고 상인들에게 맡겨놓았다는 데 있다.

중국이 관리 통화제로 전환한 것은 일본(1897년)을 뒤이어 여러 아시아 나라들이 1910년대에 금본위제를 채택한 지 오래 뒤인 1935년이다. 이것은 루스벨트의 1934년 은매입법 때문에 국제 은 가격이 급등한 때문인데, 이 와중에 중국은 '중앙은행'을 비롯한 은행 제도 정비와 '화폐 개혁'을 통해 사실상 관리 통화제로 돌아설 수밖에 없었다[Shiroyama(2009, ch. 1)]. 복본위제가 잘못된 것이 아니라 아예 처음부터 통화량을 통제할 국민 국가가 없었고 어떻게 보면 필요를 느끼지 않았을지도 모른다. 중국판 『오즈의 마법사』는 어떤 형태를 띠었을까? 다시 말해, 19세기 동안 왜 그렇게 통화 제도의 발전이 지체되었는가? 이 시기의 중국 연구는 엄청나게 많지만 화폐, 금융 쪽은 피해가고 있다. 몇 가지 설명이 떠오른다. 첫째, 중국 나름의 농업 위주 국가 정책과 맞아떨어지는 인민들의 동조이다. 둘째, 상행위를 법에 의한 공식적 계약이 아니라 '비공식적 합의'로 처리하는 관행이다. 셋째, 그렇지 않아도 은본위를 정부에서 관장하지 못하고 있는데, 중국 제국이 적절히 대처할 능력이 없는 큰 사건들이 잇달아 벌어진 것이다. 아편전쟁, 태평천국 혁명 등을 앞에 두고 금융 개혁을 심각하게 생각할 수 없었을 것이다. 그리고 곧 제국은 무너지고 신해혁명으로 혼란이 계속되는데 새 공화국은 일종의 '기금' 역할을 한 신흥 부르주아층과 싸울 필요가 없었다[Lin(2006, ch. 3); Shiroyama(2009, intro.)].

중국에 영향력을 행사하던 열강들도 화폐, 금융 개혁을 원하지 않았다. 한 마디로, 통화 제도를 바꿀 유인도 기회도 없었다는 뜻이다.

중국이 독특한 만큼 일본도 매우 특이하다. 이들의 무역 관행이 일찍 동방 무역에 나름대로 신경을 쓴 서양인들에게는 낯설었을 것이다. 그러나 메이지 혁명 이후 혼란 및 정착기에 많은 것이 이루어졌다. 서유럽적 제도 개혁이랄까[양동휴(1994, 13장)]. 새 은행 시스템은 미국을 본땄고 중앙은행 설립은 벨기에를 닮은 것이 매우 재미있는 에피소드이다. 이 글의 주안점인 금본위제 선택으로 다시 돌아오면 우선 개항 이후 일본 내의 통화 체제가 와해됨과 동시에 통화 가치에 대한 신뢰도의 흔들림 때문에 모든 '돈'이 사장(hoarding)되고 금, 은, 동의 가치 비교는 불가능했다[山本有造(1994, pp. 1-22)].

이야기를 거꾸로 하는 셈인데, 일본의 화폐 제도 변화 과정으로 돌아오자. 우선 그 동안의 '좋았던' 화폐 제도를 꼭 떠나야 한다면 은본위를 택했을 것은 누구나 이해할 수 있다. 이제 사실상 휴지 조각인 무역금지법 같은 것은 온갖 비공식 조직을 양산했다. 어디서나 보이건 보이지 않건 나타나기 마련인 일종의 '시장 기구'가 그나마의 역할을 했다고 주장하는 사람들도 있다. 그래서 몇몇 학자들은 일본의 화폐 제도 연보에 1885년 은본위, 1897년 금본위로 이행하였음을 공식화하고 있다.[5]

물론 국제 금본위 체제에 합류하는 것이 네트워크 외부 효과를 얻고, 국내에서도 그와 대응되는 금융 개혁을 촉진하는 중요한 효과가 있다. 금본위 이후 무역 규모가 엄청나게 늘었다는 연구도 있다 [Mitchener, Shizume and Weidenmier(2010)]. 일본이 금본위를 선호한 까닭을 달리 설명하는 견해도 소개하고자 한다. 1870년대 이후 세계 무역에 동참하기 위해 네트워크 외부성의 이득을 얻고자 국제 금본위제에 동참한 것이 당연하지만, 그 뒤에는 온갖 정부 및 의회의 긍정적 합의를 이루는 노력이 있었다고 한다[ibid.].

메이지 혁명부터 일본의 거시 경제, 화폐, 금융을 주름잡던 마쓰카타 마사요시(松方正義, 1881-1885년 대장성 장관)가 중요한 인물이다. 그는 전후 인플레이션을 재정 긴축의 극단적 방법으로 해결해서 국민의 분노를 일으킨 것으로 더 기억되기도 한다. 그가 벨기에 유학 시절 (1878-1881)에 배워서 그 모델로 일본 중앙은행을 설립한 일은 경하할 만하다. 그런데 그가 유학 시절에 라틴통화동맹의 복본위제 포기와 금본위 전환에서 얻은 '교훈'이 일본의 금본위제 집착에 큰 관련이 있다는 것이다[Schiltz(2007)].

다시 글의 주제로 돌아오자. 그 이전 도쿠가와 일본의 화폐, 신용, 금융을 살펴보는 것이 필요하다.

도쿠가와 일본의 화폐는 얼핏 지속적 금속 함량의 하락(debase-

---

5 공식적으로 반론을 제기하려는 의도도 준비도 없다. 단지 급속한 변화를 합리적으로 설명하는 문헌이 미흡하다는 것이다.

ment)을 수반한 무질서하고 불합리한 낡은 제도처럼 보인다. 그러나 이 '에도 시스템'의 특징은 매우 독특하지만 극히 근대적인 것으로 재평가되고 있다[Schiltz(2005)]. 도쿠가와 시대 초기부터 계층적으로 분화된 사회에 알맞도록 화폐의 성질과 통용 범위가 계급과 지역에 따라 달랐다. 사무라이에게는 금이 교환의 매개였고, 상인들은 거래에 은을 사용했으며, 일반인들의 일상 거래에는 동전이 쓰였다. 사회 계급에 따라 거의 독립적으로 운행한 '봉건' 경제의 존재를 상정할 수 있다. 즉, 금, 은, 동에 의존한 삼중 금속 본위제(三貨制度)가 각기 따로 놀았다. 금화, 은괴, 동전 간의 교환 비율은 막부 정부의 고정 노력에도 불구하고 시장에서 자유로이 변동했다. 에도 등 관동 지방에서는 금이, 상업 중심 오사카 쪽에서는 은이 많이 쓰였다.

막부 말기가 되면 상황이 바뀐다. 은괴 대신 은전이 주조되어 사용되는데, 은의 함량이 낮아 이것은 '은에 인쇄된 지폐'라고 지칭할 만하다[山本有造(1994, pp. 303-323)]. 더 정확하게는 두 개의 서로 다른 금-은 비율이 병존했다. 1858년의 기록에 의하면 금화는 은괴와 시장가격이 약 10 대 1이었다. 이에 비해 당시 광범하게 유통되던 금화와 은전의 명목 가치의 비는 5 대 1이었다[Metzler(2006, p. 16)]. 당시 국제 가격비가 15 대 1 또는 16 대 1이었음을 상기하면 이 사실의 의미가 확실해지리라. 소위 '근대적 불환 지폐'의 사용은 당시 일본이 세계 경제에서 고립되었던 상황을 반영한다고 해석된다.

그러나 1858년 페리 제독과의 개항 협약은 1715년 이래 지속되던 일본의 금-은 수출 금지 정책을 종결시켰으며 그 결과 일본 은전의 독특한 의미가 순식간에 사라졌다. 일본 은의 높은 가격을 보고 외국인들이 달려들었다. 다른 말로 하면 일본의 금이 유출되었다. 심지어 금화가 유통에서 사라졌다고 표현할 수 있을 정도였다. 막부 정부도 당황했고 우여곡절 끝에 1859년 금 수출 금지 조치 해제(金解禁)를 수용하면서 모든 것이 달라졌다[ibid.(pp. 17-18)].

금융 부문은 어떠한가? 도쿠가와 경제의 스미스적 성장, 즉 농촌 공업화와 지역 간 교역을 위해 오사카에서도 농촌에서도 어떤 형태로든 자본 동원이 필요했을 것이다. 전근대적 시장 분할 상황에서 준자본 시장과 비슷한 신용 체계가 발달했으며, 이런 경우 제도적 성숙보다 지역 간 경쟁과 계약 네트워크가 중요했다[Saito and Settsu(2006)]. 우선 오사카의 부유 상인들이 다이묘(大名)들에게 신용 대부를 하는 관행이 있었다. 다음으로는 은화 지역인 오사카와 금화 지역인 에도 간에 결제를 위해서는 환어음 사용이 필수적이었다. 상업 도시마다 환전상과 상인들이 상업 어음을 이용했다. 스펙트럼의 반대쪽에는 일반인을 위한 전당포, 저축대부조합 등이 농촌과 도시에 존재했다. 몇몇 부유한 농민이나 상인은 대부를 위해 차입을 하기도 했는데, 이것은 지방 은행의 초기 성장으로 해석할 수 있는 부분이다. 부가적으로 막부는 '오사카-에도 신용 시스템'을 유지할 수 있도록 법적 보호를 제공했다. 물론 국제 무역이 제한되고 국내 시장이 분할된 상황에서 주식이나 채권을 거래하는 자본 시장이 발달할 수 없었고 공채 매매를 위한 공개 시장도 없었다. 그러나 농촌 중심 성장에 필요한 자본 조달에는 큰 애로가 있었던 것이 아니었다. 전국 규모의 은행이나 자본 시장 발달은 19세기 말까지 기다려야 했다.

이제 절을 마무리하며 도쿠가와 일본과 중국의 청나라를 비교해본다면 농업 사회이고 비교적 쇄국 정책을 썼다는 점은 유사하다. 그러나 일본이 상대적으로 상업과 금융 발달이 앞선 점과, 분권적 체제와 제국으로 정치 조직이 대비된다는 점이 대조적이다. 그 결과는 주지의 역사이다[Weede(2005)]. 그만큼 일본이 개국 및 세계 각축에 적응 준비가 되어 있었다는 뜻이다.[6]

6. 맺음말

이제까지 살펴본 여러 예에서 보듯 복본위제에서 금본위제, 은본위제에서 금본위제로의 전환은 우연적 요소가 너무 많고 일단 네트워크 외부성이 전환 비용을 확실히 우월했음이 널리 인식된 그 시기, 그 계제에만 광범위하게 받아들여지고 불가역적이 된 것 같다.

그대로를 물가 및 소득의 안정성 측면에서 평가한다면 어떻게 될까? 자료는 많이 있다[Goldsmith(1987 등)]. 그러나 경험적 연구는 불확정적이다. 예를 들어, 미국과 영국에서 평균적 물가, 소득 변동률이 연구마다 고전적 금본위기(1880-1913년)와 제2차 세계 대전 이후 시기에 더 우호적인가에 대한 결과가 교차한다. 즉, 도매 물가는 금본위기에 더 안정적이고 1인당 소득 성장과 고용률은 더 낮다. 분산으로 비교하면 실질 소득 성장률의 표준 편차는 금본위기에 더 컸고, 물가의 변화율은 영국은 금본위기에 더 낮았고 미국은 더 높았다. 이것은 단순

---

6 〈표 3-1〉에서 인도와 남아프리카의 영국 파운드 고정 결정을 보였다. 거의 모든 경우에서 식민지 또는 비슷한 위치의 경제는 당시 열강에 종속되어 나름대로의 거시 금융 정책(이런 것이 있었다면) 주권이 없었다. 우리나라도 거의 원시적인 상품 화폐적 상황에 있다가 1905년 '화폐정리사업'을 통해 금본위에 간접적으로 편입되었다. 사실적으로 그랬는지에 대해서는 논의가 아직 있다. 다른 이야기지만 1931년에 영국은 금본위를 떠나면서 인도를 금환본위제 하에 묶어두었다[Rothermund(1996, ch. 9)]. 영국인 소유 루피 표시 자산의 가치 하락을 막기 위한 이유였는데, 이것은 요즈음 글로벌 임밸런스를 이해하는 실마리를 제공한다. 영국인들의 못된 짓은 오래 갔다. 그러나 이것을 꼭 부정적으로만 해석할 필요는 없다. 국제적으로 흔히 무시하기 쉬운 화폐, 금융 체제의 확립이 뿌리내렸다. 수익자가 누구인가에 관계없이 제도적 변화라고 이해할 수 있다.

통계 비교에 불과하고, 이와 같이 뚜렷한 결과가 나오지 않는 것은 아마도 이론 체계가 미흡하기 때문일 것이다. 금의 상대 가격에 금 생산, 금광 발견, 금 채굴 기술 발전이 뒤따른다는 것을 보여주는 것이 전부인가? 단기 변동성을 따지면 문제가 더욱 심각해진다. 또한 '예상치 못한 변동'이 문제라면 '예상 모델'이 필요하다[Bordo and Schwartz(1984, pt. 5); Eichengreen(1985, pp. 8-9)].

이와 같이 복본위에서 금본위로의 이행만으로도 충분히 만족할 만한 답을 못 얻을 때 지금 국제 통화 제도를 둘러싼 유로 지역 문제, 달러와 관련된 글로벌 임밸런스 문제, 그저 커런시 보드로 귀찮음을 피하려는 여러 나라, 그리고 외환 시장의 큰 손들에 놀아나는 힘없는 나라들에 관한 각국의 문제를 전부 따로따로 다시 살펴보아야 하리라는 생각이 든다.

참고 문헌

양동휴(1994), 『미국 경제사 탐구』, 서울대학교출판부.

山本有造(1994), 『兩から円へ-幕末·明治前期貨幣問題研究』, ミネルヴァ書房.

Bailey, Warren B. and Kee-Hong Bae(2003), "The Latin Monetary Union: Some Evidence on Europes Failed Common Currency," Cornell University College of Business Administration Working Paper, July.

Baum, L. Frank(1900), *The Wonderful Wizard of Oz*, various editions.

Bloomfield, Arthur I.(1959), *Monetary Policy under the International Gold Standard, 1880-1914*, New York: FRB.

Bordo, Michael D. and Anna J. Schwartz, eds.(1984), *A Retrospective on the Classical Gold Standard, 1821-1931*, Chicago: University of Chicago Press.

Eichengreen, Barry, ed.(1985), *The Gold Standard in Theory and History*, New York: Methuen.

_____(1992), *Golden Fetters: The Gold Standard and the Great Depression, 1919-1939*, Oxford: Oxford University Press.

_____(2008), *Globalizing Capital: A History of the International Monetary System*, 2nd ed., Princeton: Princeton University Press.

Eichengreen, Barry and Marc Flandreau, eds.(1997), *The Gold Standard in Theory and History*, 2nd ed., New York: Methuen.

Findlay, Ronald and Kevin H. O'Rourke(2007), *Power and Plenty: Trade,*

War, and the World Economy in the Second Millennium,
Princeton: Princeton University Press.

Flandreau, Mark(1996), "The French Crime of 1873: An Essay on the
Emergence of the International Gold Standard, 1870-1880," *Journal
of Economic History*, 56-4, pp. 862-897.

_____(2000), "The Economics and Politics of Monetary Unions: a
Reassessment of the Latin Monetary Union, 1865-71," *Financial
History Review*, 7-1, pp. 25-44.

Friedman, Milton(1992), *Money Mischief*, Houghton Mifflin(김병주 옮김,
『화폐경제학』, 서울: 한국경제신문, 2009).

Goldsmith, Raymond(1987), *Premodern Financial Systems: A Historical
Comparative Study*, Cambridge: Cambridge University Press.

Kindleberger, Charles P.(1986), *The World in Depression, 1929-39*, 2nd
ed., Berkeley: University of California Press.

Lin, Man-Houng(2006), *China Upside Down: Currency, Society, and
Ideologies, 1808-1856*, Cambridge, MA: Harvard University Press.

Meissner, Christopher M.(2005), "A New World Order: Explaining the
International Diffusion of the Gold Standard, 1870-1913," *Journal
of International Economics*, 66-2, pp. 385-406.

Metzler, Mark(2006), *Lever of Empire: The International Gold Standard and
the Crisis of Liberalism in Prewar Japan*, Berkeley: University of
California Press.

Mitchener, K. J., Masato Shizume and M. D. Weidenmier(2010), "Why Did
Countries Adopt the Gold Standard? Lessons from Japan," *Journal*

of *Economic History*, 70-1, pp. 27-56.

Nurkse, Ragnar(1944), *Internatinal Currency Experience*, League of Nations.

Øksendal, Lars Fredererik(2007), "The Impact of the Scandinavian Monetary Union on Financial Market Integration," *Financial History Review*, 14-2, pp. 125-148.

Redish, Angela(1995), "The Persistence of Bimetallism in Nineteenth-century France," *Economic History Review*, 48-4, pp. 717-736.

Rockoff, Hugh(1990), "The 'Wizard of Oz' as a Monetary Allegory," *Journal of Political Economy*, 98-4, pp. 739-760.

Rothermund, Dietmar(1996), *The Global Impact of the Great Depression, 1929-1939*, Routledge(양동휴 · 박복영 · 김영완 옮김, 『대공황의 세계적 충격』, 서울: 예지, 2003).

Saito, Osamu and Tokihiko Settsu(2006), "Money, Credit and Smithian Growth in Tokugawa Japan," Hitotosubashi University Institute of Economic Research Discussion Paper 139, February.

Schiltz, Michael(2005), "Monetary Organization in the Late Edo-period" ⟨http:// japanesestudies.arts.kuleuren.be/meijifin/node/57⟩.

_____(2007), "Money on the Road to Empire: Matsukata Masayoshi's Choice for Gold Monometallism," MPRA Paper 6719, University Library of Munich, Germany.

Shiroyama, Tomoko(2009), *China during the Great Depression: Market, State, and the World Economy, 1929-1937*, Cambridge, MA: Harvard University Press.

Temin, Peter(1989), *Lessons from the Great Depression*, Cambridge, MA: MIT Press.

Triffin, Richard(1964), *The Evolution of the International Monetary System: Historical Reappraisal and Future Perspectives*, Princeton: Princeton University Press.

Weede, Erich(2005), "Comparative Economic Development in China and Japan" ⟨www.diw.de/sixems/detail.php/41578⟩.

4

16-19세기 귀금속의 이동과 동아시아 화폐 제도의 변화

제4장
16-19세기 귀금속의 이동과 동아시아 화폐 제도의 변화

1. 문제의 제기

오랜 연구 역사에도 불구하고 16-19세기 귀금속의 국제 이동, 특히 중국으로 은 유입의 성격에 관해서 이견이 아직 분분하며 그 결과에 대해서도 마찬가지다. 이 장에서는 이러한 혼란 상태를 조금이나마 명료한 방향으로 정리하고 귀금속 이동이 동아시아 3국의 화폐 제도에 갖는 의미를 종합적으로 새롭게 해석하고자 한다.

장의 구성은 다음과 같다. 1절에서는 기존 연구와 가설을 검토하고 해결해야 할 문제를 제기한다. 그리고 기존 가설에 대한 저자의 입장을 미리 제시한다. 2절에서는 16-19세기 간 귀금속, 특히 은의 이동을 살펴본다. 워낙 많고 상충적인 통계들이 산재해 있는데, 우선 있는 그대로 정리하며 각각의 추계가 어떤 의미를 갖는지 생각할 기회를 제공한다. 3-5절에서 일본(도쿠가와 시대), 조선, 중국(명, 청)의 화폐 제도를 따로 따져본다. 6절은 동아시아의 관점에서 이와 같은 자료의 의미를 분석한다. 마지막에는 세계적 시각으로 귀금속 이동과 동아시아 화폐권을 해석하고 그 의미를 살핀다.

우선 '비축설/퇴장론'이 있다. 은이 일단 중국으로 들어가면 다시 외국으로 나오지 않을 뿐 아니라 중국 내에서도 생산이나 물가에 영향을 주는 일 없이 퇴장되어 사라진다는 것이다. "중국과 인도는 세계에서 유통되던 귀금속의 묘지가 되어버렸다. 귀금속은 이곳에 들어갔다가는 다시 나오지 못했다"[Braudel(1979Ⅲ, p. 683)]. "기존의 유럽 학자들은 … (중국으로 유입된) 은이 비축되고 경제 활동에 투입되지 못해 가격 혁명도 경제 성장도 자극하지 못했다고 주장했다. … 기시모토 미오는 비축설을 사실상 지지하여, 관료 및 대상인 등 일부 상층에 이 은이 집중되고 축적된 결과 호황의 과실이 불평등하게 분배되었다는 점을 강조한다"[강진아(2004, p. 26)]. 여기서 '기존의 유럽 학자'란 킨들버거(Charles P. Kindleberger), 월러스틴(Immanuel Wallerstein) 등을 지칭한 듯하다[Frank(1998, pp. 261-263)].

은 유입이 한창이던 16세기 말 17세기 초에도 은 부족으로 물가 정체가 도래했다고 개탄하는 기록이 있다. 이는 관료와 상인의 대규모 축재와 은 비축 때문이라는 해석이 있다[기시모토 · 미야지마(1998, p. 153)]. 그러나 이러한 가설이 어느 정도 진실을 반영한다고 하더라도 대부분의 은은 화폐로 사용되었다.

다음으로는 은 유입에 따라 명(明)나라 경제가 성쇠했다는 설명이다. 16세기에 은 수입에 따라 명 경제가 팽창했다. 이후 17세기에는 은 공급이 감소하고 은의 가치가 장기적으로 하락했다. 이것은 경제 이론에 어긋나는 듯 보이나 은값에 대한 기대를 생각하면 설명된다. 이에 따라 인플레이션과 조세 은납 재정에 위기가 오고 명나라 경제가 쇠퇴했다는 설이 있으나[Atwell(1982)] 실제로 유럽을 통한 아메리카 은의 공급은 감소하지 않았다[Barrett(1990, pp. 242-243)]. 그러나 뒤에 보듯이 일본과 마닐라의 은 공급은 급격히 감소했으며, 임진왜란 파병으로 은을 소진하여 명나라에 은 부족 사태와 은가 폭등이 도래했다. 또한 은 공급 이외의 요인이 많아 쇠퇴 국면(B-phase)으로 접어든 것도 사실이다[Eastman(1988); Goldstone(2000)]. 동아시아 무역권의 입장에서 은 이동을 해석하려는 시각도 있다. "하마시타, 가와카츠, 스기하라 등 의 저작을 살펴보면, 일본 은의 폭발적 증산과 중국 은 수요의 증대라 는 두 가지 요인은 아시아 역내 무역을 규모나 질적인 면에서 비약적 으로 성장시키는 기폭제가 되었다." 조공 무역의 틀을 벗어난 비정규 적 상인 집단이 등장하고, 비정치적 무역 루트가 확산되었으며, 새로 운 따라잡기형 발전이 가능해졌다. 자립·자급 능력에서 조선과 일 본의 교차가 보인다는 것이다[강진아(2005, pp. 66-67)]. 이 가설이 앞으로 더 발전될지 주목거리다.

무엇보다 중요한 것은 은의 중국 유입이 어떤 성격을 가졌는가이 다. 유럽의 무역 적자 측면에서 볼 수 있는가? 그렇다면 은과 함께 금 이 같이 움직여야 하는데 금은 오히려 유출되었다. 중국의 은 수요 쪽 의 인과관계임이 여러 곳에서 언급된다. 지폐 시스템에서 은 기반 경 제(1560-1580 일조편법)로의 이행이 은가를 상승시켰다. 은 유입은 재정 거래(arbitrage: 금, 비단, 도자기, 차와 은의 상대 가격이 차츰 수렴)와 조공 무 역의 틀에서 보아야 한다는 것이다. 궁극적으로는 중국의 은 수요가 신대륙 무역을 촉진시켜 아프리카 노예 무역까지 부추긴 면이 있다. 1571년 마닐라 건설도 중요하다[Flynn and Giraldez(1995); 주경철(2008, 5장)].

은 수요는 몽골 시대부터 본격적으로 커지기 시작했지만 15세기 명나라가 동전 주조를 중단하고 지폐 통용이 잘 안 될 때 급격히 늘어 났다. 일조편법은 15세기 부역 지대 은납과 연결된 것으로서 국가가 시장에 적응한 예라고 할 수 있다. 즉, 은 수요는 국가 재정이 아니라 민간 경제가 주도했다. 유동성 수요가 지속적으로 증가하는 가운데 가격에 따라 은과 동을 사용했다. 그리고 거래에 따라 지역 시장에서는 동, 지역 간 거래, 해외 무역에는 은을 주로 썼다[Glahn(2003)].

은 이동에는 사이클이 있다. 즉, 첫째 1540년대–1640년대 포토시/일본 사이클이다. 신대륙의 귀금속 유출은 초기에는 원주민들이 축적한 금과 은의 약탈 형태였으나 차츰 광산 개발과 채광에 의해 이루어졌다. 특히, 오늘날 볼리비아에 위치한 포토시 은광이 1545년경에 발견되어 은 생산이 급증했다. 1570년경에 수은아말감법이 도입되고 페루에서 수은 광산이 개발된 후 은 산출량이 꾸준히 늘었다. 같은 기간 일본의 은 수출은 4,000톤에 달해서 신대륙의 은 수출과 맞먹는다. 둘째, 1700-1750년 멕시코 은 사이클이 있다. 포토시 은 생산은 1590년대를 정점으로 서서히 줄고 점차 멕시코의 비중이 커져서 18세기에는 멕시코가 안데스 지역을 앞섰다. 멕시코 은은 유럽으로 수출되었으나 일부는 직접 태평양을 거쳐 마닐라를 통해 중국으로 이동했다. 셋째, 1760년 이후의 차와 아편 사이클이 있다. 이 시기에는 중국에서 비단과 도자기를 은과 교환하는 거래에 더해 차를 수입하고 인도에서 재배한 아편으로 결제하는 비중이 늘어났다. 물론 이것은 아편전쟁으로 귀결된다[Flynn and Giraldez(2002)].

중국 은 유입의 장기적 효과는 어떠한가? 중국이 은 수입으로 비단 산업 등 경제가 발전하여 부유해진 것[Frank(1998)]이 아니고 중국 사회에서 국부가 유출되었다고 해석함이 더 적절하다. 막대한 노동력이 투입된 중국 상품이 유출된 대신 들어온 은은 화폐로 사용되어 지폐를 은으로 바꾼 것일 뿐이므로 오히려 경제적으로 후퇴했다고 볼 수 있으며 은 가치도 하락해서 구매력이 저하되었다. 그러면 유럽은

은 유출과 지폐 확대로 이득을 보았나? 이것의 인과관계는 알기 힘들다[Flynn and Giraldez(2000, p. 210)]. 이와 함께 무역-생태의 상호 작용도 따질 수 있다. 비단 수출을 위해 뽕나무 지역에서는 쌀을 수입할 수밖에 없었다[Flynn and Giraldez(2002, pp. 416-417)].

이러한 기존 가설들을 염두에 두고 실제 사실을 살펴보자. 본문 전체에서 다음과 같은 거의 항등식적인 관계를 계속 상기할 필요가 있다. 채광/수입→화폐용 은의 총량→순도, 함량, 표시 가격(명목 여부)→통화량→명목 총생산. 즉, 다른 조건이 동일하다면, 은 수입은 물가를 올리고 경제를 활성화시킨다. 동전, 지폐, 어음의 병용을 따지더라도 이와 같은 고리에 의해 은 공급에 따른 경기 순환이 예상된다.

2. 은의 이동

중국의 은 유입에는 금과 교환하는 재정거래의 형태가 있다. 즉, 1592-17세기 초 금은 가격비는 광동 1 대 5.5-7, 스페인 1 대 12.5-14, 일본 1 대 13에서 1627-1644년경이면 광동 가격비가 1 대 10-13으로 스페인이나 일본과 비슷해진다. 중국 내 은 가치가 다시 상승하여 18세기 초 유럽 금은 가격비는 1 대 14.5-14.8이고 중국에서는 1 대 10-11 수준이었다. 1750년경에 1 대 15 정도로 유럽과 같게 되었다[Glahn(1996); Lin(2006)]. 또한 비단, 도자기 수출에 따른 무역 수지 보전으로 은이 유입되었다. 두 가지가 동시에 진행된 것으로 보인다.

은 이동량 추계는 다양하다. 신대륙에서 1571-18세기까지 5,600-31,000톤 평균 잡아 9,000-10,500톤이 중국으로 이동했는데, 이것은 당시 신대륙 총생산 7만-15만 톤의 약 10%에 해당한다. 신대륙에서 유럽으로 건너온 은은 발트 해, 중동, 희망봉 여러 루트를 통해 중국으로 유입되었으며, 멕시코에서 직접 태평양을 거쳐 마닐라로 온 다음 그곳에서 스페인 상인이나 중국인에 의해 중국으로 이송되었다. 부가적으로 일본에서 유입량은 1550-1700년 기간 6,400-7,500톤에 달했다.[1] 1800년 이후에는 오히려 은이 중국에서 유출되었으며, 19세기 후반의 유입은 차관이나 직접 투자였다[Deng(2008, pp. 324-327)]. 1550-1645년 기간만 보면 일본 3,700톤, 필리핀 2,300톤, 유럽 1,230톤, 합계 7,230톤으로 일본 비중이 더 크다[Glahn(1996, p. 140)].

이를 표와 그림으로 보자면 〈표 4-1〉은 세기별 신대륙의 귀금속

표 4-1 신대륙의 귀금속 생산

(단위: 톤)

	16세기			17세기			18세기			누계		
	은	금	은 환산 합계	은	금	은 환산 합계	은	금	은 환산 합계	은	금	은 환산 합계
Humboldt[a]			17,563			42,040			73,971			133,574
Soetbeer[b]	17,128	327	20,823	34,008	606	42,431	58,530	1,614	84,354	109,666	2,547	147,608
Merrill and Ridgway[c]	16,925	280	20,089	34,435	590	42,636	51,080	1,620	75,380	102,440	2,490	138,105
Morineau[d]	7,500	150	9,120	26,168	158	28,459	39,157	1,400	61,417	72,825	1,708	98,996
Slicher van Bath[e]	11,175	628	18,544	27,640	420	33,734	58,366	1,485	81,970	97,182	2,587	134,247

주: a. 1500-1800년: Humbolt, *Political Essay on the Kingdom of New Spain*, trans. John Black, 4 vols.(London, 1811).

b. 1493-1800년: Adolf Soetbeer, *Edelmentall-Produktion und Wertverhältnisse zwischen Gold und Silber seit der Entdeckung Amerikas bis zur Gerenwart: Petermanns Mittheilungen*, suppl. 13, no. 97(1800).

c. 1493-1800년: Merrill et al., *Summarized Data of Silver Production*, and Ridgway et al., *Summarized Data of Gold Production*.

d. 1500-1800년: Michael Morineau, *Incroyables gazettes et fabuleux mètaux*(London, 1985).

e. 1503-1820년: B. H. Slicher van Bath, "Het Latijins-Amerikaanse gold en zilver in de kolonial tijd," *Economisch- en Sociaal Historisch Jaarboek*, 47(1984).

자료: Barrett(1990, pp. 228-229). 합산 오류 바로잡음.

---

1 1510년까지 중국의 은 생산 누계는 3,750톤(1억 냥)으로 추산된다[Deng(2008, p. 327)]. 이를 감안하면 1800년경 중국의 은 보유량은 19,750-22,250톤이 된다.

그림 4-1 귀금속의 생산과 유럽의 수입

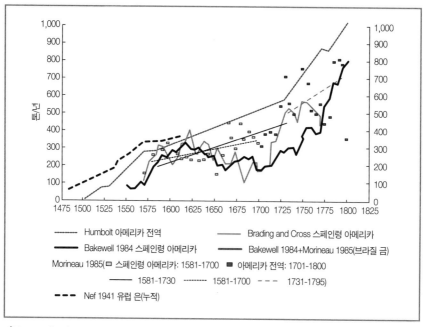

자료: Barrett(1990), p. 238.

생산 추계이고, 앞 장의 〈그림 3-4〉는 1600-1650, 1725-1750년 기간 생
산과 이동의 도식, 〈그림 4-1〉은 신대륙 생산과 유럽 수입의 추이이다
[Barrett(1990); Vries(2003)].

　　일본 쪽에서 보자면 전통적인 수출항 나가사키를 출발하여 포르
투갈 상인에 의해 마카오를 통해 중국으로 은이 들어가는 루트가 16
세기 말까지 이어졌다. 이것 역시 금은 가격비 재정거래 또는 비단 무
역 대금 지불의 형태였다. 항구 폐쇄 등 우여곡절 끝에 1630년대-1670
년대에는 나가사키에서 네덜란드나 중국 상인에 의해 대만으로 은이
이동했다. '쇄국' 이후에도 사쓰마 번(薩摩藩)에서 류큐(琉球)를 통한

그림 4-2 쓰시마에서 조선으로 연평균 은 수출, 1684-1751년

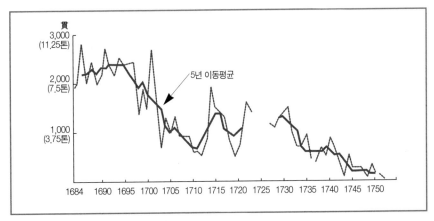

자료: Tashiro(1989), p. 116; 田代和生(1981), p. 328.

교역이 18세기까지 이어졌고, 더욱 중요하게는 쓰시마 번(對馬藩)과 부산을 통한 거래가 1684-1710년 기간 188톤, 1710-1755년 기간 40톤 정도로 이루어졌다. 이 교역로는 예로부터 공무역, 사무역에 중요했고 부산에 왜관이 설치되는 등 쇄국 이후에도 무역이 활발했다. 중국 비단과 조선 인삼이 주요 거래 품목이었고 일본은 은, 동 등 금속을 계속 공급했다. 〈그림 4-2〉와 〈표 4-2〉는 각각 거래량 추이, 쓰시마-조선 은 무역의 내용이다[田代和生(1981); Tashiro(1989)].

　금 생산과 유럽의 수입은 〈표 4-1〉에서 보듯이 은으로 환산했다. 그러나 금은 중국으로 이동하지 않았고 그 반대 방향이었다. 그 양은 정확한 추계를 얻기 힘들다. 일본 동의 조선 수출 추계는 4절에서 소개한다.

표 4-2 17-18세기 일본 유통 은과 조선 교역 은

일본 유통 은[a]			조선 교역 은		
이름	순도(%)	통용 기간	이름	순도(%)	통용 기간
케이쵸긴(慶長銀)	80	1601-1738	케이쵸긴	80	1611-1697
겐로쿠긴(元祿銀)	64	1695-1722	겐로쿠긴	64	1697[b]-1711
호에이긴(寶永銀)	50	1706-1722	특주은(닌진다이오고긴; 人蔘代往古銀)	80	1712[c]-1715
에이지긴(永字銀)	40	1710-1722			
미츠호긴(三寶銀)	32	1710-1722			
요츠호긴(四寶銀)	20	1711-1722			
쿄호긴(享保銀)	80	1714-1738	쿄호긴	80	1716-1738
겐분긴(元文銀)	46	1736-1827	특주은(닌진다이오고긴)	80	1739-1750[d]

주: a. 田谷博吉, 『近世銀座の研究』, 吉川弘文館, 1963.
　　b. 공식적으로는 1699년부터 케이쵸긴에 27% 추가 지급되었다.
　　c, d. 특주은은 1710-1715년, 1737-1754년 기간 주조되었다.
자료: 田代和田(1981), p. 299.

3. 일본의 귀금속 생산과 수출, 화폐 제도의 변천

일본의 초기 동전 주조는 708-958년간 시행되었으나 가치 저장 수단이었고 유통은 별로 안 된 것으로 알려져 있다. 대신 중국의 동전을 수입하여 사용했다. 14세기 중엽쯤이면 중국 동전이 전국에 유통된다. 금, 은을 수출하고 동전을 수입한 것이다. 심지어는 동괴를 수출하고 대신 동전을 수입하기도 했으며, 중국 동전 유사품을 주조하기도 했다. 원자재(동)와 주조 기술이 있었음에도 불구하고 중국 동전에 의존한 것은 일본의 중화 문화권 귀속 의미를 지니며, 국제 물가 동조를 나타내기도 한다. 중국이 15세기에 주조를 정지하고, 동전 부족으로 일본으로 수출을 제한하자 16세기 후반 동전의 질 저하 때문에 상

품 화폐, 즉 쌀로 회귀했다[Miyamoto and Shikano(2003)].

다시 말하면, 11세기 말-12세기 후반 송전(宋錢) 수입 이후 13세기에 전면적으로 유통이 자리잡았으며, 연공전대납(年貢錢代納)으로 정착되었다. 송전 유통은 일본이 가장 많고 고려, 동남아, 서아시아, 아프리카 동해안까지 퍼졌다. 남송은 오히려 지폐(會子)를 확산시켰고, 금나라도 초(鈔)를 사용, 원, 명까지 지폐 정책을 추진했다. 이에 비해 14세기 후반-15세기 전반 일본 열도는 전귀 상태였다. 자연히 전국시대에는 찬전령(撰錢令), 즉 특정 동전을 선별적으로 사용하거나 악전 수수 거부의 기준을 정하는 법령이 만발하였다. 16세기 후반 동전 유통의 혼란으로 쌀로 회귀했음은 이야기한 바와 같다. 다행히 은 생산의 증가로 1530년대에는 전 세계 생산의 1/3을 차지한다. 이와 함께 동전의 모주(模鑄), 사주(私鑄)가 횡행하여 송전(精錢)과 함께 유통된다. 1569년(영록 12) 찬전령, 추가 조문 2조를 보면, 금 1료(両)=은 7.5료=동전 1.5칸(貫)=쌀 10효(俵)의 환산을 규정하고 있어 에도 시대 삼화 제도의 전신을 볼 수 있다고 주장하는 학자도 있다[박경수(2012, 3부 4장)].

이제 도쿠가와 통화 체계의 통일을 살펴보자. 금, 은 생산이 급증(연은분리 하이후키법(灰吹法)이 조선에서 전래한 덕이 크다)함에 따라 금화(순도 84.29%)를 주조했다. 회계 단위는 료(両=4.76몸메, 1몸메=3.75g), 부(分=1/4両), 슈(朱=1/16両)였다. 은괴(순도 80% 케이쵸긴(慶長銀))는 무게로 달아 유통되었다. 17세기 중엽쯤 금화와 은괴는 전국적으로 유통되었다. 소액 거래에는 중국 동전이 아직 통용되었는데, 1636년부터 일본 동전을 주조하기 시작하여 1660년대가 되면 소액 유통을 장악하게 된다.

도쿠가와 일본의 화폐, 즉 '에도 시스템'은 매우 독특하지만 효율적인 것으로 평가되고 있다[Schiltz(2005)]. 도쿠가와 시대 초기부터 계층적으로 분화된 사회에 알맞도록 화폐의 성질과 통용 범위가 계급과 지역에 따라 달랐다. 사무라이는 금, 상인은 은을 사용했으며, 일반인의 일상 거래에는 동전이 쓰였다. 고액의 타원형 금화인 오반(大判, 10両)과 고반(小判, 1両)은 우아한 디자인으로 볼 때 선물용으로 쓰인 것 같다. 사회 계층에 따라 거의 독립적으로 운행한 '계급' 경제의 존재를 상정할 수 있다. 즉, 금에 근거한 '기부 경제', 은을 기반으로 한 상인들의 '화폐 경제', 동에 의존한 번(藩) 내 일반인들의 거래 네트워크로 구성된 세 가지 금속 화폐가 각기 따로 유통되었다(三貨制度). 금화, 은괴, 동전 간의 교환 비율은 막부 정부의 고정 노력에도 불구하고 시장에서 자유로이 변동했다. 지역적 차이도 심해서 에도 등 관동 지방에서는 금이, 상업 중심 오사카 쪽에서는 은이 많이 쓰였다. 은괴 유통이 동아시아 경제권에 공통적인 것이었음을 생각할 때 이해할 수 있다. 은 지역인 오사카와 금화 지역인 에도 간 결제를 위해서는 환어음 사용이 필수적이었다. 상업 도시마다 환전상과 상인들이 상업 어음을 이용했다. 추가로 지방 영주 발행 지폐(藩札, 금, 은 표시)가 지방에 통용되었다.

17세기 말부터는 금이나 은을 종이로 싸서 봉인한 형태의 '화폐'가 고액 거래에 사용되기도 했다. 이것은 주화의 중량과 내용을 거래 시마다 검사할 필요 없이 봉인의 신뢰도로 대신하는 것으로서 그만큼 거래 비용을 줄이는 의미를 갖는다[Yamaguchi and Ohnuki(1997)].

17세기 초 일본의 은 수출은 세계 은 생산의 30%에 해당한다. 일본측 자료에 의하면 1560-1640년 9,450톤, 1601-1708년 3,750톤으로 일본 생산의 75%를 수출했다. 물론 금은 가격비에 따른 재정거래 외에 비단 무역, 인삼 무역의 결제가 있었다. '쇄국' 이후의 쓰시마 무역을 다시 보면, 진상(封進)과 공무역의 경우 조선은 일본에서 호초, 구리, 납을 수입하고 대금을 면포로 결제했으며 이를 쌀(公作米)로 바꿀 수 있었다. 사무역의 통계는 1684년에 조선에서 일본으로 수출품 중 생사가 50%, 이에 견직물을 추가하면 중국 물품이 전부 80%가 되고, 나머지는 인삼이었다. 일본에서 조선으로 수입 품목은 종류는 많으나 66%가 은이었다. 겐로쿠(元祿) 개주(은 순도가 80%에서 64%로 낮아짐) 이후 인삼을 사기 위해 1710-1715년간 닌진다이오고긴(人參代往古銀)을 특주(80%에 맞추어)했다. 이후 겐분(元文) 개주 후 1737-1754년간에도 그리하였다(〈표 4-2〉 참조)[田代和生(2001, 2002, 3장)].

　　17세기 후반에 금은 생산이 급감했으며 수출이 줄고 오히려 화폐 부족 현상이 나타났다. 이제 일본의 주요 수출품은 동과 수산물 등이었다. 귀금속이 부족하여 통화 시스템을 재조직할 필요가 생겼다. 귀금속 함량을 낮추는 방식으로 개주(재주조)하기도 하고 지폐(藩札)를 증발했다. 초기 금화의 순도는 84.29%, 은괴(케이쵸긴)는 80%임을 앞에서 밝혔다. 이하 주요 개주는 다음과 같은데 역시 〈표 4-2〉를 참조하기 바란다. 1695년 겐로쿠 개주가 시작이었다. 금화 순도 57%, 은 순도 64%로 낮추었으며, 그 결과 통화량 증가와 미가 상승이 따랐다. 다음은 1710년 호에이긴(宝永銀)은 순도 50%로 떨어뜨린 후 계속 인하하여 40%, 32%, 20%까지 갔다. 금화는 무게가 반감되었고 결과는 물론 인플레이션이었다. 1714년 쿄호긴(享保銀)은 순도 80%로 회귀했다. 결과는 물가 하락과 불황으로 이것을 견딜 수는 없었다. 결국 1736년 겐분(元文) 개주에서 금화 순도 48%, 은 46%로 타결되었고 그 이후 안정세를 보였다. 그러나 1772년 난료니슈긴(南鐐二朱銀)이 도입되었다.

표 4-3 일본의 금은 가격비 추이

(단위: £)

기간	금화: 평량 은화	금화: 계수 은화
1609-1694	1 : 9.8	
1695-1709	1 : 11.0	
1710-1713	1 : 14.0 1 : 5.6	
1714-1735	1 : 11.5	
1736-1771	1 : 11.5	
1772-1817	1 : 11.5	1 : 8.8
1818-1836	1 : 10.2	1 : 7.2
1837-1855	1 : 8.4	1 : 4.5
1856-1859	1 : 5.0	1 : 5.1

자료: 新保 博 · 齋藤 修(1989), p. 28.

즉, 금화의 보조 화폐로서 은전(計數銀貨: 교환비 1 대 8.8, 19세기 중엽 1 대 5)을 발행했다. 그것이 사실상 금본위제의 시작이라는 해석이 있다[三上隆三(1989)]. 기존 은괴(秤量銀貨)의 교환비 1 대 11.5와 이중 구조가 지속되었다(〈표 4-3〉 참조).[2] 일련의 개주에 대한 일반적인 해석은 도쿠가와 전기의 긴축 정책에서 후기의 확장 정책으로 이전되었고, 전국 시장의 재편성, 통합에 화폐가 적응했다는 것이다[新保 博 · 齋藤 修 (1989, pp. 26-31)].

좌우간 금, 은, 동, 지폐 전부 도쿠가와 후기에는 명목주의(nominalism)를 채택하였다. 이것이 제 가치를 반영하는(full value) 금속 화폐보다 근대적이라고 할 수 있는지는 불분명하나 국가 기구의 권력을

---

2 복본위라면 각 금속의 가치가 자유 변동한다. 은을 금과 고정 비율로 묶는다는 의미에서 사실상 금본위제라고 주장하는 것인데, 그렇게 만든 보조 화폐 이외에 기존의 유통은 은 가치가 따로 변동했으므로 해석에 주의가 필요하다. 더욱이 19세기 초에도 계수(計數) 은화가 총 화폐 유통의 20% 정도였음을 감안해야 한다. 더욱이 계수 은화 가치가 기존 은괴(평량 은화)보다 높게 유지되는 것은 상식적 예상과 다르다.

제4장 16-19세기 귀금속의 이동과 동아시아 화폐 제도의 변화

반영함에는 틀림없을 것이다. 국제 무역이나 세계 질서에서 벗어난 독자 노선이라고도 할 수 있다[Miyamoto and Shikano(2003)]. 그러나 여기서 쓰시마-부산 루트 수출용 은 함량을 80%로 유지, 따로 주조해야 했음을 상기해야 한다(特鑄銀, 닌진다이오고긴). 국제 거래에서는 가치 유지가 중요하다는 뜻이다. 중국과의 거래에서는 케이쵸긴을 무시하고 하이후키긴(灰吹銀)으로 갈 수밖에 없었다.[3]

19세기 초가 되면 난료니슈긴의 질이 저하되고, 각종 금화(二朱金, 一朱金, 五兩判, 小判, 一分判)와 은전(一朱銀, 丁銀, 豆板銀)이 만발했으며, 만성적인 인플레이션으로 빠져든다[Shimbo and Saito(2003)].

4. 조선의 화폐 경제

우리나라는 고대에 금속 화폐를 사용했고 삼국 시대에는 삼베, 쌀 등 물품 화폐를 썼다. 고려, 조선 때는 금속 화폐와 지폐를 추진했으나 시도와 실패를 반복했다. 1101년 은병(銀瓶) 주조 이래 은화가 지속적으로 통용되기 시작한다. 원 간섭기에는 중국 지폐를 사용하기도 했고, 고액은 모시 · 은화, 소액은 쌀로 굳어지는 듯했다. 1401-1470년간 저화가 선을 보였고, 세종대에 동전 통용을 추진했으나 실패했다. 1603-1657년간의 동전 통용책도 좌절되었다. 조선 국가의 동전 · 지폐 통용책이 실패한 원인은 무엇일까? 첫째, 시장 기반이 취약했다. 둘째, 화폐 통용 정책에 문제가 있었다. 공신력이 결여된 것이다. 셋째, 삼베 · 무명 · 쌀 등 물품 화폐 선호 관습이 뿌리 깊었다. 마지막으

3 은 함량 95.2%인 소마(石見)銀은 막부의 수출 금지 때문에 별로 쓰이지 않았으나 국제 거래에서는 순도 90.7%인 하이후키(灰吹), 세다(佐渡)銀, 레아르 등이 쓰였다[田代和生(1988, p. 139)].

로, 동철 채굴에 한계가 있었으며 금속 공급을 대일 무역에 의존했다. 임진왜란 때 중국 은화가 유통되었고, 17세기에 중일 은견 무역을 중개하면서 일본 은화와 동전이 통용되었다. 18세기 후반 잡세 전납이 시작되는데, 금속 화폐 통용의 전반적 추세를 보면 17세기에는 은이, 18세기에는 동이 주도했다. 전납률은 19세기 중엽까지 25%에 미치지 못했고, 수령이 서울로 쌀을 운송, 면포를 구입 대전방납한 경우가 많았다[이헌창(2011a, 3장 2절)].

그러면 조선 후기의 금속 화폐 유통을 더 자세히 들여다보자. 우선 동전을 보면 관의 동전 주조는 다음과 같은 시기에 대량으로 수행되었다. 즉, 1678(숙종 4년)-1697년 450만 냥, 1731(영조 7년, 흉년)-1798년 500만 냥, 1809-1857년 600만 냥이었다. 그리고 동전 총량은 18세기 초 500만 냥(미곡 생산의 10%, GDP의 3%), 1800년경 900만 냥(미곡의 12%), 1860년경 1,400만 냥(미곡의 13%, GDP의 4%)에 달했다. 동전 가치의 추이를 보면 17세기 말까지 신인도와 유통 속도의 변화 때문에 동전 가치 변동이 심했다. 1710-1820년에는 물가가 안정되고 오히려 동전이 부족했으며(錢荒) 은화 유통도 감소했다. 1829년에 신전 공급이 시작되면서 추세가 변한다. 다시 말하여, 동전량과 동전 가치의 변화를 돌아보는 것은 쉬운 일이 아니다. 사주(私鑄), 훼주(毀鑄), 마손(磨損), 개주(改鑄)를 고려해야 하고, 동전의 과다에 따라 화폐 가치는 전황과 인플레이션을 넘나들었다. 이하 숙종 4년 상평통보(1678)에서 당백전(1866) 직전까지 기간을 살펴보자[이헌창(1999)].

관의 주전량 추이는 주로 『비변사등록』을 통해 알 수 있다. 주전량, 주전 이익, 주전 상황, 주조 시점과 행용(行用) 간의 시차 등이 기록된 것이다. 다양한 관청이 동전을 주조했는데, 예를 들어 중앙 각사, 상평청, 호조, 진휼청, 각 지방 감영, 균역청 등이다. 조선은 일본에서 수입한 동(倭銅)을 원재료로 하여 주전했다. 일본에서의 은 수입은 중일 비단 무역의 중개나 인삼 무역의 결과인 데 반해, 동 수입은 동전 주조를 목적으로 쓰시마를 통해 특별히 동광(荒銅) 또는 제련동(吹銅)의 형태로 일본 측의 규제 한도인 연 10만 근씩 들여왔다[田代和生(1981, 12장)].

공적 주전량에서 실제 동전량을 구하기 위해서는 사주, 협주를 더하고 훼주, 마손, 개주를 빼야 한다. 주전 이익은 전가에서 동가와 공가를 뺀 것인데 이것이 많으면 사주, 마이너스(숙종 초에 동전 신인도가 낮아서 이랬을 때도 있었다)면 훼주 유인이 있다. 이러한 폐단을 막기 위해 적어도 당백전 때까지는 정부에서 명목 가치와 소재 금속 가치를 일치시키려는 노력이 있었다. 주전 이익률은 원료 가격, 특히 주로 일본에서 수입한 동가에 달렸다. 주전 이익률은 1706년에 50%에서 18세기 말 20%, 19세기 초 10%까지 내려갔다가 1830년 27%로 회복했다. 그리고 동가 상승에 따라 동전의 중량이 떨어졌다. 영조 18년(1742)에 동전 1문이 2돈(중량 단위 1돈=10푼=3.75g)에서 1752년에 1돈 7푼, 1757년에 1돈 2푼으로 낮아졌고 이 무게가 순조대(1779-1780)까지 지속되었다. 즉, 동가가 비싸고 수입이 제한되어 동전 중량이 하락한 것이다. 그러나 1820년대 왜동 수입이 증대하고 갑산 동광의 채굴로 원료 공급난이 해소되자 주전 이익률이 회복했다. 〈그림 4-3〉은 주전 누계량, 동전량, 은화량을 보여준다[이헌창(1999, p. 22)].

여기서 1678년 이후 상평통보가 기축 통화, 그 이전에는 추포, 은화, 일반 무명, 쌀, 소였음을 상기할 필요가 있다. 임진왜란 시에 중국은, 왜란이 끝난 후에는 일본 은이 유통(은 함량 80%인 8성은→1699년 6성

그림 4-3 주전 누계량, 동전량 및 경각사 · 각영의 시재은, 전량 추이

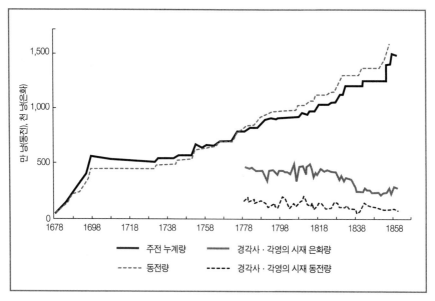

자료: 이헌창(1999), p. 22.

은→1707년 7성은)되었다.[4] 그리고 영조대에도 은(10성천은, 7성정은)이
통용되었으나 곧 사라졌다. 은 유통은 나중에 자세히 설명하겠거니

---

4 이것은 저자가 고민한 부분인데, 〈표 4-2〉의 설명과 다른 괄호 안 내용은 이헌창(2011b)이
송찬식(1976, pp. 891-897)을 인용했다. 송찬식이 읽은 숙종 23년(1697), 25년(1699), 33년
(1707), 38년(1712), 42년(1716)의 사료 자체에 문제가 있는 것 같다. 『만기요람』 재용편 금
은동연 항목에 나오는 6성은은 겐로쿠긴이고 은 함유량이 64%였는데, 조선에서 62%라고
주장하여 외교 담합에 따라 63%로 교환 비율을 조정한 일이 있다. 숙종 24년 일이다. 숙종
33년에 일본은 은 함량을 대폭 낮추었는데(호에이긴) 당시 조선의 당국자들이 높은 것으로
착각한 것이다.
　쓰시마 번주는 막부에 灰吹銀에 상당하는 수출용 은을 주조해줄 것을 요구하는 한편, 조
선에는 동래 부사를 통하여 순도 70%의 '宝字新銀'을 수용하겠느냐고 타진하였다. 결국 이
안은 폐기되고 대신 1710년부터 특주한 순도 80%의 人參代往古銀이 1712년부터 수출되었
으나 조선에서는 이를 7성은으로 오해한 것이라고 한다. 이 오해는 이후로도 계속되어 「만
기요람」의 7성은이라는 것도 8성 특주은을 말한다. 丁銀은 왜은이고 순도 80%로, 조선에서
공사 두루 통용되었는데 다만 7성은으로 불렸다(丁銀是七成卽倭銀). 이러한 주장을 하는 일본
인 학자는 당시 조선의 은 취련 기술을 낮게 평가하고 있다[山本 進(2012, pp. 12-14)].

와 왜 은화 대신 동전이 광범위하게 통용되었을까? 18세기에 오면 고액 거래도 동전을 사용하였으며, 유동성 문제가 발생하기는 했다. 아마도 도시와 원격지 시장 규모가 작고, 유교 이념이 하층민 경제 안정을 위주로 하였으며, 화폐 수요 증대도 제한되었을 것이다. 동전 신인도가 확고하고 은화량이 감소했다. 그러나 삼남 지방은 미전목(米錢木), 중국 무역이 성하던 지역에는 은화 유통의 패턴이 아직 유지되었다. 기축 통화가 추포에서 은화로, 동전으로 변화하는 가운데 총동전량 증가 속도보다 총통화량 증가 속도는 더 느릴 것이었다.

그러면 동전의 가치는 어떻게 변동하였는가? 이것은 은화에 대한 교환 비율로서, 또 미곡 구매력으로 따질 수 있을 것이다. 그러나 은동 가격비는 은 유출입에 따라, 미곡 구매력은 미가 변동에 매우 민감하게 반응하므로 해석에 어려움이 따른다. 여기서는 물가와 동전 수요에 관해 간단히 언급하고 넘어가자. 물가는 1710-1820년대에 낮은 수준에서 안정적이었으며 심지어 전황 국면이라고 할 만하다. 1830-1850년대에는 물가가 상승하였다. 동전 수요는 계속 상승하였다[이헌창(1999, pp. 37-41)]. 첫째, 추포와 은화를 대체하였고, 둘째 시장이 발달하고 인구가 증가했으며, 셋째 동전 유통의 지역적 범위가 확대되었다. 넷째, 부세(賦稅)의 전문대봉(錢文代捧)으로 동전의 신인도가 안정되었다. 1853-1857년에는 신전이 대량 공급되어 물가가 상승하고 토지 생산성과 인구 증가가 주춤한다. 이러한 혼란은 이후 당백전 발행과 중국 동전 유입으로 더욱 악화된다.

이제 은의 유입과 유통에 대해 살펴보기로 하자. 조선 시대의 공무역, 사무역, 밀무역, 사대교린에 따른 기타 경비 등은 은을 매개로 지출되었다. 무역은 또는 재정 화폐로서의 역할을 한 것이다. 일본의 은은 조선 인삼, 더 중요하게는 중국 비단과 교환되었는데, 조선국 내 잔류 은이 화폐로 유통되었다. 조선의 은광에서도 은을 계속 공급했다. 유통량은 17세기에 많다가 18세기에 감소했다.

은의 흐름은 고려 때부터 볼 수 있다. 대외 관계에 은을 사용했으며, 국내용으로 은병을 주조하거나 또는 칭량화폐[5]인 쇄은(碎銀)을 사용한 흔적이 있다. 국내 은광에서 공급한 것으로 보인다. 조선에서는 주로 미, 포, 저화를 썼으나 16세기 말 임진왜란 때 명나라에서 은이 유입되어 17세기에 널리 유통되었다. 토지 · 노비 거래에까지 통용된 기록이 많다.

1609년 기유(己酉)조약으로 일본과 쓰시마 무역이 재개되자 18세기 중엽까지 일본 은이 대량 유입되었다. 나가사키, 오키나와 루트 외에 조일 무역이 흥성한 것이다. 쇠퇴는 일본 은의 품질 하락이 전기가 되었다. 예를 들면, 1695년 순도 80%의 케이쵸긴(慶長銀)을 개주하여 순도 64%의 겐로쿠긴(元祿銀)으로 한 것이다(〈표 4-2〉 참조). 1754년에는 일본의 은 수출 억제책에 따라 은 유입이 중단되었다. 대마도 종대문서(宗代文書) 대조선 은 수출 자료 연구에 의하면 1684-1751년간 총액은 832만 냥(순은 환산 635만 냥)에 달했다. 나누어보면 1680-1990년대 연평균 20만 냥, 18세기 연 10만 냥 정도이다.[6] 18세기 중엽 은 유입은 단절되었으며 그 이후에는 동이 무역 결제 수단이었다. 일본 동을 수입하여 조선 동전 주조가 증가했다.

대중 무역을 보면 은, 인삼을 수출하고 서적, 약재, 모자, 구두, 비단, 생사를 수입했다. 17-18세기 연행사절단(사행)이 청국에 운반한 물

---

5 무게를 달아 유통시킨다는 용어는 우리말로 칭량, 일어로 평량이다.
6 무게로 228톤이었음을 상기하라. 1관=100냥=3.75kg으로 환산하면 대강 맞다.

자나 은은 연 17만 냥에 달하고, 사무역(책문후시 등) 연 30만 냥 정도를 합하면 중국 무역은 연 50만–60만 냥에 이른다. 매년 거의 이만큼의 은이 중국으로 유출되었다는 뜻인데, 일본에서 들여온 은으로는 이를 감당하기에 태부족이다. 밀수입과 조선산(단천·성천·영덕 은광) 은으로 대체했다고 추정할 뿐이다[오두환(2002)]. 이러는 과정에서 정부 재정에서 차지하는 은의 역할이 커졌다. 1650-1730년간 호조의 은 수입은 연 3만 냥 수준, 이후 크게 감소했다. 지출은 늦게 감소했는데 그만큼 경직성이 있다는 의미이다.

그러면 은저량과 화폐로서의 은은 어떤가? 17세기 중엽 이후 왜란과 호란에서 회복, 안정된 후 대외 무역이 재개되었다. 은은 계속 유출되었다. 이때 정부 보유 은은 호조(은 생산에 과세, 왜관 무역 은 수세, 일부 전세 은납), 병조(나름의 공물 수입), 해서 지방 관서(사신의 행차 비용, 무역 대금 비축, 군수 대비) 등을 포함하고, 무역 상인이 갖고 있는 은이 민간 보유 은이었다. 이를 전부 합한 은 재고는 1742년에 전국적으로 100만 냥이 되는데, 6성은이 많았다. 평양 감영이 30만 냥을 보유했으며 매년 북경에 37만–38만 냥씩 수출했다. 1782년 서울 각사, 각영의 시재은은 43만 냥에서 19세기 중엽 20만 냥으로 줄었다(〈그림 4-3〉 참조). 18세기 초부터 일본 은의 유입이 감소하는 가운데 대청 무역을 유지하느라 은이 지속적으로 유출되는데 어떻게 19세기 초까지 이만큼 (1820년대 40만 냥) 은 재고를 유지할 수 있었을까? 국내 은 생산이 증가했는가, 홍삼 수출이 늘었는가?

민간 보유 은화량은 파악할 방법이 없다. 아마 18세기에 빠른 속도로 감소했을 것이다. 교환의 매개 기능은 줄고 가치 저장의 수단으로 더 큰 역할을 하지 않았을까? 그래도 무역 은으로서 역할은 지속한 듯 보인다.[7] 17세기 말부터 동전 주조와 함께 은, 동 복본위제가 이루어졌다. 조세 부과 단위는 미곡이며 대동법으로 화폐를 도입했다. 고문서 매매 문기를 통해 은화와 동전(18세기 공용)의 유통 상황을 파악할 수 있다. 은화는 17세기 후반 목면과 함께 지불 수단으로 널리 쓰였다. 그러나 18세기에 오면 거의 모든 거래가 동전으로 이루어진다[오두환(2002, 표 3)]. 즉, 17세기 후반까지 토지, 노비 매매에 은가 표시가 많으나 18세기에는 사라진다. 하지만 공물방납권 매매에는 은이 계속 지불 수단으로 쓰였다[이헌창(2011b)].

한편, 임진왜란 때 은화를 대량 유출(조선 명은 유입)한 명나라는 조선에서 은량을 징색하려는 노력을 하게 된다. 이는 광해군, 인조 때까지 계속되며, 조선도 일본 은 유입 등 은 조달에 노력을 기울인다. 조선에 파견된 명군의 군량, 군수 물자 조달 비용, 군공에 대한 포상, 전사자 매장 비용, 사당(관왕묘) 건설 등은 은으로 충당하였으며, 물품은 현지 또는 요동 등지에서 구입했다. 왜란 시기 명의 은 지출은 700만~900만 냥으로 추산된다[한명기(1992, p. 10; 1999, p. 96)]. 또한 단천 광산에서 세은 취련 시 연철은 탄환 제조에 쓰였다. 이리하여 임진왜란은 미곡, 포에 더하여 유통 수단으로 은의 인식을 증대시킨 것이다.

17세기 초 명나라는 은의 유출을 벌충하기 위해 은 징색에 나섰다. 중남미와 일본 은의 공급이 급감하고 임진왜란과 만주족의 준동이 계속되자 명나라에 은 부족 사태와 은가 폭등이 도래했다. 이에 명나라는 조선 주둔 명군의 군량 조달을 요구했으며, 또 중강개시 등에

---

7 여기서 주의할 점은 대일 무역에서는 1611~1697년간 순도 80%의 8성은(케이쵸긴), 1697~1711년간 순도 64%의 6성은(겐로쿠긴), 1712년 이후 다시 7성은(特鑄銀)이 수용되었는데, 대중 무역에는 새로 제련하여 순도 높은 正銀子, 10成天銀으로 만들어 지불해야 했던 것이다.

서 조선 은이 명으로 유출되었다. 즉, 상세 등으로 명이 매년 2만 냥의 수입을 올린 반면 조선은 수백 냥을 징수하는 데 그쳤다. 광해군, 인조대에 조사들의 은 요구는 연 10만 냥 단위였다. 명나라는 광해군이 첩실 차자라는 빌미로 즉위 때까지 인준하지 않았다. 결국 책봉예 6만 냥을 거두어갔다. 광해군 대에 왕권을 공고히 하고 중립적 외교 정책을 취하는 과정에서 막대한 은자를 명의 조사들에게 유출했다. 인조반정 이후도 비슷하거나 더욱 심했다. 호란 이후 청의 은 요구는 오히려 가벼웠다. 이는 청나라의 화폐 경제가 아직 덜 발달한 때문이었을까? 그들은 은보다 농우, 직물, 곡물을 선호했다[한명기(1992, p. 22)].[8]

5. 중국의 은 수입과 화폐 제도

중국 역사에서 동전 대량 주조는 세 번 있었다. 한 무제(BC 141-BC 87) 때 연 50만 관, 북송 왕안석 개혁 전후 11세기 연 500만 관, 그리고 18세기 후반 건륭통보 연 300만 관이 그것이다. 15세기에는 화폐가 부족했는데, 1436-1503년간 주전을 중단하고 지폐(보초) 통용을 장려했다. 그러나 결국 조개, 쌀, 포, 가죽으로 후퇴할 수밖에 없었다. 동전도 종류마다 지역마다 통용 가치가 다르고 명목 가치와 실질 가치의 차이가 컸다. 동전의 공간적 획일성과 시간적 일관성을 유지하려고 노력했다. 1576년에 주조된 만력통보는 1전이 4g이었다. 네 번 제련하여 순도 93.8%를 자랑하는 최고의 동전이었다. 이것이 유지되지 않을 때 전황과 인플레이션(심하면 동전을 녹여 쓸 유인이 생긴다)의 사이클이 반

---

8 청의 은 요구가 가벼웠을지 몰라도 세폐의 부담이 컸으며, 청이 명을 대신하여 조공 관계로 복귀했으므로 호란 직후와 이후의 청의 요구를 구분해야 한다.

표 4-4 명나라 동전의 금속 함유량과 중량

연도	동(구리) (%)	기타 금속 (%)	동전 천 닢당 구리의 무게(斤)	동 1근으로 주조한 동전 개수
1393(洪武)	–	–	6.64	151
1476	–	–	–	150-160
1505	87.5	12.5(납)	–	160
1507-1508	72.0	24.0(납) 4.0(주석)	–	160
1527(嘉靖)	90.9	9.1(주석)	7.88	127
1564	90.0	10.0(주석)	8.00	125
1567	–	–	–	160
1576(萬曆)	93.7	6.3(주석)	8.54	117
1577; 江西	93.9	6.1(주석)	8.94	112
1605; 貴州	–	–	–	140
1622(天啓); 南京	54.3	45.7(아연)	7.84	128
1622; 南京	–	–	4.50	222
1623; 南京	50.0	50.0(납)	5.25	190
1624	60.0	40.0(납)	–	–
1625	–	–	–	150
1628; 湖廣	20.0-30.0	70.0-80.0(납)	–	–
1633; 山東	76.0	24.0(납)	–	185
1633-1636	57.0	43.0(아연)	9.00	111
1637	60.0-70.0	30.0-40.0(아연)	–	–
1638	–	–	6.00	167
1643	–	–	3.00	333

주: 괄호 안의 연호는 발행된 동전의 조폐 기준을 의미한다.
자료: Glahn(1996), p. 147.

복된다. 주전시 동과 혼합하는 납, 주석, 아연의 비율도 들쭉날쭉했다
(〈표 4-4〉 참조). 그 이후 동가가 상승하여 100근에 6타엘에서 1620년대
에 14타엘이 되었으며, 자연히 동전의 동 함량도 급히 떨어졌다. 1623

년에는 50%로, 1628년에는 20-30%까지 급락했다가 회복한 것이다 [Glahn(1996, pp. 146-155)]. 그러나 저질 통용전이 따로 있었다. 즉, 동전 사용에 관에서 주조한 기준전과 사주 통용전의 이중 구조가 항상 존재했다. 정부 발행 초와 민간 발행 표(은표, 전표) 같은 지폐도 다소 유통되었다. 매우 특이하게도 정부는 은화 발행에는 전혀 관여하지 않았다.

화폐 통용은 당국의 명령이 아니라 지방 상인의 수요에 따라 결정되었다. 사주와 그것의 금지는 수천 년의 역사를 갖고 있다. 기준전과 통용전(사주)의 교환 비율이 지방마다 달랐다. 금속 함량과 관계없이 지방 상인들이 결정한 것이다[Kuroda(2005)]. 공적 지불이나 지역 간 거래에는 기준전이, 지역 내에서는 두 가지가 전부 통용되었다.

1550-1650년간은 중국에서도 '은의 세기'였다. 은 유입 통계는 2절에서 본 바와 같거니와, 각종 경로로 각종 은화, 은병, 은괴가 유입되었다. 1557년 마카오, 1571년 마닐라가 일종의 전기였고, 해금(海禁) 때, 즉 1523-1567년, 1656-1684년과 그 이후에도 일본 은이 류큐, 쓰시마를 통해 유입되었다. 그 결과 유럽을 통해 온 양은과 왜은, 멕시코 은으로 구성된 각종 형태의 은(元寶, 鷹洋, 馬蹄銀, 元絲銀, 十字, 大髮, 小髮, 馬劍, 蓬頭, 雙柱, 佛頭, 番佛 등)이 통용되었다[홍성화(2011); Deng(2008, p. 335)]. 〈사진 4-1〉에서 〈사진 4-12〉까지는 각종 형태로 통용되던 은과 동전을 보여준다. 은 유입에 따라 은 가격은 하향 추세였으며 결국 국제 가격으로 수렴했다. 금은 가격비가 1550년에 1 대 6에서 1750년에는 1 대 15로 유럽과 같게 되었다. 은/동 교환 비율은 〈그림 4-4〉와 〈그림 4-5〉에서 읽을 수 있다. 은 가격 급등 기간은 1630-1644년과 1808-1849년이었다[Glahn(1996, p. 160); Lin(2006, p. 3)].

은 가격이 유럽이나 일본과 같아진 다음에는 재정거래(arbitrage)

사진 4-1 각종 형태의 은: 元寶

주: 50냥 은괴인 유안바오(元寶)는 청 정부의 중량 규제
에 따라 수입 은화나 소액 은괴를 상인들이 재주조한
것이다.
자료: Lin(2006), p. xxvii.

사진 4-2 馬蹄銀

자료: zep.blog.so-net.ne.jp.

사진 4-3 元絲銀

자료: www.chenxuan.com/antiques/5471.

사진 4-4 스페인(멕시코) 佛頭, 雙柱, 鷹洋

주: 1823년 이전 스페인령 멕시코에서 주조된 은화는 중국
어로 벤양(本洋) 또는 표토우(佛頭, 부처의 머리)라고
불렸다. 영국 정부가 중국 물품 구입에 영국 주화 사용
을 금했기 때문에 스페인 은화가 대신 쓰였다. 1823년
이후 멕시코 정부가 주조한 은화는 중국어로 흔히 잉양
(鷹洋)이라고 불렸는데 이들 주화의 뒷면에 선인장 위
에서 독수리가 뱀을 물고 있는 멕시코공화국의 국가 문
양이 새겨졌기 때문이다. 앞면은 '자유' 글자가 박힌 반
짝이는 모자이다. (자료: Zhang Huixin)
자료: Lin(2006), p. xxvii.

사진 4-5 일본 灰吹銀

주: 고베 근처 산악 지역의 이쿠노 은광(生野銀山) 박물관에 소장된 일본 은화(灰吹銀)는 도쿠가와 시대에 하이후키법(灰吹法)으로 특별히 제련된 것이다. 큐펄레이션(cupellation)이라고 번역하기도 하는 이 방법은 은광에 납을 첨가한 혼합물에 뜨거운 공기를 불어넣어 녹인 다음 짐승 뼈와 솔잎으로 만든 재 위에 올려놓는다. 뜨거운 공기는 납을 산화하여 재에 흡수시키므로 은만 남게 된다. 은광에서 직접 제련이 가능하여 은 생산이 엄청나게 증가했다. 납을 사용한 은광 기술은 수은아말감을 쓰는 라틴아메리카의 방법과 달랐다.

자료: Lin(2006), p. xxviii.

사진 4-6 스페인 馬劍

자료: www.ngccoin.com.

사진 4-7 스페인 雙柱, 佛頭

자료: www.neworldtreasures.com/cointypes.htm.

사진 4-8 동전: 崇禎通寶

주: 동전의 앞면에는 황제의 시호와 함께 통바오(通寶, 화폐의 뜻)라고 주조되었다. 뒷면에는 주조 장소를 나타내는 만주 글자가 새겨졌다. 중국 동전에는 가운데에 네모난 구멍이 있다. 서양 동전의 사람 얼굴이나 동물, 다른 의미 있는 장식 같은 것이 없다.

자료: blog.xuite.net.

사진 4-9 雍正通寶

자료: ykleungn.tripod.com/aachina/money18.htm.

사진 4-10 嘉慶通寶, 道光通寶

자료: Lin(2006), p. xxviii.

사진 4-11 嘉慶通寶, 道光通寶 계속

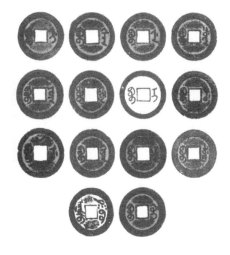

자료: Lin(2006), p. xxix.

사진 4-12 일본 寬永通寶

자료: www.coin007.com.

그림 4-4 중국의 은-동 교환 비율, 1510-1645년

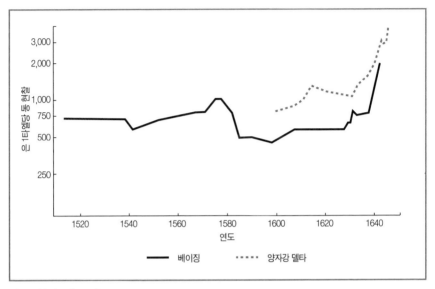

자료: Glahn(1996), p. 160.

그림 4-5 중국의 은-동 가격비, 1644-1915년

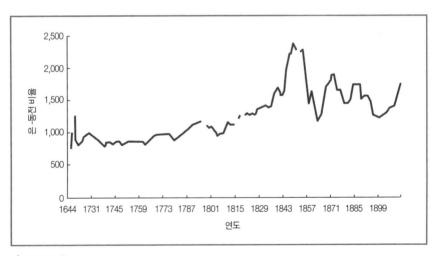

자료: Lin(2006), p. 3.

목적의 은 유입은 정지되었다. 1808-1856년에는 아편 수입 증가와 차, 비단 수출 감소, 세계 은 생산 감소가 겹쳐 은이 중국에서 유출되었으며 은 가격이 급등했다. 당시 은납 조세는 시장 가격으로 징수하고, 군인 봉급이나 공공 사업비 등은 오르기 전의 공식 가격으로 지급하여 조세 저항이 극심했다. 사회 혼란은 결국 태평천국의 난으로 이어졌다[Lin(2006, pt. 1)].

수입된 귀금속을 화폐로 쓰는 것이 화폐 경제의 혼란을 초래한다는 사실에 주목할 필요가 있다. 단기에서는 무역 패턴의 급변에 따라 화폐 가치가 불안정해지며 장기적으로는 귀금속 획득을 위해 실물(재화 용역)이 지속적으로 유출되므로 국민 복지가 하락한다. 더 큰 문제는 중국의 은, 동 복본위제가 정부의 관리 밖에서 움직였다는 것이다. 동전과 은괴의 이중 통화제가 때와 장소에 따라 다르게 운행했다. 정부는 은 부문을 책임지지 않았고 은화 주조도 하지 않았다. 상인이 은 공급을 담당했는데 중량과 순도가 각양각색이고 멕시코 주화나 지폐, 은행의 신용 증서까지 통용되는 등 혼돈 상태였다. 작은 거래는 동전, 큰 거래와 조세 등 공식 거래에는 은괴가 사용되어 은-동 교환 비율이 불안정했다. 이 모두가 화폐 제도 자체의 미성숙을 의미했다. 특히, 은 유출 기간에 교환 비율이 급등한 것은 중국의 화폐 주권을 의심케 한다[ibid.].[9]

은이 대규모로 유입되기 시작한 16세기 후반 이전에 유통되었던 동전과 지폐(정부 발행의 초, 민간 발생의 전표)도 지역적으로 제한되고 통용 범위가 좁았다. 은의 대량 유입 후 은이 무게에 따라 대규모 거

---

9 당시 화폐 문제에 대한 중국 지식인들의 고민이 대단했다[Lin(2006, pt. 2)]. 따라서 중국인들이 은 공급 통제에 신경을 쓰지 않았다고 이야기할 수는 없다.

래에 통용되었는데 민간에서 은량을 설정하도록 방임하였다. 결과는 지역마다 시기마다 공적 기준이나 표준이 결여되어, 다양한 자발적 은 표시 화폐가 출현한 것이다. 다시 말하여, 국가의 화폐 통제가 거의 없으므로 시장이 알아서 끌고 나갔다. 외부 은, 주조되지 않은 은, 사주 동전이 공식적 '기준전'보다 우세했다. 이는 당시 환율 안정과 무역 수지에 신경을 쓴 서유럽과 매우 대조적이다. 화폐에 대한 수요가 은 유입을 이끌었다. 이것은 시장 시스템의 제도적 특성 때문이기도 하다. 지방의 시시각각의 거래가 중요했던 것이다[Glahn(1996, pp. 246-247, 254-255)].

은 유입은 은 상대 가격에 따른 것이 대종이었다. 은 가격이 국제 가격에 근접하면 가격 정화 플로우 메커니즘이 발동한다. 국제 수지에 따라 은이 이동하고 비단과 차를 수출했다. 1800년경부터 아편 수입이 급증하자 은 유출이 시작되었다. 1800-1850년간 대인도 중국 누적 무역 적자는 은 10,250톤으로서 1550-1800년간 총 은 수입량의 절반에 해당한다. 19세기 후반에는 모든 외국에 대해 무역 적자가 증가했다. 1864-1904년간 누적 적자는 은 36,576톤이었다. 19세기 중국의 무역 적자로 인한 은 유출은 최소 15,500톤이었으며 금 유출도 많았다. 1880-1910년간 금 수출이 은 수출의 1.6배나 되었다. 여기에 전쟁 배상금(남경조약만 따져도 429.3톤)이 1899년에 26,737.5톤(7억 1,300만 냥)이었다. 청말 외채는 73,563톤이었으며, 보유 은은 43,000톤에 불과했다. 19세기 후반의 은 유입은 주로 차관이었으며, 청일전쟁 후에는 직접 투자(FDI)가 몰려왔다[Deng(2008, pp. 331-334)].

국가가 은의 공급이나 이동에 대해 법적 권위나 통제가 없었다. 청나라의 은화 경제화(silverization)는 아닌 듯하다. 은 시장은 무정부 상태였고 각기 다른 은화 간 할인율이 시시각각 변화했다. 교환 비율도 불안했고, 1냥=37.5g도 잘 안 지켜졌다. 지역마다 무게 표준(시평량)이 달라서 35.14-37.5g를 넘나들었다. 무게를 달아 은을 통용하는 거래도 순도에 따라 재정(arbitrage)이 이루어졌다. 청나라는 은 수입에 관세를 부과하고 있었으므로 은을 법화로 두지 않는 것이 관세 수입상 이로웠다. 은을 표준화할 유인이 없었던 것이다. 분명히 '사실상 은본위'(de facto silver standard)가 아니었다. 은은 청동(bronze) 본위의 보조 화폐 밖에 못 되었다고 혹평하는 학자도 있다[ibid.(pp. 336-338)].

모든 세금과 요역을 통합하여 은으로 일괄 납부하게 한 일조편법은 명 후기에서 청 초기에 시행되었다. 1560-1570년에 강남에서 시작하여 차츰 전국으로 확대되었다. 조세 납부용 은은 순도 98%로 주조해야 했다. 성색은 5냥짜리 은괴 문은은정과 10냥짜리 은괴 문은원보가 쓰였다. 공식적으로 조세는 은납이었지만 일조편법 하에서도 절반 정도는 물납이 행해졌다. 그리고 국제적으로 비교할 때 세금(GDP의 10% 미만)과 세율이 얼마 되지 않았다. 고액 거래, 지역 간 거래에 은을 이용했다고 하지만 18세기 부동산 거래는 동전이 압도했다. 중국의 은은 주로 서비스와 소비, 나중에는 마약 중독, 대외 부채와 연결되었다[ibid.(pp. 346, 353)].

6. 동아시아 은화 공동체?

일본은 1897년, 조선은 1905년에 금본위제를 공식적으로 채택하고, 중국은 1935년 화폐 개혁으로 관리 통화 체제로 이행한다. 그 이전까지 16-19세기, 특히 17, 18세기에는 동아시아 3국이 복본위 금속 화폐와 다양한 정도의 지폐, 물품 화폐, 그리고 약간의 신용으로 화폐 경제를 꾸려가고 있었다. 일본은 17세기에 금, 은, 동 삼화 제도를 성립시켰고 18세기에는 명목주의(nominalism)를 뿌리내렸다. 같은 기간 여러 금속을 수출했다. 조선은 물품 화폐를 많이 사용하는 가운데 17세기에는 은, 18세기에는 동이 주도하는 복본위제였다. 동전을 주조하기 위해 동을 수입했다. 중국은 지속적인 은 수입이 특징인데 은, 동 이중 금속 화폐를 운행했다. 그러나 잘 살펴보면 은화에 대한 정부 통제가 전혀 없어서 동아시아 3국 중 가장 낙후한 화폐 제도를 보여주었다. 정도 차이는 있지만 세 나라 모두 동전이 기본전과 유통전 동시 통용으로 이중 구조를 나타냈다. 각종 화폐는 거리와 계층, 거래 종류에 따라 통용 범위가 나뉘는 모습도 보였다.

세 나라를 각각 평가하지 말고 뭉뚱그려 해석하는 방법은 없을까? 17-19세기 동아시아의 공통점을 가족 노동에 기반을 둔 소농 사회에서 찾을 수 있다. 그러나 중국이 인구 증가가 빨라 1인당 소득이 정체하는 동안 일본은 비교적 빨리 성장했고, 조선은 인구도 소득도 정체하는 분기가 나타났다. 자연히 도시화와 시장 발달에서 일본이 앞섰다. 상품 경제가 발전한 만큼 지주, 농민, 상인에 대한 영주의 지배 체제도 공고하여 재정 규모는 중국과 조선을 압도했다. 19세기 초에 이르면 일본의 1인당 조세 수입은 중국의 10배, 조선의 5배가 넘었다[中村 哲(2007)].[10] 상품 화폐 경제가 진전되자 중국과 특히 일본은 시장권과 전표 유통권이 확대되었고, 서유럽처럼 영주의 법적 권력에 의존하지 않으면서도 지역 유동성을 조성하였다[黑田明伸(2003, 6장 2-3절)].

---

10 18세기 중국 인구의 급성장과 일본 인구 정체 때문이라면 의미가 반감된다[강진아(2007)].

국제 교역을 보면 조공 무역 체제의 틀을 벗어난 비정치적 상인 집단과 무역 루트가 성장했다. 그래도 동아시아 3국 간에는 국제 무역이 충분하지 않아 공동 통화권으로 발달하는 일은 상대적으로 늦어졌다. 그럼에도 불구하고 무역에는 순도가 높은 은이 상당 기간 통용되었음을 상기하자. 즉, 조일 무역에는 순도 80% 정도의 유통 은이 통용되었으나 조중 무역 때 10성정은으로 재주조되어 거래되었고, 중일 무역은 대부분 순도 90% 이상의 하이후키(灰吹) 은이나 세다(左道) 은, 레알 등으로 결제되었다. 무역이 동아시아, 동남아시아를 연결하는 고리를 형성했다면 이것을 상징하는 것으로 푸젠 성(福建省)의 메이저우(湄州) 기원인 송부터의 해신 마소(媽祖) 신앙권을 들 수 있다. 중국, 대만, 일본, 동남아 각지에 천후묘가 있는데, 이는 어민과 해상의 이동권, 화남 화인(華南華人)의 이동을 보여준다고 할 수 있다[濱下武志(2008)]. 재정거래에 의한 은의 중국 유입과 금의 유출은 아시아를 은화 중심으로, 유럽을 금화 중심으로 권역화한 경향을 가져왔다는 해석도 가능하다[Grove and Selden(2008, ch. 1)]. 아직 뚜렷한 성과는 보이지 않지만 무역에 은을 사용했던 동아시아의 지역 질서를 연구하는 작업이 시작된 지 오래이다[백영서(2005); 彬原 薰(1996); Sugihara(2005)].

7. 세계적 시각에서 본 동아시아

근대 초기 유럽 각국의 중상주의 화폐 정책은 안정적 환율과 무역 흑자에 역점을 두었다. 통화 당국의 분산에 따른 통화 표준의 상이함은 국제 교역을 환율이라는 경직적 교환 비율의 균형에 의존할 수밖에 없도록 강제했다. 고평가되거나 저평가된 통화는 오래 유지할 수 없었다. 위정자들이 기본적 국내 화폐를 발행하지만 금화건 은화건 국제 표준에 연결되어야 했다. 따라서 귀금속 간 교환 비율은 적어도 16-17세기에 신대륙의 보물이 유입되기 전까지는 매우 안정적이었다. 이와 대조적으로 중국의 관리들은 환율 결정과 별 관계가 없어 보이는 외환 수지나 무역 수지 문제에 무관심했다. 그 대신 중국의 통화 정책은 재화와 화폐의 상대적 저량(스톡)을 조절하여 이들 간 교환 비율을 안정시키는 데 중점을 두었다. 송대부터 동전, 지폐, 은괴를 포함한 다양한 화폐 제도의 발달과 함께 관심은 재화 공급에서 여러 형태의 화폐 간 교환 비율을 유지하는 쪽으로 옮아갔다. 그러나 지폐 통용 정책은 실패했고 통화의 기본은 금속 화폐, 특히 은으로 향했다. 명나라는 명목 화폐를 도입하지 못하고 시장에 모든 것을 맡겼으며 은을 국가 재정의 근간으로 삼았다. 18세기 이후 유동성 수요 증가와 함께 교환의 매개 기능은 동 중심으로 이동하지만 동아시아의 무역 결제는 아직 주로 은으로 이루어졌다[Glahn(1996, pp. 246-277); Glahn(2003)].

앞 절에서 말한 바와 같이 유럽 나라들에 비한다면 동아시아는 경제 개방도가 낮다. 도쿠가와 일본, 명, 청, 조선도 각각 해금, 쇄국 기간이 있었고 국제 무역보다 국내 경제에 더 신경을 썼으며 국내에서 화폐 가치의 안정이 문제였지 무역 수지나 환율은 상관하지 않았다. 일본은 17세기 이후 잦은 개주를 통해 명목 화폐로 이전했으며, 조선은 동가 상승에 따라 동전의 중량이 하락했다. 중국 동전도 동 함량이 계속 떨어졌다. 물론 유럽의 화폐 가치가 장기간 유지된 것도 아니다. 유럽의 금속 화폐도 만성적인 금속 함량 감소(debasement)로 인플레이션을 유발했다. 전시 재정 수요를 주조 차익으로 감당하려는 목적, 또는 그레셤의 법칙에 대응하고자 하는 방어적 목표로 경쟁적

표 4-5 16-18세기 유럽 은화의 은 함량 감소

나라	화폐	대상 기간	은 함량 누적 감소율 (%)	최대 감소 폭(%) 및 연도		은 함량 감소를 통한 화폐 가치 하락 기간이 대상 기간에 차지하는 비중(%)	
						전체	15% 이상 하락
Austria, Vienna	kreuzer	1500-1799	-59.7	-12.5	1694	11.7	0.0
Belgium	hoet	1500-1799	-56.3	-15.0	1561	4.3	0.0
France	livre tournois	1500-1789	-78.4	-36.2	1718	14.8	1.4
Germany, Bavaria-Augsburg	pfennig	1500-1799	-70.9	-26.0	1685	3.7	1.0
Frankfurt	pfennig	1500-1798	-12.8	-16.4	1500	2.0	0.3
Italy	lira fiorentina	1500-1799	-35.6	-10.0	1550	2.7	0.0
Netherlands	Guilder	1500-1799	-48.9	15.0	1560	4.0	0.0
Portugal	reis	1750-1799	25.6	-3.7	1766	34.7	0.0
Russia	ruble	1761-1799	-42.3	-14.3	1798	44.7	0.0
Spain, New Castile	maravedis	1501-1799	-62.5	-25.3	1642	19.8	1.3
Sweden	mark ortug	1523-1573	-91.0	-41.4	1572	20.0	12.0
Turkey	akche	1527-1799	-59.3	-43.9	1586	10.5	3.1
United Kingdom	pence	1500-1799	-35.5	-50.0	1551	2.3	1.3

자료: Reinhart-Rogoff(2009), p. 176에서 작성.

으로 화폐 순도를 낮추었다. 잔돈 부족의 불편함을 덜기 위해 품질 저하를 감수한 사례도 많았다. 그러나 물가 상승은 화폐의 순도 하락만큼 높지 않았고(1540년대 영국, 1480년대 네덜란드), 악화가 양화를 구축하는 속도에도 개입할 수 있었다(1609 Wisselbank의 사례)[Munro(2012, intro. and ch. 1)]. 〈표 4-5〉는 18세기까지 유럽 각국 은화의 은 함량 감소를 보여주며, 〈그림 4-6〉은 은화의 은 함량이 지속적으로 떨어져 명목 화폐가 되는 과정을 나타낸다[Reinhart and Rogoff(2009, pp. 174-179)]. 은 함량 감소는 화폐 가치 하락을 가져오므로 국내에서 국가 채무의 크기를 줄

그림 4-6　유럽 10개국 은화의 은 함량, 1400-1850년

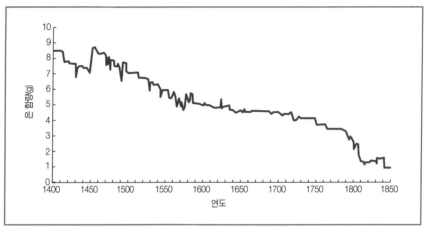

자료: Reinhart-Rogoff(2009), p. 178.

이는 효과, 즉 국민이 국가에 대부해준 자산 가치가 줄어드는 효과를
갖는다. 그러나 외국에서 차입한 부채를 줄이지는 못한다. 환율이 조
정되기 때문이다. 유럽 각국은 금속 함량에 따라 서로 간 화폐의 교환
비율을 조정하였고 환율은 계속 안정적이었다. 19세기 후반 고전적
금본위 시대가 도래하여 유럽 각국은 고정 환율로 거래하게 된다[양
동휴(2012)].

　　금속 화폐는 원래 귀금속 가치와 일치하는 것을 원칙으로 도입되
었다. 가치가 분리되는 것은 중앙 집권화된 국가 권력이 도래한 후이
다. 명목 화폐(fiduciary money)의 존재 조건은 행정력과 법 질서를 독점
하는 국가 기구이다. 세계적으로 국민 국가 시스템이 성립하고서야
명목 화폐가 국제적으로 통용되었다[Giddens(1985, pp. 148-160)]. 안정된
화폐 체제는 안정된 국가 권력을 바탕으로 한다. 금속 화폐는 경제적

으로 유럽을 단일 질서로 만드는 전제였다. 병사의 '임금 지급'(soldo)
이 '군인'(soldier, Soldat)의 어원임이 시사하는 바가 있다. 금속 화폐를
벗어나면서 근대 국가가 발전했다. 영국, 네덜란드 등이 신용 화폐로
이전했고, 영란은행(Bank of England), 비셀은행(Wisselbank), 신용 조직,
조세 수입 확보 관료 기구, 금융 혁명 등이 등장했다. 절대주의 시대
에 와서 조세의 의미가 '재정'(fiscal)으로 변했다. 조세 국가, 재정 국가
가 왕실을 위한 것이 아니라 공공 영역이 되어 이제 곧 국민 국가로
이행할 것이었다[박상섭(2012, 3장)].

　　일찍이 모범적인 재정 군사 국가(fiscal-military state)가 된 영국의 예
를 들자. 초기에 노르만 정복 때부터 중앙 집권된 섬나라 영국은 인접
국과 군사 경쟁은 선택 사항이었다. 국왕과 봉건 귀족은 협조 관계에
있었고 이의 대가로 왕의 입법권을 견제했다('concurrent centralization').
의회가 중요했으며, 백년전쟁 때 프랑스보다 자원과 병력 동원이 더
효율적이었다. 여기에 내란(장미전쟁) 등을 겪으면서 튜더 왕조는, 특
히 헨리 8세 때 더욱 강화된 중앙 집권을 이룬다. 1630년 통계에 의하
면 군대(상비육군 1만 5,000명)는 프랑스(15만 명), 스페인(30만 명)보다 적
고 주로 용병이었다. 해군 발달은 17세기 말 이후에 시작했다. 군대
확장은 크롬웰 공화정 때로서 상비군이 7만에 달했고 이후 4만으로
줄었다. 군대가 작아 1640년과 1688년의 시민 혁명이 가능했을까? 스
튜어트 왕조 절대주의 왕권 확립 노력이 명예혁명으로 좌절되었으나
대륙과 전쟁 때문에 오히려 국가가 더 강력해졌다. 상비 육군의 수는
명예혁명 이후 영국 왕위 계승을 빌미로 한 대불 9년전쟁(1688-1697) 때
9만, 스페인 계승전쟁(1702-1713) 때 9만-14만(해군 4만), 오스트리아 계
승전쟁(1739-1748) 때 9만, 7년전쟁(1756-1763) 때 3만 5,000-4만 5,000, 미

국 독립전쟁(1775-1783) 때 10만, 나폴레옹전쟁(1792-1815) 때 해군 10만이었다. 이에 부가하여 유럽 내 동맹군 지원금 지급 등 재정 자원이 중요했다. 이와 함께 조세 관리, 행정 기구, 군납업자, 무기 제조, 조선 등이 발달하고 재정 군사 국가의 면모를 갖추었다. 절대주의 체제가 아니면서 강력한 군사적 노력이 있었으며 경제가 탄탄하고 조세 행정 효율이 높았다. 모든 재정에 의회의 동의가 있었다. 군사 대국 영국의 경제적·재정적 기초는 산업 혁명, 인구 증가, 도시화, 조세 행정과 국가 기구였다. 조세 하도급(tax farming)을 중단하고 조세 관료를 충원했다. 세리의 수는 1690년 2,500명에서 1783년 8,300명으로 늘었다(소비세만 1,150명에서 5,000명). 조세는 1715년에 프랑스를 앞질렀다. 1725년 영국 1인당 17.6리브르 프랑스 8.1리브르, 1780년 영국 46리브르 프랑스 17리브르였다. 금융 혁명의 내용을 보자면 1694년 영란은행, 1720년 남해회사를 설립하여 국가 채무를 차환했다. 부채는 9년전쟁이 끝날 때 1,670만 파운드(예산의 1/3)에서 1713년 3,620만, 1720년 5,000만, 1748년 7,600만, 1763년 1억 3,300만, 1783년 2억 4,500만으로 커졌다. 단기 공채를 줄이고 기금화(funded) 장기 공채를 발행했다. 원금은 영구 연금 방식이었으며 이자 청구권을 양도 가능하게 하여 주식 시장이 발달했다[Brewer(1988); 박상섭(1996, 4장)].

화폐 독점은 국가 안보에 중요하다. 조세권 확보 이후에도 전쟁 비용 조달에 조폐국 장악이 필수적이다. 이를 위해 평시에 물가 안정이 중요하다. 금속 화폐 발달 후 국가 역할이 커졌다. 국가 기구와 징세권이 충분히 강하면 주전 독점이 필요 없다. 그러나 전시를 대비하려면 예외적으로 독점이 필요하다. 비상시 독점 화폐 함량 감소(debasement)로 단기 자금 확보가 가능하다. 그리스, 로마, 중세 유럽에서 화폐 위조는 반역죄에 해당했다. 결론적으로 국내외 방위 때문에 국가 화폐 독점이 진화했다. 최근 군사 기술이 발달하여 평시 지출이 증가했다. 조세 및 차입 능력이 커지면서 국가 화폐 독점의 기여도가 낮아지기는 했는데 통화 정책 때문에 독점이 불가피하다[Glasner(1998)].

은 이동과 무역·화폐 제도로 볼 때 아마도 아시아는 재정 국가 형성이 한참 늦었음을 알 수 있다. 화폐 제도의 늦은 발달도 재정 국가 형성의 지연도 대분기의 한 증세이자 대분기 심화 원인의 일부이다. 은 대신 비단과 도자기, 차를 제공한 것이 경제 우위를 나타낸다고 할 수 있을지는 모르나 중국의 은 유입 과정은 경제적 후퇴의 과정이었다.[11] 정도의 차가 크겠지만 조선의 왜동 수입도 마찬가지다. 근대 국가와 화폐 금융이 동시에 발달하는 것을 음미할 필요가 있다. 화폐는 사다 쓸 수 없는 것이다.[12]

---

11 Findlay and O' Rourke(2007, ch. 4)는 수입 은을 화폐로 사용하는 일을 훨씬 긍정적으로 보고 있다. 디플레이션보다 낫다는 의미이다.
12 이 말은 레토릭일 뿐이다. 요즈음 dollarization이나 currency board는 화폐 유지 비용을 미국에 떠넘기는 이점을 가지고 있을지 모르지만 독자적 금융 정책을 포기하는 대가를 치러야 한다.

환산표

도쿠가와 일본

금 1両=은 50匁=동 4貫

1両=4.76몸메, 1몸메=1돈=3.75g

금 1료=50몸메에서 나중에는 60±10몸메로

1貫(3.75kg)=1,000文

동전 하나 1文

1貫=10斤

금화 10両大判, 1両小判, 二分金, 二朱金

1両=4分, 1分=4朱

조선

엽전=상평통보(숙종 4년 1678) 1닢=1푼(文), 10푼=1전, 10전=1냥

10푼=중량 1돈=3.75g, 1관=3.75kg=100냥

쌀 1말=은화 1전=상평통보 4전

동가 상승으로 동전 1문의 중량이 계속 하락(영조 18년 1742 1문=2돈, 순조대 1780 1문=1.2돈)

1866-1868 당백전

1868-1874 중국 동전

1883 당오전, 백동화 남발, 청전 수입 유통

1894 신식 화폐 발행 장정–은본위 지향, 외화 유통 증대

중국, 명청

1냥=10전=37.5g(98-99% 순도)

중량 37.5g=관, 근

1576 만력통보 1전=4g

Mexican Peso=24.25-24.56g(89.6-93.1% 순도)=순은 21.72-23.85g

1圓=1Peso

(1453-1454 은 1냥 北京 1,000문, 南京 2,000문, 寧波 3,000문)

참고 문헌

강진아(2004), 「16-19세기 중국경제와 세계체제 – 19세기 분기론과 중국중심론」, 『이화사학연구』, 31, pp. 15-31.

_____(2005), 「16-19세기 동아시아 무역권의 세계사적 변용 – 따라잡기형 발전 모델의 모색」, 백영서 외, 『동아시아의 지역질서』, 창비, pp. 36-78.

_____(2007), 「서평:『근대 동아시아 경제의 역사적 구조』」, 『경제사학』, 42, pp. 167-171.

민족문화추진회(1971), 『국역 만기요람: I. 재용편』.

박경수(2012), 『전근대 일본유통사와 정치권력』, 논형.

박상섭(1996), 『근대국가와 전쟁 – 근대국가의 군사적 기초, 1500-1900』, 나남.

_____(2012), 『국가, 전쟁, 한국』, 인간사랑.

백영서 외(2005), 『동아시아의 지역질서』, 창비.

송찬식(1976), 「조선후기 행전론」, 『한국사상대계』, 성균관대학교 대동문화연구원, pp. 749-929.

양동휴(2012), 「금본위제의 성립은 역사적 진화인가: 복본위제 단상」, 『경제논집』, 51-1, pp. 39-65(이 책의 3장).

오두환(2002), 「조선시대 무역 은과 은화폐」, 계명대학교 한국학연구원, Oh(2004)의 발표문.

이헌창(1999), 「1678-1865년간 화폐량과 화폐가치의 추이」, 『경제사학』, 27, pp. 3-45.

_____(2011a), 『한국경제통사』, 4판, 도서출판 해남.

_____(2011b), 「조선시대 은 유통과 소비문화」, 『명청사 연구』, 36, pp. 1-25.

주경철(2008), 『대항해 시대 - 해상팽창과 근대세계의 형성』, 서울대학교출판부.

한명기(1992), 「17세기초 은의 유통과 그 영향」, 『규장각』, 15, pp. 1-36.

_____(1999), 『임진왜란과 한중관계』, 역사비평사.

홍성화(2011), 「18세기 중국 강남지역의 화폐사용관행」, 『명청사 연구』, 36, pp. 71-98.

구로다 아키노부(黑田明伸)(2003), 『貨幣システムの世界史』, 岩波書店 (정혜중 옮김, 『화폐시스템의 세계사』, 논형, 2005).

기시모토 미오(岸本美緖)·미야지마 히로시(宮嶋博史)(1998), 『明淸と李朝の時代』, 中央公論社(김현영·문순실 옮김, 『조선과 중국 근세 오백년을 가다 - 일국사를 넘어선 동아시아 읽기』, 역사비평사, 2003).

나카무라 사토루(中村 哲)(2007), 「동북아시아 경제의 근세와 근대, 1600-1900」, 나카무라 사토루·박섭 편, 『근대 동아시아 경제의 역사적 구조』, 일조각, pp. 19-57.

미카미 류지(三上隆三)(1989), 『円の誕生』, 增補版, 東洋經濟新報社.

스기하라 카오루(杉原 薰)(1996), 『アジア間貿易の形成と構造』, ミネルバ(박기주·안병직 옮김, 『아시아간 무역의 형성과 구조』, 전통과 현대, 2002).

신보 히로시(新保 博)·사이토 오사무(齋藤 修)(1989), 「槪說 19世紀へ」, 『近代成長の胎動』, 日本經濟史 2, 岩波書店, pp. 1-66.

야마모토 스스무(山本 進)(2012), 「朝鮮後期の銀流通」, 北九州市立大學, 『外國語學部紀要』, 133, pp. 1-27.

타시로 가즈이(田代和生)(1981), 『近世日朝通交貿易史の研究』, 創文社.

_____(1988), 「德川時代の貿易」, 速水 融・宮本又郎 編, 『經濟社會の成立: 17-18世紀』, 日本經濟史 1, 岩波書店, pp. 129-170.

_____(2001), 「17, 18世紀 東, 東南アジア域內交易における日本銀」, 濱下武志・川勝平太 編, 『アジア交易圏と日本工業化 1500-1900』, 新版, 藤原書店, pp. 129-156.

_____(2002), 『倭館』, 文春新書(정성일 옮김, 『왜관』, 논형, 2005).

하마시타 다케시(濱下武志)(2008), 「세계화와 동아시아의 지정문화: 동아시아 해양문화 연구의 과제」, 최장집・하마시타 공편, 『동아시아와 한일교류』, 아연출판부, pp. 266-289.

Atwell, William(1982), "International Bullion Flows and the Chinese Economy circa 1530-1650," *Past and Present*, 95, pp. 68-90.

Barrett, Ward(1990), "World bulliion flows," in James D. Tracy, ed., *The Rise of Merchaant Empires: Long Distance Trade in the Early Modern World 1350-1750*, Cambridge University Press, pp. 224-254.

Braudel, Fernand(1979), *Civilization Matrielle, conomic et Capitalisme: XVe-XVⅢe Sicle, TomeⅢ, Le Temps du Monde*(주경철 옮김, 『물질문명과 자본주의Ⅲ, 세계의 시간』, 까치, 1997).

Brewer, John(1988), *The Sinews of Power: War, money and the English state, 1688-1783*, Unwin Hyman.

Deng, Kent G.(2008), "Miracle or Mirage? Foreign Silver, China's Economy and Globalization from the Sixteenth to the Nineteenth Centuries," *Pacific Economic Review*, 13-3, pp. 320-358.

Eastman, Lloyd E.(1988), *Constancy and Change in China's Social and Economic History*, 1550-1949, Oxford University Press(이승휘 옮김, 『중국사회의 지속과 변화: 중국사회경제사 1550-1949』, 돌베개, 1999).

Findlay, Ronald and Kevin O'Rourke(2007), *Power and Plenty: Trade, War, and the World Economy in the Second Millennium*, Princeton University Press.

Flynn, Dennis and Arturo Giraldez(1995), "Born with a 'Silver Spoon': The Origin of World Trade in 1571," *Journal of World History*, 6-2, pp. 201-221.

_____(2000), "Money and Growth without Development: The Case of Ming China," in A. J. H. Latham and Heita Kawakatsu, eds., *Asia Pacific Dynamism 1550-2000*, Routledge, pp. 199-215.

_____(2002), "Cycles of Silver: Global Economic Unity through the Mid-Eighteenth Century," *Journal of World History*, 13-2, pp. 391-427.

Frank, Andre Gunder(1998), *ReORIENT: Global Economy in the Asian Age*, U. of California Press(이희재 역, 『리오리엔트』, 이산, 2003).

Friedman, Milton(1992), *Money Mischief*, Houghton Mifflin(김병주 옮김, 『화폐경제학』, 한국경제신문, 2009).

Giddens, Anthony(1985), *The Nation-State and Violence*, University of California Press.

Glahn, Richard von(1996), *Fountain of Fortune: Money and Monetary*

Policy in China, 1000-1700, University of California Press.

_____(2003), "Money Use in China and Changing Patterns of Global Trade in Monetary Metals, 1500-1800," in Dennis O. Flynn, Arturo Giraldez and Richard von Glahn, eds., *Global Connections and Monetary History, 1470-1800*, Ashgate, pp. 187-206.

Glasner, David(1998), "An Evolutionary Theory of the State Monopoly over Money," in Kevin Dowd and Richard H. Timberlake, Jr., eds., *Money and the Nation State*, Transaction Publishers, pp. 21-46.

Goldstone, Jack A.(2000), "The Rise of the West - or Not? A Revision to Socio-economic History," *Sociological Theory*, 18-2, pp. 175-194.

Grove, Linda and Mark Selden, eds.(2008), Takeshi Hamashita, *China, East Asia and the Global Economy: Regional and historical perspectives*, Routledge.

Kuroda, Akinobu(2005), "Copper Coins Chosen and Silver Differentiated: Another Aspect of the 'Silver Century' in East Asia," *Acta Asiatica*, 88, pp. 65-86.

Lin, Man-Houng(2006), *China Upside Down: Currency, Society, and Ideologies, 1808-1856*, Harvard University Press.

Miyamoto, Matao(2004), "Prices and Macroeconomic Dynamics," in Akira Hayami, Osamu Saito and Ronald P. Toby, eds., *The Economic History of Japan: 1600-1990, vol. 1: Emergence of Economic Society in Japan, 1600-1859*, Oxford University Press, pp. 119-158.

Miyamoto, Matao and Yoshiaki Shikano(2003), "The Emergence of the Tokugawa Monetary System in East Asian Perspective," in Dennis

O. Flynn, Arturo Giraldez and Richard von Glahn, eds., *Global Connections and Monetary History, 1470-1800*, Ashgate, pp. 169-186.

Munro, John H., ed.(2012), *Money in the Pre-industrial World: Bullion, Debasements and Coin Substitutes*, Pickering and Chatto.

Oh, Doo Hwan(2004), "Silver Flow and Silver as Money in Korea," *Acta Koreana*, 7-1, pp. 87-114.

Reinhart, Carmen M. and Kenneth S. Rogoff(2009), *This Time Is Different: Eight Centuries of Financial Folly*, Princeton University Press.

Sargent, Thomas J. and Francois R. Velde(2002), *The Big Problem of Small Change*, Princeton University Press.

Schiltz, Michael(2005), "Monetary Organization in the Late Edo-period," 〈http://japanesestudies.arts.kuleuven.be/meijifin/node/57〉.

Shimbo, Hiroshi and Osamu Saito(2003), "The Economy on the Eve of Industrialization," in Akira Hayami, Osamu Saito and Ronald P. Toby, eds., *Emergence of Economic Society in Japan 1600-1859*, Oxford University Press, pp. 337-368.

Sugihara, Kaoru, ed.(2005), *Japan, China and the Growth of the Asian International Economy, 1850-1949*, Oxford University Press.

Tashiro, Kazui(1989), "Exports of Japan's Silver to China via Korea and Changes in the Tokugawa Monetary System during the Seventeenth and Eighteenth Centuries," in E. H. G. van Cauwenberghe, ed., *Precious Metals, Coinage and the Change in Monetary Structure in Latin America, Europe and Asia*, Leuven University Press, pp. 99-116.

Vries, Jan de(2003), "Connecting Europe and Asia: A Quantitative Analysis of the Cape-route Trade, 1497-1795," in Dennis O. Flynn, Arturo Giraldez and Richard von Glahn, eds., *Gobal Connections and Monetary History*, 1470-1800, Ashgate, pp. 35-106.

Wang, Yeh-chien(1992), "Secular Trends of Rice Prices in the Yangzi Delta, 1638-1935," in Thomas G. Rawski and Lillian M. Li, eds., *Chinese History in Economic Perspective*, University of California Press, pp. 35-68.

Yamaguchi, Kenjiro and Mari Ohnuki(1997), "The Gold and Silver Wraps of the Edo Period - a Unique Form of Gold and Silver Coins," Institute of Monetary and Economic Studies, Bank of Japan, Discussion Paper 97-E-10, November.

5

트리핀 딜레마와 글로벌 불균형

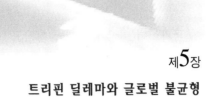

제5장
트리핀 딜레마와 글로벌 불균형

1958년 12월 유럽의 태환 결정은 … 세계를 1920년대 말의 금환본위제로 돌려놓은 것에 불과하다. 이러한 시스템의 비합리성과 취약성은 … 당시 모든 경제학자가 비난했다[Triffin(1960, p. 145)].

아마도 그 이름에서 연상되듯, 차이메리카(중국과 미국의 경제적 상호 의존)는 사자, 염소, 용의 몸을 가진 신화 속 괴물 키메라(chimera)에 불과할지도 모른다[Ferguson(2008, p. 335)].

1. 머리말

오래 전에 저자는 미국 주도 세계화에 관한 글을 쓰는 계제에 '부활한'(revived) 브레튼우즈 체제(또는 브레튼우즈Ⅱ) 가설을 언급한 적이 있다[양동휴(2005)]. 그 내용은 대략 다음과 같다. 즉, 1971년 달러의 금태환 정지와 평가 절하와 함께 달러의 국제 화폐로서의 공식적 지위는 상실되었다. 그럼에도 달러의 영향력이 유지되고 있는데, 이것은 달러를 당장 대체할 만한 국제 화폐가 없고, 달러의 지위를 보존하는 것이 바람직하다는 국제적인 암묵적 합의가 있기 때문이다. 저평가된 환율을 고수하며 수출 주도형 성장에 여념이 없는 '주변부' 아시아 국가들이 미국에 의해 발행되고 미국 달러로 표시된 국제 준비금을 대량으로 축적하는 한 '중심부' 미국은 지속적으로 소득 이상의 지출 수준을 누릴 수 있다는 것이다. 브레튼우즈 기간인 1960년대에는 유럽과 일본이 주변부 역할을 했고 저개발국들은 아직 국제 경제 체제에 완전히 통합되지 않았었다. 현재는 세계화의 확산으로 새로운 주변부가 계속 팽창하면서 달러 자산 보유를 증가시키고 있으므로 미국이 경상 수지 적자를 누적시킬 수 있다. 국제 수지 조정의 필요가 없으니까 달러 가치가 더 이상 하락할 필요도 없다. 특히, 아시아 국가들이 수출 경쟁력을 위해, 또한 보유 달러 자산의 가치 하락을 방지하기 위해 미국의 재무부 증권 등 달러 표시 자산을 계속 구입할 것이므로 당분간은 별문제가 없다는 주장이다[Dooley, Folkers-Landau and Garber(2003)]. 달리 말하여, 요즈음 미국의 적자 누적과 아시아 국가들(그리고 산유국)의 달러 자산 축적은 '글로벌 불균형'(global imbalances)이라고 불리는데, 이러한 불균형은 과거의 예에 비추어보아 걱정할 문제가 아니라는 것이다. 〈표 5-1〉은 2006-2013년간 동아시아 주요국의 경상 수지와 외환 보유 현황이다.[1]

아이켄그린[Eichengreen(2004, 2007)]은 이 가설이 지난 몇십 년 동안 세계 경제가 극적으로 변화하였음을 과소평가하는 과오를 범하고 있다고 지적한다. 첫째, 1960년대에 비해 '주변부' 국가의 수가 훨씬 많고 이질적이다. 아시아 나라들은 경제 발전 단계가 서로 다르고, 따라서 정책 우선순위도 각양각색이며, 지역적 협력도 제도화되어 있지 않으므로 현상 유지를 위해 단결된 움직임을 지속할 가능성이 작다.

---

1 2015년 3월 시점에 중국 중앙은행의 준비금이 4조 달러를 육박했다. 외환 보유고가 높은 다른 나라로 러시아, 인도, 일본 등을 들 수 있다.

표 5-1 동아시아 주요국의 경상 수지와 외환 보유고

(단위: 십억 달러)

	2006	2007	2008	2009	2010	2011	2012	2013	2014 말 외환 보유고
중국*	232	353	421	243	238	136	215	183	3,861
일본	175	212	142	146	218	126	59	34	1,232
대만	25	34	26	42	38	40	49	55	420
한국	4	12	3	34	29	19	51	81	359
홍콩	25	28	33	21	16	14	4	5	328
싱가포르	37	47	28	32	56	61	50	54	257
말레이시아	26	30	39	32	27	34	19	12	115
태국	2	16	2	22	10	9	-1	-3	152
합계	525	730	694	572	632	438	445	421	6,723

주: *중국은 홍콩과 마카오를 제외한 본토.
자료: IMF, *Balance of Payments and International Investment Position Statistics*, 대만 경상 수지는 대만 중앙은행 통계 데이터베이스(http://www.pxweb.cbc.gov.tw).

둘째, 달러를 대체할 국제 화폐 대안으로 유로화가 존재한다.[2] 셋째, 1960년대에는 미국이 대규모 경상 수지 흑자를 유지했으나 지금은 경상 수지 적자 폭이 커지고 있고 저축률도 매우 낮다. 넷째, 자본 통제가 제거된 상황에서 민간 금융 거래를 규제하기 곤란하며 현상 유지를 위한 불태화나 외환 시장 개입 등의 비용이 커졌다. 다섯째, 국내 금융 시장의 자유화로 인하여 환율을 낮게 유지하고 저축을 증대하는 정책이 교역재 부문에 부가적 투자를 집중시킨다는 보장이 없다. 마지막으로, 아시아의 정책 결정자들이 이미 여러 문제를 야기했던 자국 화폐의 체계적 저평가 정책을 무작정 반복하리라고 기대할 수

---

2 2004년 말 기준으로 공적 외환 준비금의 통화 구성은 달러 65.9%, 유로 24.9%, 파운드스털링 3.3%, 엔 3.9%였다[Eichengreen(2007, 〈표 4.2〉)].

없다. 결론적으로 현재 상황이 브레튼우즈 체제와 비슷한 점이 있다 하더라도 이것이 오래 지속되리라고 판단하기 힘들다는 것이다.

이제 2008년 세계 금융 위기를 혹독하게 경험한 이후, 세계 경제 환경도 많이 바뀌었고 관련 연구도 급속히 축적되었다. 같은 주제를 다시 돌아볼 필요가 있다는 말이다. 특히, 글로벌 불균형에 대한 논의가 성격을 달리하며 증가했다. 중국의 부상과 국제 에너지 가격의 상승으로 21세기 들어 미국의 경상 수지 적자는 계속 커지는 반면 중국 등 동아시아 국가와 산유국에서는 흑자가 쌓이고 있다. 금융 위기 이후의 문헌은 이러한 글로벌 불균형이 지속 가능한 자연적 현상이라는 쪽과 빨리 치유해야 할 질병의 증세라는 편으로 나뉘고 있다. 이와 함께 국제 유동성의 필요성과 달러 신뢰도 약화 우려를 동시에 고려해야 할 트리핀 딜레마도 함께 다시 검토할 필요가 있는 것이다.

이 장의 구성은 다음과 같다. 2절에서는 브레튼우즈 초기 세계적, 특히 유럽의 달러 부족과 태환 지연, 그리고 이의 극복 후 트리핀 딜레마의 발생에 대해 역사적으로 조망한다. 당연히 마셜 플랜(ERP), 유럽지불동맹(EPU) 등의 설명이 따른다. 3절에서는 부활한 브레튼우즈 체제(BWⅡ)와 현존하는 글로벌 불균형을 검토한다. 글로벌 불균형과 2008년 금융 위기의 관계를 따져보고 불균형을 완화, 해소해야 하는가, 한다면 방법은 무엇인가에 대한 연구를 정리한다. 마지막 절은 향후 전망에 할애한다.

2. 브레튼우즈 체제와 트리핀 딜레마

2.1. 세계적 달러 부족과 태환 지연

브레튼우즈 체제는 기본적으로 금환본위제이지만 국제 자본 이동 제한(외환 통제)과 환율 변화가 가능하다는 점에서 차이가 있다. 협약 당시부터 환율 조정과 규제를 허용할 것과 흑자국이 적자국에 자금을 공여하는 국제결제동맹 설치를 제안한 케인스 안과, 규제를 불허하고 고정 환율 유지를 감시할 국제기구를 창설하자는 화이트 안이 대립되었다. 채권국의 의무, 환율의 신축성, 자본 이동성에 대해 견해 차이가 있었던 것이다. 이들의 타협으로 1944년 등장한 것이 '조정 가능한 고정 환율제'(adjustable peg)[3]로서, 흑자국의 부담을 줄이는 만큼 적자국의 자본 통제를 허용해야 했다.

어찌 되었든 겉보기에는 금환본위제의 모양을 띠었는데, 달러가 금 1온스에 35달러 비율로 금으로 태환되고 나머지 화폐들은 기축 통화인 달러로 태환되는 형태였다. 그러나 실제로 1947년 7월 15일 영국의 파운드스털링 £1에 $4.03로 태환을 시작한 지(그것도 1946년 미국이 37.5억 달러의 대부를 공여한 조건으로) 한 달 만에 8월 20일 태환을 정지할 수밖에 없었다. 선진 공업국들의 통화가 태환성을 회복한 것은 1959년이었으며 일본은 이보다 3년 늦었다. 유럽의 달러 부족 현상(달러 갭)을 나타낸 대표적 사례이다[Eichengreen(2008, ch. 4)].

그도 그럴 것이 1947년은 유럽 전역에 걸친 위기의 해였다. 종전 후 2년 이상이 지났지만, 아직 회복 기미가 없었다. 미국의 이런저런 구호 원조에도 불구하고 1947년의 유럽 경제는 전쟁의 파괴와 참상에

---

3 대표적인 oxymoron으로, 조정 메커니즘이 없음을 나타내고 있다.

서 크게 벗어나지 못한 상태였다. 생산은 대공황 시대인 1938년 수준에도 미치지 못하였고, 일용 필수품의 배급이 일반적이었으며 암시장이 횡행했다. 공산주의 세력은 동유럽뿐 아니라 이탈리아, 프랑스, 벨기에 정부의 연합 정권에서도 전후 경제 회복의 부진함에 대한 대중적 불만을 토대로 영향력을 키워가고 있었다.

이와 같은 정치적 불안과 경제적 침체 상황은 1947년의 유난히 혹독한 겨울로 말미암아 더욱 악화되었다. 추운 겨울은 석탄 공급과 교통망 재건에 압박을 가했으며, 다음 추수기의 흉작을 예고하였다. 많은 사람이 유럽의 전후 복구가 중단되고 서유럽의 민주와 안정이 다시 한 번 봉쇄되었다고 생각하였다. 더욱 두드러진 것은 국제 수지 적자에 따른 외환 부족이었다. 석탄이 모자라 비료 생산에 차질을 가져와 식품 생산에 곤란을 겪었고, 석탄 등 연료와 탄광의 수갱에 버팀목으로 쓸 목재가 부족하여 철강 생산에 한계가 있었으며, 면화의 부족으로 직물 생산에 애로가 발생하였다. 석탄과 면화 등 원자재를 수입하려면 금이나 달러가 필요했는데, 달러 부족은 근본적인 문제였다. 경기 회복을 위한 투자 자금이나 원자재 수입에 필요한 외환의 공급에 부분적으로 기여한 것이 바로 유럽부흥계획(ERP), 즉 마셜 플랜이었다.

이와 비슷하게 일본에도 점령 지역 경제부흥자금(EROA)을 포함한 대규모 원조가 제공되었다. 유럽과 일본에 경제 발전을 위한 자금을 제공한 것은 냉전의 도래와 함께 공산주의의 팽창을 봉쇄할 목적에 따른 일이었다. 그러나 그 내면에는 세계적인 달러 부족을 해결하고 미국 중심의 협조적 세계 경제를 건설하려는 대원칙이 있었다[양동휴(2007, p. 831)]. 경기 회복의 지연은 물론이거니와 세계적 달러 부족 문제는 미국의 생산비가 거의 모든 품목에서 낮았기 때문에 무역 흑자가 누적되는 구조적 불균형이 지속되었다는 데 있다. 19세기 영국은 무역 흑자를 내면서도 투자, 대부, 외화 보유 등을 적절히 활용하여 다자 간 자유 무역을 유지할 수 있었다. 이는 식민지와 영연방, 금본위제, 그리고 해군력 덕분에 가능했다. 역사적으로 미국의 대유럽 무역 흑자는 유럽 식민지의 원자재 수입으로 상쇄되었다. 제2차 세계대전 이후에는 식민지들의 독립, 유럽 국가의 전시 부채, 동유럽 시장의 상실, 유럽의 구조적 무역 적자, 그리고 일본과 중국의 무역 단절로 달러 부족 사태가 야기되었다. 원조 제공은 단기적으로는 직접 달러 갭을 완화했으며 장기적으로는 유럽과 아시아가 개방적인 경제 발전을 이루어 더 이상 달러를 공급할 필요가 없게 하는 데 도움을 주었다. 이러한 노력이 성공하여 1960년대가 되면 달러 갭이 해소되었다. 달러 부족 해소는 지나쳐서 소위 트리핀 딜레마에 곧 빠져들었다. 뒤이어 글로벌 불균형의 싹이 트게 된 것이다.

2.2. 마셜 플랜과 유럽지불동맹(EPU)

마셜 플랜이란 1948-1951년간 약 120억 달러(요즈음 가격으로는 약 1,000억 달러)의 원조를 투입하여 전후 유럽 부흥에 도움을 주려는 계획적 노력을 말한다. 1948년에 의회를 통과하여 마셜 플랜의 근거가 된 경제협력법(Economic Cooperation Act)은 궁극 목적을 "건전한 경제 조건, 안정적 국제 경제 관계, 외부 원조에 독립적인 강건한 유럽 경제의 성취"에 두고 ① 강력한 생산 증대, ② 해외 무역의 팽창, ③ 국내 금융 안정의 창출과 유지, ④ 경제 협력의 개발이라는 네 가지 구체적 목표들을 설정하였다.

마셜 플랜 기간 중 이러한 목표는 달성되었는가? ①과 ②의 경우 당초 예상과 목표를 초과하는 성과를 보였다. 1947년에서 1951년까지 서유럽의 통합 총생산은 30% 이상 증가하였다. 산업 생산은 1938년보다 30% 높은 수준으로 목표치를 정하였으나 실제로는 41%를 상회하였다. 해외 무역의 경우 1948년에 유럽경제협력기구(OEEC, 후에 OECD로 확대 개편)의 예상은 유럽 내 무역량이 1952-1953년에 1938년 수준으로 회복하리라는 것이었다. 실제로는 1950년에 이미 1938년보다 24% 높은 수준으로 팽창하였다. 1948년부터 1951년 말까지 유럽 내 무역은 70%, 서유럽의 여타 세계와의 수출, 수입은 각각 66%, 20% 증가하였다. 그러나 유럽의 농업 생산은 목표치에 미달하여 1951년 말에도 서유럽은 식품 소비의 30% 정도를 수입에 의존하였다. 또한 서유럽 전체로서 심각한 국제 수지 적자와 외환 부족 상태가 계속되었다. 국내 금융 안정도 완전히 성공적으로 달성하지는 못하였으며 인플레이션 압력에 시달렸다. 유럽의 경제 협력도 당초의 의욕만큼 이루어지지 않았다. 그러나 ③과 ④의 목표도 장기적으로 추구할 수 있는 기반이 마셜 플랜에 의해 마련되었다는 설명이 전통적이다[양동휴(2004, p. 198)].

　　〈표 5-2〉는 수혜국별 원조액 배분을 보여준다. 마셜 원조의 배분은 각국의 경제 규모가 아니라 해외 무역에서 발생하는 달러 적자의 크기에 의해 결정되었다. 4년간 총액 약 120억 달러에 이르는 마셜 원조는 공여 91억 9,940만 달러, 대부 11억 3,970만 달러, '조건부' 원조 15억 4,290만 달러로 구성되었다. 여기서 조건부 원조는 1948년의 서유럽 내 지불 협약을 뒷받침하기 위한 것인데, 흑자국이 적자국에 외환을 공여하고 대신 미국으로부터 같은 액수의 보상을 받는 것으로,

표 5-2 마셜 원조 액수

(단위: 백만 달러)

수혜국	연대			누적 합계
	1948-1949년	1949-1950년	1950-1951년	
오스트리아	280.0	166.5	114.3	560.8
벨기에-룩셈부르크	261.4	210.9	74.3	546.6
덴마크	126.2	86.1	45.1	257.4
프랑스	1,313.4	698.3	433.1	2,444.8
서독	613.5	284.7	399.1	1,297.3
그리스	191.7	156.3	167.1	515.1
아이슬란드	8.3	7.0	8.4	23.7
아일랜드	86.3	44.9	15.0	146.2
이탈리아(트리스트 포함)	685.9	416.2	246.1	1,348.2
네덜란드(인도네시아 포함)	571.1	305.6	101.9	978.6
노르웨이	101.1	89.5	46.1	236.7
포르투갈	0.0	38.8	11.7	50.5
스웨덴	45.4	51.9	21.2	118.5
터키	49.0	58.5	45.0	152.5
영국	1,619.7	907.9	289.4	2,826.0
EPU 출연	0.0	0.0	350.0	350.0
합계	5,953.0	3,523.1	2,376.8	11,852.9

주: 연도는 회계 연도 7월 1일~6월 30일을 말하며, 1948-1949년은 1948년 4월부터를 포괄한다. 1950-1951년도에
는 MDAP 원조액이 포함되어 있다.
자료: U.S. Mutual Security Agency, *Procurement Authorizations and Allotments*(1953), p. 4에서 작성. 양동휴(2004),
p. 199에서 전재.

사실상 서유럽 국가 간 무역을 촉진하기 위한 지불이며 양도가 가능
하였다.

공여 및 대부 형태로 제공되는 외화는 재건을 위한 수입 대금으
로 쓰였다. 수입업자는 같은 금액을 자국 화폐로 그들의 정부에 지불
하고 대신 정부의 달러화 계정에 '대충자금'(counterpart funds)이 생성되
어 투자 활동이나 공채 상환 등에 사용할 수 있었다. 이 자금의 사용

에 미국이 영향력을 행사함으로써 유럽 국가들로 하여금 시장 기구의 범주 내에 자본 형성을 추진하도록 유도했다. 마셜 원조의 약 15%는 '기계와 운송 장비'에 투자되었고, 나머지는 원자재와 농산물 구입에 사용되었다. 물론 나라마다 특징이 있어 영국이나 서독의 경우 자본재 수입의 비중이 낮고 프랑스는 높다.

마셜 원조액은 평균적으로 수혜국 총투자액의 10% 정도에 해당하는데 그만큼 성장을 위한 투자 자금 부족분을 보전하여 설비 투자의 증대를 가능하게 했다. 최신 기술이 체화된(embodied) 새로운 자본설비는 유럽의 생산성을 제고하는 데 도움이 되었다. 또한, 마셜 플랜의 기술 지원 규정에 따라 미국 기술이 서유럽에 빠른 속도로 이전되어 성장을 가속하였다. 더욱 중요하게는 외환 제약에 따른 석탄과 면화 등 원자재 수입의 애로를 해결했다. 즉, 달러 갭을 직접 완화한 것이다.

장기적으로는 더욱 많은 변수를 고려할 필요가 있다. 마셜 원조는 투자 촉진, 수입 증가, 인프라 재건 등에 도움을 주었을 뿐 아니라 정치적 불안정, 소비재 부족, 금융 혼란의 위험 등으로 말미암아 생산자들이 상품을 퇴장시키고 노동자들이 근로 의욕을 상실하는 '시장위기'를 극복하게 해주었다. 물가 및 환율을 안정시키고 시장에 대한 믿음을 제공한 것이다. 그리고 파이를 키움으로써 분배 분쟁을 해결한 면이 있다. 구체적으로는 국제 수지의 적자를 줄임으로써, 소비재 수입으로 생활 수준을 향상시킴으로써 분배적 갈등을 해소시켰다. 특히, 프랑스와 이탈리아에서 사회당과 공산당을 무마하고 중도파의 입지를 강화했다.

또한, 마셜 원조의 조건 중 수혜국들 간에 원조금 사용 계획을 공동으로 제출하게 하는 규정은 OEEC 설립의 계기가 되었으며, 마셜 플랜은 IMF와 미국 정부 일부의 반대를 극복하게 함으로써, 또한 3억 5,000만 달러의 운영 자금을 지원함으로써 유럽지불동맹(EPU)을 결성하게 하였는데, 이들이 유럽 통합에 기여한 바가 크다. EPU는 전쟁 시 및 전후의 쌍무적 계약에서 다자 간 계약으로 결제 방식을 바꿈으로써 무역의 확장을 가능하게 하였다. EPU는 국제결제은행(BIS)에만 지불 책임이 있고 IMF 규약으로부터 자유로울 수 있었다. 그리고 EPU는 미국에 대해 차별 대우를 허락받았으며, 1959년 태환 재개의 전기를 마련하였다. IMF가 과도기적 예외로 인정한 EPU는 결국 유럽 내 생산 및 무역 신장과 금융 안정에 기여함으로써 태환 정착에 일조한 것이다[양동휴(2004, pp. 205, 217)].

물론 EPU 이전에도 다자 간 결제 제도가 시도되었으나 별로 성공적이지 못하였다. 1947년의 다자 간 통화 지불에 관한 1차 협약, 1948년의 다자 간 부채청산협약(AIEPC) 등은 쌍무적 무역 협정과 연결되어 있어 각종 왜곡을 낳았다. 끼워팔기(tie-in), 태환성 규제 조작 등이 그 것이다. EPU는 다른 나라에 대한 채권 채무 관계에 따라 각국의 지위를 결정하였고, 일관된 공식에 따라 금/달러 지불을 배분하였다. 부채는 중앙은행에 의해 일정 '쿼터'까지 부분적으로는 자국 통화로, 부분적으로는 경화로서 이동률(sliding scale) 방식으로 지불될 것이었다. 그 이후의 지불은 별도의 합의가 없는 한 전적으로 달러 또는 금으로 이루어졌다. 쿼터는 총 39억 5,000만 달러에 이르렀고, 각국의 지불은 상품 교역 액수의 15%를 기준으로 계산되었다. 총액 중 각국 쿼터의 비중은 영국 27%, 프랑스 13%, 벨기에−룩셈부르크 9%, 네덜란드 8%, 서독 8%였다. 쿼터 한계에 도달할 때까지 20%마다 채무국은 더 많은 부분을 경화로 지불하게 되었다. 각국이 쿼터의 한도에 도달하였을 시점에는 40%를 금으로, 60%를 자국 화폐로 지불했을 것이었다. 극심한 위기 상황에서는 지불 요건을 쌍무적으로 재협상할 수 있었다. 이 응급 조항은 순조롭게 작동하였고 일시적 불균형을 극복하는 데 도움을 주었다. 금 지불 의무의 체증 시스템은 초기의 지불 협약들이 가졌던 부정적 유인을 역전시켰다. 적자국에서 금이나 달러의 유출은 만성적 적자를 치유하도록 강제하였으며, 흑자국에서 연화 준비의 누적은 흑자를 줄이도록 조장하였다. 40 대 60의 비율은 나중에 변경되는데, 이것이 채무국에 지나치게 관대한 것으로, 시스템이 편향되게 운영되는 것으로 여겨졌기 때문이다[양동휴(2004, p. 216)].

2.3. 트리핀 딜레마의 시작

1947년 파운드스털링의 태환성 회복 시도가 대실패로 끝났다는 것은 앞서 말한 바와 같다. 그 이후에도 유럽 각국은 달러 부족에 시달리다 못해 마셜 플랜 기간 중인 1949년 9월 대폭 평가 절하를 단행했다. 이제 달러 갭이 마셜 플랜이 끝나는 1951년 말까지도 해결되지 않을 것이 예상되었다. 유럽 경제 통합이 대안으로 떠올랐다. 유럽 내에서 다자 간 무역을 촉진함으로써, 그리고 서독을 자본재 공급원으로 육성함으로써 달러를 더 이상 공급하지 않고도 개방적 세계 경제를 발전시킨다는 전략이다. 이를 위해 유럽 내 무역 장벽을 완화함과 동시에 쌍무적 구상 무역에서 탈피할 수 있도록 다자 간 지불 장치를 마련했다. EPU는 경상 거래 제한을 없애고 태환 회복을 목적으로 한 일종의 '지역적 브레튼우즈 체제'였다. 마셜 플랜 이후 달러 갭 해소 노력은 상호안보계획(MSP) 원조로 이어졌고 미국의 군수 지출을 해외 발주(offshore procurement)함으로써 달러를 공급했다. 이것은 '군사적 국제 케인스주의'라고 이름 붙일 만한 것이었으며 유럽이나 서독은 물론, 특히 일본의 경우에 효과가 컸다.

마셜 플랜이 진행되는 동안 중국혁명으로 말미암아 미국은 극동 정책을 전면적으로 재검토하지 않을 수 없었다. 미국 동아시아 정책의 중심이 중국에서 일본으로 옮겨졌다. 미국은 일본이 미국의 믿을 만한 우방으로서 태평양 경제와 안보 시스템에 통합되고, 일본이 단지 '자립 경제'로의 회복을 넘어서 '협력'을 통해 극동의 주요 권력으로 다시 부상하기를 원했다.

종전 직후 독일도 일본도 도시가 많이 파괴되고 교통 통신이 단절되었으나 공장과 기계 설비는 상당한 정도로 잔존했다. 전쟁 이전과 전시에 많은 투자가 이루어졌던 터라 전시 파괴와 감가상각을 상쇄하고도 자본 스톡이 1930년대 중반 수준을 상회했다. 〈표 5-3〉에서 보듯이 자본 스톡의 파괴, 몰수, 해체의 효과를 감안하여도 서독 지역

표 5-3 영미 점령 지역의 총산업 고정 자산, 1936–1948년(1936=100)

총고정 자산 1936년(1936년 불변 가격)	100
총산업 투자 1936-1945년(1936년 자산의 %)	+75.3
감가상각(1936년 자산의 %)	−37.2
전시 파괴(1936년 자산의 %)	−17.4
총고정 자산 1945년	120.6
총산업 투자 1946-1948년(1936년 자산의 %)	+8.7
감가상각 1946-1948년(1936년 자산의 %)	−11.5
반환 1945-1948년(1936년 자산의 %)	−2.4
해체 1945-1948년(1936년 자산의 %)	−4.4
총고정 자산 1948년	111.1

자료: Abelshauser(1991), p. 376; 양동휴(2004), p. 227에서 전재.

의 1948년 생산 능력은 1936년 수준을 10% 정도 상향하고 있었다. 숙련 노동도 충분했다. 전시 해외 점령 지역에서 귀환하는 고급 노동력이 일자리를 못 찾고 있었다. 이러한 요소들이 곧 전후 경제 회복의 기반이 되었다. 문제는 이들이 가동되지 않고 있었다는 것인데 이런 점에서 점령 정책의 변화가 갖는 의미가 클 수밖에 없다.

미국의 대외 경제 정책 변화의 상징은 점령지역관리구호(GARIOA) 등 구호 원조 이외에 경제 부흥을 위한 자금 지원이다. 전후 1951년까지 서독이 받은 원조 액수는 GARIOA 18억, 마셜 원조 14억, 영국의 기여 7억 등을 포함해 약 40억 달러다. 놀랍게도 사실 이것은 다른 서유럽과 비교하면 매우 낮은 수준이다. 마셜 플랜 2차년도에 1인당 원조액은 프랑스 21.7달러, 오스트리아 36.2달러, 네덜란드 45달러인 반면 서독은 GARIOA 원조를 포함하더라도 12달러에 그쳤다(〈표 5-4〉 참조).

일본에 제공된 원조 규모는 GARIOA와 EROA 자금, 수출입 순회

표 5-4 서독에 대한 외국의 원조, 1945-1952년

(단위: 백만 달러)

	1945-1946	1947	1948	1949	1950	1951	1952	1945-1952
민간 공급[1]	195							195
GARIOA[2]	78	237	788	503	177	12	0	1,795
ERP 등[3]			142	420	303	416	114	1,395
I 미국 원조 합계	273	237	930	923	480	428	114	3,385
영국의 기여[4]	264	317	90	32	1			704
II 해외 원조 합계	537	554	1,020	955	481	428	114	4,089
경상 수지[5]	52	179	295	-147	-77	592	649	
수입[6]		867	1,587	2,237	2,703	3,503	3,854	
총고정 투자에 대한 ERP 대충자금 비중(%)[7]				5.8	7.8	4.1	2.1	

자료: 1), 2), 3), 4) Buchheim(1990), p. 72; 5) Buchheim(1990), p. 185; 6) Buchheim(1990), p. 186; 7) Baumgart(1961), p. 47; 양동휴(2004), p. 220에서 전재.

자금, PC820 원면 수입 등을 합해 약 21억 달러에 달했다. 이후의 원조 형태는 MSP, 그리고 군수품 특별 수요 등으로 나타나는데, 일본의 경우 한국전쟁 발발 후 1953년까지 특수 수요가 23억 달러에 이르렀다. 1964년까지의 특수는 72억 달러에 달해 원조액 21억을 합치면 1945-1964년 동안 연간 5억 달러씩 수취한 셈이 되며, 이후 월남전 특수를 더하면 합계는 더욱 늘어난다[양동휴(2007, p. 818)].

다시 말하여, 냉전의 도래와 함께 점령 정책은 서독과 일본의 경제를 부흥시켜 각각 유럽과 아시아에서 공산주의의 팽창을 봉쇄할 첨병으로 육성한다는 목적을 갖게 되었고 또한 이를 달성하였다. 그러나 그 뒤에는 세계적인 달러 부족을 해결하고 미국 중심의 협조적 세계 경제를 건설하려는 복안이 있었다. 이를 위해 서독과 일본을 각각 유럽과 아시아의 '공장'으로 만들어 지역 경제 통합의 주역이 되도록 할 필요가 있었다. 즉, 집단 안보와 무역망 구축이 함께 간 것이다. 그리고 이러한 목표는 초과 달성되었다.

전후 서독과 일본의 경제 성장 속도는 가히 기적적이라 할 만하다. 여기서는 무역 패턴에 관해 잠시 주목하고 지나가자. 1949년 석탄과 철강의 유럽 공동 시장을 구상한 슈만 플랜은 독일에서 환영받았다. 그리고 다자주의적 자유 무역의 세계 경제 질서 수립이 미국 점령 정책의 일환으로 추진되었다. 마셜 플랜은 유럽 통합과 무역 자유화를 독려하는 미국 정책의 좋은 도구였다. 서독이 서유럽 내에서 경제 성장의 '기관차' 역할을 하는 것이 필요한 시점에 점령 정책은 그러한 방향으로 나아가도록 영향력을 행사할 수 있었다. 사실 1951년 서독이 GATT에 가입할 때까지 서독의 해외 무역 정책은 연합국의 이해관계를 반영했다. 1947년 OEEC는 무역 장벽을 낮추기 시작했으며 1950

년 7월 EPU 결성에 따라 무역 자유화는 더욱 진전되었다. 이후 서독의 무역은 지속적으로 증가했다. 서유럽 전체의 무역 자유화도 가속되었다. 전시에 팽창했던 서독의 기계, 전기, 화학, 자동차 등 자본재 부문 생산 능력이 세계 무역의 성장을 배경으로 서독의 수출 증가로 연결된 것이다. 수출품 구성도 석탄, 목재, 금속 조각 등에서 공산품으로 바뀌어 서독의 수출에서 공산품이 차지하는 비중은 1948년에 17%에서 1950년에 65%로 증가했다. 1950년대 말까지 무역 상대국 구성 통계를 보면 전후 EEC 국가의 비중이 압도적으로 커져서 지역 통합의 모습이 뚜렷하며 스위스, 오스트리아 등 인접국과의 무역도 증가세를 보인다. 대조적으로 동유럽, 남동유럽의 비중은 급락했다. 영국과의 무역도 쇠퇴했다. 미국의 중요성은 종전 직후, 특히 수입액이 눈에 띄게 증가했으나 점차 안정세로 돌아선 듯하다[양동휴(2007, p. 828)].

서독의 무역 확대가 서유럽 통합 움직임과 연결된 다자 간 무역의 부흥으로 이어졌다면 일본의 무역 확대는 주로 쌍무적 계약을 통한 동남아 경제와의 통합 노력과 관련이 있다. 무역 증가 속도에서도 차이가 있다. 서독은 생산 증가보다 무역 확대가 더 큰 폭으로 이루어진 반면 일본의 무역 회복은 상대적으로 느렸다. 이것은 점령군이 무역 및 외환 수급을 오랫동안 통제했기 때문이다. 1949년 말까지 교역의 대부분은 정부 간에만 이루어진 쌍무적 '공무역'이었고 경화(달러)로만 결제되었으며, 나중에는 '개방 계좌'(open account)를 사용하기도 했다. 무역 회복이 매우 느려 1949년의 수출액은 1934-1936년 수준의 16%에 불과했다. 수입액은 원조를 포함해 29%에 달했다. 1949년에야 수출업자가 외환을 보유할(수출액의 3-10%) 수 있게 되었다. 점령군 사령부(SCAP)는 무역소를 설립하여 일본의 모든 대외 거래를 독점하게 했다. 무역소는 외국 정부의 대표단과만 거래할 수 있었다. 이 가운데는 1946년 10월 현재 미국 정부를 대표하는 U.S. Commercial Company, 중국 정부의 사절단, 한국의 미군, 홍콩 정부, 도쿄의 영국 연락 사절단, 도쿄의 소련 해외 무역 위탁상 등이 있었다. 무역소를 통한 거래는 비효율적이고 결제도 지연되었다.

1947년 8월에 수출에 한해 '제한된 사무역'이 허용되어 제조업자가 SCAP의 허가를 받은 외국의 수입업자와 직접 교섭을 할 수 있었다. 1948년 8월에는 '수입업자-공급자' 계약 시스템이 도입되었다. 가격 결정도 SCAP가 통제하여 '최저 가격', '공정 가격' 등을 설정했다. 이것은 국내의 임금 통제, 생산 보조, 최고 가격 정책과 연결되지도 않았고 자의적으로 결정되었다. 1949년 4월의 단일 환율제(1달러=360엔) 도입 이전에는 수출 상품마다 환율이 달라(600엔에서 900엔까지) 혼란스러웠다. 무역 통계도 신뢰성이 없었다. 이와 같은 무역 통제와 외환 통제는 점령기가 끝난 이후에도 지속되어 '따라잡기' 기간 동안 수입 규제, 외국 주식 자본 배제를 유지했으며 수입 자유화와 자본 자유화를 지연시켰다.

서유럽과 마찬가지로 일본도 무역 부흥을 위해서는 지역적 경제 통합을 생각해야 했다. 전쟁 전 조선, 대만, 만주, 북중국에 대신하여 이제 동남아가 그 대상이 되었다. 네덜란드, 프랑스, 영국의 식민지인 동남아 국가에서는 민족주의가 고조되고 독립운동이 사회주의적 색채를 띠었다. 1949년경 미국의 동남아 정책은 이 나라들이 공산화되기 전에 서둘러 민족주의 온건파를 지지하여 독립시키고 이들을 통해 경제 통합을 추구할 수 있도록 유럽 국가들이 식민지 정책을 '합리화'하게끔 개입한다는 것이었다. 그것은 동남아의 원자재가 일본, 유럽, 인도, 호주의 공산품과 교환되는 분업 체계를 만드는 것으로서 1950년 초 애치슨의 지역 정책으로 구체화된다. 즉, 일본과 동남아의 협력으로 공산주의 팽창을 억제한다는 것인데, 교역과 군사 지원, 경제 발전 등이 주요 내용이다. 일본 경제의 회복에는 동남아에서 공산주의를 척결하고 경제 발전을 촉진하여 전쟁 이전의 조선과 만주의 역할을 동남아가 해주도록 만드는 것이 중요했다. 즉, 미국의 대동남아 정책은 직접적인 것이라기보다는 '우방'(일본)에 도움을 주는 방식으로 이끈다는 것이었다.

원자재 확보와 수출 시장으로 동남아를 개발하기 위해 일본으로 하여금 동남아에 배상금을 지불하게 했다. 이것은 동남아를 일본과의 경제 관계를 통해서 서방 진영에 머물게 한다는, 미국 세계 전략의 일환이었다. 동남아에 대한 일본의 배상은 고도 성장기에 걸쳐 분할 지불됨으로써 그 부담이 실제로는 경미했다. 지불 내용도 서비스만이 아니라 자본재를 중심으로 한 실물 배상이었다. 1954-1957년 중에 합의된 배상금은 공여와 대부, 부채 탕감을 포함하여 필리핀 8억 달러, 미얀마 2억 달러, 인도네시아 7억 9,300만 달러 등이었다. 이로써 무상 경제 협력, 엔 차관 등의 제공과 함께 동남아에 대한 일본의 재진출이 가능하게 되었다[양동휴(2007, p. 824)]. 1960년 이전 일본 무역의 지역 구조 통계에서도 무역 대상국에서 중국, 대만, 조선의 비중이 줄고 동남아, 남·서아시아와 미주 지역의 몫이 커진 것을 곧 알 수 있다[양동휴(2007, p. 830)].

결국, 서독과 일본은 얼마 되지 않아 유럽과 아시아의 '공장'이 되었고 각각 유럽과 아시아 경제권의 중심이 되었다. 달러 부족은 해소되었다. 달러 부족 해소는 지나쳐서 1960년대 말부터 소위 '트리핀 딜레마'에 곧 빠져들었다. 이제 미국의 경상 수지 적자가 누적되기 시작하고 금 준비가 고갈되면서 세계적 달러 부족은 충분한 정도 이상으로 해소되었지만, 달러의 신인도가 우려된 것이다. 외환 준비를 위한 달러 수요는 브레튼우즈 체제를 위협했다.

3. 글로벌 불균형의 지속

3.1. 브레튼우즈 Ⅱ?

이 장의 모두에 현재의 상황인 '브레튼우즈 Ⅱ'는 과거의 브레튼우즈 체제와 비슷하여 오래 지속될 것이며 또한 걱정할 문제도 아니라는 주장과, 양자가 매우 다르므로 이것이 오래 지속되지 못하리라는 반론을 소개하였다. 그러나 과거의 브레튼우즈 체제 자체가 그다지 오래가지 못했음을 상기할 필요가 있다. 우선 유럽 통화들의 달러 태환이 1959년에 일본은 1962년에 시작했으므로 1971년 달러의 금태환 정지까지 10년 정도밖에 지탱하지 못했다. 그것도 1959년부터 미국의 보유금이 달러 유통량을 지지할 수준 이하로 떨어졌고 1960년에는 금 1온스의 공식 가격이 35달러임에도 불구하고 런던 시장에서는 40달러에 거래되었다. 투자자들은 달러가 과대평가되었음을 알게 되었고, 브레튼우즈 체제는 와해 위기에 처했다. 체제를 유지하고 기축 통화인 달러 가치를 보존하기 위해 1961년 미국의 주도 하에 '런던 골드풀'과 일반차입협정(GAB)을 창설했다. 골드풀은 금 가격을 35달러에 묶기 위해 공동으로 금 시장에 개입하자는 비공식적 협약이자 판매 컨소시움인데, 개입 비용의 분담 비율은 미국 50%, 서독 11%, 프랑스·이탈리아·영국 각 9.25%, 벨기에·네덜란드·스위스 3.75%씩이었다[Eichengreen(2007, ch. 2)]. 초기에는 남아프리카공화국의 금광 발굴로 금 가격이 하락하여 골드풀이 1962-1965년간 13억 달러의 금을 순매입했으나 1966-1968년간에는 인플레이션 압력과 금가 상승으로 골드풀의 금 매각이 37억 달러에 달했다. 결국, 프랑스가 1967년에 탈퇴하고 1968년 3월 골드풀은 붕괴했으며 금의 시장 가격이 공정 가격에서 벗어나는 이중 구조 상태가 되었다. 즉, 골드풀의 노력에도 불구하고 처음부터 브레튼우즈 체제는 안정적이지 못했던 것이다.

1958년 12월 태환 회복 결정 후부터 국제 수지 자동 조정 메커니즘이 있다고 믿은 것이 환상이었다. 긴축 정책으로 적자를 해소하는 것은 정치적으로 불가능했고, 자본 이동 규제(외환 통제)도 유로 달러 시장 확대 등 환경 변화로 더 이상 쉽지 않았다. 평가 절하에는 IMF 조건이 따르고 환투기의 위험을 감수해야 했다. 체제는 미국, 유럽, 일본 냉전 파트너끼리 국제적으로 협력했기 때문에 유지되었던 것이며, 그만큼 지속된 사실이 오히려 놀랄 일이었다[Eichengreen(2008, ch. 4)]. 따라서 현재의 상황이 브레튼우즈 체제와 비슷한 점이 있다 하더라도 그 자체로 지속 가능성을 유추한다는 것 자체가 무리가 있다. 〈표 5-1〉에서 보듯이 계속 증폭되는 글로벌 불균형은 지속될 수도 없을뿐더러 지속되어서도 안 된다.

금을 매개로 하지 않더라도 '준비 통화'로서의 달러의 지위는 브레튼우즈 체제 붕괴 이후 40년간 계속 공고하게 보인다. 금 준비 부족과 경상 수지 적자라는 근본적 문제가 해소되지 않고 있는데도 그러하다. 참고로 미국의 GDP 대비 경상 수지의 추이를 보면 〈그림 5-1〉과 같다.

그림 5-1 미국의 GDP 대비 경상 수지

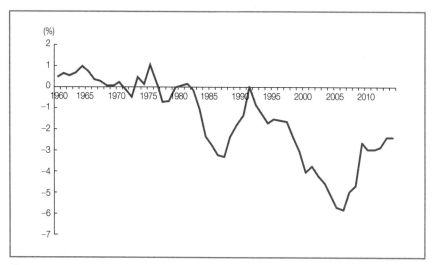

자료: U.S. Bureau of Economic Analysis website.

그런데 그 동안 정보 통신 기술이 진보하고 민간 자본 이동이 신속성을 더하고 있는 상황에서도 여러 형태로 고정 환율을 선호하는 나라들이 다수이다. 실제로 외환 통제를 허용했던 브레튼우즈 체제 붕괴 이후 소위 '금융 세계화'라는 국제 자본 이동 증가는 가공할 만하다. 고삐 풀린 프로메테우스라고나 할까? 그럼에도 외환 시장에 개입하려는 국가가 많고 자유 변동 환율을 받아들이는 나라들과 같이 지내고 있다. 굳이 일반화를 한다면 큰 나라들은 국내 거시 정책에 주력하고 환율은 시장에 맡겨둔다. 소규모 개방 경제인 신흥국들은 수출 및 여러 대외 거래의 편의상 큰 나라의 통화에 자국 통화 가치를 고정시키는 것을 원한다. 이런 와중에 유럽 국가들은 자기들끼리 환율 안정, 고정 환율, 결국은 유로화로의 통화 통합으로 진행했다.

표 5-5 환율 체제의 진화(각 범주에서 회원국의 비율)

	비중		
	1990년	1996년	2006년
모든 국가들			
하드 페그[a]	16.88	18.23	26.92
소프트 페그[b]	67.53	56.91	45.60
변동 환율[c]	15.58	24.86	27.47
전체	100	100	100
회원국 수	154	181	182
선진국			
하드 페그[a]	4.35	8.33	54.17
소프트 페그[b]	69.57	58.33	4.17
변동 환율[c]	26.09	33.33	41.67
전체	100	100	100
회원국 수	23	24	24
신흥 시장			
하드 페그[a]	6.67	9.38	12.50
소프트 페그[b]	76.67	78.13	40.63
변동 환율[c]	16.67	12.50	46.88
전체	100	100	100
회원국 수	30	32	32
기타 개발 도상국			
하드 페그[a]	22.77	22.40	25.40
소프트 페그[b]	64.36	51.20	54.76
변동 환율[c]	12.87	26.40	19.84
전체	100	100	100
회원국 수	101	125	126

주: a. 법정 화폐(legal tender), 통화 동맹(currency union), 통화 위원회(currency board), 그리고 화폐 동맹(monetary union) / 화폐 연합(monetary association)으로서 또 다른 통화와의 조정을 포함.
　　b. 단일 통화에 대해 전통적 고정 페그, 통화 바스킷에 대해 전통적 고정 페그, 사전적 크롤링 페그, 사전적 크롤링 밴드, 사후적 크롤링 페그, 사후적 크롤링 밴드, 그리고 기타 엄격한 관리 변동 환율을 포함.
　　c. 환율에 대해 미리 결정된 경로 없는 관리 변동 환율과 독립적 변동 환율을 포함.
자료: Eichengreen(2008), Table 6.1.

1990년대 초 커다란 위기(EMS crisis)를 맞으면서도 그리하였다. 이것에 대한 평가 시도는 마지막 장으로 미루겠지만 일단 유로 지역을 통합된 것으로 인정할 수 있다면 다음과 같은 처방이 가능하다. 선진국들이 환율 수준을 시장 결정에 맡기면 신흥국들이 각자 편한 통화에 가치 고정을 하는 경향이 있지만, 앞으로는 신흥국들도 변동 환율에 익숙해지는 신축성을 얻을 것이다[Eichengreen(2008, ch. 5)]. 이것이 글로벌 불균형 완화에 갖는 의미는 긍정적이다.

처방과는 달리 선진국에서 환율 고정이 늘어나고 신흥 시장에서 변동 환율 선택률이 높아졌다(〈표 5-5〉 참조). 그러나 중국은 환율을 고정 통제한 채 수출 증대, 경상 수지 극대화 전략을 지속했다. 중국은 풍부한 저축을 합하여 미국 재무부 증권, 패니매, 프레디맥 채권 등을 구입하는 등 글로벌 불균형 유지 경향을 보였다. 그리고 무역 흑자를 불태화(sterilize)하여 인플레이션을 차단했다[Eichengreen(2008, ch. 6)].

3.2. 글로벌 불균형과 2008년의 세계 금융 위기

저자는 얼마 전에 2008년의 위기에 적어도 세 가지의 구조적 문제가 개입되어 있으며 이들은 전부 세계화(globalization)와 연결되어 있다고 썼다. 구소련 동구권 붕괴 이후 체제 전환과 이와 관련한 EU의 동구권 확장, 국내적·국제적 소득 불평등, 글로벌 불균형이 그것이다[양동휴(2009, 이 책의 6장)]. 소득 불평등에 대해서는 라잔[Rajan(2010)]이, 글로벌 불균형에 대해서는 여러 학자가 심도 있는 연구를 내놓았다.

글로벌 불균형의 원인으로는 다음 절에서 몇 가지를 자세히 살펴볼 것이지만 아시아의 지나친 저축(saving glut), 미국의 재정 적자 누적, 수출 주도국의 경쟁력 제고를 위한 외환 시장 개입, 고령화 같은 인구

학적 변환, 금융 시장 왜곡과 금융 시장 통합, 선진국의 저이자율 정책과 연관된 세계적 유동성 팽창 등을 들 수 있다.

글로벌 불균형과 2008년의 미국발 세계 금융 위기의 관계는 무엇인가? 아시아의 신흥 시장과 산유국에서 미국으로 자본이 유입되고 미국이 적응적 정책(accommodative policy, 금융 완화 등)을 씀으로써 과잉 신용 팽창과 자산 가격 급등을 가져왔다[Eichengreen(2009)]. 금융 기관들은 더욱 높은 위험을 선택할 유인이 있었고 대부자들은 자산 위험을 평가하는 데 충분한 노력을 하지 않았다. 신용 평가 기관은 복잡한 상품을 평가할 능력도 없었고 이해상충에 시달렸다.

중국의 GDP 대비 경상 수지 흑자는 2000년에 2%이던 것이 2007년에는 11%로 급등했다. 당국은 이를 불태화하고 환율 수준을 유지했으며 미국 재무부 증권을 축적했다. 인도, 한국, 대만 등 아시아 나라들과 러시아, 나이지리아, 베네수엘라 등 산유국도 비슷했다. 이들 국가에서는 저축이 투자를 상회했는데,[4] 아시아 위기 이후 아시아 나라들의 비효율적 투자가 감소했다.

자본 유입으로 미국은 단기 정책 금리 인상에도 10년 만기 재무부 증권 수익률을 비롯한 장기 이자율이 하락했으며 저축이 줄어들었다. 미국의 금융 재정 정책을 보면 연방 기금 이자율이 상승했으나 테일러 준칙(Taylor's rule)에 못 미쳤고 감세 및 공공 부문 차입 등으로 재정 적자가 누적되었다. 경상 수지 적자도 2006년에 GDP의 6%나 되었다. 10년 만기 재무부 증권 수익률이 낮아지자 수익률이 높은 주택 모기지 증권화 자산으로 자금이 몰렸다. 대리인 문제와 함께 과잉 신용과 합성 파생 상품 팽창을 불러왔는데, 2007년에 이 모든 것이 중단

---

4 회계상 저축에서 투자를 뺀 것이 경상 수지이고 이의 부호를 바꾸면 자본 수지가 된다.

되면서 위기가 들이닥쳤다. 투매 현상과 디레버리징(deleveraging)이 가중되었다.

이것이 갖는 정책 함의는 우선 인플레이션이 없어도 글로벌 불균형을 걱정해야 한다는 것이다. 둘째, 채무국은 재정 정책이 경기 변동과 동행(procyclical)하는 경향을 조심해야 한다. 셋째, 경상 수지 흑자국도 준비금 축적을 완화해야 하는데, 적자국에 위기가 생기면 감염될 수 있기 때문이다. 넷째, 수요 패턴의 변화에 맞추어 상대 가격을 조정해야 한다. 이것은 환율 조정이나 인플레이션을 통해 수행할 수 있다.

이러한 정책 권고는 쉬우나 실제 실행에는 어려움이 따른다. 국내적으로는 인플레이션 목표치에 자산 시장 조건을 추가로 고려해야 하지만 방법이 문제이다. 재정 정책을 정치 이데올로기에서 풀어주는 일도 쉽지 않다. 흑자국이 저축을 줄이고 사회 안전망을 구축하는 일은 오래 걸릴 것이다. 국제적으로는 글로벌 불균형의 위험을 과소평가하기 쉬운데, 이는 서로 협력해서 풀어야 할 문제이다. 그러나 이는 종종 국내 정치와 상충하는 수가 있다. IMF의 경고 시스템도 강제성이 없다. 지역별 준비금 스왑이나 풀(예를 들어, Chiang Mai Initiative)도 잘 되지 않는다.

글로벌 불균형이 금융 위기를 촉발한 것은 아니나 양자는 같은 배경과 원인에서 비롯되었으며 서로를 증폭시켰다는 설명이 있다 [Obstfeld and Rogoff(2009)]. 여러 나라의 부적절한 거시 정책이 미국 금융 시장을 통해 글로벌 불균형과 금융 위기를 가져왔다는 것이다. 미국의 팽창적 통화 정책과 낮은 세계 이자율, 신용 시장 왜곡과 문제성 있는 금융 혁신 등이 복합적으로 주택 버블을 낳았다. 중국 같은 신흥 시장 나라들의 환율 정책과 다른 조치들이 미국의 해외 차입을 쉽게 하여 주택 버블을 더욱 키웠다. 금융 위기가 시작하면서 글로벌 불균형이 해로운 현상임이 드러났는데, 선진국 자본 시장은 절대 완전한 것이 아니며 부채 비율이 높으면 항상 위험이 따르기 마련이다.

1997년 아시아 위기 이후 글로벌 불균형이 커졌다. 아시아 나라들의 저축률이 높아지고 환율 정책 조정으로 경상 수지 흑자와 대외 준비금이 축적되었다. 국제 유가가 올라 산유국들의 경상 수지 흑자도 증가했는데 대부분 산유국의 환율은 달러에 고정되어 있다. 1996-2000년 초에는 신흥 시장의 저축이 미국으로 유입되어 주가도 상승하고 달러 가치도 오름에 따라 경상 수지 적자 폭이 커졌으며 투자 증가, 저축 감소를 야기했다. 2000년 초–2004년간은 미국의 정책 금리와 세계 이자율이 하락하고 정보 통신 산업이 어려워졌으며(dot.com bubble collapse) 저축이 더욱 감소했다. 이자율과 주가가 동조하여 하락하는 가운데 금융 당국이 적응적 정책을 씀으로써 주택 가격 상승이 가속되었다. 2004-2008년간에도 글로벌 불균형은 증폭되었고 미국의 주택 가격과 주가가 지속적으로 올랐다. 중국은 투자도 증가했지만, 저축률은 더욱 높아져서 경상 수지 흑자폭이 급증했으며, 세계 상품 가격도 상승하고 미국의 금융 혁신에 따른 새로운 구조화 금융 상품에 대한 유럽의 수요가 꾸준히 올랐다. FRB 의장 버냉키의 '지나친 저축' 연설[Bernanke(2005)][5] 이후 정말로 지나친 저축이 현실화되었고 미국 재무부 증권 수요도 팽창했다. 유럽의 경상 수지는 독일·네덜란드 흑자 증가, 스페인·이탈리아·그리스 적자 증가로 두드러지는데 경상 수지와 주택 가격의 변화가 역관계에 있음이 나타났다.

---

5 흑자국의 지나친 저축 때문에 세계적으로 저축 과잉(global saving glut)과 장기 이자율 하락이 나타나고 이것이 글로벌 불균형 등 문제를 일으켰으며 미국 국내 요인만으로 경상 수지 적자가 증폭된 것은 아니라고 한 버냉키의 버지니아 주 리치몬드에서의 연설.

2008년 위기 때문에 2009년에는 글로벌 불균형이 약간 줄었지만, 앞으로도 계속 문제를 내포하고 있을 것이다. 중국의 자본 수출은 여타국의 버블을 예고하고 있고, 이전에는 미국의 자산 가격과 환율 추이가 미국의 자본 이득을 가져왔으나 이것이 역전되었다. 대책으로 저개발국 금융 시장 효율성을 제고하여 기업 및 가계의 저축을 줄이고, 국제 협력 하에 세계 금융 시장의 통합 규제를 도입하는 등의 노력이 시사된다.

3.3. 진단과 처방

미국의 2009년 경상 수지 적자는 금융 위기 이후 많이 줄어서 3,784억 달러 정도이나 2006년에는 7,880억 달러로 GDP의 6%를 기록했다. 1996년의 1,250억 달러(GDP의 1.6%)에 비하면 10년 만에 급속도로 증가한 것이며 그만큼 저축률도 급락했다는 이야기이다. 흑자국의 경우 중국 이외의 아시아가 투자율이 감소했고, 중국은 투자도 늘었으나 저축이 훨씬 많이 증가하였다. 중동과 러시아 등 석유 수출국도 저축이 늘어, '세계적 과잉 저축'(global saving glut) 때문에 세계 이자율이 하락했고 미국 저축이 줄어들었다. 즉, 국내 요인만으로는 미국의 적자를 설명할 수 없다는 것이다. FRB 의장 버냉키는 경상 수지 불균형은 시장 현상이고 미국으로 자본 유입이 증가하는 것은 미국 경제와 자본 시장의 매력을 반영하는 것이며 경상 수지 적자가 불황과 인플레이션을 막아주는 역할을 하므로 문제가 되지 않는다고 한다. 그리고 미국의 순국제 투자 포지션은 GDP 대비 마이너스 19% 정도이므로 큰 부담이 되지 않는다고 주장한다[Bernanke(2007)].

2009년까지 균형 회복(rebalancing)이 충분하며 더 이상의 조정은 불

필요하다는 강변도 있다. 중국 위안화의 절상이 수입 가격을 올리므로 중국 상품을 많이 수입하는 이탈리아나 미국에 큰 손해라는 설명이다. 오히려 EU 내부에서 독일이 지나친 경상 수지 흑자로 적자국을 취약하게 만드는 것이 더 걱정거리이다[Dadush(2011)].

흑자국들의 세계화와 인구 동태를 감안할 때 미국의 경상 수지 적자는 이해 가능할뿐더러 세계 복지에 도움이 된다는 설명이 있다[Cooper(2008, 2010)]. 첫째, 경상 수지는 정의상 저축에서 투자를 뺀 액수와 동일하다. 그런데 미국의 저축에 교육 지출, 연구 개발(R&D), 내구 소비재, 인텐지블(intangible; 연구, 훈련, 브랜드 등)을 추가한 '광의'의 저축은 충분히 높고 더 이상 높일 수도 없다. 둘째, 금융 시장이 완전히 세계화되었다면 세계 총저축이 GDP의 크기에 따라 투자로 배분될 것이다. 그런 계산으로는 2006년 미국이 세계 GDP에서 차지하는 비중 27.5%에 합당한 자본 유입은 1.2조 달러가 되어야 한다. 따라서 아직 멀었다. 셋째, 저축의 결정 요인을 따져보자. 산유국은 미래 불확실성에 대비하여 기업의 이윤 유보가 높다. 고령화 사회일수록 저축 유인이 큰데 미국은 젊은 층의 이민이 계속 흡수된다. 중국은 도시화에 따라 주택, 교육, 생산 설비 투자 수요가 커서 저축률과 투자율이 전부 높고 자본 시장 미발달과 국영 기업 독점이 저축을 더욱 촉진한다. 그리하여 중국, 일본, 독일과 산유국의 과다 저축이 미국으로 유입된다. 이것은 위험 조정된 수익률이 높은 곳으로 자본이 이동하는 자연스러운 현상이다. 누구나 제도적 환경, 인프라 등을 배경으로 한 안전 자산에 투자하려고 할 것이며, 미국은 인구 구성, 기술 진보 등으로 성장 잠재력이 높고, 특히 금융 시장이 발달하고 유동성이 높아 가장 훌륭한 투자처라고 할 수 있다. 미국 경제의 '외국인 소유분'은

2006년에 23%로 아직 낮으며(프랑스, 독일, 이탈리아, 오스트레일리아보다) 지속 가능하다. 한마디로 미국은 세계화된 시장에서 저위험 부채를 생산, 판매하는 데 비교 우위가 있다. 따라서 장기적 글로벌 불균형이 유지 가능하다는 것이다.[6]

글로벌 불균형을 세계 자산의 수요 공급이 비대칭적인 균형을 이룬 결과로 보고 조정이 필요 없다고 주장하는 또 다른 분석이 있다 [Serven and Nguyen(2010)]. 글로벌 불균형의 해석에는 두 가지 접근법이 있다. 불균형적 접근에 의하면 글로벌 불균형은 지속 가능하지 않고 자본 이동의 급단절(sudden stop)이나 환율 붕괴의 우려가 있다. 경상 수지 적자에는 통시적인 예산 제약이 있어서 현재의 적자는 미래의 성장과 자본 축적에 의한 흑자로 감당해야 한다. 미국의 자산 포지션은 1980년대에 GDP의 10% 흑자이던 것이 2009년에는 마이너스 25%가 되어 지탱할 수 없고 달러 가치가 하락하여 무역 수지를 흑자로 돌려야 한다. 자산 가격에 따라 자산 포지션이 달라질 수도 있다. 미국의 해외 자산이 외국 소유 미국 자산보다 수익률이 높으면 문제가 해결된다. 달러 가치가 하락하면 외국 소유 미국 자산 가치가 낮아지므로 해결을 가속한다. 즉, 달러 하락은 이중 효과가 있는 것이다. 그러나 2008년 금융 위기 때 미국은 자본 유입의 급단절을 경험하지 않았고 달러 가치의 급락도 없었다. 오히려 유럽의 여러 나라가 곤란을 겪었다.

균형적 접근에 따르면 글로벌 불균형은 구조적 요인과 정책 선택에 의한 것이므로 지속 가능하다. 금융 자산 수요 공급의 비대칭이 근본적 원인이다. 저개발국은 자산 수익의 수취가 힘들거나 사회 보장

---

6 세계의 안전 자산에 대한 무한정의 수요가 문제였다는 설명도 있다[Caballero(2010)].

그림 5-2 신흥 시장에서 미국으로의 총자본 유입

(단위: 10억 달러)

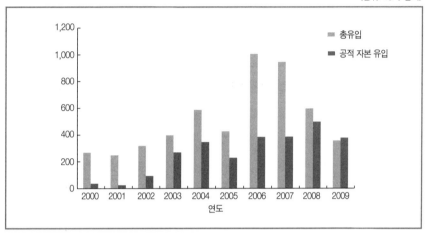

자료: U.S. Bureau of Economic Analysis website. Serven and Nguyen(2010).

이 불충분하여 저축률이 높은데 신흥국 금융 시장 발달 정도가 낮아 안전 자산인 달러 채권을 선호한다. 세계적 초과 저축이 선진국으로 유입(uphill flow)되는 것이다. 저개발국의 사회 보장과 금융 발달이 지체되는 한 이러한 현상은 지속된다. 또한 정책 선택의 문제도 있다. '신중상주의적' 수출 주도 성장을 위해 신흥 시장이 통화를 과소평가하고 소비를 제한하면 브레튼우즈 II 는 지속될 것이다. 1990년대 말 아시아와 러시아의 금융 위기 이후 '예비적 동기'의 달러 보유가 늘었으며, 국제적 다각화 체제가 준비되지 않으면 이러한 패턴이 변하지 않을 것이다. 이 양자 중 어떤 것이 더 중요한가? 〈그림 5-2〉에 의하면 중앙은행이나 정부 기관을 통한 신흥국에서 미국으로의 공적 자본 흐름은 비슷한 수준을 유지하였고 민간 자본의 흐름은 들쑥날쑥하다.

최근 세계적 금융 위기 동안에 미국 경상 수지 적자의 크기가 줄어들었다. 투자가 줄고 저축이 늘었다. 국제 무역과 국제 자본 이동 자체가 감소했다. 석유 가격과 상품 가격이 하락하고 산유국의 흑자가 줄었다. 위기의 진앙지가 미국임에도 달러 가치는 떨어지지 않았다. 안전 자산으로서 최종 대부자의 기능을 한 것이다. 미국으로 자본 유입은 2008년에 주춤하다가 2009년에 재개되면서 주식 시장도 회복되었다.

신흥 시장이 자기 보험 전략, 금융 미숙 등을 극복하지 못하고 선진국 금융 자산을 계속 선호하든지, 이미 보유한 달러 자산의 가치 손실을 막으려고 계속 보유를 늘리면 자본의 선진국 유입이 지속되고 글로벌 불균형이 심화될 것이다. 미국은 재정 적자가 높은 수준으로 유지될 것이다. 금융 규제의 향상으로 위험의 과소평가는 사라지겠지만, 자본 비용은 높아진다. 투자 효율 제고에 노력이 필요하다. 글로벌 불균형의 악화와 경착륙을 막기 위해서는 국제적 위험 분산 메커니즘을 도입하고 안전 자산 과잉 수요를 제한해야 한다. 선진국은 재정 팽창을 중단해야 한다. 흑자 신흥국은 수출을 자제하고 내수로 눈을 돌리며, 과다 저축을 줄이기 위해 사회 안전망을 확충할 필요가 있다. 공기업의 배당을 늘리고 채권 시장을 육성할 것이 요구된다. 그러나 기본적으로 글로벌 불균형은 '균형' 현상이므로 이의 완화를 너무 강조하지 말라는 것이 이들의 주장이다[Serven and Nguyen(2010)].

글로벌 불균형을 '좋은' 불균형과 '나쁜' 불균형으로 구분할 수도 있다. 물론 '나쁜' 불균형은 서둘러 해소해야 한다[Blanchard and Milesi-Ferretti(2009, 2011)]. '좋은' 불균형은 경제 발전 수준이나 인구 패턴 등 경제 펀더멘탈을 반영한 저축·투자·금융 시장의 결과로 나타난 것을 말하며 '나쁜' 불균형은 왜곡, 외부 효과, 위험 때문에 생긴다. 구체적으로 나쁜 적자는 금융 규제 실패로 인한 신용 팽창, 재정 당국의 잘못된 행위 때문에 발생하는 국민 저축의 감소 등에 기인한다. 좋은 적자는 일시적으로 낮은 수출 가격이나 밝은 미래 경제 전망으로 저축이 줄어드는 경우, 높은 자본의 한계 생산성에 따른 고투자 등이다. 나쁜 흑자는 사회 보험의 부족이나 기업 지배 구조의 결함으로 저축이 높아지거나 비효율적 금융 중개에 의해 투자가 낮아지는 등의 결과인데, 이런 왜곡은 종종 저평가된 환율을 동반한다. 좋은 흑자는 인구 고령화에 대비한 저축 증가, 국내에서 투자 기회의 제한, 교역재 부문의 생산성 외부 효과에 기인한 수출 주도 성장 전략과 이에 따른 저내수, 고수출 등이다.

그러나 좋은 불균형이나 나쁜 불균형을 막론하고 적자국은 외자 유입의 급반등(sudden stop)과 전파 효과의 가능성이 상존하며 자본 이동의 지나친 변동은 유동성 위험이 따른다. 흑자국의 경우 수출 주도 성장 전략이 불공정 경쟁을 불러올 수가 있고, 흑자국이 유동성 함정(liquidity trap)에 빠지면 세계적 수요 부족과 경기 침체가 우려된다. 일반적으로 21세기에 들어 미국의 저축 감소는 '나쁜' 적자의 신호로 받아들이며, 2005-2008년간 금융 과잉은 결국 위기를 초래했다. 2007년에 IMF는 글로벌 불균형의 완화를 위해 미국의 저축 증대와 재정 적자 축소, 중국의 소비 증가 및 환율 조정, 사우디아라비아의 내수 증가와 성장, 유로 지역과 일본의 구조 개혁과 생산성 제고 등을 처방했다. 이 처방은 아직도 유효하다. 세계 금융 위기 때문에 2009년에는 불균형이 약간 줄었다. 그러나 〈그림 5-3〉과 〈그림 5-4〉에서 보는 바와 같이 보수적으로 잡아도 경상 수지 불균형은 다시 서서히 늘어갈

그림 5-3 경상 수지 전망(세계 GDP의 %)

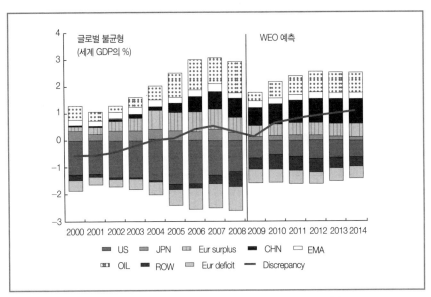

자료: IMF, *World Economic Outlook*, Oct. 2009. Blanchard and Milesi-Ferretti(2009)에서 전재.

그림 5-4 순해외 자산 전망(세계 GDP의 %)

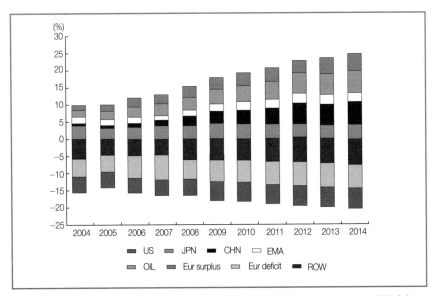

자료: Lane and Milesi-Ferretti, *External Wealth of Nations database*. Blanchard and Milesi-Ferretti(2009)에서 전재.

그림 5-5 경상 수지(13개국 절대값의 합, 통합 GDP의 %)

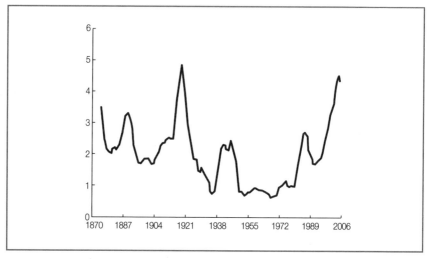

자료: Haldane(2010).

전망이고, 이에 따라 순해외 자산 보유의 불균형은 증가 일변도일 것
이 예상된다. 이를 막기 위해 미국의 재정 지출 축소, 중국의 사회 보
험과 기업 지배 구조 개선, 가계와 중소기업의 신용 접근성 확대, 신
흥 시장국들의 수출 주도에서 내수 주도 성장으로 전환, 석유 가격이
상승한다는 기대 하에 석유 수출국들의 사회 인프라 투자 등 국내 수
요 증대, 전 세계적으로 유동성 확대 등이 필요하다(ibid.).

　　미래의 글로벌 불균형에 대한 영국 중앙은행의 전망은 훨씬 암울
하다[Haldane(2010)]. 경상 수지 불균형(경상 수지의 절대값의 합)은 금융 세
계화, 즉 자본 시장 통합의 척도이기도 하다. 〈그림 5-5〉에서 보듯이
국제 자본 이동은 U자 형태를 보이는데, 이것은 금본위제 시기의 자
유로운 이동과 전간기의 혼란, 브레튼우즈 시기의 자본 통제, 변동 환

율제 기간, 특히 최근의 급속한 자본 흐름을 보여준다. 그러나 이것이 '나쁜' 불균형일 수도 있어서 문제가 되는 것이다.

저축을 정부, 가계, 기업으로 나누어보면 중국의 1990년대 초 이후 기업 저축 급증이 눈에 띈다. 이윤과 생산성, 배당 대신 사내 유보가 늘어났기 때문이다. 이것은 미래 성장 전망이 밝은 탓도 있겠지만, 기업의 외부 자금 조달이 빈약하고 지배 구조가 왜곡되어 외부 투자자의 충분한 평가와 규율이 부족함을 반영한다. 이것은 미국의 19세기와 비슷한 현상이다. 가계 저축을 보면 저축률이 미국 5%, 중국 20%이다. 중국은 사회 보험이 발달되지 않아 교육, 연금, 의료비 등을 준비하느라 저축률이 높고, 미국의 저축은 순자산의 크기와 역관계를 갖는데 주택 가격이나 주가가 오른 것이 저축률을 저하시킨 원인이라고 할 수 있다. 그 배경에는 금융 자유화와 주택 신용 완화가 있다.

미래의 전망은 어떤가? 금융 세계화가 더욱 진행될 예정이다. 신흥 시장국의 성장 속도가 빨라 G20국의 소득이 수렴하면 자본 시장 통합이 심화된다. 자본 이동이 G7 이외의 국가에서 유출하는 형태로 늘어날 것이다. 자연히 글로벌 불균형이 커질 전망이며 〈그림 5-6〉에서와 같이 BRICS 국가의 해외 자산 비중이 높아질 것이다. 이와 함께 버블과 금융 위기의 가능성도 커지며 달러의 준비 통화 지위가 하락할 것이다. 저축 행위의 영향도 이에 가세한다. 선진국 인구가 고령화하면서 주요 저축 연령인 40-59세의 구성비가 줄어들고 신흥 시장국은 상대적으로 늘어날 것이다.[7] 결국, 글로벌 불균형은 폭발적으로 커질 전망인데 이를 해결하는 문제는 시급하다.

---

7 젊은 이민 유입이 많은 미국과 산아 제한을 엄격히 해온 중국은 예외일 수 있다. 또한 신흥 시장국의 사회 보험이 발달하여 저축률을 낮추는 요인으로 작용할 수 있다.

그림 5-6 G20 총해외 자산에서 각 지역이 차지하는 비중 전망

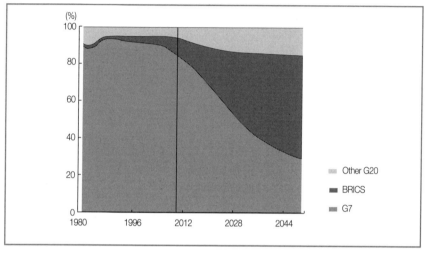

자료: IMF, U.S. Census Bureau, Penn World Table and Bank of England calculations. Haldane(2010)에서 전재.

4. 맺음말

미국의 부채가 증가하면서 많은 학자가 트리핀 딜레마를 떠올렸다. 글로벌 불균형이 지속될 수 없으므로 스타인의 법칙에 따라 경착륙의 혼돈이 닥칠까 우려했다. 그러나 미국발 금융 위기가 터져 1930년대 이후 최대의 세계적 불황이 도래했음에도 불구하고 달러에서의 대규모 이탈 사태는 일어나지 않았다. 민간의 달러 투자 증가세는 반전했으나 여타국 중앙은행은 오히려 안전 자산인 달러를 추가로 구매했다. 패니매, 프레디맥 채권은 줄었지만, 재무부 증권 보유량은 오히려 늘었다. 달러의 국제 화폐로서, 지불 수단과 회계 단위와 가치 저장의 수단으로서의 위치는 하락하지 않았고, 아직도 불안한 투자

자들은 달러에서 최종적 안식처를 찾았다. 트리핀 딜레마는 논리적으로만 존재하고 현실에서는 당분간 잠수 상태인 것으로 보인다. 달러의 국제 화폐와 준비 자산으로서 역할은 약화되지 않았다. 공적 외화 준비금 중 달러 비중은 2002-2003년에 66%이던 것이 2010년 일사분기에 61%로 조금밖에 줄지 않았다[Eichengreen(2011, p. 123)]. 2009년 중엽 기준으로 달러에 통화를 고정시킨 나라는 54개국이며 유로 고정국은 27개국이다[ibid.(p. 125)].

이렇게 달러의 위치가 공고한 이유는 무엇일까? 우선 미국 경제의 규모와 금융 시장의 크기가 세계 1위이며, 달러 표시 증권의 유동성이 매우 높다. 또한 오랫동안 국제 통화 역할을 해왔다는 관성이 여타국 경제 활동에 편의를 제공하고 있다는 사실도 중요하다. 그리고 대안적 국제 화폐로서 거론되는 통화들의 약점을 따져보는 것도 의미가 있다. 파운드스털링이나 스위스 프랑은 영국 경제의 규모가 미국의 1/6, 스위스는 1/30밖에 안 되어 경쟁 상대가 못 된다. 일본은 경제적으로 훨씬 큰 나라이지만 일본 정부가 오래 전부터 경쟁적 환율 유지와 산업 정책 추진을 위해 엔화의 국제적 사용을 꺼렸던 유산이 있는데다가 이자율이 제로에 가까워 엔화가 외국인에게 매력을 잃었다. 중국의 인민폐(유안)는 중국 금융 시장의 성숙도가 낮아 중국 스스로도 인민폐의 국제 화폐 지위 달성 목표를 2020년으로 잡고 있다. 흑자국인 데다가 주변부와 보완적이기보다 경쟁을 추진하고 있으므로 이 목표도 달성이 쉬워보이지 않는다. SDR을 2,500억 달러 추가 분배하기로 한 2009년 4월의 결정이 실현된다 해도 SDR의 총규모는 세계 준비금의 5% 미만이며 SDR 시장이 깊고 유동적이 되어야 효과를 발휘할 것이다.

그렇다면 남은 대안은 유로밖에 없다. 다행히 유로 사용 지역은 경제 규모도 크고 다국적 기업도 많으며 유로 지역 은행들의 외국 지점도 많다. 중앙은행으로 ECB의 지위도 주목할 만하고 물가 안정과 긴급 대부자 역할을 충실히 수행하고 있다. 유로 지역은 정부 공채 스톡도 풍부하고 금융 시장이 잘 발달되어 있다. 2010년 기준으로 유로는 총외환 시장 거래액의 37%, 총국제 채권 발행의 31%, 중앙은행들의 외화 준비의 28%를 차지했다.

그러나 유럽의 채권 시장 규모가 더 커야 하고 유동성이 더 높아져야 할 것이다[Eichengreen(2011, p. 130)]. 무엇보다도 유로는 단일 국가의 통화가 아니라는 약점이 있다. 그리스 국가 부도 사태 같은 위기에 독일의 유권자들이 기꺼이 세금을 걷어 도와주려 했을 것인가?

유럽 통화 통합은 경제적으로 이점도 많았다. 환율이 안정되어 유럽 증권 시장이 성장하고 자본 비용이 하락했다. 가격 투명성이 높아지고 국경외 무역이 성장했다. 상품 시장 경쟁으로 생산성이 상승했다. 중장기적으로 유로화가 각 개별 국가 통화보다 더 깊고 유동적인 금융 시장을 발달시켰으며 안정성도 크다[Eichengreen(2008, ch. 6)]. 그러나 유럽통화동맹 때부터 경제적 가능성과 그 이후 성과 평가에서 회의적인 시각도 많다. 화폐 통합이 없어도 무역 증가에는 애로가 없었을 것이다. 경기 순환적 실업에 대처하기가 어렵게 될뿐더러 장기적으로는 인플레이션이 높아질 것이었다[Feldstein(1997)]. 유로가 국가 간 금융 통합을 촉진시켰으나 이것은 입법 규정 수렴이나 무역 증대 때문이 아니고 현금 위험의 감소에서 비롯된 것이다[Kalemi-Ozcan, Papaioannou and Peydro(2009)].

그래서 어떻다는 것인가? 상당히 오랫동안 달러가 국제 통화 지위를 잃지 않을 것으로 보인다. 그러나 지금도 어느 정도 그렇지만 조만간 달러와 유로가 국제 통화 역할을 분담할 전망이다. 더욱 장기적으로는 금융 성숙도의 상승에 따라 중국 인민폐, 인도 루피, 브라질 레알 등이 동참하여 다중 국제 통화 체제로 진행될 것이 기대된다 [Eichengreen (2011, p. 151)]. 3.3절에서 권고한 처방이 효과를 발휘하여 글로벌 불균형이 완화되기를 바라마지 않는다. 특히, 미국 경제가 회복되고 재정 적자가 줄어드는 것이 관건이다.

양동휴(2004),「마셜 플랜의 경제적 성과와 의의: 서독의 재건과 유럽 통합의 추진」,『경제사학』, 37, pp. 195-252.

_____(2005),「미국의 세기: 미국 주도 세계화의 경제적 측면」,『미국학』, 28, pp. 209-234.

_____(2007),「연합국 점령 하의 서독(1945-55)과 일본(1945-52) 경제: 지역통합, 집단안보, 무역망구축」,『국제지역연구』, 11-1, pp. 810-836.

_____(2009),「1930년대 세계대공황과 2008년 위기」,『금융경제연구』, 한국은행 금융경제연구원, 407, pp. 1-43.

Bernanke, Ben S.(2005), "Remarks by Governor Ben S. Bernanke: The Global Saving Glut and the U.S. Current Account Deficit," The Sandridge Lecture, Virginia Association of Economists, Richmond, VA ⟨http://www.federalreserve.gov/boarddocs/ speeches/ 2005/200503102/default.htm⟩.

_____(2007), "Remarks by Governor Ben S. Bernanke: Global Imbalances? Recent Developments and Prospects," The Bundesbank Lecture, Berlin(September 11), BIS Review 99/2007.

Blanchard, Oliver and Gian Maria Milesi-Ferretti(2009), "Global Imbalances: In Midstream?" IMF Staff Position Note SPN/09/29, December 22.

_____(2011), "(Why) Should Current Account Balance Be Reduced?" IMF

Staff Discussion Note SDN/11/03, March 1.

Caballero, Richardo J.(2010), "The 'Other' Imbalance and the Financial Crisis," NBER Working Paper 15636, January.

Cooper, Richard N.(2008), "Global Imbalances: Globalization, Demography, and Sustain-ability," *Journal of Economic Perspectives*, 22-3, pp. 93-112.

_____(2010), "Understanding Global Imbalances," in Michael Spence and Danny Leipziger, eds., *Globalization and Growth: Implications for a Post-Crisis World*, World Bank, pp. 95-108.

Dadush, Uri(2011), "Global Rebalancing: The Dangerous Obsession," Current History, Carnegie Endowment for International Peace, January⟨http://www.carnegieendowment.org/publications/index.cfm?fa=view&id=42261⟩.

Dooley, Michael P., David Folkerts-Landau and Peter Gaber(2003), "An Essay on the Revised Bretton Woods System," NBER Working Paper 9971, September.

Eichengreen, Barry(2004), "Global Imbalances and the Lessons of Bretton Woods," NBER Working Paper 10497, May.

_____(2007), *Global Imbalances and the Lessons of Bretton Woods*, MIT Press.

_____(2008), *Globalizing Capital: A History of the International Monetary System*, 2nd ed., Princeton University Press.

_____(2009), "The Financial Crisis and the Global Policy Reforms," Paper Presented at the FRB of San Francisco Asia Economic Policy

Conference, Santa Barbara, CA., October 19-20.

_____(2011), *Exorbitant Privilege: The Rise and Fall of the Dollar and the Future of the International Monetary System*, Oxford University Press.

Feldstein, Martin(1997), "The Political Economy of the European Economic and Monetary Union: Political Sources of an Economic Liability," *Journal of Economic Perspectives*, 11, Fall, pp. 23-42.

Ferguson, Niall(2008), *The Ascent of Money: A Financial History of the World*, Penguin Press(김선영 옮김, 『금융의 지배: 세계 금융사 이야기』, 민음사, 2010).

Haldane, Andrew G.(2010), "Global Imbalances in Retrospect and Prospect," Bank of England, Chatham House Conference on New Global Economic Order, November 3.

IMF, *Balance of Payments and International Investment Positions Statistics*.

Kalemi-Ozcan, Sebnem, Elias Papaioannou and José-Luis Peydró(2009), "What Lies beneath the Euro's Effect on Financial Integration: Currency Risk, Legal harmonization, or Trade?" NBER Working Paper 15034, June.

Obstfeld, Maurice and Kenneth Rogoff(2009), "Global Imbalances and the Financial Crisis: Products of Common Causes," CEPR Discussion Paper 7606.

Rajan, Raghuram G.(2010), *Fault Lines: How Hidden Fractures Still Threaten the World Economy*, Princeton University Press.

Serven, Luis and Ha Nguyan(2010), "Global Imbalances before and after the Global Crisis," World Bank Policy Research Working Paper 5354, June.

Triffin, Robert(1960), *Gold and the Dollar Crisis: The Future of Convertibility*, Yale University Press.

U.S. Bureau of Economic Analysis website.

6

1930년대 세계 대공황과 2008년 위기

제6장
1930년대 세계 대공황과 2008년 위기

1. 머리말

2008년에 터진 미국발 금융 위기와 뒤이은 세계 경기 침체는 자연스럽게 1930년대 대공황에 대한 관심을 고조시켰으며 역사적 경험에서 얻을 교훈을 찾는 노력이 지속되고 있다. 물론 양자 간에는 그 원인과 성격이 다르고 심도와 지속 기간도 차이가 있다. 예를 들어, 〈표 6-1〉은 경기 침체의 중요한 척도인 실업률을 1920년대와 1930년대에 걸쳐 보여준다. 제조업의 경우 주요 선진 공업국의 실업률은 1930년대에 평균적으로 20% 안팎을 유지하였으며, 가장 높았을 때는 미국 37.6%(1933), 영국 22.1%(1932), 독일 43.8%(1932)였다. 현재 경기 하락의 최저점 부근에서 각국의 실업률이 대부분 한 자리 숫자임을 감안하면 '1930년대 이후 최악의 불황'이라는 표현은 지나친 감이 있다. 그러나 주식, 부동산 등 자산 가격의 등락 폭은 비교할 만하다(〈그림 6-1〉, 〈그림 6-2〉 참조).

물론 경기 폭락의 원인과 성격에 따라 제도 개혁과 장기적 재발 방지 노력이 고안, 실시되어야 하지만 단기간 구제 금융이나 통화 정책, 재정 정책 처방 등은 비슷한 형태가 될지도 모른다. 여기에 1930

표 6-1 주요국의 실업률

(단위: %)

	제조업		경제 전체	
	1921-1929	1930-1938	1921-1929	1930-1938
미국	7.7	26.1	4.9	18.2
영국	12.0	15.4	6.8	9.8
프랑스	3.8	10.2	–	–
독일	9.2	21.8	4.0	8.8
호주	8.1	17.8	–	–
벨기에	2.4	14.0	1.5	8.7
캐나다	5.5	18.5	3.5	13.3
덴마크	18.7	21.9	4.5	6.6
네덜란드	8.3	24.3	2.4	8.7
노르웨이	16.8	26.6	–	–
스웨덴	14.2	16.8	3.4	5.6

자료: Eichengreen and Hatton(1988), p. 9.

그림 6-1 미국의 주식 가격 수익 비율(PER)과 장기 이자율, 1881-2005년

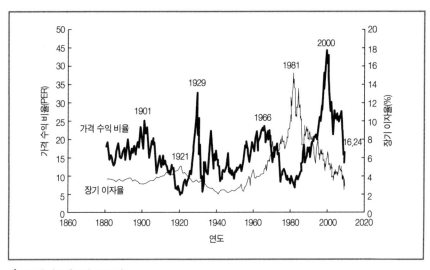

자료: Shiller(2005), web appendix.

제6장 1930년대 세계 대공황과 2008년 위기

그림 6-2 미국의 실질 주택 가격, 1890-2008년

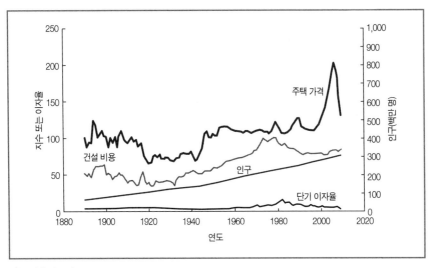

자료: Shiller(2008), p. 33.

년대(1929-1933)와 2008년의 경기를 비교 분석할 의의가 있다.

저자는 1992년과 1998년에 각각 1930년대 미국 대공황과 세계 대공황의 원인과 성격에 관한 문헌을 정리하고 개인적 견해를 표명한 적이 있다[양동휴(1992, 1998)]. 그 동안 새로운 연구들이 축적되고 저자의 생각도 바뀌었지만, 특히 2008년의 위기 이후 지난 글들을 대폭 수정할 필요가 생겼다. 즉, 1930년대 대공황의 경험에서 2008년 위기에 대처할 교훈을 끌어내려는 노력이 있는 만큼이나 2008년 위기의 경험에서 1930년대 대공황을 재해석할 시사점을 얻는 것이다. 구체적으로는 지난번에 대수롭지 않게 다루었던 주식 시장 붕괴의 효과나 은행 위기의 중요성 등을 재검토해야 한다. 유가 증권이나 주택, 토지 등 자산 가격 버블의 형성과 소멸 과정의 의미를 다시 따져보아야 하며,

은행 위기가 단순히 공황 과정의 증세로서가 아니라 독자적인 공황 촉발 요인 내지 심화 요인으로 작용하는 측면을 분석해야 한다.[1] 그에 앞서 은행 위기의 발생 배경을 재고할 필요가 있다. 불황의 세계적 전달 메커니즘도 다시 살펴보아야 한다. 이 글이 1930년대에 관한 설명에서 결국 지난 글들과 유사할 수도 있으나 강조점이 많이 다르며, 이렇게 새로 정리된 후에야 2008년의 위기와 비교 분석이 가능해진다.

이 장의 구성은 다음과 같다. 2절에서는 1930년대 세계 대공황의 배경을 제1차 세계 대전 이후의 구조적 문제와 연결시켜 검토한다. 다음으로, 공황의 발발과 심화, 각각의 직접적 원인과 작동 메커니즘을 살핀다. 정책 대응과 회복 과정을 각국별로, 또한 종합적으로 설명하며 끝으로 대공황의 유산을 따져본다. 3절에서는 2008년의 위기를 낳은 구조적 배경을 먼저 조망한 후 주택 버블과 붕괴 그리고 은행 위기의 성격을 분석한다. 현재 실행되고 있는 대응책을 평가하고 이후 전개 방향을 전망한다.

2. 1930년대 대공황

2.1. 구조적 문제[2]

대공황은 제1차 세계 대전 후 경제 구조의 불안정성 확대에서 시작하였다. 일찍이 영국 총리 윈스턴 처칠은 제1차 세계 대전부터 제2

---

1 몇 년 전까지도 저자는 이와 같은 노력을 유보하였다. "1929년 주식 시장 붕괴와 1930년 은행 위기는 대공황의 원인이었다기보다는 초기 징후였다고 할 수 있다[양동휴(2009, p. 14)]."
2 이 항의 논의 순서는 Feinstein, Temin and Toniolo(2008)를 따랐다.

차 세계 대전에 이르는 시기를 묶어 '유럽의 제2차 30년전쟁'이라고 칭한 바 있다. 즉, 제1차 세계 대전과 대공황이 밀접한 관계가 있으며 이것이 결국 제2차 세계 대전을 야기했다는 것이다. 제1차 세계 대전 이후 구조적 문제를 해결하지 못하고 여기에 정책 실패가 더해지자 대공황은 거의 필연적이었다.

우선 제1차 세계 대전이 최초의 총력전이었다는 점을 지적하자. 거의 모든 성인 남자가 전투에 동원되었고 국내에서 그 빈 자리는 여성 및 아동, 노약자가 맡았다. 군사비 지출이 국민 생산에 차지하는 비중도 영국 38%(1916-1917), 독일 53%(1917), 미국 13%(1918)까지 올라갔다. 즉, 모든 자원이 전쟁에 동원됨으로써 오랜 기간 엄청난 파국을 초래하였으며, 종전 후 인구와 산업 생산 설비를 평시 체제로 복귀하도록 조정하는 문제가 생겼다. 교전국들의 농업 부문이 제 위치를 잃으면서 농산물 수입을 늘리자 미주 대륙과 호주 등 신세계에서 곡물 농업 및 축산을 대규모로 증대하였다. 전쟁이 끝나고 유럽이 농산물 생산을 재개하자 전 세계적으로 농산물 가격이 폭락하고 농업이 침체하였다. 미국 같은 곳은 농업 지역 은행의 부실로 이어졌다. 전쟁 관련 산업의 과잉 설비를 제거하는 어려움도 컸다.

노동 시장과 재화 시장의 경직성이 커진 것도 문제였다. 전쟁 동안 참호 속의 생활을 함께 경험한 노동 계급의 결속력 강화로 임금 구조의 유연성이 감소하고 지루한 단체 협상 과정이 보편화되었다.[3] 전쟁 동안 경제 활동에 관한 정부 개입과 사업자 단체 및 카르텔 형성

---

3 또한 후버 대통령의 산업 노동 프로그램이 산업을 노동조합으로부터 보호하는 대신 명목 임금 인하를 제한하는 것이어서 실질 임금이 상승했다. Davis-Bacon 법(1931)과 Norris-Laguardia 법(1932)은 노조 활동을 촉진하고 임금 상승을 부추겼다[Ohanian(2009)].

등의 유산으로 물가의 유연성도 줄어들었다. 1920년대에 합병과 카르텔로 기업 규모가 커지고 이들의 시장 지배력이 늘어나면서 생산 제한을 통해 가격 하락을 억제하는 경향이 있었다.

전쟁 이후 여러 강화 조약에 따라 각국의 영토가 정해졌다. 독일 점령 지역과 식민지, 오스트리아-헝가리제국, 오토만 터키제국의 영토가 분할되었고, 핀란드, 에스토니아, 라트비아, 리투아니아, 폴란드, 체코슬로바키아, 유고슬라비아 등 신생국이 생겼다. 국경이 경제적 고려 없이 주로 민족 자결 원칙에 따라 결정됨으로써 그 결과 오랫동안 지속되었던 경제적 관계와 분업 질서가 단절되고 새로운 무역장벽이 조성되었다.

전후 복수심에 불탄 연합국은 패전국 독일에 엄청난 규모의 배상금(프랑스 52%, 영국 22%, 이탈리아 10%, 벨기에 8% 등)을 부과했다. 이것은 국제적으로 정치적 대립과 경제적 불화의 주요 원인이 되었다. 케인스는 1919년 『평화의 경제적 귀결』(The Economic Consequences of the Peace)에서 독일에 지나친 전쟁 배상금을 부과한 조항은 독일의 경제를 몰락시키고 결국 주변 나라를 모두 가난에 빠뜨릴 것이라고 개탄하였다. 1924년 도즈 차관(Dawes Loan)에 의해서 비교적 안정적으로 독일로 자본이 유입되고 배상금이 원만히 이전될 수 있었으나 한동안은 배상금 문제가 불안정한 전후 경제에 불확실성과 혹독함을 더했다. 독일이 배상을 고의적으로 이행하지 않는다고 단정하고 프랑스가 루르 지방을 점령한 사태가 그 단적인 예다.

전쟁 동안 이루어졌던 연합국 간 대부 체계가 갑자기 단절된 것도 국제 경제에 충격을 주었다. 이 대부 체계에서 영국은 프랑스, 이탈리아, 벨기에 등에게 자금을 빌려주었다. 그리고 미국이 이들 모두에게 전시 대부를 제공했다. 전쟁이 끝나자 이러한 금융 협력은 즉각 단절되었는데, 재건과 산업 구조 조정에 필요한 국제적 신용 부족으로 프랑스, 벨기에, 영국의 회복 속도가 불확실했다. 특히, 프랑스가 전후 복구와 전시 채무 상환을 위해 독일에서 전쟁 배상금을 받아내려고 애를 썼다. 이와 같은 대대적인 국제적 채권 채무 관계는 전후 국제 경제 질서에 큰 불안 요소였다. 최근의 글로벌 불균형(미국의 경상 수지 적자와 동아시아의 흑자가 조정되지 않고 계속 누적되는 상황)도 이와 유사한 문제를 가지고 있다. 이에 대해서는 이 책 5장에서 자세히 논의했다.

전쟁 중 공급 애로에 따른 물가 상승은 당연하다. 인플레이션은 1920년 이후까지 지속되어 그 중 오스트리아, 헝가리, 폴란드, 러시아, 독일은 초인플레이션에 시달렸다. 독일의 경우 1922년 8월부터 1923년 11월까지 월 335%의 천문학적 비율로 물가가 상승했다. 한편으로는 배상금과 점령 비용이 국제 수지 적자 규모를 확대시켜 마르크화의 가치를 떨어뜨렸고 다른 한편으로는 재정 적자 때문에 통화 공급이 급증한 것이 원인이었다. 인플레이션은 채권자의 손실과 채무자의 이득을 의미하는데, 초인플레이션으로 금융 자산 형태의 부가 소멸했다. 즉, 사회 안정을 유지하던 독일 중산층의 봉급과 저축이 사라졌다. 이들의 근검, 절약 가치관에 혼란이 왔다. 인플레이션은 1920년대 바이마르 민주주의를 붕괴시키고 히틀러가 이끄는 국가 사회주의(나치)가 출현하는 배경이 되었다. 또한 인플레 경험 때문에 은행은 현금 보유를 꺼리고 과잉 대출의 경향을 갖게 되어 부실 자산 축적과 유동성 부족이라는 취약점이 생겼다.

마지막으로 금에 기초한 국제 통화 제도를 재건하겠다는 생각은 매우 잘못된 것이었다. 여러 나라들이 우여곡절 끝에 1925년을 전후하여 '과거의 좋았던 시절'(belle epoque)의 금본위제로 복귀한다. 고정환율 제도로서의 금본위제는 국제적인 조정 기구가 없는 가운데 국제 수지 흑자국과 적자국 사이에 비대칭성이 존재한다는 근본적 약점이 있다. 적자국의 경우 금 또는 외환 보유고가 고갈되었을 때 디플레이션과 불황이라는 대가를 치러야 하는 것이다. 또한 금본위제로 돌아갈 때 각국은 자국의 통화 가치를 상호 조정 없이 독자적으로 결정함으로써 통화가 상대적으로 과대 혹은 과소평가되는 문제가 발생했다. 이로 인해 통화를 상대적으로 과대평가한 나라는 통화 가치 유지를 위해 긴축 정책을 써야 했다. 예를 들어, 영국은 지난 시절의 국제적 위신만을 생각하여 경제적 근거도 없이 파운드화 가치를 전쟁 이전 수준으로 높여 금본위에 복귀했다. 고평가를 유지하기 위해 긴축 정책을 쓸 수밖에 없었고 그 결과 수출 부진, 이자율 상승에 의한 투자 부진으로 공장들이 문을 닫고 실업이 늘었으며 대공황이 발발하기 전부터 이미 경기 침체 상태에 있었다. 전전 평가로 금본위에 복귀한 덴마크, 노르웨이, 스웨덴에서도 엄청난 불황을 겪었다.

1920년대 미국은 유럽에 비해 상대적으로 호황이었다. 라디오, 자동차 등이 대량 생산으로 널리 보급되고 할리우드 영화 산업도 급성장했다. 들뜬 분위기에서 토지와 주식 투기 열풍도 일었다.[4] 1920년대 말 미국에서 주식 시장 붐이 일면서 미국에서 유럽으로의 자본 이동 규모도 감소했다. 시장 과열을 우려한 연방준비제도 이사회(FRB)가 긴축 통화 정책을 추진했다. 긴축 정책과 함께 경기가 냉각되고 주식 자금 신용 대출이 격감했으며 전반적 기대가 하락하여 1929

---

4 주택 가격은 1924년, 주식 가격은 1929년을 정점으로 하락세로 돌아선다.

년 10월 주가가 폭락하였다. 미국은 미국대로, 유럽은 오스트리아와 독일의 금융 위기가 중부·동부 유럽, 영국으로 전파되는 과정에서, 1930년대를 맞으면서 세계 대공황이 시작된다. 결국, 제1차 세계 대전 후 여러 구조적인 문제에도 불구하고 피할 수 있었을 역사적 사건이 통화 긴축이라는 잘못된 정책 때문에 촉발된 것이다. 이것은 거의 모든 선진 공업국의 노동 생산성이 1870-1913년보다 1913-1929년에 더 높았다는 사실이 반증한다.

2.2. 대공황의 발발과 심화

미국은 1929년 8월을 정점으로 산업 생산이 감소하기 시작했고 10월에는 주가가 폭락했으며 1930년 10월부터 1933년 봄까지 네 차례의 은행 위기를 겪었다. 또한 1931년 5월 오스트리아 최대 은행인 크레디트안쉬탈트의 파산을 계기로 세계 경기는 급격히 악화된다. 이 사건들 이전에 1928-1929년간 미국의 긴축 정책이 대공황을 가져온 직접적 요인이라는 설명이 지배적이다.[5]

1929년 주식 시장 붕괴를 대공황과 연결시키는 논리는 세 가지이다. 주식 가치 하락으로 보유 자산, 즉 부의 실질 가치가 감소하여 소비 지출이 줄었다. 소비자의 부채 자산 비율이 높아졌다. 소비자의 장래에 대한 불확실성이 가중되었다. 이를 반박하는 주장도 있다. 부의 감소 효과는 10% 미만이었고 주식 가격과 배당 수익의 비율(PER)은 거의 불변이었으며[Temin(1976)](〈표 6-2〉 참조), 주식 시장 과열이 버블이 아니었다는[Cecchetti(1992)] 논의 등이다. 당시 주가가 버블이었는지에

---

5 1927년 독일의 긴축 정책도 비슷한 효과를 가졌다[Voth(2003)].

표 6-2 미국의 주가와 가격 수익 비율(PER), 1927-1932년

	1927	1928	1929	1930	1931	1932
가격						
S&P Composite	17.66	24.35	21.45	15.34	8.12	6.89
S&P Industrials	14.82	20.85	16.99	11.90	6.32	5.18
Cowles Composite	118.30	149.90	190.30	149.80	94.70	48.60
Cowles Industrials	118.50	154.30	189.40	140.60	87.40	46.50
가격 수익 비율(PER)						
S&P Composite	15.91	17.64	13.32	15.81	13.31	16.80
S&P Industrials	15.77	17.38	13.07	15.66	13.74	16.71
Cowles Composite	13.21	13.70	16.05	21.10	33.67	138.89
Cowles Industrials	13.89	14.25	16.31	22.22	46.51	172.41

주: 스탠더드 앤드 푸어스(Standard & Poors) 가격은 연말(1941-1943년=100). 코울스(Cowles) 가격은 월평균(1926년=100). 수익은 모두 연율.
자료: Temin(1976), p. 44.

관해서는 아직 논란거리이나[White(1990)] 〈그림 6-1〉을 보면 PER이 1929년에 엄청나게 솟았다가 떨어진다.[6]

이것은 2000년의 주식 붐을 구조적·문화적·심리적 요인에 의한 비합리적 투기로 설명하는 방식[Shiller(2005)]으로 해석이 가능할 것임을 시사한다. 주식 시장 와해의 효과가 심리적 불안정 증폭을 통해 나타난다고도 주장할 수 있다[Romer(1990)].

1930년 10-12월의 은행 위기가 대공황을 촉발시켰다는 설에 대해서는 오랜 논쟁이 있다. 1930년의 은행 위기는 민간이 현금을 선호하게끔 충격을 줌과 동시에 은행 자체의 자금 관리 방식을 위험 회피적, 안전 우선주의적으로 바꾸게 하여 은행의 신용 창조 기능을 크게 저

---

6 〈표 6-2〉의 주가는 연말 기준, 〈그림 6-1〉은 1월 평균, 〈표 6-2〉의 수익은 연율, 〈그림 6-1〉은 과거 10년 이동 평균이므로 차이가 날 수 있으나 이렇게 다를까?

해하였다. 즉, 통화 승수가 급락했다. 이럴 때일수록 중앙은행이 본원통화를 늘려 통화량을 적정 수준으로 유지해야 했는데 FRB는 국제수지 균형에 신경쓰느라 국내 총수요 관리를 소홀히했다. 결국, 통화량이 감소하고 이것이 투자 심리에 영향을 주어 공황을 심화시켰다는 것이다(통화설). 특히, 1931년 9월에 영국이 금본위제를 이탈하고 파운드화를 평가 절하한 후에도 금본위제를 고수하기 위해, 또한 그전에도 주식 시장 과열을 우려하여, 이자율을 높게 유지하고 통화 긴축을 1933년까지 지속하였다. 이는 미국의 공황을 다른 나라들보다 심하게 만들었을 뿐 아니라 세계적인 공황 파급을 막지도 못하였다[Friedman and Schwartz(1963, ch. 7)].

이러한 설명에 대한 반박은 다음과 같다[Temin(1976)]. 통화 공급이 감소했다면 이자율이 상승했을 것인데 이자율 상승이 관찰되지 않는다. 위험 프리미엄을 제거한 회사채 수익률, 뉴욕 시 은행들의 대부 이자율, 3-6개월 재무부 증권, 4-6개월 상업 어음 금리 모두 1929-1931년간 하락세를 보였다. 결국 명목 이자율 하락이 실질 이자율 하락을 의미하는가, 즉 투자 지출 결정 요인으로 등장하는 사전적(*ex ante*) 실질 이자율과 화폐 수요의 요인이 되는 사후적(*ex post*) 명목 이자율과의 괴리가 어느 정도인가가 문제일 것이다. 이는 물가 상승 또는 하락에 대한 기대와 연결된다. 즉, 대공황 초기부터 물가 하락 예상이 널리 퍼져 있었다면 통화설이 설명력을 얻게 된다.[7]

은행 위기가 대공황을 초래하는 기제에 대해서는 다시 논의하기

---

7 물가 변동에 대한 기대 형성 모델은 이론적·실증적으로 아직 정립되지 않았다. Mishkin (1981)의 하나의 방법론적 시도인데, 1929-1930년 초까지는 물가 하락 예상이 광범위하지 않았다는 연구로 Nelson(1990), Hamilton(1992), Cecchetti(1992)가 있다. 그렇다면 통화설은 공황 촉발보다 공황의 심화를 설명하는 것으로 볼 수 있다.

로 하고 1930년대 은행 위기의 배경과 원인에 대해 살펴보자. 은행 위기란 은행의 자본 손실로 인한 파산, 예금 인출 쇄도(bank run), 혹은 이를 막기 위한 정부의 포괄적인 개입 가운데 하나 이상의 사건이 발생하는 경우를 말한다. 1930년대 미국의 은행 위기는 흔히 네 차례로 구분한다(1930년 10-12월, 1931년 4-8월, 1931년 9-10월, 1933년 2-3월)[Wicker(1996)].

우선 미국의 은행 공황 빈발은 다른 국가와 비교할 때 더욱 두드러진다. 1870-1931년 기간만 보더라도 은행 위기는 미국이 5회, 독일 1회, 프랑스 2회였으며 영국과 캐나다는 한 건도 겪지 않았다. 이러한 차이에 대한 한 가지 설명은 미국의 은행 산업 구조 자체가 취약했다는 것이다. 대기업과 대금융을 의심하는 지방 자치적 미국식 민주주의 정서에서 비롯된 독특한 단점 은행 제도(unit banking system)는 은행 산업에서 규모의 경제의 실현을 가로막고 소형 은행의 난립을 낳았다. 지리적 다각화와 은행 간 협조를 저해하여 지역적 충격에 따른 은행 공황에 특히 취약하도록 만들었다. 이렇게 파편화된 미국의 은행 산업이 1920년대 농업 불황과 1930년대 대공황에 직면하여 대규모 파산의 물결을 경험한 것이다. 반면, 캐나다는 1935년에야 중앙은행이 설립되었음에도 불구하고 일찍이 지점망을 허용하여(branch banking) 은행 공황을 겪지 않았다[Mitchener(2005); Carlson and Mitchener(2009)].

또한 대공황기 은행 위기는 현금 수요의 외생적 증가에 따른 은행의 일시적 유동성 부족이라기보다 파산 기업 부채의 증가, 자산 가격 하락 등 실물 충격이 은행 파산의 우려를 낳은 근본적 지불 능력 부족 때문이었다. 이 시기 미국 은행 위기는 산업과 금융의 중심지인 동북부가 아니라 농업이 상대적으로 중요했던 내륙에서 발생했다. 주택가격이 하락하기 시작한 1925년이 전 세계적인 농산물 가격 하락과 맞물려 농업 소득 감소가 은행 위기의 중요한 요인이었음을 시사한다[Wicker(1996)].

1930년 1차 은행 위기의 발발은 콜드웰 회사(Caldwell Company)와 뱅크 오브 유에스(Bank of the United States) 두 은행의 도산에 기인하는데, 이들의 자산 규모는 1차 위기시 파산 은행 전체 자산 규모의 절반을 차지한다. 두 은행은 주가 및 부동산 가격 폭락과 부적절한 영업의 결과로 문을 닫았고 그 배경의 하나는 체인-그룹 형태의 불투명한 지배 구조라고 주장되기도 한다[박경로(2000)]. 코레스 청산망(correspondent clearing)의 취약성도 도산 은행 수를 늘리는 데 한몫했다[Richardson(2007)].

다시 은행 위기가 실물 부문의 공황을 촉발하는 메커니즘으로 돌아오자. 실물 부문의 불황이 기업의 영업 활동을 위축시키고 은행에 부실 채권이 축적되어 은행 도산을 불러일으키는 측면이 있다. 즉, 은행 위기가 공황의 과정이고 결과이자 증세인 것이다. 공황이 심했던 1931년의 2, 3차 위기와 1933년의 4차 위기 때는 더욱 그러하였다. 그러나 은행 위기 자체가 실물 부문 공황을 독자적으로 심화시키는 방향의 효과도 매우 큰 것이 사실이다. 첫째는 은행들이 보수적으로 경영하고 은행을 믿지 못하는 소비자가 현금을 선호하여 금융 제도의 신용 창조 기능이 떨어진다. 즉, 통화 승수가 하락하면 통화량이 감소하고 이자율이 높아져서 기업들이 피해를 보게 되는데 1930년 1차 위기 시에는 실질 통화량 감소와 실질 이자율 상승 여부를 두고 논란이 있다는 것은 위에 이야기한 바와 같다. 둘째로 전반적인 비관론이 만연하게 되는 경우이다. 예를 들어, 1933년 4차 위기 같은 경우에는 전국적으로 현금 유통이 증가하고 은행들이 지불을 중단하는 사태가 발생하여 거의 모든 주 정부가 주 차원의 은행 휴무일을 선포했다. 루스벨트 대통령의 전국적 은행 휴무 선언(3월 6일)은 사실상 실행되고 있던 지불 정지를 추인하는 정도였던 것이다.

셋째로 은행 위기는 '신용 중개 비용'을 높이고 금융 경색 현상을 불러일으켜 실물 경제에 충격을 준다[Bernanke(1983)]. 은행은 자산 집중을 통해 잠재적인 대부자와 차입자를 한 곳으로 모으고 그 결과 개별 대부자와 차입자가 만나 서로를 평가해야 할 필요를 없애주는 기능을 한다. 일부 은행들이 파산하면 나머지 파산하지 않은 은행들도 이런 기능을 예전처럼 잘 수행할 수 없다. 은행의 수가 줄어든 탓도 있지만, 사람들이 은행을 신뢰하지 못하기 때문이다. 즉, 은행의 파산은 신용 중개 비용을 높이는 '공급 충격'을 불러오는 것이다.

은행 위기가 실물 부문 불황을 촉발시켰는지 여부가 미국에서 논란거리라면 유럽의 경우에는 중부 유럽 은행 시스템의 붕괴가 대공황 발발의 신호였음이 분명하다. 이 위기는 오스트리아에서 두 번째로 큰 은행인 보덴크레디트안쉬탈트(Bodencreditanstalt)가 1929년 11월에 파산하면서 시작되었다. 정부의 압력으로 로스차일드의 크레디트안쉬탈트(Creditanstalt)가 합병에 동의했지만, 구제 은행 스스로의 입지가 매우 취약했으며 합병으로 규모가 커진 은행이 장기적 해결책을 제시할 수도 없었다. 중부 유럽 은행들의 문제는 제1차 세계 대전의 전후 처리 과정에서 경제적 산업 기반은 고려하지 않고 민족 자결주의에 따라 국경을 분할 결정한 부정적 효과의 대표적 예라고 할 수 있다. 1920년대에 비엔나의 은행들은 본래 그들의 공급 거래처인 체코슬로바키아와 완전히 단절되었다. 그래서 은행 경영에 필요한 건전한 기반이 사라진 상태였다. 그런데도 오스트리아 최대 은행인 크레디트안쉬탈트는 합스부르크제국이 존재하는 듯이 방만한 경영을 일

삼다가 1931년 5월 파산하였다. 외국인 예금자의 인출 쇄도와 오스트리아 쉴링에 대한 공격이 들이닥쳤다. 오스트리아 정부는 금본위를 지키려는 헛된 노력으로 외환 준비금을 순식간에 소진하고 뒤늦게야 외환 통제를 실시했다.

실제 중부 유럽은 초인플레이션 하에서의 자본 파괴 때문에 매우 허약한 상태였고 은행들의 재무 구조가 극도로 취약하였다. 가장 극적이고 광범위한 은행 위기는 독일에서 발생하였다. 독일은 1920년대에 주로 미국으로부터 자본 수입에 의존하여 배상금도 지불하고 투자와 소비 지출을 늘릴 수 있었다. 1924-1930년간 총자본 수입액은 약 70억 달러, 배상금 지불은 24억 달러였다[schuker(1998)]. 미국 자본의 유럽 유입이 1929년경에 급속히 줄었는데, 이는 앞에서 언급한 바와 같이 FRB가 긴축 통화 정책으로 이자율을 인상함으로써 해외 대부의 유인을 약화시켰고 1928년 주가 지수가 치솟자 자금을 국내에서 운용하려는 경향이 강해졌기 때문이다. 이즈음 독일 경제가 심각한 불황으로 돌아서는데, 미국 자본 유입의 감소도 한 요인이 되겠지만 기본적으로는 국내에서 비롯된 것이며, 미국 자본 유입의 중단 이전에 이미 산업 생산이 떨어지고 실업자가 늘기 시작했다.

1931년 7월 독일의 금융 위기는 1997년의 아시아 위기와 여러모로 유사한 쌍둥이 위기였다[Schnabel(2004)]. 독일의 은행과 독일의 마르크는 1931년 여름에 동시에 파국을 맞았으며 결국 영국 파운드와 미국 달러에 대한 인출을 야기했다. 바이마르공화국의 재정적 문제가 통화 문제를 초래하고 그것이 또 은행의 문제를 초래했다. 1931년 초에는 미국과 프랑스에서 차입하여 재정 적자를 메웠지만, 그 후 독일 총리 브뤼닝이 오스트리아와의 관세 동맹을 옹호하는 발언을 하자제1차 세계 대전 이후 잔존해온 국가 간 긴장이 다시 고조되었다. 정세 불안을 우려한 국내 자금의 해외 도피도 금융 위기를 부추겼다. 파산 기업에 막대한 자금을 투자했던 다나트은행(Danat Bank) 등 파산 은행들은 제국은행에 도움을 요청했지만, 제국은행 자산은 바닥이 났고 국제 차입도 여의치 않았다.

독일은 결국 금본위제를 사실상 포기했다(1931. 7). 그런데도 브뤼닝은 독일이 여전히 금본위제에 묶여 있기라도 한 듯이 긴축 정책을 계속 유지했다. 그는 독일이 배상금 지불 능력이 없음을 확실히 보여주려고 애쓰는 과정에서 독일 경제를 황폐화시켰으며 독일 민주주의를 파괴했다.

독일의 지불 정지 선언에 따라 독일 내 외국인 자산이 동결되었다. 이를 깨달은 다른 나라도 외국인 자산의 인출을 제한했다. 이에 따라 많은 유럽 국가들이 1931년 7월에 예금 인출 쇄도와 통화 위기로 고통을 겪었다. 헝가리, 루마니아 등은 은행이 오스트리아 은행과 밀접히 연관되어 있어서 위기가 특히 심했다. 헝가리는 대외 채무를 부분적으로 지불 정지하고 3일간 은행 휴무를 선포했다. 같은 달에 스위스의 주요 은행 하나는 인수 방식으로 구제되었다. 그 밖에도 폴란드, 체코슬로바키아, 라트비아, 터키 등에 은행 위기가 파급되었는데 〈표 6-3〉은 이를 보여준다.

독일이 외환 통제로 돌아서자 영국 파운드는 압박을 받아 7월 이후 파운드 매각이 꾸준히 증가했다. 독일에 대한 파운드 자산이 동결된 후에 영국의 문제는 더욱 악화되었다. 영국은 전전 평가로 금본위제에 복귀했기 때문에 통화가 과대 평가되어 수출이 위축되었다. 저개발국에 대한 장기 자본 수출국 역할을 유지하려 했기 때문에 자본

표 6-3 전간기 은행 위기 연보, 1921-1936년

시기	나라	위기 내용
1921. 6	스웨덴	1921-1922년 예금 감소 시작, 은행 구조 조정으로 이어짐. 1922년 Credit Bank 통한 정부 보조
1921-1922	네덜란드	은행 도산(Marx & Co. 등)과 합병
1922	덴마크	대은행 Danske Landmandsbank 거액 손실. 중소은행들 청산. Landmandsbank는 1928년 4월 정부 보증 하에 구조 조정
1923. 4	노르웨이	Norge의 Centralbanken 파산
1923. 5	오스트리아	주요 은행 Allgemeine Depositenbank 위기, 7월에 청산
1923. 9	일본	관동대지진으로 대만은행과 조선은행 채무 누적. 정부 도움으로 구조 조정
1925. 9	스페인	Banco de la Union Mineira와 Banco Vasca 파산
1926. 7-9	폴란드	인출 쇄도로 대은행 3곳 지불 정지. 1927년까지 은행 불안 계속
1927	노르웨이, 이탈리아	다수의 소은행들 위기. 그러나 주요 파산 없음.
1927. 4	일본	32개 은행 지불 정지. 제15은행과 대만은행 구조 조정
1929. 8	독일	Frankfurter Allgemeine Versicherungs AG 붕괴 이후 소은행들 파산, 베를린과 프랑크푸르트 저축 은행들에 인출 쇄도
1929. 11	오스트리아	두 번째로 큰 Bodencreditanstalt 파산, Creditanstalt와 합병
1930. 11	프랑스	Banque Adam, Boulogne-sur-Mer와 Oustric Group 파산. 지방 은행들에 인출 쇄도
	에스토니아	중규모 은행 두 곳, 즉 Estonia Government Bank Tallin와 Reval Credit Bank 파산. 위기가 1월까지 계속
1930. 12	미국	Bank of the United States 파산
	이탈리아	3대 은행 인출 쇄도. 1931년 4월 공황 발발. 정부 개입 구조 조정 및 동결된 산업 자산 매입
1931. 4	아르헨티나	은행 공황에 정부 개입. Banco de Nacion으로 하여금 다른 은행의 상업 어음을 정부 소유의 Caja de Conversion에서 재할인하도록 조치
1931. 5	오스트리아	Creditanstalt 파산, 외국인 예금자들 인출 쇄도
	벨기에	두 번째로 큰 Banque de Bruxelles 파산 임박 소문으로 모든 은행에 인출 쇄도. 같은 해에 평가 절하의 기대가 외국인 예금의 인출로 이어짐.
1931. 6	폴란드	Creditanstalt와 연관된 Warsaw Discount Bank에 인출 쇄도. 오스트리아 위기의 확산
1931. 4-7	독일	1930년 여름부터 인출 쇄도로 은행 시스템 불안. 6월 거액 예금 감소, 외환 압박 가중. 은행들의 지불 정지. Darmstädter Bank 파산. 은행 휴무 선언
1931. 7	헝가리	부다페스트 은행들(특히, General Credit Bank) 인출 쇄도. 외국인 채권자 지불 유예 협정. 은행 휴무
	라트비아	독일 연관 은행에 인출 쇄도. Bank of Libau와 International Bank of Riga 특히 타격

표 6-3 계속

시기	나라	위기 내용
1931. 7	오스트리아	Vienna Mercur-Bank 파산
	체코슬로바키아	외국인 예금 인출이 국내 인출 촉발. 일반적 은행 공황은 없음.
	터키	Deutsche Bank 지점에 인출 쇄도. 독일 위기 때문에 Banque Turque pour le Commerce et l'Industrie 붕괴
	이집트	Deutsche Orientbank의 카이로, 알렉산드리아 지점에 인출 쇄도
	스위스	Comptoir d'Escompte de Genève의 인수에 의해 Union Financière de Genève 구제
	루마니아	독일이 경영하던 Banca Generala a Tarii Romanesti 붕괴. Banca de Credit Roman과 Banca Romanesca 인출 쇄도
	멕시코	인출 쇄도 이후 지불 정지. Banco Nacional de Mexico 인출 쇄도
1931. 8	미국	일련의 은행 공황, 1931. 10 최악. 1931. 8-1932. 1 기간 1,860개 은행 파산
1931. 9	영국	외국으로 정화 유출. 유럽, 특히 헝가리, 독일과 관련된 런던 상인 은행 위협 소문
	에스토니아	영국 스털링 위기 후 일반적 은행 인출 쇄도. 11월에 인출 쇄도 2차 물결
1931. 10	루마니아	Banca Marmerosch, Blank & Co. 파산. 인출 쇄도
	프랑스	Banque Nationale de Crédit 붕괴. (Banque de Nationale pour le Commerce et l'Industrie로 구조 조정) 다른 은행들 파산 및 인출 쇄도
1932. 3	스웨덴	Kreuger 산업 금융 제국의 붕괴 결과로 대은행 Skandinaviska Kreditaktiebolaget 위기, 그러나 일반적 공황 없음.
1932. 5	프랑스	대형 투자 은행 Banque de l'Union Parisienne 손실로 Crédit Mobilier Français와 합병
1932. 6	미국	시카고에서 일련의 은행 파산
1932. 10	미국	은행 파산의 새로운 물결, 특히 중서부와 태평양 지역
1933. 2	미국	일반적 은행 공황. 주 단위 은행 휴무. 3월에 전국적 휴무
1933. 11	스위스	대은행 Banque Populaire Suisse 큰 손실 이후 구조 조정
1934. 3	벨기에	Banque Belge de Travail 파산이 일반적 은행 위기, 외환 위기로 발전
1934. 9	아르헨티나	가을 중 은행 문제. 정부 지원으로 4개의 취약한 은행(Banco Espanol del Rio de la Plata, Banco el Hogar Argentina, Banco Argentina-Uruguayo, Ernesto Tornquist & Co.) 합병
1935. 10	이탈리아	아비시니아 침공 이후 예금 감소
1936. 1	노르웨이	예금 안정 가운데 은행 예금에 조세 도입 입법이 가을까지 인출 쇄도 촉발
1936. 10	체코슬로바키아	크라운의 2차 평가 절하 예상이 예금 인출 촉발

자료: Bernanke and James(1991), pp. 51-53.

계정의 취약성도 가중되었다. 자산에 비해 단기 부채가 엄청나게 높아져 신인도가 하락하자 파운드 가치를 더 이상 유지할 수 없는 상황에 내몰렸고 1931년 9월 20일 금본위를 포기했다.

이러한 유럽의 금융 위기는 미국으로 전파되어 2차, 3차 은행 공황을 불러일으켰으며 연방준비은행의 보유금이 국내외로 유출되었다. FRB는 달러를 방어하기 위해 10월에, 전 세계가 최고의 불황에 허덕이던 가장 심각한 시기에 이자율을 대폭 인상했다. 미국 경제가 침체되는 것은 물론 전 세계의 경기가 더욱 악화되었다. 즉, 1928-1929년 미국의 긴축 정책이 대공황 발발의 직접적 원인이라면 1931년 미국의 통화 긴축은 경기 하강이 곧 회복되지 않고 더욱 심화된 주요 원인 중의 하나가 된다.

또 하나의 원인은 1930년 미국의 스무트-홀리 관세(Smoot-Hawley Tariff)의 도입 이후 관세 전쟁이 새로 불거진 것이다. 영국도 1931년 말 일반 관세를 채택하면서 85년간 유지하던 자유 무역을 포기했다.[8] 프랑스, 이탈리아, 네덜란드, 노르웨이, 스페인, 포르투갈, 그리스, 그리고 다른 수많은 나라들이 불황으로부터 자국 산업을 보호하기 위한 필사의 노력으로 관세를 인상했다. 특히, 금 블록 국가들이 관세와 수입 쿼터에 더 몰두했다[Eichengreen and Irwin(2009)]. 높아진 무역 장벽과 대공황의 경제 상황 악화로 인해 세계 무역액은 1929년을 100으로 할 때 1930년 81, 1931년 58, 1932년 39로 떨어졌다. 국제 경제가 전례 없는 수요 감퇴에 시달린 것이다.

공황의 심화는 무엇보다도 물가 하락을 통해서 이루어졌다. 세계

---

8 1915년의 McKenna 관세를 정책 기조 변화의 기점으로 보는 견해도 있다[Findlay and O'Rourke(2007, ch. 8)].

각국이 금본위제 하에서 한편으로는 긴축 정책 때문에, 다른 한편으로는 은행 공황과 외환 위기로 인한 세계적 통화/금 비율(M1/GOLD= M1/BASE · BASE/RES · RES/GOLD)의 감소 때문에 통화량이 줄어들고 이에 따라 물가가 하락한다. 이것은 디플레이션에 유발된 금융 위기의 경로로, 또 실질 임금 상승의 경로로 실물 경제에 충격을 준다[Bernanke (1995)]. 1928, 1929년 미국의 통화 긴축과 금 유입의 불태화 정책은 1928년 6월–1930년 6월 동안 미국의 금 준비가 10% 이상 증가했음에도 본원 통화는 6% 감소하게 했다. 미국과 프랑스로의 금 유입은 다른 금본위 국가의 금 유출을 의미하며, 이들 나라도 긴축 통화 정책을 쓸 수밖에 없도록 강요했다. 1931년 이후의 통화/금 비율 감소는 긴축 정책의 영향이라기보다 크레디트안쉬탈트 파산으로부터 시작한 일련의 은행 공황과 외환 위기에 기인한다. 은행 공황은 민간의 현금/예금 비율과 은행의 준비금/예금 비율을 높여 통화 승수(M1/BASE)를 급속히 떨어뜨린다. 외환 위기와 평가 절하에 대한 우려는 중앙은행으로 하여금 외화 준비보다 금을 선호하게 하여 총준비/금 비율(RES/GOLD)을 낮춘다. 또한 중앙은행은 보유금을 증가시켜 본원 통화/총준비 비율(BASE/RES)을 낮추려 할 것이다. 이와 같은 상황이 공황 초기 프랑스, 폴란드, 벨기에, 영국, 스웨덴, 미국에 걸쳐 관찰되었다.

통화량이 감소하고 물가가 하락하면 자산 가치가 하락하고 실질 부채가 증가한다. 채무자가 자산 매각에 나서면 물가 하락과 금융 불안이 다시 이어지는 부채 디플레이션(debt-deflation) 순환이 생긴다 [Fisher(1933)]. 이것은 채무자로부터 채권자로의 재분배일 뿐이어서 거시 경제적 효과가 별로 없다고 주장할 수 있다. 그러나 정보 비대칭성과 대리인 비용을 고려하면 달라진다(대부자=주인, 차입자=대리인). 차입자의 순자산 가치가 하락하면 대리인 비용이 늘어나므로 차입자의 투자 자금 조달 비용이 증가한다는 것이다. 채무자의 금융 위기를 조장함으로써 부채 디플레이션은 실물 경제에 영향을 미친다. 은행 대부자의 곤란은 은행의 부실로 이어져 인출 쇄도가 일어날 수도 있다. 그러나 은행 공황은 시공간적으로 제한될 것이므로 부채 디플레이션의 효과가 압도적이라고 분석된다.

물가 하락과 경직적 임금은 실질 임금 상승으로 이어져 실업을 증가시키고 기업의 비용을 높인다. 즉, 고용과 생산을 줄인다. 1932년 이후에는 금본위 이탈국의 물가가 명목 임금보다 더 빨리 올라서 실질 임금이 내리고 고용이 증가했다. 금본위제에 남은 나라들에서는 실질 임금이 오르거나 안정적이어서 고용은 침체 상태에 머물렀다.

2.3. 각국의 대응과 느린 회복

경기 회복에는 팽창 정책이 필요한데 개방 경제에서는 트릴레마 (trilemma)가 작용하여 자유로운 국제 자본 이동, 환율 안정, 독자적 거시 정책 셋을 동시에 수행할 수 없다. 즉, 외환 통제나 금본위 이탈과 평가 절하를 하든지 환율 유지를 위해 긴축 정책을 써야 한다. 어떤 방식으로든 '황금 족쇄'(golden fetters)[Eichengreen(1992)]에서 풀려나야 디플레이션의 악순환에서 벗어나 경기 부양책을 쓸 수 있다.

실제로 1931년에 평가 절하를 단행한 스웨덴, 핀란드, 덴마크, 영국, 호주, 일본은 회복이 가장 빨리 시작되었고 1936년까지 금본위제를 고수한 프랑스, 폴란드, 벨기에 등은 회복이 매우 느렸다. 외환 통제를 실시한 독일과 이탈리아는 양측 중간에 위치했다(〈그림 6-3〉 참조).

미국은 루스벨트 집권 직후 금 수출을 금지하고 금본위를 이탈하

그림 6-3 환율 변화와 산업 생산, 1929-1935년

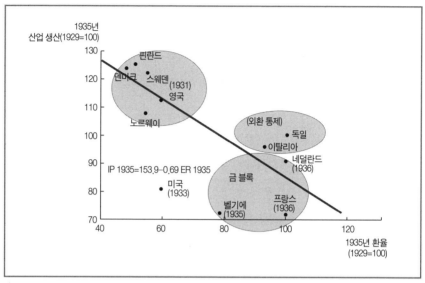

자료: Eichengreen and Sachs(1985), p. 936에 미국 추가. ( )는 금본위 이탈 시점.

였으며, 1934년 1월 공식적으로 달러 평가 절하를 이룩하면서 본격적
으로 회복 추세로 반전한다. 평가 절하 이후에도 공개 시장 매입 등
팽창적 통화 정책을 체계적으로 실시하지 않았다. 그런데도 통화량
이 늘어났다. 그것은 재무부가 상승한 금 가치만큼 금 증서를 발행하
여 FRB에 예치했기 때문이다. 더 중요하게는 값이 싸진 달러를 구입
하기 위해 외국에서 금이 유입된 사실과 유럽의 정치 혼란 때문에 미
국으로 금이 유입된 것을 들 수 있다. 또한 1920년대와는 달리 이 당
시는 금 유입을 불태화하지 않았다. 이 결과 통화량이 2년 동안 50%
가까이 증가했다. 실질 이자율이 하락하고 투자와 내구 소비재 수요
가 늘어 경기 회복이 시작된 것이다[Romer(1992)]. 하지만 정책이 적극

적이지 못했기 때문에 회복이 매우 느리고 불완전했다.

뉴딜이 미국 경제의 회복에 공헌했다는 믿음이 있다. 뉴딜은 흔히 1933년 3월 이후 제2차 세계 대전이 발발할 때까지 대공황의 혼란에 대처한 일련의 조치들을 뜻한다.[9] 경기 회복에 목표를 두고 금융, 산업, 농업, 임금 결정에 정부가 직접 개입한 1차 뉴딜과 사회적 재분배를 위한 공공 사업인 2차 뉴딜로 나눈다. 금본위 이탈이 경기 회복의 시작 신호였으므로 뉴딜이 공황 회복의 기점이라고 보기는 힘들다. 물론 증권법, 증권거래법, 노동관계법, 사회보장법 등 바람직한 개혁들이 있었으나 일반적으로는 일관성과 논리를 결여한 채 미봉책으로 시행된 조치들로 금융 안정이나 경기 회복에 오히려 방해가 되기도 했다. 거시 경제 정책이라기보다는 계약 구조를 사회화한 시스템적 변화로 해석하는 학자도 있다[박경로(2009)].

1차 뉴딜 중 금융 개혁, 산업 통제, 농업 정책을 차례로 살펴보자.

은행 산업의 구조와 관련된 1933년 6월 은행법은 다음과 같은 규제를 포함한다. 첫째, 상업 은행과 투자 은행의 겸업 금지, 둘째 주식 보유, 이사진 파견 등을 통한 금융 기관과 산업 부문의 연관 금지(금산 분리), 셋째 지점 설치의 지속적인 제한이다. 겸업주의와 금융-산업 연계가 은행 제도의 건전성을 훼손하고 이해의 상충 문제를 야기한다는 논리에 근거한 것이다. 그러나 이것은 당시 일부 정치인들의 그릇된 현실 인식과 포퓰리즘적 선동이 결합해 만들어진 실패한 금융 개혁이었다. 최근의 연구에 따르면 증권 업무를 수행하던 상업 은행의 자산 구성이 순수 상업 은행보다 더 건전했고 파산 비율도 더 낮았다. 상업 은행과 증권 자회사의 수익률 간 상관관계가 낮았으므로 겸

---

9 뉴딜 부분은 양동휴(2006) 4장의 논의 순서를 따랐다. 그러나 많이 긍정적으로 고쳐 썼다.

업이 포트폴리오 분산이었다. 또한 상업 은행 증권사가 판매한 채권의 부도율이 투자 은행이 판매한 채권 부도율보다 낮아서 이해상충 문제는 심각하지 않았다. 오히려 겸업 은행과 금융 기관-기업 연계는 규모와 범위의 경제를 실현하고 정보 비용을 감소시키는 효율성 증대이며, 기업의 투자를 촉진하여 경제 성장에 기여했을 것이다. 또한 분리된 상업 은행은 계속 규제 대상으로 두고 순수 투자 은행은 예금을 수신하지 않는다는 이유로 규제를 허술히 함으로써 결국 2008년의 금융 위기가 발생하도록 방치한 면이 있다. 그 동안 은행지주회사법(1956, 1970), 은행지주회사 규제세칙(Regulation Y) 수정(1980-1986), FRB 지침(1987-1989, 1996-1997) 등으로 사실상 사문화된 겸업 금지 조항은 결국 1999년에 폐지되었으나 거대 전문 투자 은행들은 겸업으로 돌아가지 않았다. 금산 분리 조항도 완화되는 추세이다.

1933년 은행법은 연방준비제도에 가입한 은행들에게 예금 보험을 제공할 것도 규정했다. 이에 따라 연방예금보험공사(FDIC)가 1935년에 출범한다. 미국의 독특한 단점 은행 제도로 인한 은행 불안을 해소하기 위해 국가 차원의 중앙 집중적 예금 보험이 도입된 것이다. 세월이 흐르면서 뉴딜의 각종 경쟁 제한 조치들은 사라졌다. 그러나 예금 보험 제도는 참여 기관들의 로비 활동을 통해 더욱 확대되어 비은행 금융 기관까지 보험 대상에 포함되었다. 이처럼 미국의 특수한 역사적 환경에서 비롯되어 많은 손실을 야기한 예금 보험이 다른 나라로 널리 확산된 것은 아이러니다. 명시적 예금 보험을 채택한 국가의 수는 1980년에 20개국, 2003년에 87개국이다.[10] 예금 보험 제도는 은

---

10 어차피 정부가 암묵적으로 예금 보험을 제공하고 있으므로 공식적인 기구를 만드는 것이 더 효과적이라는 설명도 있다.

행 파산을 막기는커녕 오히려 조장했다. 자본의 효율적 배분을 보장할 금융 시장의 규율을 약화시키고 도덕적 해이를 키웠다. 소규모 단점 은행의 파산이 혹시라도 제한되었다면 대규모 은행의 집단 도산으로 경제적 손실 규모는 엄청나게 커졌다. 한마디로 1933년 은행법은 공황 회복에도, 금융 제도 안정에도 도움이 되지 않았다.

같은 달 통과된 산업부흥법(NIRA)은 국가 긴급 상황을 이유로 독점금지법을 2년간 정지시켰다. 산업의 대표들은 생산 설비, 가동 시간, 생산량을 제한하는 규정을 만들어 대통령의 인가를 받으면 법적으로 이를 행사할 수 있었다. 노동자들은 단체 협약과 조합에 가입할 자유를 인정받았으며, 고용주는 최대 노동 시간, 최저 임금 등의 규제를 받아들여야 했다. NIRA에서 제외된 대상은 농업, 철도, 가내 노동, 전문직, 비수익 사업 등이었다. 오래된 대기업, 과잉 설비에 시달리던 섬유, 철강, 석유업들이 NIRA를 환영했고, 항공, 화학, 엔지니어링 등 장래성 있는 신산업, 중소기업 등은 소외되었다. 즉, NIRA는 민간 기업의 투자 의욕을 저해했고 구조 조정이나 산업 합리화를 거쳐 경제가 부흥할 기회를 제약했다.

원래 기업 이윤을 보장하고 노동자 소득을 지지하기 위해 고안된 NIRA는 그 결과 상품 시장과 노동 시장을 왜곡했다. 이 조치로 생산이 제한되고 가격이 상승했다. 이 때문에 미국이 달러를 평가 절하하여 미국으로 금이 유입됨으로써 생기는 생산 증가 효과가 많이 상쇄되었다. 노사 합의 조건은 대체로 노동 시간을 주당 40시간으로 단축시켜 고용을 늘리고 임금을 인상한다는 것이었다. 그러나 실질 임금이 상승하여 이것이 오히려 실업을 부추겼다. 생산을 통제하려는 정부의 시도는 공황 회복에 역효과를 낸 것이다.

NIRA 7.a조는 노동자의 단결권과 단체 교섭권을 보장했다. NIRA가 2년 후 연방대법원의 위헌 판결을 받은 후에도 와그너법(1935. 7)과 공정노동표준법(1938. 6)으로 확대 계승되었다. 이것이 노동자 단체를 보호하는 데 전기를 마련했고, 이후 노동자의 조합 가입률이나 조직 활동이 급신장했다. 실업은 별로 줄지 않는 가운데 임금과 노동 조건이 개선되었고 노동 생산성 또한 증가했다.

　　농업 생산을 정부가 통제할 수 있게 한 농업조정법(AAA)은 NIRA보다 먼저 1933년 5월에 입법되었다. 정부가 생산량을 조절하여 농산물 가격을 지지하고자 하였다. 이는 밀, 면화, 옥수수, 쌀, 담배, 돼지고기, 우유 등 '기초 농산품'의 가격 인상을 목표로 했다. 이에 따라 경작지 제한에 협조한 농가에 휴경지 지대를 지불하거나 상품신용공사(CCC)를 통해 저리로 자금을 지원했다. 때마침 중부 평원의 대한발은 산출을 더욱 줄여 AAA의 효과를 부추겼다. 그 결과 루스벨트의 첫 임기 동안 농산물 가격이 50%나 올랐다. 한발 피해가 없던 지역의 대규모 농가는 이 조치의 혜택이 컸다. 임노동 고용 자영 농지의 규모도 커지고 기계화가 촉진된 면이 있었다.

　　그러나 소작농은 큰 타격을 입었다. 경작지를 제한했기 때문에 소작농은 농지에서 축출되었다. 땅을 잃은 소작농은 임금 노동자가 되어 다시 도시 노동 시장을 압박했다. AAA가 위헌 판결을 받은 이후에도 농가에 대한 보조는 토양 보존 명목으로 지속되었다(1936. 3). 1938년 2월에는 2차 AAA가 설립되어 작목별 경작지 할당, 판로 분배 및 재고 관리, CCC 대부 등으로 '적정 공급량'을 연중 유지하려고 하였다. 이와 같은 정부의 농산물 관리 정책은 미국뿐 아니고 캐나다, 호주, 유럽 각국도 채택하였다. 그러나 결국 이것도 NIRA와 마찬가지로 경제 효율과 소비자 복지를 무시한 카르텔 옹호책이기는 마찬가지이다.

뉴딜의 가장 큰 업적으로 꼽히는 것이 재정 팽창에 의한 구호 정책(2차 뉴딜)이다. 심지어 이것이 뉴딜의 전부이고 경기 회복의 주역인 양 오해하는 사람도 많다. 그러나 구호 정책이 본격적으로 시작된 것은 1933년 말(CCC, CWA)이고 규모가 가장 컸던 것은 1935년 5월(WPA)에 개시되므로 재정 지출은 경기 회복의 요인이라고 할 수 없다. 2차 뉴딜은 공황 회복에 따른 소득 증가의 혜택을 골고루 나눈다는 의도와 함께 하층민 유권자를 의식한 정치적 배려가 맞물린 재분배 정책이었다. 구호 정책의 내용은 연방 정부가 실업자, 빈민에게 저리 대부 제공, 공공 근로를 통해 공익 사업, 도로 건설, 공공 건물 건축, 공원 조성 사업 등을 시행한 것이었다. 실제로 뉴딜이 시작되면서 국민 소득에 대한 정부 예산의 비중이 12% 정도에서 20% 이상으로 급증했는데, 이 중 절반 이상이 구호 사업에 투입되었다. 이미 재정 운용에 문제가 있는 나라라면 공공 근로 사업에 이처럼 막대한 예산을 지출할 수 없었을 것이다. 1937년에 재정 긴축이 불가피해지자 미국 경제가 다시 침체 국면으로 반전한 것도 무리가 아니다. 법정 지불 준비율을 배증한 통화 정책 실패가 이에 가세하였다. 이와 같이 정부의 개입이 양적, 질적으로 증가하면서 작은 정부, 지방 자치를 근간으로 하는 미국식 자유주의가 큰 정부, 중앙 집권으로 변모하였다.

재정 지출 규모는 엄청나게 늘었으나 경제 활성화나 실업 감소에 미친 효과는 미미했다. 조세도 같이 오르므로, 또 영구적이지 않은 일회성 지출이므로 승수 효과가 작았다. 또한 정부 지출은 민간 투자를 구축(crowd-out)하기도 하며, 공공 근로 사업은 생산 효과나 고용 유발

효과가 낮은 부분에 대한 투자였다. 재분배를 위한 이전 지출에 불과한 경우도 많았다.

실업자는 구호 정책이 가장 활발했을 때도 700만 명에 달했다 (1937년). 1933년의 1,500만 명보다는 다소 호전되었으나 1938년에 다시 1,000만 명으로 늘었다.

그렇다면 뉴딜의 효과는 무엇인가? 뉴딜은 사람들에게 앞날에 대한 기대, 희망, 용기를 주었다. 경제 정책 체제의 변화에 대해 사람들이 믿었고 낙관적 기대를 하게 되었다. 희망이 있어야 경기 회복이 이루어진다는 의미에서 부분적인 의미가 있었다. 이에 더하여 노동 조건이 호전되었고, 사회 보장, 노령 보험, 실업 급여 등 사회 안전망 구축을 꼽을 수 있으며, 연방소득세 강화로 인한 불평등 감소도 이야기할 수 있다.

독일의 경우에는 재정 팽창 속도가 더욱 엄청났다(20% 정도에서 1938년에 34%까지). 〈표 6-4〉에서 보는 바와 같이 1931년 은행 공황 이후 신용 창조 기능이 '얼어붙음'(einfrieren)으로 해서 제국은행의 신용 공급이 1932-1936년 사이에 80% 늘어난 데 비해 금융 기관 전체의 신용은 19% 늘어나는 데 그쳤다. "은행들이 교역과 산업을 상대로 수행하는 일반적인 역할은 하지 못하고 그저 공채를 흡수하여 보유하는 대행자로 전락하였다."[11] 이와 같이 은행 부문이 제대로 작동하지 못했기 때문에 팽창 정책은 정상적인 경로로 민간 투자 촉진에 기여하지 못했다. 하지만 나치 정권은 조세 감면, 수의 계약, 농업 보조, 노동 시장 개입 등 직접 통제 수단을 대대적으로 썼다. 그럼에도 〈표 6-4〉에서 보는 것처럼 공공 지출에 비해 민간 투자의 크기는 매우 작았다.

11 이 부근의 논의는 양동휴(2006) 3장을 따랐다.

표 6-4 독일의 공공 지출, 민간 투자 및 금융 통계

(단위: 십억RM)

	1928	1932	1933	1934	1935	1936	1937	1938
(1) 총공공 지출								
(연방 및 지방 정부 합계)	23.2	17.1	18.4	21.6	21.9	23.6	26.9	37.1
건설	2.7	0.9	1.7	3.5	4.9	5.4	6.1	7.9
재무장	0.7	0.7	1.8	3.0	5.4	10.2	10.9	17.2
교통	2.6	0.8	1.3	1.8	2.1	2.4	2.7	3.8
고용 창출	–	0.2	1.5	2.5	0.8	–	–	–
(2) 제조업·광업에의 민간 투자	2.6	0.4	0.6	1.1	1.6	2.2	2.8	3.7
(3) 국민 총생산	88.1	56.7	58.4	65.5	73.1	81.2	90.9	100.2
(4) 산업 생산 지수(1928=100)	100	58	66	83	96	107	117	122
(5) 제국은행 신용	2.9	3.4	4.0	5.0	5.4	6.1	6.6	9.4
금융 기관 총신용	50.3	53.5	54.1	58.2	62.7	63.7	67.4	79.2
제국은행 화폐 유통	4.9	3.5	3.6	3.9	4.3	5.0	5.5	8.2

자료: 1) Overy(1996), p. 48; 2) *Statistisches Jahrbuch für das Deutsche Reich*(1938), p. 564; 3) Deutsche Bundesbank(1976), pp. 7, 14, 18; 4) Overy(1996), p. 24; 5) Deutsche Bundesbank(1976), pp. 14, 18; 양동휴 (2006), pp. 108, 113에서 전재.

대신 1933년 1월 집권한 히틀러 정권은 노조를 핍박하고 사회 복지 지출을 줄이면서, 이전 파펜, 슐라이허 정부에서 준비했던 고용 창출 정책(라인하르트 계획)을 실행할 수 있었다. 그러나 〈표 6-4〉에서 나타난 바와 같이 고용 창출 조치만으로 경기 회복에 시동을 건 것은 아니다. 재무장, 건설, 모토리지룽(Motorisierung)을 포함한 정부 지출 전체의 총체적 효과가 넓은 범위에서 침체를 저지하였다. 적자 재정 운용 기조가 확대됨으로써 회복 효과가 더 커졌다. 또한 지출의 구성과 부문별 배분도 중요하다. 도로와 자동차 생산을 장려하는 모토리지룽은 그 자체로서 혁신적이지 않았지만 나치 정부의 가장 중요한 계획 가운데 하나였다. 자동차 산업은 매우 다양한 연쇄 파급 효과를 내기 때문에 경기 회복에 지속적으로 영향을 미쳤다. 자동차가 생산되는 동안 철강, 램프, 직물, 기계 기구 등과 같은 제조업품의 주문이 증가하고, 타이어와 고무, 연료, 소매상과 정비소, 수리점, 도로 건설 등도 뒤따랐다. 재무장의 경우에도 기본 엔지니어링 부문에 대한 주문이 많아진다는 것을 의미한다. 항공, 조선 산업도 촉진한다. 이들은 철광과 제강을 포함, 중공업에 대한 투자가 있어야 하는 부문이었다. 반면, 고용 창출 프로그램을 포함한 건설 부문은 큰 파급 효과를 미치지 않으면서 노동 문제만 낳았다.

나치의 새 경제 체제에도 내적 일관성이 없었다. 실업 감소를 위해 노조를 파괴하고 임금 교섭 업무를 정부가 직접 담당하며, 병역 의무와 강제 노동 제도를 도입하고, 여성 고용 감소를 부추겨 노동 수요를 증대시키는 방법을 썼다. 43.5%(1932)까지 올랐던 제조업 실업률이 12%(1936), 7%(1937), 3%(1938)로 줄었다. 디플레이션, 균형 재정 운영 등으로 4년째 방치되던 경제가 나치 출현 이후 결정적으로 방향을 전환한 것이다. 그러나 히틀러의 체제는 가공할 테러를 수반하였으며, 극단적인 관료적 비효율성과 소비재 품질 저하로 귀결되었다.

영국은 이미 살펴보았듯이 1925년 전전 평가로 금본위로 복귀하느라, 파운드 수준을 유지하느라 긴축 정책을 쓸 수밖에 없었고, 그래서 대공황 이전부터 높은 실업에 시달리며 총파업을 겪었다. 결국, 금본위제를 포기해야 했고 파운드화를 평가 절하했다. 정부가 차입으로 자금을 마련해 대규모 공공 근로 계획을 채택해야 한다는 논의는 영국에서 가장 왕성했다. 케인스가 이를 가장 강조했다. 그러나 재무부, 금융계, 기업 등에서 적자 재정에 대한 반대가 뿌리 깊어 시행하지 못했다. 석탄, 직물, 철강, 조선 등 구 산업에 실업이 극히 편중된 구조적 취약성 때문에 재정 팽창이 효과가 있었을지도 의문이었다. 1932년에 이자율을 낮추자 이 과정에서 자금이 건설업계로 유입되고 주택 건설 호황이 경기 회복에 기여하기 시작했다. 실업 급여가 지나치게 높아 처음부터 실업률을 높였고 나중에는 회복 속도를 늦춘 면도 있다.

프랑스는 상대적으로 덜 공업화되어 1930년대에도 농업 비중이 여전히 컸으며 세계 경제에서 고립된 면이 있었다. 그래서 대공황 전파가 늦었으나 일단 대공황이 프랑스를 강타하자 회복이 매우 더뎠다. 금을 많이 보유한 프랑스는 늦게까지 금본위제에 머물렀다. 프랑스와 금 블록 회원국들은 금본위제를 고수하느라 불황을 극복하기 힘들었다. 1920년대에 프랑화의 과소평가 상황이 프랑스에게는 이로웠다. 그런데 다른 나라들이 금본위제를 떠나면 과소평가된 프랑이 과대평가된다는 점을 프랑스는 인식하지 못한 것 같다. 영국이 금본위제를 이탈하고 파운드를 평가 절하한 1931년부터 프랑화 과대평가로 인한 고통이 컸다.

프랑스는 1935년까지 경기가 계속 하강하면서 생산, 고용이 공황 이전 수준으로 회복되지 못하고 정치 위기로 이어졌다. 1932년부터 4년간 11번이나 내각이 바뀌었다. 파시스트 유형의 조직들이 무솔리니, 히틀러에게서 영감을 얻어 의회 민주주의에 반대하는 선동이 잦았고 정부 전복 기도마저 있었다. 공산당과 노동자들은 스탈린 체제를 추구했다. 결국, 공산주의자, 사회주의자, 급진주의자가 연합하여 인민전선 정부가 탄생했다(1936-1937).

인민전선 정부 출범 이후 프랑스도 경제 정책을 변화시킬 기회가 찾아왔다. 그러나 이 정부는 경기 회복이란 측면에서 볼 때는 최악의 조치만 취했다. 유급 휴가와 임금 삭감 없는 주 40시간 노동을 도입했다. 프랑화 과대평가로 인해 이미 높은 수준인 프랑스의 생산비가 더 상승했다. 그 후 또다시 임금을 더 인상했다(마티뇽 협약). 프랑화 평가 절하를 하지 않은 상태에서 시행된 마티뇽 협약 이행은 프랑스로부터 자본 도피를 낳았다. 노동 시간 제한은 미국 뉴딜의 산업부흥법의 효과에 비교될 정책이지만, 평가 절하를 하지 않은 채 실행해 경기 회복에 NIRA보다 더 큰 역효과를 냈다. 프랑스는 1936년에야 금을 포기했는데 평가 절하의 혜택이 물가 상승으로 크게 잠식되었다. 회복은 1938년에야 시작한다. 하지만 때가 너무 늦었다. 그 회복은 당시 국제 정세에서 어쩔 수 없이 취한 군비 재확장으로 인한 것이었다.

2.4. 대공황의 유산

제2차 세계 대전 이후 세계 경제의 모습은 여러모로 대공황 이전과 다르다. 이것이 대공황을 경험한 때문인지, 혹은 다른 요인들, 즉 세계 대전과 냉전의 효과, 도시화와 기업 규모의 거대화, 기술 진보에 대한 반응 때문인지 뚜렷하게 가리기는 힘들다. 다만, 대공황 이후 정부 역할에 대한 민간의 인식이 변했고, 이와 함께 정부 부문이 양적 · 질적으로 확대된 것은 분명하다. 정부 지출의 크기뿐 아니라 중앙 정부로의 권력 집중도 주목해야 할 변화다. 각국에서 지방 정부의 역할이 줄고 중앙 정부가 담당하는 사업이 늘었다. 이는 공황 회복을 위한 정책과 실업자 · 빈곤층을 구호하는 사회 안전망 구축을 중앙 정부에서 주도해야 했기 때문이다. 정부의 직 · 간접 규제도 일단 늘면 줄지 않는 경향이 있다. 유럽에서는 국유화와 공기업화의 물결이 있었다. 미국에서는 대공황 이후 연방 정부 규제가 계속 커졌다. 이와 같이 19

세기를 풍미했던 경제적 자유주의가 반 세기 넘게 유보되었다.

대공황 시절에 경기 회복 또는 빈민 구호를 목적으로 도입된 제도 개혁들이 제2차 세계 대전 이후에도 비슷한 형태로 유지되고 있는 사실 또한 공황의 유산이다. 각국의 농업 보호 정책, 실업 보험, 노인 연금, 사회 보장 제도 등이 그 예이다. 소위 복지 국가가 등장한 것이다.

다음으로는 '자유 세계'의 리더로서 유럽 주도권이 종결하고 경제 대국인 미국이 당연히 등장한 것이다. 1920년대와 1930년대에는 주저하던 미국이 일단 정치적 리더십을 받아들일 필요성을 인정하자 20세기가 미국의 세기라는 것이 분명하게 되었다. 미국적인 삶의 방식은 대부분의 세계에 자유 시장과 서구 민주주의의 상징으로 받아들여졌다.

마지막으로 식민주의의 종식을 들지 않을 수 없다. 이 현상은 유럽의 약화와도 관련이 있지만, 탈식민지화는 뿌리가 깊다. 대공황 기간과 전쟁 동안 식민지 주민들은 민족주의 의식을 키웠을 뿐 아니라 그들 지배자들의 능력을 의심하게 된 것이다.

3. 2008년의 위기

3.1. 구조적 문제

제1차 세계 대전 이후의 구조적 불안정이 대공황의 궁극적 배경이라고 위에서 지적하였다. 그와 같이 복잡하지는 않으나 최근 위기에도 적어도 세 가지의 구조적 문제가 개입되어 있다. 구소련 동구권 붕괴 이후 체제 전환과 이와 연결된 EU의 확장, 국내적·국제적 소득 불평등 심화, 글로벌 불균형이 그것인데 전부 세계화(globalization)와

연결되어 있다.[12])

　19세기 말의 1차 세계화 기간에는 교통 통신의 발달에 따른 상품 시장 통합과 대량 이민, 그리고 고전적 금본위 하에서 자유로운 자본 이동이 이루어졌다. 20세기 말 이후의 2차 세계화가 유연히 움직이는 것을 위협하는 것 중 하나가 바로 지역주의이다. 유럽 통합의 초기에는 최혜국(MFN) 대우에 입각한, 즉 GATT의 준칙에 입각한 지역 통합으로서 지역주의가 세계화에 아무런 장애물로 등장하지 않았다. 그러나 1990년대, 2000년대 FTA의 만발과 함께 EU의, 특히 동구권 확장은 배타적 무역 전환과 투자 전환 효과를 통해 비효율과 후생 감소를 낳고 있다[양동휴(2012, ch. 5)].

　두 번째 문제는 불평등이다. 세계화에 따라 미국 같은 부유한 선진국 미숙련 노동자의 소득은 다음과 같은 요인 때문에 감소했으며, 국가 내 불평등이 확대되었다. 즉, 국제 분업과 특화에 따른 임금 하락, 미숙련 노동 집약적인 수입 상품과의 경쟁, 특히 이민 쿼터가 폐지된 1960년대 후반 이후에는 미숙련 노동자의 유입, 외부 조달(아웃소싱), 그리고 가장 크게는 노동 절약적 기술 진보 등이다. 그렇다면 숙련 프리미엄이 후진국에서는 하락했는가? 그렇지도 않다. 이는 일견 노조에 반감을 가진 정부가 등장한다거나, 더 값싼 중국 노동력이 세계 시장에 진출한다든가, 또 미숙련 노동 절약적 기술 진보, 인구 폭발, 교육, 민주화 등 때문인 것으로 보인다. 국가 간 불평등도 계속 높아지는데, 이것은 기술 발달 속도의 차이에 기인할 것이다. 소득과 부의 불평등은 상대적으로 가난한 측의 강력한 저항을 불러일으킬

12　이 항은 순서대로 양동휴(2012) 4, 5, 6, 7장과 밀접한 관련이 있다.

뿐 아니라 사회 조직 자체를 해쳐서 매우 비극적인 결과를 가져올 수 있다. 그렇지 않더라도 세계화 과정의 피해자를 보상할 성숙한 민주주의가 결여된다면 종종 포퓰리즘으로 빠지게 된다.

글로벌 불균형이라 함은 미국의 경상 수지 적자와 동아시아의 흑자가 조정되지 않고 장기간 계속되어 동아시아의 달러 보유고가 누적되는 현상을 말한다. 1971년 달러의 금태환 정지와 달러의 평가 절하 이후 달러의 국제 화폐로서의 공식적 지위는 상실되었다. 그럼에도 불구하고 달러의 영향력은 유지되는데, 이것은 달러를 당장 대신할 국제 화폐가 없고 달러의 지위를 유지하는 것이 바람직하다는 국제적인 암묵적 합의가 있기 때문이다. 이와 같은 현상을 일군의 학자들은 '다시 태어난 브레튼우즈 체제'라고 명명하여, 지금의 국제 통화 제도가 50년 전의 체제와 별로 다르지 않다고 주장하고 있다.

미국의 경우 막대한 경상 수지 적자를 그대로 방치하여 달러 가치 방어에 신경을 쓰지 않고 있으며 쓸 필요가 없다. 흑자국들이 수출 경쟁력 하락과 보유 중인 달러 표시 자산 가치의 하락을 방지하기 위해 달러 가치를 보전하려고, 수익률도 보잘 것 없는 미국의 재정 증권을 지속적으로 구입하기 때문이다. 이와 같이 미국은 국제 수지와 국가 재정 쌍둥이 적자의 부담을 해외로 떠넘기고 소득 이상의 소비 수준을 향유하고 있다. 이에 대해서는 이 책의 5장에서 서술했다.

EU 확장은 유로화를 취약하게 만들어 유로화가 국제 화폐로 동참하는 길을 어렵게 한다. 미국 내의 불평등 심화는 빈곤층에도 내 집 마련과 소득 증대의 헛된 희망을 주는 경제 정책을 부추겼다. 이러한 구조적 취약성에 주택 버블과 파생 상품 과잉 금융이 한꺼번에 터지면 자연히 위기가 도래한다. 체제 전환의 난맥상 때문에 동구권과 발틱 3국이 외환 위기에 노출되었다.

3.2. 금융 위기의 발발

금융 위기의 궁극적 원인은 부동산 버블의 심리학이자 신뢰의 위기이다.[13] 물론 비난의 화살은 모기지 대부자, 증권화 담당자, 헤지 펀드, 신용평가사, 전 FRB 의장 그린스펀(Alan Greenspan) 등에 향하고 있지만 〈그림 6-2〉에서 보듯이 1990년대 말부터 생성된 주택 가격 붐이 2006년부터 꺼지기 시작한 것이 문제였다. 경제학자들은 버블을 펀더멘탈로 설명하려고 하지만 합리적 버블이란 없다. 1990년대 말 주식 시장 버블이 터진 다음 이의 해결책으로 팽창적 통화 정책을 쓴 결과 버블이 주택으로 옮겨갔다. 근저에는 1980년 ‘예금 기관 규제 완화 및 통화 통제에 관한 법’으로 이자율 상한을 없애서 서브프라임 대부자들이 높은 이자율을 부과한 사실이 있다. 규제로 개입했어야 했는데 못했다. 그리하여 비은행 모기지 발행자들을 비롯한 ‘그림자 은행 체계’(shadow banking system)가 규제를 받지 않는 분야에서 발달했다.

그림자 은행 체계는 매우 중요한데 이들은 은행이 아니면서, 따라서 은행 규제의 대상이 아니면서 은행의 기능을 수행하는 기관, 즉 헤지 펀드, 투자 은행, 보험 등 혹은 장치를 말한다.[14] 구조화 투자 회사(SIV), 경매 방식 우선주, 자산 유동화 상업 어음 콘듀잇의 규모가 2007년 초에 이미 2.2조 달러에 달했고, 헤지 펀드가 1.8조, 삼자 간 환

---

13 이 부분은 주로 Shiller(2008)의 논의를 따랐다.
14 이하 Krugman(2009, ch. 8)의 설명에 따랐다. 예를 들면, 1984년 Lehman Brothers는 auction- rate securities라는 상품을 개발하는데 이것은 은행과 같은 기능을 수행하지만 은행보다 대부자, 차입자 모두에게 이득이었다. 지불 준비, 자본금 예치, FDIC 보험료 납부 등 은행에 수반된 규제에 해당되지 않아서 이런 것이 가능했다. 그만큼 안전하지 않다는 이야기인데, 규모가 4,000억 달러에 이른 2008년에 붕괴했다.

매 조건부 채권이 2.5조, 5대 투자 은행이 4조의 자산을 기록하는 등 그림자 은행 체계가, 총자산 10조 달러의 정규 은행 체계보다 규모와 중요성이 더 커졌음에도 이를 방치하여 위기를 조장했다. 심지어 각 주의 규제 노력을 통화감독청(OCC)이 방해하기도 했다. 이것은 이 책 7장에도 언급된다.

일단 주택 버블이 터지자 주택 담보 대출의 상환 불이행 가능성이 높아지고 이를 증권화한 모기지 담보부 채권(MBS) 가격이 떨어졌다. 차례로 구조화된 파생 상품들의 가치가 하락하고 금융 거래의 국제적 네트워크를 통해 위기가 전 세계적으로 확산되었다. 즉, 담보 주택을 몰수당할 위험이 서브프라임 대출 기관을 통해 금융 기관과 부채 담보부 채권(CDO) 투자자로 전파되었다. 주가 하락과 주택 가격 하락이 꼬리를 무는 악순환을 낳았는데 그림자 은행 체계의 붕괴가 무서운 것이다. 이는 마치 1907년의 금융 위기 때 은행보다 덜 규제된 신탁 회사(Knickerbocker Trust)가 먼저 도산한 것과 유사하다. 비은행 금융 위기에 의해 자금 회수 경쟁이 이루어지는 것은 1997년 아시아 위기와 비슷하다. 중앙은행의 일반 은행을 통한 정책은 그림자 은행 체계에 영향을 못 미친다. 해외 파급 효과도 커지는데, 아시아 위기 후 외화 자산 보유가 늘어서 더욱 그러하다. 캐리 트레이드도 감소한다.

이제 피상적이지만 좀더 쉬운 개념으로 1930년대 대공황과 2008년 위기를 비교해보자. 1930년대 대공황 때는, 앞에서 지적했듯이 전후 조정 문제, 국경 변경, 전시 부채 및 배상금, 시장 경직성, 농산물 과잉 생산, 금본위제의 취약성 등 구조적 요인의 부담이 2008년보다 훨씬 더 컸다.

그리고 1930년대 공황은 세계화(시장 통합)가 후퇴(backlash)할 때 발발했으나, 2007-2008년 금융 위기는 세계화가 고조될 때 일어났다. 위기 전달 메커니즘을 보면, 1930년대는 각 나라가 금본위제라는 족쇄에 묶인 채 공황이 확산된 반면, 2007-2008년에는 변동 환율제 하에서 신속한 자본 이동 때문에 금융 위기가 채무국에서 채권국으로 빠르게 전달되었다. 다른 말로는 1930년대에는 금본위 유지라는 정책적 강박감이 문제였다면 2008년에는 그저 걷잡을 수 없었다. 또한 실물 경기 침체가 상품 무역 시장을 통해서도 직접 국제적으로 이전되었다.

1930년대에는 미국의 경우 주식 시장 붕괴가 먼저 오고 은행 위기가 뒤를 이었다. 2008년에는 주택 버블이 터진 후 금융 위기가 닥치고 주가 폭락이 뒤따랐다. 두 번 다 금융 공황이 실물 침체를 촉발하거나 심화시켰다. 그러나 2008년의 금융 위기는 상업 은행의 위기가 아니다.

또한 정책 대응에서도 거의 모든 나라가 긴축 일변도에 국제 협력도 없었던 1930년대에 비해 2008년 위기에 직면해서는 각국이 즉각적으로 팽창적 재정 금융 정책을 채택하고 국제 협력도 모색하고 있다. 이자율을 낮게 유지하고 있으므로 재정 팽창이 구축 효과를 낳을 염려도 할 필요가 없고 정책 효과의 시차도 짧을 것으로 예상되어 재정 정책의 효과가 기대된다[Feldstein(2009)]. 재정 지출의 내용과 방식 결정에서 1930년대의 경험이 반면교사 역할을 할 것이다. 금융 팽창이 공식적 채널을 통해서 효력을 발생하지 못한다면 중앙은행이 직접 자본 시장에 구매자로 참여할 수도 있다. 위험 관리적 접근도 중요하다. 금융 경색의 위험이 더 커지지 않게, 그리고 회복시 인플레 위험에 대비하여 기대를 관리해야 하며 새로운 정보 인프라를 구성할 필요도 있다[Mishkin(2009); Shiller(2008)].

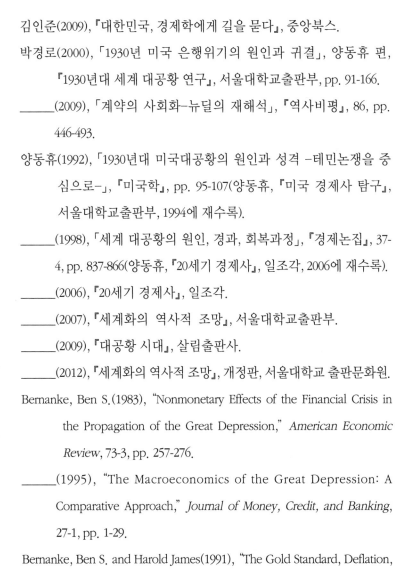

참고 문헌

김인준(2009), 『대한민국, 경제학에게 길을 묻다』, 중앙북스.

박경로(2000), 「1930년 미국 은행위기의 원인과 귀결」, 양동휴 편, 『1930년대 세계 대공황 연구』, 서울대학교출판부, pp. 91-166.

_____(2009), 「계약의 사회화-뉴딜의 재해석」, 『역사비평』, 86, pp. 446-493.

양동휴(1992), 「1930년대 미국대공황의 원인과 성격 -테민논쟁을 중심으로-」, 『미국학』, pp. 95-107(양동휴, 『미국 경제사 탐구』, 서울대학교출판부, 1994에 재수록).

_____(1998), 「세계 대공황의 원인, 경과, 회복과정」, 『경제논집』, 37-4, pp. 837-866(양동휴, 『20세기 경제사』, 일조각, 2006에 재수록).

_____(2006), 『20세기 경제사』, 일조각.

_____(2007), 『세계화의 역사적 조망』, 서울대학교출판부.

_____(2009), 『대공황 시대』, 살림출판사.

_____(2012), 『세계화의 역사적 조망』, 개정판, 서울대학교 출판문화원.

Bernanke, Ben S.(1983), "Nonmonetary Effects of the Financial Crisis in the Propagation of the Great Depression," *American Economic Review*, 73-3, pp. 257-276.

_____(1995), "The Macroeconomics of the Great Depression: A Comparative Approach," *Journal of Money, Credit, and Banking*, 27-1, pp. 1-29.

Bernanke, Ben S. and Harold James(1991), "The Gold Standard, Deflation, and Financial Crisis in the Great Depression: An International Comparison," in R. G. Hubbard, ed., *Financial Markets and Financial Crises*, University of Chicago Press.

Carlson, Mark and Kris J. Mitchener(2009), "Branch Banking as a Device for Discipline: Competition and Bank Supervisorship during the Great Depression," *Journal of Political Economy*, 117-2, pp. 165-210.

Cecchetti, S. G.(1992), "Prices during the Great Depression: Was the Deflation of 1930-1932 Really Unanticipated?" *American Economic Review*, 82-1, pp. 141-156.

Eichengreen, Barry J.(1992), *Golden Fetters: The Gold Standard and the Great Depression, 1919-1939*, Oxford University Press.

Eichengreen, Barry J. and Jeffrey Sachs(1985), "Exchange Rates and Economic Recovery in the 1930s," *Journal of Economic History*, 45-4, pp. 925-946.

Eichengreen, Barry J. and Timothy J. Hatton(1988), "Interwar Unemployment in International Perspective: An Overview," in B. Eichengreen and T. J. Hatton, eds., *Interwar Unemployment in International Perspective*, Kluwer Academic Publishers.

Eichengreen, Barry J. and Douglas A. Irwin(2009), "The Slide to Protectionism in the Great Depression: Who Succumbed and Why?" NBER Working Paper 15142, July.

Feinstein, Charles H., Peter Temin and Gianni Toniolo(2008), *The World Economy between the World Wars*, Oxford University Press(양동휴·박복영·김영완 옮김, 『대공황 전후 세계경제』, 동서문

화사, 2008).

Feldstein, Martin(2009), "Rethinking the Role of Fiscal Policy," NBER Working Paper 14684, January.

Findlay, Ronald and Kevin H. O'Rourke(2007), *Power and Plenty: Trade, War and the World Economy in the Second Millennium*, Princeton University Press.

Friedman, Milton and Anna J. Schwarz(1963), *A Monetary History of the United States, 1867-1960*, Princeton University Press.

Hamilton, J.(1992), "Was the Deflation during the Great Depression Anticipated? Evidence from the Commodity Futures Market," *American Economic Review*, 82-1, pp. 157-178.

Keynes, John M.(1919), *The Economic Consequences of the Peace: The Collected Writings of John Maynard Keynes*, Vol. 2, Macmillan.

Krugman, Paul(2009), *The Return of Depression Economics and the Crisis of 2008*, W. W. Norton.

Mishkin, Frederic S.(1981), "The Real Interest Rate: An Empirical Investigation," in K. Brunner and A. Meltzer, eds., *Carnegie-Rochester Conference Series on Public Policy*, 15.

_____(2009), "Is Monetary Policy Effective during Financial Crises?" NBER Working Paper 14678, January.

Mitchener, Kris J.(2005), "Bank Supervision, Regulation, and Financial Instability during the Great Depression," *Journal of Economic History*, 65, pp. 152-185.

Nelson, D. B.(1990), "Was the Deflation of 1929-30 Anticipated? The

Monetary Regime as Viewed by the Business Press" (unpublished manuscript), University of Chicago.

Ohanian, Lee E.(2009), "What – or Who – Started the Great Depression?" NBER Working Paper 15238, August.

Richardson, Gary(2007), "Categories and Causes of Bank Distress during the Great Depression, 1929-1933: The Illiquidity versus Insolvency Debate Revisited," *Explorations in Economic History*, 44-4, pp. 588-607.

Romer, Christina D.(1990), "The Great Crash and the Onset of the Great Depression," *Quarterly Journal of Economics*, 105-3, pp. 597-624.

_____(1992), "What Ended the Great Depression?" *Journal of Economic History*, 52-4, pp. 757-784.

Schnabel, Isabel(2004), "The German Twin Crisis of 1931," *Journal of Economic History*, 64, pp. 822-872.

Shiller, Robert J.(2005), *Irrational Exuberance*, 2nd ed., Broadway Business.

_____(2008), *Subprime Solution: How Today's Global Financial Crisis Happened, and What to Do about It*, Princeton University Press.

Temin, Peter(1976), *Did Monetary Forces Cause the Great Depression?*, W. W. Norton.

_____(2010), "The Great Recession and the Great Depression," NBER Working Paper 15645, January.

Voth, Hans-Joachim(2003), "With a Bang, not a Whimper: Pricking Germany's 'Stock Market Bubble' in 1927 and the Slide into

Depression," *Journal of Economic History*, 63, pp. 65-99.

White, Eugene N.(1990), "The Stock Market Boom and Crash of 1929 Revisited," *Journal of Economic Perspectives*, 4, pp. 67-83.

Wicker, Elmus(1996), *The Banking Panics of the Great Depression*, Cambridge University Press.

2007-2009년 국제 금융 위기의 역사적 조망

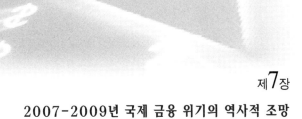

제7장
2007-2009년 국제 금융 위기의 역사적 조망

1. 머리말

'외환 위기 10년'을 회고하는 저작들의 잉크가 채 마르기도 전에 또 다른 국제 금융 위기가 미국에서 시작되었다. 이것은 어떤 면에서 예기치 않은 일이었다. 1990년대 초 유럽통화제도(EMS) 위기, 1994년 멕시코 위기, 1997년 아시아 위기 등 일련의 심각한 금융 위기들로 고통을 겪어야 했던 1990년대와 대조적으로, 2000년대에는 아르헨티나의 부채 위기를 끝으로 선·후진국을 막론하고 세계 경제가 금융 위기 없이 안정적인 성장을 구가하는 것처럼 보였기 때문이다 [Eichengreen(2008)]. 특히, 이러한 짧은 금융 안정은 금융 세계화의 전례 없는 진전에도 불구하고 달성되었다는 점에서, '금융 안정으로의 성숙'이라는 조심스러운 전망을 갖게 하기에 충분했는지 모른다 [Bordo(2007)].

그러나 "이제 어떤 척도로 보더라도 세계가 1930년대 대공황 이후 최악의 금융 위기에 직면한 것이 분명하다"는 확언들은 금융 위기가 자본주의의 역사 내내 주기적으로 발생했다는 냉정한 역사적 사실을 상기시킨다.[1]

미국에서 시작된 2007-2009년 국제 금융 위기가 은행 위기, 주가 폭락, 그리고 주변국의 통화 위기로 이어지는 복합적 양상을 나타내는 만큼, 금융 위기 전반을 역사적·국제적 관점에서 조망하는 것이 필요해 보인다. 또한 1970년대 이후 금융 위기의 빈도가 증가하면서 그에 대한 연구도 많이 축적되었다. 그간의 연구 성과를 검토함으로써 현 위기에 대한 시사점을 얻는 것이 이 글의 목적이다.

이 장의 구성은 다음과 같다. 2절에서는 19세기 이후 금융 위기의 역사를 개관한 후, 은행 위기, 통화 위기, 주식 시장 위기별로 살펴본다. 3절에서는 현 국제 금융 위기 심화의 원인을 미국을 중심으로 검토하고, 과거의 위기들과 그 성격이 다름을 보인다. 4절에서는 현재의 금융 위기가 위험의 과소평가를 조장하는 대리인 문제에 기인했음을 시사하며, 위기의 전파 과정을 살펴본다. 마지막 5절에서는 조망의 시사점을 정리하는 것으로 글을 맺는다.

2. 금융 위기의 역사

2.1. 개관

금융 위기는 자산 가격의 폭락뿐 아니라 은행 위기, 통화 위기, 부채 위기, 혹은 이들 간의 다양한 결합으로 정의될 수 있다. 금융 위기의 역사는 1636년 네덜란드 튤립 버블까지 거슬러 올라가는데, 이 사실은 금융 위기가 자본주의에 내재한 불가피한 현상이라는 주장의 근거로 종종 거론된다[Kindleberger and Aliber(2005)]. 이윤 동기에서 비롯

---

1 처음에 신중한 입장을 취하던 여러 학자 및 각료들도 전 세계가 대공황 이후 최악의 금융 위기에 직면했다는 점에 의견을 같이 하고 있다. 가령 Mishkin(2008), Bernanke(2009).

표 7-1 위기의 빈도(%), 1880-1997년

시기	은행 위기	통화 위기	동시 위기	위기 전체
공업국				
1880-1913	2.0	1.0	0.5	3.5
1919-1939	3.7	4.3	4.0	12.0
1945-1971	0.0	5.4	0.0	5.4
1973-1997	2.5	8.1	1.7	12.2
신흥국				
1880-1913	2.6	1.4	1.9	6.0
1919-1939	5.8	2.5	2.5	10.8
1945-1971	0.0	10.3	0.6	10.9
1973-1997	2.4	9.8	14.6	26.8

자료: Bordo et al.(2001). Web Appendix.

된 근시안적 투기가 금융 위기의 원인이라는 관찰에 단편적인 진실이 없지 않으나, 이러한 관점으로는 금융 위기의 확률과 시기, 생산 손실의 차이 등을 설명할 수 없다.

〈표 7-1〉은 지난 120년간 금융 위기의 빈도, 즉 연간 위기 확률을 시기별로 나타낸 것이다. 국제 자본 이동에 관한 연구들은 흔히 국제 통화 제도의 변화에 따라 19세기 세계화의 1차 물결 이후를 다음의 네 시기로 구분한다.[2] 그것은 금본위제 시기(1880-1913), 전간기(1919-1939), 브레튼우즈 시기(1945-1971), 대부분의 국가들이 변동 환율제를 택한 브레튼우즈 이후(1973-1997)이다.[3]

〈표 7-1〉의 제5열에서 위기의 빈도가 공업국과 신흥국 모두에서

2 이하의 논의는 Bordo et al.(2001)을 따랐다.
3 세계화는 상품·노동·자본 시장이 국제적으로 밀접하게 통합되는 과정으로, 역사적으로 19세기 후반을 세계화의 1차 물결, 20세기 후반을 세계화의 2차 물결이라고 부른다. 또한 세계화의 1차 물결은 금본위제 시기(1880-1913)에, 2차 물결은 브레튼우즈 이후 시기(1971-1997)에 각각 대응된다. 이에 대한 더 자세한 논의는 양동휴(2012) 참조.

증가하는 추세를 확인할 수 있다. 일반적으로 금융 위기는 금융 세계화에 따른 불안정성의 한 형태로 이해될 수 있으며, 금융 위기의 빈도는 자본 이동과 상관관계가 높다.[4] 따라서 자본의 이동성이 오늘날만큼 높았던 19세기 말과의 비교는 특히 흥미로운데, 금본위제 시기에 비해 브레튼우즈 이후에 금융 위기가 현저하게 더 빈발했다. 이는 자유로운 자본 이동을 전제할 때, 금본위제와 같은 고정 환율제(fixed exchange rate)에 비해 조정 가능한 고정 환율제(soft peg)나 관리 변동 환율제(managed float)는 안정적으로 유지되기 어렵다는 사실을 시사한다. 결국 중앙은행은 완전한 고정(hard peg)이나 변동 환율제(floating exchange rates)라는 두 극단 중 하나를 선택할 수밖에 없다는 것이다 [Eichengreen(2008, ch. 5)].

〈표 7-1〉에서 두 가지 현저한 특징을 확인할 수 있다. 첫째, 전간기를 제외한 모든 시기에 걸쳐 금융 위기는 신흥국에 집중적으로 발생하는 경향을 보인다. 둘째, 시기별로 주요한 금융 위기의 형태가 달라졌는데, 19세기 후반에는 은행 위기가 주종을 이루던 것이, 1973년 이후에는 통화 위기와 동시 위기(twin crisis)가 증가했음을 볼 수 있다. 다시 말해, 신흥국에서 동시 위기가 빈발한다는 것이 1973년 이후 금융 위기의 두드러진 특징으로서, 이에 대한 설명은 2.3항에서 검토하기로 한다.

위기가 더 잦아지기는 했지만, 더 길어지거나 깊어진 것은 아니다. 〈표 7-2〉에서 보듯, 위기 이전의 생산 수준을 회복하는 데 걸리는 평균 기간은 약 2년 반으로 세계화의 양 물결 간에 거의 변화가 없다.

---

4 국제 자본 이동의 영향에서 더 자유로울 것으로 예상할 수 있는 은행 위기에서도 자본의 이동 성과의 높은 상관관계가 발견된다[Reinhart and Rogoff(2008b)].

표 7-2 위기의 강도, 1880-1997년

	1880-1913	1919-1939	1945-1971	1973-1997 21개국	1973-1997 56개국
평균 지속 기간(년수)					
통화 위기	2.6	1.9	1.8	1.9	2.1
은행 위기	2.3	2.4	위기 없음	3.1	2.6
동시 위기	2.2	2.7	1.0	3.7	3.8
위기 전체	2.4	2.4	1.8	2.6	2.5
생산 손실(GDP 대비 누적 %)					
통화 위기	8.3	14.2	5.2	3.8	5.9
은행 위기	8.4	10.5	위기 없음	7.0	6.2
동시 위기	14.5	15.8	1.7	15.7	18.6
위기 전체	9.8	13.4	5.2	7.8	8.3

자료: Bordo et al.(2001).

또한 위기에 따른 누적 생산 손실은 1973년 이후 GDP의 8% 정도로 오히려 낮아졌다. 세계화의 1차 물결에서는 통화 위기가 특히 길고 피해가 컸는데, 이는 금융 제도가 미성숙했기 때문으로 보인다[Bordo et al. (2002)].

생산 손실과 더불어, 위기에 따르는 또 다른 주요한 결과는 정부 부채의 증가이다. 소득 감소로 세수는 감소하는 반면, 구제 자금 확보, 경기 부양 등으로 재정 지출이 늘어나기 때문이다. 부채 증가는 위기를 일으킨 현 세대가 부담해야 할 몫의 일부가 다음 세대로 이전됨을 의미한다. 위기 직후 3년간 부채 규모의 증가는 평균 약 86%에 이른다[Reinhart and Rogoff(2009)].

이하에서 은행 위기, 통화 위기, 부채 위기를 차례로 검토해보자.[5]

---

5 금융 위기의 세 가지 구분은 편의를 위함이다. 은행 위기에 통화 위기가 뒤따르는 동시 위기

2.2. 은행 위기

은행의 자본 손실로 인한 파산, 예금 인출 쇄도 혹은 이를 막기 위한 정부의 포괄적인 개입 중 하나 이상의 사건이 발생하는 경우를 은행 위기로 식별한다[Honohan and Laeven(2005)]. 과거 은행 위기는 주로 예금자의 인출 쇄도에 따른 지급 중지라는 은행 공황(banking panic)의 양상을 보였지만, 예금 보험과 같은 정부 안전망이 널리 채택된 최근에는 주로 은행 자본 침식에 따른 은행 파산(bank failure)의 형태를 띤다. 여기서는 은행 공황, 은행 파산, 은행 위기 등의 용어를 문맥에 따라 혼용하기로 한다.

미국은 1913년 연방준비제도(FRS) 설립 이전의 주요 은행 공황만 나열해도 십여 개에 이를 정도로 주기적으로 은행 공황을 경험했다. 19세기 미국의 은행 공황이 파종기(봄)와 수확기(가을)에 집중적으로 발생했다는 점 때문에, 은행 공황은 흔히 미국 농업의 계절적 자금 수요에 따른 현금 수요의 급격한 증대에서 비롯된 것으로 이해되어왔다(〈표 7-3〉 참조). 현금 수요가 특정 시기에 집중되면, 준비금 피라미드의 상층에 있는 뉴욕의 대형 은행들이 지급 중지를 선언하게 되고, 이는 다시 지방 은행들의 지급 중지로 이어졌다는 것이다.

그러나 이후의 연구들은 화폐 수요 충격이 아닌 은행의 자산 충격을 강조한다. 국법 은행 시기(1863-1913)를 보면 은행 공황이 항상 대량 예금 인출 시기와 일치하는 것은 아니었고, 파산 기업 부채의 증가, 주가 폭락과 같은 실물 충격이 수확기에 선행할 때에만 은행 공황이 발생했다. 다시 말해, 화폐 수요 때문이 아니고 은행 파산의 우려

를 겪는 사례가 흔히 있고, 이 경우 피해가 더욱 크다[Kaminsky and Reinhart(1999)].

표 7-3 미국 은행 공황과 계절성, 1814-1907년

	1814	1819	1837	1839	1857	1861	1873	1884	1890	1893	1907
1월										p	
2월											
3월											p
4월											
5월(파종기)											
6월					p						
7월									p		
8월	전쟁										
9월 (수확기)											
10월(수확기)							p				
11월(수확기)											
12월						전쟁					

주: 색깔은 은행 공황 발생 월. 굵은 글씨는 전국적 은행 공황 연도. p는 경기순환 정점.
자료: Calomiris and Gorton(1991)을 이용해 작성. NBER business cycle reference date.

로 예금을 인출했다는 것이다[Gorton and Calomiris(1991)].

계절적 요인이 없었던 1893년에도, 실물 충격은 공황으로 이어졌다. 가령 전간기 은행 파산에 비견되는 1893년 은행 공황의 발생 범위, 즉 주(州)별 지급 중지 비율은 철도 회사와 같은 기업 도산율로 잘 설명되었다[Carlson(2005)]. 이는 예금자들의 예금 인출이 근거 없는 공포의 확산에서 비롯된 것이 아니고, 은행 손실에 대한 합리적인 시장 대응임을 시사한다[Gorton and Calomiris(1991)]. 물론 그러한 공황 현상이 없었던 것은 아니지만 국소적·주변적 현상이었다.[6]

19세기에는 은행에 대한 최종 대부자 역할을 민간 은행 조직인

---

6 예상하지 못한 공황과 예금 인출보다는 손실을 예상한 대형 예금자들의 조용한 예금 인출이 더 결정적이었다. 또한 근거 없는 전염 현상도 제한적이었다. 가령 1907년 은행 공황의 사례에 대해서는 Bruner and Carr(2007) 참조.

청산소(clearing house)가 도맡았다. 유동성이 부족한 회원 은행들에게 청산소의 채무인 대부 증서 발행을 허용하고, 나아가 지급 중지를 허용하는 식으로 은행 공황에 대응했다. 국법 은행 시기만 보면, 1893년과 1907년 은행 공황이 파산 은행의 수가 많고 생산 손실도 컸다. 청산소가 고전적인 개입을 꺼려, 대응이 지연된 것이 은행 공황을 악화시킨 요인으로 지적된다[Wicker(2000)].[7] 이로써 1907년 공황은 1913년 연방준비제도 설립의 계기를 제공한 셈이다[Bruner and Carr(2007)].

미국은 1930년 10월부터 1933년 3월까지 모두 네 차례에 걸쳐 은행 공황을 경험했는데, 이 과정에서 미국 전체 은행의 절반인 약 1만 개의 은행이 문을 닫았다. 대기업과 대금융을 의심하는 지방 자치적 미국식 민주주의 정서에서 비롯된 독특한 단점 은행 제도(unit banking system)는 은행 산업에서 규모의 경제 실현을 가로막고 소형 은행들의 난립을 낳았을 뿐 아니라, 지리적 다각화와 은행 간 협조를 저해하여 지역적 충격에 따른 은행 공황에 특히 취약하도록 만들었다. 이렇게 파편화된 미국의 은행 산업이 1920년대 농업 불황과 1930년대 대공황에 직면하여, 전무후무한 파산의 물결을 경험했다는 사실은 유명하다[Friedman and Schwartz(1963)]. 최근 연구는 은행 공황이 예금자들의 무작위적 선호 변화에서 비롯된 예금 인출 때문이 아니고, 대공황기의 지역적·전국적 실물 충격과 그에 따른 은행 건전성의 악화로 대부분 설명된다는 사실을 보였다[Calomiris and Mason(2003)]. 다시 말해, 미국의 1930년대 은행 공황은 지점 규제로 파편화된 은행들이 연방준비제도 이사회(FRB)의 긴축 통화 정책으로 인한 실물 충격에 직면하여 와

---

7 1893년 공황이 실물 충격의 결과라는 Carlson(2005)의 주장을 받아들인다면, 청산소 개입의 효과는 제한적이었을 것으로 추측할 수 있다.

해된 사건이었다는 것이다[Calomiris(1993, pp. 33-38)].

19세기 미국에 공황이 잦긴 했지만, 피해가 컸던 것은 아니다. 1893년 공황으로 인한 파산 은행의 음의 순가치는 GDP의 0.1%였다. 반면, 예금 보험으로 인한 1980년대 저축대부조합 위기의 구제 자금은 GDP의 2%에 달했다[Kane(1989)]. 다시 말해, 정부의 보증과 보조금과 같은 안전망에서 비롯되는 도덕적 해이는 은행 위기에서 대규모 손실을 야기하는 주요인이었다.

최초의 전국적 예금 보험 제도는 미국의 독특한 지점 규제로 인한 은행 불안을 해결하기 위해 1933년 뉴딜 금융 개혁의 일환으로 도입되었다. 이처럼 미국의 특수한 역사적 환경에서 비롯되어 많은 손실을 야기한 예금 보험이 여타 국가로 널리 확산된 것은 역사의 아이러니이다. 명시적 예금 보험을 채택한 국가의 수는 1980년에 20개국에 불과하던 것이 2003년 말 87개국으로 빠른 속도로 늘어났다. 나아가 이 제도는 저개발국 금융 거버넌스 설계에 표준적인 처방이 되고 있는 실정이다. 그러나 실증적인 비용-편익 분석은 예금 보험의 채택을 일방적으로 지지하지 않는다[Demirgüç-Kunt, Kane and Laeven(2008)].

금본위 시기 미국의 은행 공황이 경기 하강에서 비롯된 은행의 자산 측면 충격과 은행의 취약성이 결합되어 발생한 경미한 사건이었다면, 신흥국들이 경험한 은행 위기는 심각했다. 가령 베어링 위기(Baring crisis)로 알려진 1890년 아르헨티나 은행 위기의 경우, 파산 은행의 음의 순가치가 GDP의 10%에 달했다.

2.3. 통화 위기

통화 위기는 큰 폭의 통화 가치 하락, 외환 보유고의 급격한 감소,

이자율의 상승을 지수화하여 식별하는데, 투기적 공격으로 인한 자본 통제, 혹은 국제 금융 기구로부터의 자금 지원 등이 발생한 경우를 포괄한다. 통화 위기에는 흔히 금융 자유화와 은행 위기가 선행하며, 외화 표시 대외 채무에 대한 불이행을 의미하는 부채 위기가 동반되기도 한다[Kaminsky and Reinhart(1997)].

통화 위기를 설명하는 틀은 다양하다. 고정 환율제 하에서 재정 적자를 해결하기 위한 화폐 증발로 통화 가치가 폭락하는 모형(1세대 모형), 경기 둔화에 직면한 정부가 환율 방어 대신 팽창 정책을 택할 것이라는 기대가 형성되면 투기적 공격으로 인해 고정 환율이 붕괴되는 모형(2세대 모형) 등은 자유로운 자본 이동, 환율 안정, 재량적 통화 정책이 동시에 달성될 수 없다는 '트릴레마'(trilemma)의 사례들로 이해할 수 있다.

1994년 멕시코 위기, 1997-1998년 아시아 금융 위기는 재정 균형과 빠른 성장이라는 거시 경제적 안정 하에서 갑작스럽게 위기가 전파되었다는 점이 특징으로, 과거의 모형으로 설명될 수 없는 면이 있었다. 이러한 위기를 설명하기 위해 등장한 3세대 모형은 금융 과잉, 즉 은행을 통한 자본 유입에 주목한다. 은행 및 기업에 대한 정부의 암묵적인 보증은 대부자의 도덕적 해이를 낳아, 은행을 통한 단기 외화 자본의 과도한 유입으로 이어지고, 이렇게 유입된 외화 자본이 외생적 충격 때문에 일시에 이탈하면서 통화 위기로 발전한다는 것이다. 특히, 차입국의 고정 환율 정책은 국내 차입자가 환위험에 대한 헤징(hedging) 없이 외화를 빌려쓸 유인을 제공하기 때문에, '통화 불일치'(currency mismatch)로 인한 피해를 증폭시키는 요인으로 지적된다[Glick et al.(2001)].

금융 과잉 모형이 정부 보증에 따른 차입자의 도덕적 해이를 강조하는 반면, 2001년 남미 부채 위기를 계기로 재조명되고 있는 국가 부도(sovereign default) 모형은 차입자에게 강제되는 통화 불일치에 주목한다. 차입국은 부채를 발행할 때 발행국 통화가 아닌 경화나 외환으로 표시해야 하는 '원죄'(original sin)를 갖게 된다는 것이다.[8] 그러나 양 세계화 시기 통화 위기, 은행 위기 및 부채 위기에 원죄를 회귀한 결과는 원죄가 반드시 위기의 발생 가능성을 높이지는 않는다는 사실을 보여준다. 신흥국일수록 원죄로 인한 부채 위기에 취약하지만, 대외 부채에 비례하는 충분한 외환 보유고의 확보는 금융 위기 가능성을 감소시킨다는 것이다[Bordo and Meissner(2005)]. 이는 외화 표시 채무를 잘 '관리'함으로써 더 순조롭게 국제 자본 시장에 편입될 수 있음을 의미한다.

그렇다면 시기와 장소에 따라 다양한 양상을 보이는 통화 위기는 각기 다른 모형으로 설명되어야 하는 끊임없이 변화하는 현상인가? 카민스키는 1970-2002년간 통화 위기를 경험한 20개국 자료를 기초로 분류 나무 기법(regression tree)을 적용하여, 통화 위기가 실증적으로도 다양한 모형의 특징에 부합하는 여섯 가지 그룹으로 분류될 수 있음을 보였다[Kaminsky(2003)]. 〈표 7-4〉에서 보는 것처럼, 신흥국 통화 위기는 금융 과잉, 재정 적자, 부채 위기의 형태를 띠는 반면, 갑작스러운 자본 이탈(sudden stop)과 자기실현적(self-fulfilling) 기대에 의한 위기는 완전히 선진국에 국한된 현상이었다. 특히, 금융 과잉으로 인한 통화 위기의 생산 손실이 가장 심하고, 자본 이탈과 자기실현적 기대는 실

---

8 Eichengreen and Hauman(2005)에 따르면, 원죄는 다음과 같이 정의된다.
$OS^i = \max[1-(i$국 통화로 발행된 증권액/i국에 의해 발행된 증권액), 0].

표 7-4 신흥국과 선진국의 통화 위기, 1970-2001년

위기의 빈도(%)						
국가	경상 수지	금융 과잉	재정 적자	국가 부도	자본 유입 중단	자기실현적 위기
신흥국	13	35	6	45	2	0
선진국	17	13	4	33	17	17
위기의 상대적 중요성						
비율	경상 수지	금융 과잉	재정 적자	국가 부도	자본 유입 중단	자기실현적 위기
신흥국/선진국	0.8	2.7	1.5	1.4	0.1	0

자료: Kaminsky(2003), Table 5.

물 충격이 거의 없다는 사실은 통화 위기가 신흥국들에게 더 가혹하다는 것을 시사한다.

3. 2007-2009년의 국제 금융 위기

선진국들이 통화 · 부채 위기를 졸업했는지는 몰라도, 은행 위기의 졸업은 선진국들에게도 희망 사항일 뿐인 듯하다. 국제 금융 중심지인 미국과 영국이 2007년에 나란히 은행 위기를 경험한 것이다[Laeven and Valencia(2009)].[9] 역사적으로는 오히려 영국, 미국, 프랑스 등 금융 중심지에 은행 위기가 빈발하는 경향이 있다[Reinhart and Rogoff (2008a, 2008b)].

2007년 미국에서 시작된 금융 위기는 주택 가격의 등락에서 비롯되었다. 위기 이전 5년간 미국의 주택 가격 상승률은 일본이 1990년대

---

9 미국은 2007년 8월 Countrywide Financial이 예금 인출 쇄도를, 영국은 2007년 9월 14일 Northern Rock이 예금 인출 쇄도를 경험했다.

경험한 부동산 가격의 상승 폭을 능가한다[Shiller(2008)]. 신용 팽창과 집 값 상승이 위기의 근본적인 배경이라 하더라도, 주택 가격 상승을 유발한 풍부한 유동성이 어디서 왔는가에 대해서는 견해가 엇갈린다.

3.1. 거시 경제적 환경의 변화

연방준비제도 이사회(FRB)가 "이자율을 너무 오랫동안, 너무 낮게 유지해서 주택 시장 버블을 키웠다"는 주장은 일찍부터 제기되어 왔다.[10] 그러나 낮은 이자율 수준이 항상 주택 가격 상승으로 이어지지는 않는다[Shiller(2005, p. 13, fig.2.1)]. 또한 실제 금리가 무엇에 비해 낮다는 것인지를 밝히지 않는다면 지나치게 낮은 이자율은 검증 가능하지도 않으며 '사후적' 비난이라는 비판을 면하기 어렵다. 이에 대한 한 가지 설명은 유동성의 과잉과 통화 정책의 실패는 이자율 수준 자체보다 테일러 준칙(Taylor's rule)으로부터 이탈한 정도로 더 잘 포착될 수 있다는 것이다.

테일러 준칙은 재량이 아닌 준칙에 의해 통화 정책을 운용하는 중앙은행에 제시된 하나의 정책 금리 결정 방식으로, 생산 과잉(총생산−잠재GDP)과 과도한 물가 상승률(물가 상승률−장기 목표 물가 상승률)에 비례하여 단기 이자율을 높이는 기계적인 준칙이다[Taylor(1993)].[11] 〈그림 7-1〉에서 보는 바와 같이, 그린스펀(Alan Greenspan)이 이끄는 연방준비제도는 2000-2001년 불황을 경험한 이후 과거 15년간 성공적으로 지켜왔던 준칙에서 크게 벗어나 2002년부터 지나치게 낮은 수준에

---

10 가령 *Economist*, "Lessons from the credit crunch"(2007. 10. 20).
11 제시된 방정식은 다음과 같다. $r=p+.5y+.5(p-2)+2$. 여기서 r 은 연방 기금 금리, p 는 네 분기에 걸친 소비자 물가 지수 상승률, y 는 생산 부족(GDP gap)을 나타낸다. 장기 목표 물가 상승률은 2%로 가정했다[Taylor(1993)].

그림 7-1 그린스펀의 금리와 테일러 준칙에 따른 금리, 1987-2006년

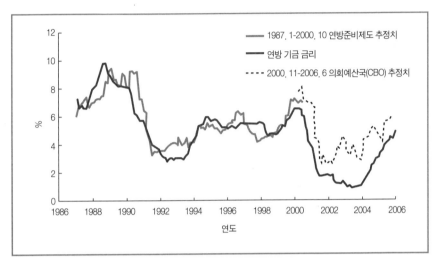

자료: Poole(2007), Figure 1.

서 연방 기금 금리를 운용했다. 준칙에 따라 금리를 운용했을 때를 가정한 반사실적 시뮬레이션은 신규 주택 건설의 변동폭이 1/3-1/2 정도 작았을 것임을 시사한다[Taylor(2007)].

준칙에 의거한 이자율보다 낮은 단기 이자율과 주택 호황의 상관 관계는 국가별 횡단면 분석에서도 나타난다. 22개 OECD 국가들의 경우 정책 금리가 준칙보다 낮을수록 GDP 대비 주택 건설 투자 증가율이 빨랐다. 유로 지역의 경우, 상관 계수가 0.828로 더 높을 뿐 아니라, 주택 대부와의 상관관계도 0.667로 높았다[Ahrend et al.(2008)].[12] 느슨한 통화 정책이 건설 경기의 호황을 가져와 거시적 변동성을 증폭시킨

---

12 통화 당국이 주택 경기 과열을 우려하여 이자율을 상승시킬 유인을 갖고 있다면, 관찰된 상관 계수가 실제 상관관계를 과소평가할 가능성이 있다.

것이다.

반면, 버냉키(Bernanke)는 금융이 발달하지 못한 주변부의 저축 (savings glut)이 넓고 깊은 금융 시장을 가진 미국으로 유입된 것이 유동성 과잉을 낳은 구조적 요인이라고 주장한다[Bernanke(2005, 2009)]. 유가 상승에 따른 석유 생산국들의 저축은 1970년대에 대한 반성으로 소비, 투자로 이어지지 않았고, 아시아 각국들도 수출 촉진을 위해, 또한 1997년 아시아 금융 위기의 교훈으로 막대한 대외 준비금을 축적했다. 이로 인한 글로벌 불균형(global imbalances)이 2007년 금융 위기의 구조적 배경이 되었다. 과거에 은행 위기를 경험한 선진국들이 위기 이전의 수년간 경상 수지 적자, 즉 자본 유입과 자산 가격(주가 및 주택 가격)의 상승을 동시에 경험했음을 관찰한 연구도 이러한 주장과 부합한다[Reinhart and Rogoff(2008a)].

국가별 횡단면 비교에서도 자본의 순유입과 주택 가격 상승 간에 정상관이 발견된다. 〈그림 7-2〉는 2000-2005년간 13개 선진국의 GDP 대비 순자본 유입(가로 축)과 주택 가격 상승(세로 축)을 표시한 산포도로 상관 계수가 0.6327로 크다는 사실을 알 수 있다.

물론 분명한 인과적 추론이 가능한 통화 정책-주택 호황 간의 상관관계와는 달리, 경상 수지 적자와 자산 가격 상승 간에는 상관관계로부터 인과 관계를 끌어내기 어렵다. 우선 자산 가격 상승은 부의 증가에 따른 민간 소비 증대와 수입 수요 증가를 통해 경상 수지 악화로 연결되므로 역인과의 문제가 존재한다. 또한 자산 가격 상승과 경상 수지 적자는 신용 붐이라는 공통 원인의 두 가지 결과일지 모른다.

또한 〈그림 7-2〉에서 보듯, 호주·스페인 역시 미국만큼 경상 수지 적자 폭이 크고, 스페인·프랑스·호주·벨기에 등도 미국만큼

그림 7-2 순자본 유입과 주택 가격 상승, 2000-2005년

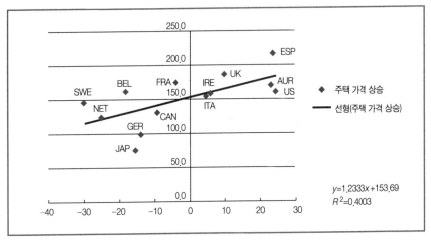

주: 순자본 유입은 GDP 대비 경상 수지 적자의 누적 %, 주택 가격 지수는 2000=100.
자료: 주택 가격은 *Economist* 각 호, 경상 수지는 IMF, *World Economic Outlook*, 각 연도.

주택 가격이 상승했지만 금융 위기는 미국·영국 등에서만 발생했다는 사실은 버냉키의 설명과 상충되는 면이 있다.

　통화 정책 실패설은 기본적으로 느슨한 통화 정책이 주택 경기 변동을 증폭시켰다는 것이지 금융 위기의 직접적인 설명은 아니다. 상업 은행만 고려하면, 미국의 은행 부문은 자본 비율, 자산 이익률(ROA) 등에서 2007년까지 건전한 모습이었다. 또한 2000년대 초반의 주택 경기 과열(상승 폭)이 과거에 비해 특별히 심했다고 보기도 어렵다(〈그림 7-3〉 참조). 반면, 저축 과잉설은 정부 부문을 통한 자본 유입이 어떻게 민간으로 흘러들었는지 설명하지 못한다. 오히려 미국으로의 자본 유입은 미국의 높은 소비 수준에 대한 보완적인 흐름으로 보는 것이 자연스럽다. 풍부한 유동성의 원인에 대한 두 가지 해석은

그림 7-3 GDP 변동에 대한 주택 건설 부문의 기여도, 1941-2008년

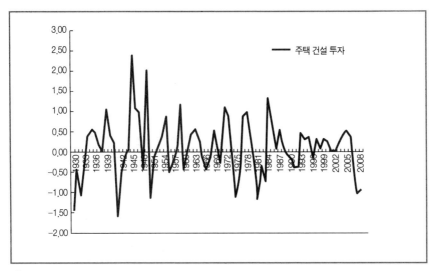

자료: U.S. Bureau of Economic Analysis, website.

상호 배제적이지 않다. 느슨한 통화 정책과 자본 유입이 각각 미국의 낮은 단기 이자율과 장기 이자율을 설명하는지 모른다.

3.2. 과거 은행 위기들과의 비교: 계량 분석

포괄적인 경제 지표들을 이용해 은행 위기의 결정 요인을 식별하고 조기 경보에 활용하기 위해 전통적으로 로짓 분석이 이용되어 왔다[Demirgüç-Kunt and Detragiache(1998)]. 그러나 과거의 연구는 제도와 금융 환경이 상이한 선진국과 후진국을 구분하지 않을 뿐 아니라, 변수들 간의 내생성 문제가 있는 것으로 판단된다. 1987-2007년 선진 21개국을 표본으로 은행 위기의 발생 확률을 15개 거시 경제 지표 및 금융 건전성 지표로 회귀한 결과가 〈표 7-5〉에 제시되어 있다.[13] 내생성을

표 7-5 선진국 은행 위기의 결정 요인

설명 변수	예상 부호	(1) 시차 미적용		(2) 시차 적용	
1인당 GDP 실질 성장률	-	-.3901	(.2305)	.5636	(.3790)
물가 상승률	+	**.3494**	(.1376)	**.7094**	(.0575)
평가 절하율	+	-.0530	(.4640)	-.4820	(.1235)
재정 수지(GDP 대비)	-	**-.5180**	(.0511)	-1.6165	(.0996)
경상 수지(GDP 대비)	-	.1461	(.5085)	-2.6465	(.1202)
수출 증가율	-	.1792	(.1457)	.1287	(.5439)
교역 조건 성장률	-	-.1779	(.4873)	.3422	(.3944)
외환 커버리지	-	**.0868**	(.0494)	**1.2825**	(.0994)
국내 실질 신용 증가율	+	.0666	(.3963)	**.2348**	(.0765)
실질 이자율	+	.4196	(.2280)	-.9348	(.3630)
대외 자산 비중	-	-.2726	(.0850)	.0189	(.9096)
자본 비율	-	-.2515	(.5193)	-.1773	(.6849)
부실 대부율	+	.0898	(.6331)	.6421	(.2465)
여수신 금리차	-	-.3598	(.2547)	.2534	(.6374)
자산 이익률	-	**-1.9120**	(.0919)	**-7.5759**	(.0923)
관측치 수		179		171	
위기 빈도 수		7		6	
Chi-square		21.7037		33.1962	
(p-value)		(0.1158)		(0.0044)	

주: 괄호 안은 p값. 굵은 글씨는 유의 수준 10%에서 유의한 결과.

제거하기 위해 연간 자료로 되어 있는 설명 변수들에 시차를 적용하였다.

설명 변수의 선택은 대체로 기존 문헌을 따랐으나 자료의 이용에 제약이 있는 경우 해당 변수를 제외했다. 총 15개의 설명 변수들은 다음과 같이 크게 네 집단으로 분류할 수 있다. ① 거시 경제 지표: 실질

13 IMF가 분류한 선진 22개국 중 뉴질랜드가 자료상의 제약으로 제외되었다.

GDP 성장률, 명목 평가 절하율, 물가 상승률, 재정 수지, 경상 수지 등 5개 변수, ② 대외 유동성: 외환 커버리지, TOT 성장률, 수출 성장률 등 3개 변수, ③ 국내 통화 상황: 국내 신용 증가율, 실질 이자율 등 2개 변수, ④ 금융 건전성 지표: 대외 자산 비중, 자본 비율, 자산 건전성, 대부 건전성, 수익률의 5개 변수 등이다.[14)]

은행의 수익률과 대부 건전성에 영향을 미치는 해로운 거시 경제적 충격을 포착하기 위해 실질 GDP 성장률, 실질 이자율, 인플레이션, 교역 조건 성장률 등의 지표를 선택하였다. 또한 재정 적자와 환율 상승도 은행 위기를 촉발시키는 요인이다. 동시 위기의 가능성을 고려하려면 통화 위기를 유발하는 요인들, 즉 외환 커버리지, TOT 성장률, 수출 성장률 등 대외 유동성 지표를 포함시킬 필요가 있다. 또한 경상 수지 적자, 국내 실질 신용 증가율의 상승과 실질 이자율의 등귀 등 국내 신용 팽창은 모두 은행 위기를 촉발시키는 요인들로 알려져 있다. 마지막으로 은행 위기의 발생 가능성은 거시적 변화에만 의존하는 것이 아니라 은행 부문의 건전성에도 의존하므로 대외 자산 비중, 자본 비율, 자산 건전성, 대부 건전성, 여수신 금리차 등 5개 변수를 포함시켰다. 은행 위기의 결정 요인을 연구하는 일부 문헌은 예금 보험의 효과를 고려하기 위해 예금 보험 더미를 사용하기도 하나, 변수의 효과가 불분명할 뿐 아니라, 1996년에 예금 보험을 도입한 스웨덴을 제외하면 1987년 이후 선진국들의 거의 대부분이 이미 명시적 혹은 암묵적 예금 보험을 제공하고 있으므로 이 변수는 제외하였다. 변수의 정의, 자료의 출처, 기초 통계량은 〈부표〉에 제시되어 있다.

물가 상승과 신용 확대라는 거시 경제적 불안 요소가 은행 위기

---

14 거시 경제 지표로 분류된 경상 수지는 자본 유입의 대리 변수로 해석될 수 있다.

표 7-6 예측 결과

순위	연도	TGT	순위	연도	TGT	순위	연도	TGT	순위	연도	TGT
1	nr1989	1	45	ir1990	0	89	it1996	0	133	it1997	0
2	ai1988	1	46	ge1995	0	90	us1992	0	134	ca2007	0
3	ic1992	1	47	us2004	0	91	ic1995	0	135	ne1994	0
4	uk1990	1	48	ai2006	0	92	ge1996	0	136	de1996	0
5	uk1992	0	49	ic1997	0	93	de1992	0	137	de2002	0
6	it1989	1	50	po1992	0	94	ge1998	0	138	sw2002	0
7	po1990	0	51	us2006	0	95	us1996	0	139	fr1997	0
8	ca1993	0	52	ic1996	0	96	nr1997	0	140	ne1993	0
9	ai1992	0	53	ai2003	0	97	fr1996	0	141	j2005	0
10	it2003	0	54	po1997	0	98	uk1997	0	142	be2003	0
11	ca1991	0	55	it2002	0	99	ir1994	0	143	nr2003	0
12	ir1995	0	56	ir1992	0	100	de1995	0	144	de1997	0
13	po1988	0	57	sp1989	0	101	it1998	0	145	fi1996	0
14	ic1990	0	58	fr1992	0	102	ir1991	0	146	ir1993	0
15	sp1995	0	59	po1995	0	103	ai2000	0	147	stz1998	0
16	nr1995	0	60	ic1991	0	104	ca2003	0	148	ca2000	0
17	po1998	0	61	ai1993	0	105	ge1997	0	149	sw2003	0
18	it1988	0	62	ca1994	0	106	us1998	0	150	stz2002	0
19	sp1992	0	63	sp1996	0	107	ca1996	0	151	de1999	0
20	fi1994	0	64	ir2004	0	108	ir1998	0	152	be2002	0
21	sp1993	0	65	ge1994	0	109	ca1997	0	153	nr2002	0
22	sp1994	0	66	ai1996	0	110	uk1998	0	154	de2001	0
23	ai2004	0	67	us1993	0	111	ir2000	0	155	stz2001	0
24	po1994	0	68	nr1996	0	112	ai1997	0	156	ne1996	0
25	nr1994	0	69	ir2001	0	113	de1998	0	157	j2007	0
26	uk1994	1	70	us2002	0	114	ai1998	0	158	sw2004	0
27	ca1992	0	71	it1995	0	115	ir1996	0	159	de1993	0
28	fr1990	0	72	de1994	0	116	us1995	0	160	nr2000	0
29	po1991	0	73	us2001	0	117	ai2001	0	161	fi1997	0
30	ai1994	0	74	uk1996	0	118	ir1997	0	162	j2006	0
31	ir2005	0	75	us2000	0	119	po1993	0	163	be2001	0
32	nr1998	0	76	ca1995	0	120	nr1999	0	164	be1997	0
33	sp1988	0	77	po1989	0	121	stz1997	0	165	ne1997	0
34	ir2002	0	78	ge2002	0	122	ge2000	0	166	stz2004	0
35	sp1990	0	79	sp1991	0	123	ca2005	0	167	be2000	0
36	ai1995	0	80	ge2001	0	124	ca2002	0	168	stz2000	0
37	ir2003	0	81	ai1999	0	125	us2007	0	169	stz2005	0
38	fi1995	0	82	fr1991	0	126	ne1995	0	170	stz2003	0
39	uk1989	0	83	fr1989	0	127	ca1999	0	171	nr2001	0
40	nr1993	0	84	ic1994	0	128	ca2004	0	172	stz2006	0
41	us2005	0	85	us1997	0	129	it2000	0	173	stz2007	0
42	po1996	0	86	us2003	0	130	ca1998	0			
43	uk1993	0	87	us1991	0	131	ca2006	0			
44	ai2005	0	88	it2001	0	132	sp1997	0			

주: 다음 해에 실제로 위기가 발생하지 않았다면 TGT=0, 발생했다면 TGT=1.
　　영문은 나라 이름의 약자로 부표 7-A1에 설명되어 있다.

제7장 2007-2009년 국제 금융 위기의 역사적 조망

의 확률을 높인다는 일반적인 논의들이 분석 결과에서 확인된다. 〈표 7-5〉를 보면, 물가 상승률과 재정 수지, 국내 실질 신용 증가율의 계수가 경제학 이론이 예상하는 부호에 부합하면서 통계적으로 유의한 거시 경제 지표들로 포착되었다. 경상 수지의 악화는 위기의 확률을 높이는 위험 요인이지만 10% 수준에서 유의하지 않았다.

또한 금융 건전성 지표 중에서 자산 이익률(ROA)의 악화가 은행 위기 발생 확률을 크게 높이는 유의한 지표로 나타난다. 은행 위기에는 위기 발생 이전부터 은행 부문의 건전성 악화가 선행한다는 것으로 해석할 수 있다.

〈표 7-6〉은 시차를 적용한 모형에서 추정한 계수를 이용해 위기의 발생 확률을 계산한 결과이다. 확률의 절대적 수치 자체는 큰 의미가 없으므로 비교를 위해 비교 순위와 위기 발생 여부(다음 해 위기 시 TGT=1, 비위기 시 TGT=0)만을 표시했다. 1994년 영국을 제외하면 다음 해에 실제로 위기가 발생했던 5개 사례에서 위기 발생 확률이 상대적으로 높았음이 확인된다.

반면, 2008년에 미국에서 은행 위기가 발생할 확률은 173개의 비교 대상 가운데 125번째(약 72 percentile)로 아주 낮은 편에 속한다는 사실을 확인할 수 있다. 뿐만 아니라 2005년부터 2007년까지 위기의 발생 가능성은 오히려 감소하고 있다.[15] 이것은 거시 경제적 환경과 은행 부문의 건전성 등에 비추어보아 2007년의 미국이 예외적이지 않기 때문인 것으로 판단된다.

미국의 낮은 은행 위기 확률은 분류 나무(classification tree)를 이용한

---

15 2006년에 위기의 가능성이 높았던 이유는 자본 유입이 많을 뿐 아니라, 은행 부문의 자산 건전성 등이 더 나빴던 결과이다.

그림 7-4 은행 위기의 예측(1)

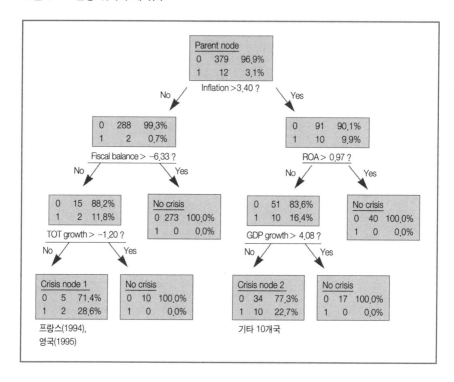

예측에서도 확인된다. 위기의 발생 여부를 가르는 가장 중요한 단일
지표는 물가 상승률이다. 〈그림 7-4〉에 따르면, 2007년에 미국은 물가
상승률이 낮았을 뿐 아니라 은행 자산이 건전하기 때문에 비위기 집
단에 속하는 것으로 나타난다.[16]

물가 상승률이 가장 중요한 지표로 선택되었다는 사실은 물가 상
승이 빨랐던 1990년 전후로 은행 위기가 집중되어 있다는 단순 상관

---

16 2007년 미국의 물가 상승률은 다른 국가들에 비해 높지 않지만, 1980년대 이후 평균 2%
였던 과거와 비교하면 높은 수치이다.

그림 7-5 은행 위기의 예측(2), 인플레이션 제외

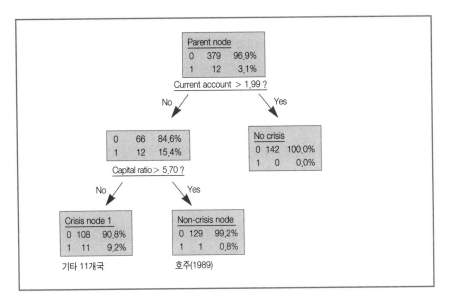

에서 비롯된 것인지 모른다. 설명 변수들 중 인플레이션을 제외하고
분석해 보아도 같은 결과를 얻는다(〈그림 7-5〉 참조). 경상 수지 적자 폭
이 크다는 것은 위험한 신호이지만, 자본 비율이 높기 때문에 역시 비
위기 집단에 속하는 것이다. 은행 부문의 자본 비율이 일정 수준보다
높다는 것은 레버리지가 낮아 리스크에 대한 충분한 완충 장치를 갖
고 있다는 것을 의미한다.

　　은행 위기의 결정 요인에 대한 국제적 비교를 통해 다음과 같은
시사점을 얻을 수 있다. 2007년 미국의 물가 상승률은 2.85%로 예외적
으로 나쁘지 않았다.[17) 경상 수지 적자가 GDP의 5.3%에 이를 정도로

17　그러나 미국 노동통계국(BLS)의 소비자 물가 상승률이 지표의 정의가 바뀌면서 체계적으
　　로 과소평가되었다는 지적이 있다. 또한 지난 20년간 미국의 평균적인 물가 상승률 2%에
　　비하면 높은 수치로 볼 수도 있다.

매우 심각하며, 재정 적자가 존재한다는 사실은 우려할 만한 신호였다.

그럼에도 불구하고 미국 상업 은행의 높은 자본 비율과 자산 건전성은 위기의 가능성을 낮추는 요인이다. 로짓 분석은 미국이 2008년에 은행 위기를 겪을 가능성이 낮다는 사실을 보여주며, 분류 나무의 예측 모형에서도 2007년 미국은 비위기 집단으로 분류되는 것이다. 이것은 미국 은행 위기가 연방준비제도 이사회의 규제와 감독 하에 있던 상업 은행 부문에서 생성된 것이 아니고 상대적으로 규제를 덜 받는 '그림자 은행 체계'(shadow banking system)에서 발생했다는 사실과 부합하는 결과로 보인다. 이는 거시 경제적 불안 요인들에도 불구하고 규제를 덜 받는 부문이 상업 은행만큼 건전했다면 위기의 가능성은 실제로 낮았을 것임을 시사한다[Krugman(2009)].

4. 위험의 과소평가와 위기의 전파

최근 금융 위기가 과거와는 별도로 펀더멘탈이 설명하는 은행 공황의 결과가 아니었을 가능성을 보였다. 이 절에서는 그 원인이 위험을 과소평가하는 대리인 문제에 있음을 시사하며, 아울러 위기의 전파 과정을 분석한다.

4.1. 대리인 문제

미국의 은행 위기, 주가 폭락은 역사적으로 신용 팽창의 정점 부근에서 관찰된다는 공통점이 있다[Bordo(2007)]. 그러나 두드러진 신용 확대와 주택 호황이 반드시 금융 위기로 이어진 것은 아니었다. 무엇보다 미국의 풍부한 유동성을 강조하는 견해는 왜 자금이 더욱 생산적인 국내 혹은 해외 부문으로 흘러가지 않고 모기지 시장과 자산 담보부 증권(ABS) 시장에 과잉 투자가 되었는지를 설명하지 못한다.

몇몇 증거들은 미국의 모기지 시장과 투자 은행 부문에서 위험에 대한 과소평가(underpricng of risk), 즉 자원 배분의 왜곡이라는 미시적인 문제가 발생했음을 가리킨다. 첫째, 대부 거부율이 크게 감소한 지역일수록, 즉 심사 기준이 저하된 지역일수록 신용 증가가 더 빨랐고 이후에 높은 차압률을 보였다[Mian and Sufi(2008)]. 둘째, 서브프라임 모기지 담보부 증권(MBS)을 설계할 때 사용된 기대 손실에 대한 가정은 2004년 4.5%, 2006년 약 6%에 불과했지만 실현된 손실은 가정된 손실의 몇 배를 상회한다. 이러한 예측 오차는 위험 평가 모형에 영원한 주택 가격 상승이라는 비현실적인 가정을 반영한 결과이다[Ellis(2008)]. 셋째, 늦추어 잡아도 2006년이면 이미 서브프라임 모기지 시장의 문제가 표면화되었음에도 불구하고 주택 담보부 증권과 부채 담보부 증권(Collateralized Debt Obligation: CDO)의 발행량은 2007년 초까지 오히려 꾸준히 증가했다(〈표 7-7〉 참조).

이러한 미시적 실패 심화의 핵심에는 모기지 증권화 과정에서 발생한 대리인 문제가 자리잡고 있다. 1960년대 말부터 시작된 모기지 증권화는 주택 건설 및 구입의 자금 조달을 더 이상 저축 기관의 단기 예금에 의존하지 않고 더 넓은 자본 시장을 이용하기 시작했다는 점에서 혁신적이었다.[18] 또한 증권화는 이론적으로 대부의 유동성을 높이고 은행에 집중되는 위험을 국내외 자본 시장에 분산시킬 뿐 아

---

18 모기지 증권화는 엄밀히 말하면 재발견된 것이다. 19세기 후반에 이미 증권화와 관련된 원칙들이 잘 알려져 있었다[Snowden(1995)].

표 7-7 서브프라임 모기지, 부채 담보부 증권(CDO) 발행액

(단위: 십억 달러)

연도	서브프라임 모기지 발행 총액	서브프라임 모기지 비중	증권화 비율	부채 담보부 증권 발행액(세계)
2001	190	8.6	50.0	n.a.
2002	231	8.0	52.4	n.a.
2003	335	8.5	60.3	n.a.
2004	540	18.5	74.3	119
2005	625	20.0	81.1	206
2006	600	20.1	80.5	410
2007	200	8.1	92.8*	340
2008	n.a.	n.a.	n.a.	40

주: *Alt-A 및 서브프라임 대부의 증권화율.
자료: Inside Mortgage Finance, SIFMA.

니라 끊임없이 자본 시장의 감시를 받게 되어 효율적인 자본 배분에 기여한다는 편익이 있다.[19]

문제는 〈그림 7-6〉에서처럼 증권의 생산 과정에 여러 대리인들이 참여하는 모기지 증권화의 성격에서 비롯된 것으로, 최종 투자자 (principal)와 각 대리인들(agents, 즉 모기지 발행자, 은행, 자산 관리자, 신용 평가 회사 등) 간에 이해상충이 발생할 수 있다. 최종 투자자들은 대부의 질과 원리금의 순조로운 상환이라는 장기적 성과에 관심을 가지게 되는 반면, 발행자, 대부자, 투자 은행들의 수입원은 증권 거래량에 비례하는 수수료이므로, 모기지 및 증권의 발행량과 운용 자산의 양 에만 관심을 기울일 뿐 아니라 선별과 감시의 비용을 절약할 유인을

19 은행 입장은 증권화를 통해 자본 비용(equity cost)을 절감할 수 있어 증권화는 신용 카드 수취 계정(credit card receivables) 담보 대부와 같은 소비자 신용 부문에도 널리 적용되어왔다. 자본 비율 규제가 기타 금융 기관보다 은행에, 증권보다 대부에 더 엄격하기 때문에 은행들은 대부를 증권화하여 증권 형태로 보유하거나, 자회사를 설립하여 증권을 보유하기도 한다. 또한 투자자는 CDO를 통해 자신의 위험 선호에 적합한 상품을 구입할 수 있다.

그림 7-6 증권화 과정의 다양한 참여자들

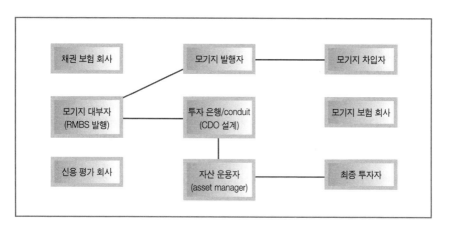

갖는다. 다시 말해, 대리인들(모기지 발행자, 대부자, CDO 매니저 등)이 주인 (최종 투자자들)의 이해에 충실하게 행동하지 않을 가능성이 존재한다.

그렇다면 위험을 과소평가하는 대리인 문제가 왜 이렇게 중요해 졌는가? 문제는 1960년대부터 잠재되어 있던 모기지 증권화 과정에 서의 위험 과소평가가 그림자 은행 체계의 급속한 확대와 함께 더 이상 지탱할 수 없도록 불거졌다는 데 있고, 이를 규제 감독을 했어야 하는데 그러지 못했다는 것이다. 이러한 주장을 뒷받침하기 위해 로 짓 모형이나 분류 나무 분석에 대리인 문제를 넣는 방법을 생각해볼 수 있다. 그러나 대리인 문제의 프록시를 설정하기 힘들뿐더러 앞 절 에서 사용한 모델들이 기본적인 표준 모형이므로 추가적인 변수를 부가하는 것이 적절하지 않을 수도 있다. 여기서는 왜 예전부터 있었 던 대리인 문제가 위기의 심화로 연결되었는가 하는 점을 그림자 은 행 체계의 규모와 관련하여 밝히는 데 그치고자 한다.

상업 은행처럼 자기 자본 비율, 지불 준비율, 예금 보험료 납부 등의 규제를 받지 않는 이점 때문에 그림자 은행 체계는 걷잡을 수 없이 확대되었다. 그림자 은행 체계란 은행이 아니면서 은행의 기능을 수행하는 기관 또는 장치를 말한다. 즉, 투자자와 차입자를 연결해주지만 예금을 수신하지 않는다는 이유로 규제를 덜 받는 투자 은행, 연금 기금, 헤지 펀드, 구조화 투자 회사(SIV), 보험 회사, 자산 유동화 상업 어음(ABCP conduit) 등을 포함한다. 안전성 및 건전성 규제를 받지 않는 만큼 이들 기관은 금융 레버리지가 높아 유동 자산에 비해 부채 비율이 매우 높다. 높은 레버리지는 호황기의 이윤과 불황기의 손실을 모두 팽창시킨다. 즉, 위험성이 크다. 구체적으로는 시장 위험, 신용 위험, 그리고 부채는 단기이고 자산은 장기라서 발생하는 유동성 위험이 높고 규제를 받지 않는 대신 중앙은행의 최종 대부 지지도 받지 못한다. 즉, 신용 시장의 압박이 오면 부채를 갚기 위해 장기 자산을 매각해야 하는 급속한 디레버리지(deleveraging)가 불가피한 것이다[Roubini (2008)].

2000-2008년 동안 미국과 유럽의 그림자 은행이 전체 금융에서 차지하는 비중이 지속적으로 증가했는데, 2007년 2사분기 미국의 "상업 은행, 저축 은행 등 은행권의 총자산 규모는 13조 달러 정도임에 반해 모기지 풀, 증권 부문, 금융 회사, 그리고 자산 담보부 증권(ABS) 업체들의 자산 규모가 17조 달러에 이른다. 물론 이 과정에서 중복 계산이 있을 수 있다"[신현송(2009, p. 88)]. 2008년 6월 당시 뉴욕 연방준비은행 총재 게이트너(Timothy Geithner)의 강연에 따르면 2007년 초 그림자 은행의 자산 규모가 10조 5,000억 달러로서 상업 은행 시스템의 자산 총액 10조 달러를 넘어선다. "구조화 투자 회사, 경매 방식 우선주, 조건부 채권(tender option bonds), 변동 금리 약속 어음을 포함한 자산 유동화

상업 어음 콘듀잇의 자산 규모가 2조 2,000억 달러에 달했고, 3자 간 환매 조건부 채권(repo)으로 밤 사이 조달되는 자산이 2조 5,000억 달러로 성장했으며, 헤지 펀드 보유 자산은 약 1조 8,000억 달러로 늘었다. 당시 5대 투자 은행의 장부 합산 수지는 4조 달러였다"[Geithner (2008)].[20] 이와 같이 확장된 그림자 금융 체계에서의 고위험은 그 자체로 위험을 과소평가하는 대리인 문제를 키운다. 또한 다양한 대리인이 함께 참여하게 함으로써 모기지 증권화의 성격을 근본적으로 변화시킨다.

금융 중개 기관에 대한 이론도 이들이 적절히 차입자를 선별하기 위해서는 그럴 만한 유인을 가져야 한다는 점을 강조한다. 은행이 보증 없이 대부를 판매할 경우 선별과 감시에 투자할 유인을 잃게 된다[Gorton and Pennacchi(1995)]. 실제로 신용 지표가 동일하더라도 증권화된 모기지가 그렇지 않은 모기지보다 채무 불이행 가능성이 높았다는 사실은 증권화 과정에서 대리인 문제가 발생했음을 시사한다[Keys, Mukherjee, Seru and Vig(2008)].[21]

어느 대리인들의 문제인가에 대해서는 학자들마다 강조하는 바가 다르다. 모기지 발행자들의 경우 의심스러운 대부에 대해서 발행자가 손실을 보증하는 관행이 있었으나 일반적으로 보증 기간은 90일을 넘지 않았다. 적절한 자본 규제를 받지 않는 소형 모기지 발행기관들은 수수료 수입을 올린 후 연체와 차압이 증가하면 파산해버렸다는 것이다[Mishkin(2008)].

---

20 크루그만도 이를 인용하고 있다[Krugman(2009, p. 161)]. 그림자 은행 체계의 개념이 느슨하기 때문에 정확한 규모 파악에도 어려움이 있다. 발표된 통계 수치를 참조하지 못하고 인용에 의존하는 까닭이다.
21 이것은 증권화 과정에서 발생한 은행의 역선택 문제로 해석할 수도 있다.

또 다른 대리인인 신용 평가 기관의 경우 투자 은행이 설계한 증권의 신용도를 사전에 평가해주면서, 또한 신용 등급을 발행할 때 이들로부터 수수료를 받는다. 가장 좋은 신용 등급을 원하는 발행자들로부터 수입을 얻으므로 더 우호적인 등급을 제시했고, 이러한 유인이 등급의 상승(rating inflation)을 낳았다[Portes(2008)].[22]

자산 운용자들 역시 모기지 관련 구조화 증권의 잠재적 위험을 인지했음에도 불구하고 지속적으로 구조화 증권에 투자했다. 이들에게는 운용 자산의 크기가 중요했기 때문에 투자자들에게 위험을 알리지 않았다는 것이다[Calomiris(2008)].[23]

주인과 대리인 간의 이해상충과 더불어 대리인들 간의 이해가 합치했다는 사실은 더 심각하다. 더 많은 모기지를 발행하려는 모기지 회사들, 더 많은 증권화를 통해 수수료를 얻으려는 투자 은행, 더 후한 신용 등급을 제공하려는 신용 평가 회사, 더 많은 자산을 운용하려는 자산 운용자 등의 대리인들은 투자자들의 이해와 무관하게 모두 주택, 모기지, 그리고 증권 시장의 활황에 의존하는 동일한 이해관계를 갖고 있었다.

뿐만 아니라, 이들 대리인은 투자자들의 이해에 반하여 공동의 이익을 추구한 듯하다. 서브프라임 모기지의 증권화 위험이 비현실적으로 과소평가되었다는 점이 이미 위기 이전에 알려져 있었다는 것이다. 가령 부채 담보부 증권(CDO) 신용 등급에 회사채와는 다른 기준이 적용된다는 것은 2005년 말이면 이미 신용 평가 회사 및 자산 운

---

22 2006년 무디스(Moody's) 수입의 44%가 구조화 증권 업무에 의한 것이었다.
23 운용자가 장기적 성과에 따라 보상받는 인센티브를 가진 헤지 펀드는 상대적으로 손실이 작았다.

용자들에게는 공공연한 사실이었다[Calomiris(2008)].

결국 위험 감수에 따르는 손실을 부담하는 최종 투자자들과 증권 발행량 혹은 운용 자산의 양에 비례하는 수수료를 받는 대리인 간에 이해상충이 발생한 반면, 대리인들 간에는 이해의 일치가 존재했다는 점을 이해하지 않고서는 이번 위기를 설명하기 힘들다. 이것은 투자자와 대리인들의 이해를 일치시키는 적절한 인센티브 설계와 규제가 중요하다는 점을 의미한다. 신용 카드 수취 계정의 증권화는 이론에 부합하는 편익을 제공하는 성공적인 사례로 비교될 수 있다.

신용 평가 회사, 자산 운용자의 대리인 문제가 심각했다면 왜 모기지 관련 증권만이 유독 큰 손실을 낳았는지의 문제가 남는다. 정부의 지나친 주택 소유 장려 정책 등이 거론될 수 있으나, 정부 후원 기업(Government Sponsored Enterprises: GSE)의 무모한 보증이 중요한 요인이었다. 2008년 7월 국유화된 패니매(Fannie Mae)와 프레디맥(Freddie Mac)이 서브프라임 모기지 시장에서 기록한 손실액은 1조 달러가 넘는다.[24] 특히, 손실을 낳은 서브프라임 투자 및 보증의 거의 전부가 2005년에서 2007년 사이에 이루어졌는데, 이들은 2003년과 2004년 회계 스캔들 이후, 의회의 지원을 잃지 않기 위해 무모한 투자를 했다는 것이다[Wallison and Calomiris(2008)]. 또한 정부 후원 기업에 대한 미국 정부의 암묵적인 보증은 국부 펀드(sovereign wealth fund) 등이 이자율이 낮은 국채 대신 모기지 증권을 보유할 유인을 제공했을 가능성이 있다.

---

24 패니매와 프레디맥은 〈그림 7-6〉에서 모기지 대부자 및 모기지 보험 회사의 역할을 동시에 수행한다.

4.2. 위기의 전파

구조화 증권 시장의 잠재적 위험이 실현되자 유럽을 비롯한 각국의 투자자들은 이로 인한 직접적인 손실을 입었다. 금융 기관들이 상호 대부를 꺼리면서 은행 간 단기 대부 금리(LIBOR)가 치솟았고, 2007년 8월 국제적 유동성 충격이 발생했다. 이에 연방준비제도 이사회와 유럽중앙은행(ECB)은 즉시 대량의 유동성을 공급하는 것으로 빠르게 대응했다.

그러나 주택 가격 하락으로 인한 은행의 자산 손실은 향후에도 지속적으로 실현될 위험으로 계속 남아 있었다는 사실 때문에 신용 경색은 중앙은행의 유동성 공급 이후에도 지속되었다. 뿐만 아니라, 구조화 증권 시장이 완전히 무너져 증권의 시장 가치를 알 수 없게 되었다는 점, 구조화 증권의 설계가 몹시 복잡하여 손실을 추정하기 어렵다는 점 등은 서브프라임 손실의 정도와 최종 귀착을 알 수 없게 만들어 상대방 위험(counterparty risk)이 증가하고 신용 경색이 악화되었다. 2007년 이후 상승하기 시작하는 미국의 LIBOR-OIS 스프레드는 은행의 유동성 위험과 신용 위험을 모두 반영하는데, 그 변동이 신용 위험의 대리 변수인 LIBOR-Repo 스프레드로 거의 전부 설명된다는 사실은 미국의 금융 위기가 유동성 위기가 아닌 신용 위기임을 시사한다[Taylor(2009)].

또한 유럽 및 미국 은행의 신용 부도 스왑(CDS) 스프레드로 포착된 신용 위험의 변동성을 분해한 연구는 2007년 7월 서브프라임 위기가 시작된 이후 모종의 공통 요인의 비중이 증가했음을 관찰했는데, 2007년 7월부터 리먼브라더스(Lehman Brothers)가 파산한 2008년 9월까지는 이 공통 요인이 경기 변동 지표보다는 자금 조달 위험과 상대방 위험을 반영한 반면, 2008년 9월 이후에는 경기 변동 지표와의 상관관계가 높아졌다[Eichengreen et al.(2009)]. 이는 국제 금융 위기의 초기 단계에서는 서브프라임 손실과 불확실성이, 리먼브라더스 파산 이후에는 세계적 경기 침체의 효과가 중요했던 것으로 해석할 수 있다.

금융 위기가 주로 미국, 유럽 등 선진국 자본 시장에 국한되었던 것이 세계적 불황의 도래와 함께 주변 신흥국들로 확산되어, 2008년 말에 아이슬란드·헝가리·파키스탄·우크라이나, 2009년 초 벨라루스·루마니아 등이 차례로 IMF의 자금 지원에 의존하게 되었다.

특히, 크로나(krona)의 가치가 폭락하고 3대 은행이 국유화된 아이슬란드의 금융 위기는 경제 규모에 비추어 역사상 최대의 은행 위기로 기록될 전망이다. 과거 동시 위기를 경험한 신흥국들처럼 아이슬란드 은행들도 위기 이전에 온라인 예금의 형태로 엄청난 규모의 외화 표시 단기 부채를 보유했다.[25] 아이슬란드도 원죄를 피하지 못한 것이다. 그러나 중채무국이었던 한국과 달리, 아이슬란드 은행들의 재무제표상에는 자산과 채무 간의 통화 불일치(currency mismatch)가 없었다. 외화 표시 자산을 신속하게 유동화할 수 없었기 때문에 위기를 경험한 것이다. 이는 중앙은행의 외환 보유액이 순외화 노출액(net foreign exchange exposure)이 아닌 단기 외화 노출 총액에 상응해야 함을 시사하는 것으로 보인다.[26]

---

25 유럽 전역을 대상으로 한 온라인 예금이 은행 부채의 상당 부분이었고, 아이슬란드 은행 자산의 규모는 2004년 GDP의 약 2배에서 2007년 약 9배로 빠르게 성장했다(*Economist* Dec. 13th, 2008).

26 또한 금융 위기가 빗겨간 국가들도 국제 금융 위기로 심화된 세계적인 경기 침체를 피하지는 못했다. 금융 위기를 겪지 않은 일본과 한국이 G-20 중 가장 심한 침체를 경험한 것이다.

5. 맺음말

주가 폭락, 시장 이자율의 위험 스프레드 증가, 인출 쇄도 등은 19세기 은행 공황에서도 쉽게 발견되는 은행 위기의 익숙한 징후들이다. 그러나 이번 위기에서는 과거 미국이 경험한 은행 위기와 다른 면이 발견된다. 과거 은행 위기에는 실물 부문의 충격과 주가 폭락이 선행하였다. 또한 미국의 경우, 제도와 금융 규제상의 제약이 은행 부문의 취약성을 증대시키는 요인이었다. 반면, 2007-2009년 미국의 금융 위기는 크고 뚜렷한 거시 경제적 충격이 없다는 점, 금융의 안정성을 저해하는 제도적 제약이 사라진 이후에 발생했다는 특징이 있다.

오히려 2007-2009년 미국의 금융 위기는 19세기 미국의 은행 공황보다는 20세기에 신흥국이 겪는 은행 위기에 가까운 모습이다. 위험의 과소평가라는 은행 부문에서의 미시적 실패로 인해 해외에서 유입된 풍부한 자본이 잘못 배분되어 발생했다는 점은 1890년 아르헨티나, 1994년 멕시코, 혹은 1997-1998년 아시아 위기 등과 닮은 점이 많다. '나쁜 은행업'과 '나쁜 정책'이 결합되어 위기가 심화되었다는 점은 신흥 시장의 미숙한 금융 부문에서 발견되는 은행 위기의 특징이다[Caprio and Honohan(2009)]. 물론 엔론 사태, GSE의 회계 부정, 텍사스 위기와 같이 과거에도 자산 가격 변동과 운영상의 실책은 항상 있어 왔다. 그러나 이러한 사건들은 지역적·부분적 위기에 그쳤다. 잘못 설계된 인센티브에서 비롯된 '나쁜' 은행업이 규제를 피해 전 세계의 투자자들을 상대로 그토록 오랜 기간 지속되었다는 사실은 이번 위기의 가장 놀라운 점일 것이다.

한편, 풍부한 유동성 환경 하에서 검증되지 않은 금융 혁신은 금융 위기의 요인이 되었다. 다른 한편, 정보의 비대칭성에 따른 미시적 실패는 위기마다 그 양상이 다르지만, 금융 시장에 고질적인 문제이다. 최근 위기에서는 이것이 위험의 과소평가를 조장한 대리인 문제로 표출되었다. 역사적으로도 끊임없이 반복되어 온 금융 위기는 금융 혁신과 금융 세계화의 한 측면으로 이해될 수 있다. 특히, 금융 세계화가 돌이킬 수 없이 진전되고 있다는 점에 비추어보면 앞으로 금융 위기가 더욱 빈발할 것이 예상된다. 그러나 이러한 전망이 우리가 금융 혁신과 세계화의 편익을 포기해야 함을 의미하지는 않는다. 이번 위기를 통해 검증을 통과하지 못한 모기지 증권화에는 제약이 생기겠지만, 다른 종류의 증권화는 적절한 규제 하에 안정적으로 편익을 제공하리라고 본다. 그림자 은행 체계도 적절한 규제 내부로 편입된다면 위험 분산과 금융 편익의 확산에 도움이 될 것이다. 위기에 뒤따르는 정책 대응에 따라 위기의 심도와 기간, 생산 손실의 크기가 달라진다는 관찰과 믿음은 공고하다. 금융 위기를 막을 수 없다면, 이를 용인하고 관리하는 것이 대안일지 모른다. 금융 위기를 뿌리 뽑으려는 시도들은 실패했거나 성공하더라도 비용을 치렀다는 점을 되새길 필요가 있다.

부표 7-A1 표본 구성

1987-2007년, 선진 21개국(괄호는 은행 위기 발생 연도): 호주(ai, 1989), 오스트리아(au), 벨기에(be), 캐나다 (ca), 덴마크(de, 1987), 핀란드(fi, 1991), 프랑스(fr, 1994), 독일(ge), 그리스(gr, 1991), 아이슬란드(ic, 1993), 아일 랜드(ir), 이탈리아(it, 1990), 일본(j, 1992), 네덜란드(ne), 포르투갈(po), 노르웨이(nr, 1990), 스페인(sp), 스위스 (stz), 스웨덴(sw, 1991), 영국(uk, 1991, 1995), 미국(us, 1988, 2007)

부표 7-A2 설명 변수 정의 및 자료 출처

설명	변수	출처
(1)	1인당 실질 GDP 성장률, %	World Economic Outlook
(2)	물가 상승률, %	World Economic Outlook
(3)	평가 절하율, %	International Financial Statistics
(4)	재정 수지, % of GDP	World Economic Outlook
(5)	경상 수지, % of GDP	World Economic Outlook
(6)	수출 성장률, %	International Financial Statistics
(7)	교역 조건 변화, %	International Financial Statistics
(8)	외환 커버리지=외환 보유액/road money, %	International Financial Statistics
(9)	민간 국내 신용 성장률, %	International Financial Statistics
(10)	실질 이자율, %	International Financial Statistics
(11)	대외 자산 비중, % of GDP	International Financial Statistics
(12)	자본 비율=자본 총액/자산 총액, %	OSIRIS, 상장 은행 평균
(13)	부실 대부 비율=부실 대부액/자산 총액, %	OSIRIS, 상장 은행 평균
(14)	여수신 금리차, %	International Financial Statistics
(15)	자산 이익률=순이익/자산 총액, %	OSIRIS, 상장 은행 평균

부표 7-A3 기초 통계량

설명 변수	관측치 수	평균	표준 편차	최소값	최대값
1인당 GDP 실질 성장률	440	2,744	2,036	−6,244	11,489
물가 상승률	441	3,222	3,108	−1,	25,456
평가 절하율	428	−0,374	9,136	−17,319	32,612
재정 수지(GDP 대비)	441	−1,882	4,165	−14,506	18,4
경상 수지(GDP 대비)	440	0,363	4,937	−25,374	17,271
수출 증가율	390	5,769	6,069	−32,831	37,668
교역 조건 성장률	377	0,295	3,979	−10,493	39,906
외환 커버리지	419	1,971	5,298	0,002	33,719
국내 실질 신용 증가율	393	5,489	8,958	−14,847	71,332
실질 이자율	379	1,693	2,051	−5,154	8,342
대외 자산 비중	411	0,229	3,678	−26,275	26,333
자본 비율	404	5,864	2,309	1,015	22,924
부실 대부율	349	3,316	2,469	0	13,202
여수신 금리차	362	4,283	2,006	−2,231	11,1
자산 이익률	404	0,811	0,734	−6,547	4,041

참고 문헌

신현송(2009), 「2007-2009 국제 금융 위기의 이론적 및 실증적 고찰」, 『한국경제포럼』, 2-3, 가을, pp. 87-145.

양동휴(2012), 『세계화의 역사적 조망』, 개정판, 서울대학교 출판문화원.

Ahrend et al.(2008), "Monetary Policy, Market Excesses and Financial Turmoil," OECD Economics Department Working Papers No. 567.

Bernanke, Ben(2005), "The Global Saving Glut and the U.S. Current Account Deficit," FRB speech Mar. 10th.

_____(2009), "Financial Reform to Address Systemic Risk," FRB speech March 10th.

Bordo, Michael D.(1985), "The Impact and International Transmission of Financial Crises: Some Historical Evidence, 1870-1933," *Revista di Storia Economica*, 2, pp. 41-78.

_____(2007), "Growing Up to Financial Stability," NBER Working Paper No. 12993.

_____(2008), "An Historical Perspective on the Crisis of 2007-2008," NBER Working Paper No. 14569.

Bordo, Michael, Barry Eichengreen, Daniela Klingebiel and Maria Soledad Martinez-Peria(2001), "Is the Crisis Problem Growing More Severe?" *Economic Policy*, April, pp. 53-82.

Bordo, Michael and Christopher M. Meissner(2005), "The Role of Foreign

Currency Debt in Financial Crises: 1880-1913 vs. 1972-1997," NBER Working Paper 11897.

Bruner, Robert F. and Sean D. Carr(2007), *The Panic of 1907: Lessons Learned from the Market's Perfect Storm*, John Wiley and Sons.

Calomiris, Charles W.(1993), "Regulation, Industrial Structure, and Instability in U.S. Banking: An Historical Perspective," in Michael Klausner and Lawrence J. White, eds., *Structural Change in Banking*, Business One Irwin.

_____(2008), "The Subprime Turmoil: What's Old, What's New, and What's Next," Jackson Hall Symposium.

Calomiris, Charles W. and Joseph R. Mason(2003), "Fundamentals, Panics, and Bank Distress During the Great Depression," *American Economic Review*, 93-5, pp. 1615-1647.

Caprio, Gerard, Jr., Daniela Klingebiel, Luc Laeven and Guillermo Noguera(2005), "Banking Crises Database," in Honohan Patric, ed., *Systemic Financial Crises: Containment and Resolution*, Cambridge University Press.

Caprio, Gerard, Jr. and Patrick Honohan(2012), "Banking Crises," in Allan Berger, Philip Molyneux and John Wilson, eds., *Oxford Handbook of Banking*, Oxford University Press.

Carlson, Mark(2005), "Causes of Bank Suspensions in the Panic of 1893," *Explorations in Economic History*, 42, pp. 56-80.

Demirgüç-Kunt, Asli and Enrica Detragiache(1998), "The Determinants of Banking Crises in Developing and Developed Countries," IMF Staff

Papers 45(1), pp. 81-109.

Demirgüç-Kunt, Asli, Edward J. Kane and Luc Laeven(2008), *Deposit Insurance Around the World: Issues of Design and Implementation*, MIT Press.

Economist, October 20, 2007, "Lessons from the credit cruch".

_____, December 13, 2008, "Cracks in the crust".

Eichengreen, Barry(2008), *Globalizing Capital: A History of the International Monetary System*, 2nd ed., Princeton University Press.

Eichengreen, Barry, Ashoka Mody, Milan Nedeljkovic and Lucio Sarno (2009), "How the Subprime Crisis Went Global: Evidence from Bank Credit Default Swap Spreads," NBER Working Paper 14904.

Friedman, Milton and Anna J. Schwartz(1963), *A Monetary history of the United States, 1867-1960*, Princeton University Press.

Geithner, Timothy(2008), "Reducing Systemic Risk in a Dynamic Financial System" ⟨http://www.newyorkfed.org/newsevents/speeches/2008/tfg080609.html⟩.

Glick, Reuben et al., eds.(2001), *Financial Crisis in Emerging Markets*, Cambridge University Press.

Gorton, Gary B. and Charles W. Calomiris(1991), "The Origins of Banking Panics: Models, Facts, and Bank Regulation," in Glenn R. Hubbard, ed., *Financial Markets and Financial Crises*, University of Chicago Press.

Gorton, Gary B. and George G. Pennacchi(1995), "Banks and Loan Sales Marketing Nonmarketable Assets," *Journal of Monetary Economics*

35-3, pp. 389-411.

Honohan, Patrick and Luc Laeven, eds.(2005), *Systemic Financial Crises: Containment and Resolution*, Cambridge University Press.

Kaminsky, Graciela(2003), "Varieties of Currency Crises," NBER Working Paper No. 10193.

Kaminsky, Graciela and Carmen M. Reinhart(1997), "The Twin Crises: The Causes of Banking and Balance-of-Payments Problems," *American Economic Review*, 89-3, pp. 473-500.

Kane, J. Edward(1989), *The S&L Insurance Mess: How Did It Happen?*, The Urban Institute Press.

Keys, J. Benjamin, Tanmoy Mukherjee, Amit Seru and Vikrant Vig(2008), "Did Securitization Lead to Lax Screening? Evidence From Subprime Loans 2001-2006," Working Paper.

Krugman, Paul(2009), *The Return of the Depression Economics and the Crisis of 2008*, W. W. Norton.

Laeven, Luc and Fabian V. Valencia(2009), "Systemic Banking Crises: A New Database," IMF Working Paper No. 08/224.

Mishkin, Frederick S.(2008), "Global Financial Turmoil and the World Economy," FRB speech, July 2nd.

Poole, William(2007), "Understanding the Fed," *Federal Reserve Bank of St.Louis Review*, 89-1, pp. 3-13.

Portes, Richard(2008), "Credit Agency Reform," VOX [Online], Available ⟨http://www.voxeu.org/index.php?q=node/887⟩.

Reinhart and Rogoff(2008a), "Is 2007 US subprime financial crisis so different?," NBER Working Paper No. 13761.

_____(2008b), "Equal Opportunity Menace," NBER Working Paper No. 14587.

_____(2009), "The Aftermath of Financial Crises," NBER Working Paper No. 14656.

Rubini, Nouriel(2008), "The Shadow Banking System is Unraveling" 〈http://www.ft.com/cms/s/0/622acc9e-87f1-11dd-6114-0000779fd18c.html〉.

Shiller, Robert J.(2005), *Irrational Exuberance*, 2nd ed., Princeton University Press.

_____(2008), *Subprime Solution: How Today's Global Financial Crisis Happened, and What to Do about It*, Princeton University Press.

Snowden, Kenneth A.(1995), "Mortgage Securitization in the United States: Twentieth Century Developments in Historical Perspective," in Michael D. Bordo and Richard E. Sylla, eds., *Anglo-American Financial Systems*, Irwin Professional Publishing.

Taylor, John B.(1993), "Discretion versus Policy Rules in Practice," *Carnegie-Rochester Conference Series on Public Policy*, 39, pp. 195-214.

_____(2007), "Housing and Monetary Policy," Jackson Hall Symposium.

_____(2009), "The Financial Crisis and the Policy Responses: An Empirical Analysis of What Went Wrong," NBER Working Paper No. 14631.

Wallison, Peter J. and Charles W. Calomiris(2008), "The Last Trilion-Dollar Commitment: The Destruction of Fannie Mae and Freddie Mac,"

American Enterprise Institute for Public Policy Research.

Wicker, Elmus(1996), *The Banking Panics of the Great Depression*, Cambridge University Press.

_____(2000), *Banking Panics of the Gilded Age*, Cambridge University Press.

8

재정 국가의 역사와 유로존 부채 위기

1. 머리말

1992년 말 서유럽 국가들이 유럽연합(EU)으로 통합되던 당시 이에 대한 유럽인의 생각은 엇갈렸다. 국민 국가(nation-state) 단위로 작동하는 경제에 익숙해온 사람들의 통합 유럽에 대한 거부감이 만만치 않았다. 통합 유럽이 진행되면 국가 주권의 많은 부분을 포기할 수밖에 없다는 것이 이유였다. 반면, 고대 지중해 무역을 기반으로 찬란했던 로마제국의 몰락 이래로 유럽이 통합될 처음 맞는 좋은 시기라는 인식, 만일 통합되지 않으면 유럽 개별 국가들은 거대하고 공격적인 미국, 일본 등의 경제권 틈바구니에서 왜소한 존재로 남을 것이며, 통합 유럽이 진행될 경우 역외에 머무는 비용이 너무 막대할 것이라는 우려 등등으로 인해 통합 유럽의 필연성이 강조되었다. 출범 당시 통합 유럽에 대한 전망은 대체로 낙관적이었다.

그러나 2008년 미국발 금융 위기가 한바탕 세계 경제를 뒤흔든 후, 모든 나라에서 경기 회복을 위해 공적 자금이 대규모로 투입되었다. 즉, 재정 적자가 급증했는데, 2009년부터 통합 유럽 일부 나라들(PIGS: 포르투갈, 이탈리아, 그리스, 스페인)의 재정 위기가 부각되자 또다시 통합 유럽의 장래에 비관적 전망이 고개를 든다(「유로화의 종말」 등).
제2차 세계 대전 이후 세계 경제를 이끌던 미국이 어느덧 다수의 경쟁자들 가운데 하나인 처지가 되었으며, 중국 경제가 부상했다고는 하나 그 갈 길이 아직 멀어 보인다.

과거 1870년대와 1990년대 중엽, 1930년대 초 같은 세계적 공황에서 보듯, 자본주의란 그냥 방치하면 재정, 금융 불안을 야기하기 쉬워 혼란이 따를 수 있다. 적절한 통제, 지휘, 예방 대책 등이 늘 필요하다. 통합 유럽 경제 역시 낙관적 전망에서 시작했다고 해도, 그 출발 당시부터 해결해야 할 난제가 한두 가지가 아니었으며, 통합 과정이 순조롭지만은 않을 것도 충분히 예상된 일이었다. 통합 과정이 다소 주춤하거나 난관에 봉착할 수도 있겠지만 그렇다고 통합 이전으로 되돌아갈 수는 없는 시점에 와 있다. 이 장은 최근 연일 일간 신문의 헤드라인을 장식하고 있는 유럽 재정 위기 문제를 '재정 국가'의 형성부터 시작해 역사적으로 조망해보려는 것이다.

다음 절에서는 재정 국가의 진화에 대해 설명한다. 3절에서는 재정 적자, 경상 수지 적자, 환율 제도의 연관성을 분석하여 재정 국가 성립과 최근 재정 위기의 연결을 모색한다. 4절은 20세기의 국제 통화 제도, 5절은 유럽 통화 통합을 요약하고 유로존 부채 위기의 진행 과정을 살펴본다. 마지막 절은 전망을 포함한 남은 이야기이다.

2. 재정 국가 형성의 비교사

재정 위기라 함은 한 나라의 씀씀이가 거두어들인 것보다 많아 파탄에 이르는 지경을 가리킨다. 길게는 로마 시대나 중국 진나라에서부터 그 역사적 사례가 많다. 그렇게까지 거슬러 올라가지 않아도 17-18세기에 재정적 주권(fiscal sovereignty) 다툼이 두드러졌다.

오브라이언(O'Brien)에 따르면, 경제가 성장하는 데 강력한 '재정 국가'(fiscal state)의 등장이 중요했다. 여기에는 영국이 돋보인다. 유럽 대륙은 여러 정치적 이유로 불발에 그쳤다[O'Brien(2011)]. 군사적 혁신과 잦은 전쟁으로 재정 수요가 증가함에 따라 대륙 나라들의 중앙 정부는 점점 재정 확보의 어려움에 처했다. 세원 포착, 감시(monitoring), 조세 평가, 징수 등을 민간업자에게 외주하는 것이 모두 힘들게 되고 부패, 독점, 매관매직, 민간의 재산권 주장 등이 난무했다. 수확 체감 단계설, 즉 약탈적 수취 단계에서 벗어나 적절히 확보된 예산에 따라 작동하는 '재정 금융 국가'(properly funded fiscal and financial states)로 발달하여 수확 체감 단계에 이른다는 주장이 여기에 적용된다. 영국은 1688년 이전의 내전, 공화정, 스튜어트(Stuart) 왕정 복고 기간을 거치면서 성공적 재정 국가가 탄생할 정치적 합의와 행정적 근간을 마련했다. 새로운 재정 근간(fiscal constitution)으로써 군대, 특히 해군 유지가 가능하게 되었다. 여기서 정치적 합의란 부유한 엘리트가 질서, 정치 안정, 해외 사업 보호를 위한 더욱 강력하고 집권된 국가 형성에 합의한 것을 말한다. 이 과정에서 저항이 작은 간접세(excise and stamp duties) 비중이 커지고 조세 수입을 담보로 한 차입이 급증했다. 총조세 수입에서 차지하는 부채 원리금 상환(debt service) 비율은 18세기 내내 60% 수준을 유지했다[O'Brien(2011, p. 429, 〈Fig.2〉; p. 430, 〈Fig.3〉); Bonney(1999)]. 다른 말로 하면, 건전한 재정 국가란 징세 능력과 차입 능력에 달렸다. 정부 부채의 크기 자체가 문제가 아니라 채무를 진 국가의 신인도가 문제인 것이다.

프랑스, 스페인, 오스트리아, 덴마크, 러시아나 오토만제국 등은 영국처럼 조세를 많이 거두거나 차입할 수 없었다.[1] 세원 확장을 위한 개혁에 정치적 제약이 컸고, 따라서 차입에도 한계가 있었다. 영국이 갖는 예외적 측면에는 지방세 지분의 감소, 각종 면세 특권의 소멸 등도 포함된다. 영국은 내전, 공화정, 왕정 복고, 명예혁명 등을 거치면서 세원 평가, 징세, 조운 등을 담당하는 관료 체계가 발달했고 징세 하도급(tax farming)이 사라졌다. 지방 귀족의 부와 권력도 약화되었다. 이러한 예외적 재정 구조는 건전한 국가를 형성시켜 네 가지 중요한 공공재, 즉 대외적 안보, 대내적 정치 안정, 재산권 보장, 해외 사업 보호 및 보조 등을 공급했다. 특히, 해외 사업을 위한 상비군(해군)에 대한 투자가 엄청났다. 자유주의적 전통에 따라, 자유와 민주를 위한 헌법이 경제 성장을 낳는다는 주장이 있지만, 당시 영국은 조세 인상에 우호적이고 정부 부채 누적에도 동의하는 정치 관계가 조성되어 있었다. 이것이 지주, 상인, 산업 엘리트의 안전 보장, 질서 유지, 재산권 보호, 해외 팽창을 가능하게 했다고 새로이 해석되기도 한다.[2]

오브라이언의 설명은 군사 기술의 혁신(military revolution)이 전쟁 비용을 키운 가운데 전쟁이나 국내 정치 불안에 의해 재정 수요가 늘어나면 중세적 영지 수입으로 모자라므로 중세 '영지 국가'(domain state)가 쇠퇴하고 근대 '조세 국가'(tax state)가 등장한다는 전통적인 가

---

1 국가 재정과 경제 성장의 관계는 오래된 광범위한 주제이다. 금융 혁명에 의해 값싼 차입이 재정 안정을 이룬 예는 이탈리아, 네덜란드, 영국, 미국, 일본 등에 거친다[Sylla(2002)]. 17세기 홀란드의 공공 부채 조달에 높은 저축률과 효율적 재정 제도가 미친 영향에 대한 좋은 연구로 Gelderblom and Jonker(2011) 참조.
2 이러한 장치가 임금을 높여 영국의 기술 진보를 촉진했다는 설명이 있다[O'Brien(2011, p. 439); Allen(2009, 2011)].

설의 변형이라고 할 수 있다. 근대 유럽은 권력 추구와 잔존을 위한 투쟁으로 조세를 더 거둘 필요가 생기자 도시 중심의 시장과 교역에 과세하고 대신 재산권 보호 등 공공재를 공급하여 경제 성장에도 도움이 되었다는 것이다. 영국의 경우에는 정치적 변혁, 그리고 간접세와 차입(국채 발행)의 증가를 강조했다. 그러나 웨어럼(Wareham)에 따르면 영국이 중세 앵글로색슨 시대에 이미 교회의 요구 증가와 바이킹(노르만) 침략에 대비하기 위한 왕실 재정 압박으로 세수 증대 정책을 썼다고 한다[Wareham(2012)]. 즉, 중세=영지 수입, 근대=조세 식으로 대비되는 것도 아니며 영지 수입과 조세가 동시에 존재했던 예가 많다는 것이다. 시실리, 덴마크, 독일의 헤센(Hesse), 북송 등의 사례를 분석하여 조세 국가를 유지하기 위해 대의 정치와 재산권 보호가 필요하지도 않았다고 주장한다. 근대 국가 성립에 중앙 재정을 지나치게 중요시하지 말고 언어, 문화, 종교 행사, 지방 주도의 분권적 발전에 눈을 돌리라는 뜻이다.

'재정 국가'는 슘페터(Joseph A. Schumpeter)의 '조세 국가' [Schumpeter(1918)]를 조금 더 포괄적으로 변형한 용어로 이해할 수 있다. 일찍이 슘페터는 국왕의 수입이 직영지(royal domain)에서 나오는 사적 영역에서 조세라는 공적 영역으로 변화함에 따라 국가의 성격도 영지 국가에서 조세 국가로 바뀐다고 하며, 이것이 서유럽에서는 18세기경 절대 국가 형태를 띠고 19세기 국민 국가, 민주주의로 이행하는 도중에 나타났다고 설명했다. 이후 이러한 국가 발전의 2단계설은 다양하게 발전하여 〈표 8-1〉과 같은 체계를 띠게 된다.

노스(Douglass C. North)를 비롯한 제도학파 경제학에서는 재산권을 보호하는 국가가 군사력 독점, 자원 취득의 대가로 사회 질서 유지와

표 8-1 영지 국가에서 조세 국가로 이행

	영지 국가(Domain State)	조세 국가(Tax State)
금융 이론	Jean Bodin, Kaspar Klock, Melchior von Osse	Justus Lipsius, Bartholomanaeus Keckermann
정부 형태	개인적, 의사결정에 제한 없음.	제도적, 법으로 정의된 절차
중앙 행정	소규모	대규모 참모진, 명확히 규정된 권위를 전문 부서가 장악
지방 행정	자생적 자치	중앙 정부에 의해 통제됨.
관리	혈연 귀족	훈련된 전문가
국가의 책임	법질서의 유지	추가하여, 모든 생활에 영향 미치는 규제
재정 수입	물납	금납
공공 재정 세입	영지의 잉여 생활	조세
조세	특수 목적에 제한된 간헐적 보조	정규적인 직접세, 간접세
부채	실물 이자나 영지 담보 대출의 연장을 위한 단기 차환	국가나 통치령이 금융가에 장기적 보증
경제에서 역할	독립적, 능동적, 그리고 수익성 높은 생산자	이윤 생산자에 징세라는 방법으로 동참
경제 정책	물가 하락을 위해 시장 개입, 식품 공급 보장	시장 감독, 상공업의 잠재적 수익에 보조금
공기업	영지 관련 농업, 광업	독점력 부여, 공급 보장과 가격 보장
정치 참여	거의 없음. 영지 분쟁 때나 나올까	초기에는 정치에 적극적, 조세를 정당화, 나중에는 절대 국가의 횡포에 밀림.
사회적 귀결	거의 없음. 농업 경제의 안정	생산성 증가 압력, 사회 규율, 구매력의 재분배
통계	거의 없음. 산출 추계를 위한 조사 간간히	생산성 조사 빈번함. 가구, 토지 소유자, 상공인의 조세 등록 강요

자료: Krüger(1987), p. 52.

개인 재산권 보호라는 공공재를 공급하고 거래 비용을 낮추어서 경제 성장을 촉진한다고 주장한다. 이들 역시 17세기 영국이 재산권 보호 국가의 첫 사례이며, 다른 곳보다 유럽이 이 면에서 앞섰음을 보이려고 했다[North(1981); North and Weingast(1989)].[3] 17세기 '영국 혁명'은 재

---

3 Temin and Voth(2008; 2013)는 1688년 명예혁명 이후의 금융 혁명과 재정 국가가 공공

정적 특권을 둘러싼 정치적 항쟁의 결과였다. 결국 국왕 제임스 2세는 폐위되고 홀란드의 윌리엄 공이 즉위하면서 개혁이 진행되었다(명예혁명, 1688). 개혁론자는 국왕이 자의적으로 재산을 몰수하지 못하도록 이를 통제하고자 했다. 의회의 주권, 재정 문제의 중앙 통제, 왕실특권의 축소, 사법의 독립, 보통법재판소의 권능 등이 확립되었다. 그효과로 재산권 안정성이 커졌다.

재산권 안정성이 증대하자 가장 눈에 띄게 두드러진 현상이 자본시장의 급속한 발전이었다. 명예혁명에 이어 정부는 재정적으로 지불 능력을 갖게 되었다. 뿐만 아니라 전례 없던 수준의 기금에 접근할수 있었다. 불과 9년(1688-1697) 만에 정부의 차입금은 비약적으로 증대했다. 기금을 제공할 의사를 가진 채권자가 급격히 늘었다는 것은 정부가 그 협정을 존중할 것이 확실하다는 인식을 반영한다. 공채 중개를 위해 1694년에 창설된 영란은행은 민간 부문에도 침투하기에 이르렀다. 다수의 다른 은행도 이 시기에 영업을 개시했다. 다양한 유가증권과 유통 증권이 18세기 초에 등장했다. 민간 신용에 대한 이자율은 공채에 대한 이자율과 대략 상응했던 것으로 보인다. 재산권의 안정성과 공적 · 사적 자본 시장의 발전은 이후 영국의 급속한 경제 발전을 위한 선결 조건으로서뿐만 아니라, 영국의 정치적 패권과 궁극적으로 세계를 지배하게 한 요인으로서 역할을 했다.[4]

이와 같은 가설들을 16-19세기 유라시아 각국의 역사를 통해 구

차입 비용을 낮추었으나, 그 결과 잦은 전쟁 때문에 국가 부채가 폭발적으로 증가하고 민간신용을 구축했으며, 이어진 이자율 상한 등 금융 규제는 신용 배분을 왜곡시키고 오히려 경제 성장 잠재력을 낮추었다고 주장한다.
4 1688년을 결정적 계기로 보지 않는 비판론도 많다. Cox(2012)는 이들을 요약하고 North의설에 응원을 보낸다.

체적으로 살펴보자[Yun-Casalilla and O'Brien, eds. (2012)]. 우선 전쟁과 국제 무역이 일반적으로 재정 국가 형성에 주된 요인이었음이 관찰된다. 15세기에 유라시아 교역이 새로운 전기를 맞자 지중해 도시 국가 제노바, 베네치아는 국제 무역에 조세를 부과했으며 오토만제국의 재정도 발달했다. 국가 간 경쟁과 상인의 재산권 보호 필요 등이 재정 시스템 진화에 역할을 했다. 15세기부터 중국이 조세 화폐납으로 전환하면서 아메리카 귀금속에 대한 수요가 늘어나기 시작한 것도 주목할 만하다. 16세기에 포르투갈의 해외 무역 이윤은 국왕의 수입이었다. 재정 시스템은 변하지 않았고 포르투갈은 영지 국가의 성격을 유지했다. 해외 영토에서 얻는 수입이 있었으므로 지대 수취 국가(rentier state)이기도 했다. 이와 대조적으로 카스틸(Castile, 이후에는 Aragon, Valencia, Catalonia 등을 통합하여 스페인)은 조세 수입이 국왕에 귀속되었지만 제노바와 독일 은행가들의 신용에 기반한 재정 시스템을 구축했다. 이후 합스부르크제국은 광범위한 영토를 다스렸고 제국 내의 이질성이 심했다. 합스부르크 시스템에 대응하느라 오토만제국, 프랑스, 밀라노, 베네치아 등이 재정 개혁을 시도했다.

17세기에도 전쟁과 국제 무역, 식민지 쟁탈전 등이 재정 시스템 진화에 영향을 주었다. 유럽의 재정-군사 국가 형성의 2차 국면이다. 네덜란드는 효율적 재정 시스템과 국제 금융이 동시에 발달했으며, 프랑스는 스페인과의 전쟁, 30년전쟁, 루이 14세의 대영국, 대네덜란드 전쟁을 통해 리쉴레(Richelieu)의 개혁이 이루어졌다. 스웨덴이 전쟁 때문에 근대적 재정 시스템 요소를 도입했고, 스웨덴 군사 국가의 위협에 대응하여 덴마크-노르웨이, 브란덴부르크-프로이센도, 또 다른 나라들도 개혁 쪽으로 기울었다. 영국은 1688년의 재정 혁명으로 조세를 의회가 통제하고 부채가 축적되었으며 영란은행을 설립하여 공채 관리를 담당하게 했다. 조세와 차입 위험을 줄이도록 엘리트들이 정치적, 사회적으로 연합했다. 포르투갈, 스페인, 네덜란드, 영국의 아시아 원정으로 아시아 재정 시스템도 변화했다. 신대륙 귀금속 공급이 화폐 수요를 충족시켜 화폐 가치 하락(debasement)을 막아주었다. 카스틸과 오토만, 무갈의 통화를 안정시켰고, 중국도 유동성이 늘고 조세 은납화가 촉진되었다. 도시화와 화폐 유통이 재정 발달에 도움이 되었다. 그리고 군사 기술의 세계적 전파도 재정 체제(fiscal regime) 변화에 역할을 했다. 새 군사 기술이 만주에 퍼지자 중국에서 명/청 왕조 교체가 있었고 청나라의 재정 개혁이 뒤따랐다. 황제 직영지 수입에 더해 세원 포착과 확대로 조세의 비중이 커졌으며, 세율은 계속 유럽보다 낮았으나 증가하는 재정 수요를 감당했다. 무갈제국 재정도 팽창했다. 일본은 1590년대의 개혁으로 연공을 쌀로 거두었으며 영지 국가로 남아 있었다.

18세기에도 식민지 쟁탈전, 국제 전쟁으로 특히 해군 비용이 높아져서 조세 시스템이 합리화, 동질화되었다. 관세와 간접세가 중요해지고 수입 상품 분배 독점에서 얻는 세입도 증가했다. 토지세 비중이 줄어든 만큼 중간층과 특권층의 부담이 커졌다. 식민지와 국제 무역 확장에 군주와 상인 집단의 이해가 일치했다. 중상주의 국가가 시장을 보호하고 상인 계급의 재산권을 방어했다. 화폐 가치도 안정되었는데 의회가 강한 영국, 네덜란드나 스페인, 프랑스 등 절대 국가에서도 그러했다. 러시아 같은 곳에서 통화는 불안했다(잦은 debasement). 다른 세원이 생겼으므로 구 엘리트(귀족과 자유 도시)와 국가의 친밀도가 손상을 입지 않아 사회 시스템에 근본적인 변화는 없었다. 교역에 대한 과세가 스페인, 영국, 네덜란드보다 덜했던 프랑스, 제노바, 베네치아, 오토만제국은 정치 불안으로 향했고, 농산물 과세 중심의 재정 경직성은 무갈제국을 영국 동인도회사(EIC)에 패퇴하게 만들었다(1757). 청나라는 토지세와 소금 독점 수입이 국내 질서 유지와 외세 대응에 충분하지 못했다. 일본은 징세 하도급(tax farming)이 주수입이고 해외 무역을 통제했으므로 그쪽의 세수는 거의 없었다.

19세기는 나폴레옹전쟁 시 유럽 각국이 부채를 축적한 일로 시작한다. 영국 빼고는 재정 시스템이 취약하여 재정 위기가 만발하고 이에 따른 개혁과 함께 조세 국가, 자유주의 국가가 형성된다. 중앙 정부가 조세를 독점하고 각종 특권이 종료된다. 개인이 궁극적 과세 대상으로 확정되며, 의회가 예산과 국가 부채를 관리한다. 크림전쟁과 러일전쟁의 패배로 러시아는 대대적 개혁을 시도한다. 아편전쟁 패배 후 청나라의 사정도 급변했으며 관세를 도입했다. 일본은 개항과 함께 메이지 유신을 통해 조세 국가 쪽으로 방향을 잡는다. 이들은 재정 국가 형성과 동시에 국제 투자 유치에 힘쓴다.

재정 국가 형성의 비교사에서 몇 가지 지적할 점이 있다. 우선 중앙 집권과 타협, 신뢰가 서로 얽혀 있다는 것이다. 이것은 절대 국가이건 공화정 요소가 있는 나라이건 도시 국가이건 동양의 제국이건 마찬가지이다. 둘째로 전쟁의 영향이 유럽과 아시아에 다른가? 유럽이 국제 전쟁 빈도가 높다는 주장은 맞지 않는 듯하다. 오토만제국, 무갈제국, EIC의 인도도 전쟁이 잦았고 일본은 전국 시대가 오래 지속되었으며 중국은 내분보다 외적 방어에 신경을 더 썼다. 전쟁의 효과는 계제에 따라 다른데 19세기 재정 국가는 평시에 형성되었다. 이때는 내부 질서 유지, 재산권 방어가 중요했다. 셋째, 재정 국가에 이르는 길이 영지 국가에서 진화한다는 공동 모델을 따른 것 같지 않다. 법적 기초에 따라 일방적 진화나 목적론적 과정이 아니라 후퇴, 지방 분권도 있고 병존도 보인다. 20세기에 오면 모습이 대개 비슷해진다. 넷째, 정보의 문제가 있다. 일본의 연공은 농업 생산량을 추계하여 부과하고(石高制), 무갈제국은 풍흉에 따라 농지세가 달라지며, 카스틸은 무역량과 개인 소득이 세원이므로 이 모든 것은 정보 수집, 지방-중앙 간 정보 전달에 의존하고 비용이 든다.

다음에 고려할 점은 재정 시스템은 기본적으로 단일 국가를 단위로 하는데 국제 금융 네트워크에 큰 영향을 받는다는 것이다. 합스부르크제국은 독일(예를 들어, Fuggers)과 제노바의 국제 은행에, 17세기 포르투갈은 유대인 국제 네트워크에, 프랑스는 투스카니 은행들과 스위스의 위그노에, 영국은 네덜란드 자본에 많은 도움을 받았다. 전쟁과 국제 금융 네트워크의 관계, 나아가서는 국제 무역, 자본 이동, 환어음, 상품 이동 관련 '코스모폴리탄 자본'의 역할을 이해해야 한다. 재정 국가의 재정, 국가 채무 등을 국제적 환경 내에서 해석해야 한다. 이런 문제는 아시아 쪽에서는 늦게 발생했다. 재정 시스템 자체가 모방, 전파되는데 여기에 시차가 있다는 뜻이다. 또한 국제 무역에서의 위치, 즉 지정학도 중요하다. 국제 전쟁에서 소원, 밀착 정도가 문제이다. 나라의 크기도 설명력을 가진다. 작은 나라에서 큰 나라로 갈수록 처음에는 규모의 경제, 나중에는 규모의 불경제가 작용하여 적정 규모가 있는 듯 보인다. 그러나 이렇게 단순하지는 않다. 국제적으로 '중심' 국가들이 제국을 형성하는 등 복잡해진다. 규모뿐 아니라 통치 영역의 분산도, 제도의 다양성, 국제 네트워크에서의 위치, 재정 기술과 금융 체제의 도입 능력, 국제 자본 이동에서 독립 정도,

모든 것이 재정 시스템 효율에 요인이 된다.

조세 체계와 부채 문제가 재정 국가 형성과 불가분의 관계에 있다. 1914년의 시점에서 성공 스토리는 북대서양 쪽의 유럽인 것으로 보이는데 이제 나라별로 구체적인 과정을 살펴보자. 네덜란드는 16세기에 의회와 국왕이 화의를 이루고 금융 혁명을 추진한다. 재정은 지방 분권이나 전쟁 수요에 잘 대응했다. 부채가 누적되고 징세 청부도 상용했다. 18세기 영국과 경쟁시 재정 수요가 증가하자 취약성이 노출되기도 했는데, 상대적으로 누진세이지만 국제 상인에는 저율 과세였고 국채에는 내국인들이 주로 투자했다. 합스부르크 치하의 저지대(플랑드르, 나중에는 벨기에)에서는 엘리트와 통치자의 협약이 있었고 스페인이 전쟁 비용을 부담했다. 차츰 벨기에 납세자의 부담이 늘고 물품세가 대종이었으므로 빈곤층에 조세가 귀착되어 역진적인 체계였다. 프랑스는 절대주의 왕정이 엘리트에 특권을 부여하고 재정에 왕권 행사를 자제했으나, 이는 매관매직이 중요했던 절대주의 재정의 한계를 보여준다. 로(John Law)의 시스템이 붕괴하면서 재정 국가 개혁 과정이 중단된다. 그래도 '통화 안정'(1726-1785), 국가의 총 부채 감소가 지속된다. 그러나 정치 불안, 부채 증가, 지출 증가, 조세 저항 때문에 대혁명의 길로 들어섰다. 영국은 18-19세기 간 의회 정치가 꽃피웠으며, 투표자의 대표와 채권자가 재정을 통제했다. 토지 소득에 기반을 둔 예산은 투명성과 행정 효율을 제고했고 차츰 관세, 물품세 비중이 증가했다. 프랑스에 비해 이자율이 낮아 부채 관리가 쉬웠다. 신뢰도가 다시 정착하여 공공 지출이 줄고 국가는 이해 중재자라는 믿음을 얻었다. 이것이 '소득세' 도입을 가능하게 했다.

중세 독일 도시, 영방은 제국으로 가면서 영지 국가에서 조세 국가로의 전환이 전쟁을 매개로 이루어졌다. 타협과 간접세 도입이 돋보이는 가운데 직영지(royal domain) 수입도 오래 잔존했다. 19세기에 들어서야 재정 통일, 부채 국제화, 소득세 도입이 가능하게 되었다. 오스트리아도 비슷하다. 러시아는 다양한 사례를 가지고 있으나 전쟁과 영토 확장이 중요했고, 이와 함께 드러난 정보의 문제가 컸다. 물품세, 수입 관세, 외채가 주요 세입이었고 19세기에는 공업에도 과세했다.

포르투갈은 17세기에 새로운 조세를 시도했고 18세기 후반에야 자유주의 재정 국가 형성에 착수하여 19세기에 성취했으나 여러 모로 취약하다. 관세 비중이 크다. 이와 대조적으로 카스틸(Castile, 1714년 경부터는 스페인)은 16-17세기 전쟁 비용 때문에 재정 시스템 개혁이 이루어졌다. 그러나 18세기 합스부르크 왕조의 유럽 지배가 시들었다. 부르봉 왕조의 득세에 대항하여 준국민 국가(proto-nation state)를 건설하려고 노력하지만 프랑스, 프로이센, 영국보다 뒤졌다. 펠리페 2세의 국가 파산과 부채의 유동화(monetization)는 그림자가 길었다. 이탈리아의 도시 국가와 농촌의 모자이크는 15-18세기 동안 상공업 과세가 주종이었고 차츰 물품세가 증가했다. 이자율 하락 경향은 제도 효율을 보여주고, 채권자와 엘리트의 이해가 일치하는 면도 있지만, 국민 국가 형성은 매우 느렸다. 교황청은 바티칸 중앙 정부와 채권자가 밀접한 관계였다. 종교적 요인이 엇물려 재정 관리가 효율적이었는지 낮은 이자율이 유지되었고 징세 도급, 물품세, 관세 등도 보인다. 오토만제국(지금의 그리스를 일찍부터 지배)은 장기적으로 신축성, 타협, 실용주의가 두드러진다. 1450-1580년간 중앙 집권, 군사 팽창, 소득 증가, 통화 안정이 진행되는 가운데 농업세, 징세 도급에 기반한 재정

레짐은 분권화 쪽으로 기울었다. 엘리트 감세와 19세기까지 잔존하는 권력 균형('provisioning')이 특징이라고 할까. 1780-1914년 기간은 재정 중앙화, 부채 팽창, 그리고 '서유럽식' 개혁이 전쟁과 내부 공고화 노력과 더불어 추진되었다. 개혁이 잘 진행되지 않아 1875-1876년 국채 모라토리움, 1881년 국가 재정의 일부를 서유럽이 통제하는 등 위기를 겪었다. 결국 지금 PIGS 나라들의 20세기 초까지 재정 건전도는 북서유럽보다 못했던 것이다.

중국은 장기적으로 내부 전쟁, 외부 압력의 요인이 재정 시스템 형성에 기여했다. 농민 토지 소유-효율적 관료제-낮은 조세로 이어지는 도덕적 관용이 더 중요하다는 주장이 있다. 전쟁 이외에 관개, 곡창 제도(granary, 흉년에 대비한 곡물 비축과 적절한 방출)가 초점이다. 그리고 관료와 지방 엘리트 관계의 특수성을 따져야 한다. 일본은 영지 국가가 오래 잔존했다. 메이지 유신 후 지조 개정, 의회의 예산 통제, 국법 은행, 금본위제, 외자 도입 등으로 급변한다. 무갈제국과 EIC 치하의 인도는 화폐 경제가 팽창하여 군사 재정 체제를 계속 유지했다. 토지세와 타협이 근간이며, EIC 기간에 상업소득세, 관세 비중이 커졌다. 군비와 공납이 중요했고 다른 경제적 투자는 없었다. 결국 제도화된 군사력이 시민권을 방어하면서 19세기에 중앙 집권으로 나아간 것이 재정 국가인가? 그 이전에는 군인들이 징세한 경우도 많고 공적 영역과 사적 영역의 구분도 모호하다. 슘페터의 단계설이 안 맞는 예도 많아서 중국이나 인도에는 영지 국가의 역사가 없었고 그런 면에서는 로마제국도 영지 국가가 아니다. 조세 국가 형성은 국가 형성의 일부이며, '국민 국가' 형성과 관련하면 국가와 개인 관계를 따져보아야 하는 매우 다양하고 복잡한 과정이다. 전쟁과 교역이 중요했음

표 8-2 1인당 조세 수입의 국제 비교

(단위: 은 1g)

	중국	오토만제국	러시아	프랑스	스페인	영국	네덜란드
1650-1699	7.0	11.8		46.0	35.8	45.1	
1700-1749	7.2	15.5	6.4	46.6	41.6	93.5	161.1
1750-1799	4.2	12.9	21.0	66.4	63.1	158.4	170.7
1800-1849	3.4					303.8	
1850-1900	7.0					344.1	

자료: Ma(2011), Table 2.

이 19세기에 확연히 나타나는데 17-18세기에 유럽에서 먼저 보인다.

재정 국가에 대한 이야기를 더 해보자. 중국의 조세가 낮은 수준이었다는 것은 여러 군데 기록에서 알 수 있다. 17-18세기에는 청나라의 세수가 매우 높았다. 그러나 19세기에 오면 영국이 중국의 4배 이상이다. 1인당으로 비교하면 중국이 가장 눈에 띄게 낮은 세금을 부과하는 나라였다. 〈표 8-2〉에서 보는 바와 같이 세금이 많이 부과된 순서로 따져 전반적으로 네덜란드, 영국, 프랑스, 스페인, 오토만제국, 러시아, 중국 순이었다. 19세기 전반 아편전쟁 때는 1인당 세수가 영국이 청나라의 100배 정도 된다. 국민 총생산 대비 조세 부담 비율은 영국이 1688년 명예혁명 때 3%에서 1810년 18%로 늘었다. 반면, 중국은 1910년대에도 2.4%에 불과하다. 특히, 영국 세수의 80% 정도는 간접세였다. 청나라는 독점 통치, 장기적 안목, 제국의 크기 등 때문에 제국의 통일성, 왕조 안정, 외연적(스미스적) 성장에 목표를 둘 수밖에 없었다. 그 방편으로 낮은 조세와 상공업 간섭에 대한 자제 쪽을 택했다[Ma(2011)].

3. 재정 적자, 경상 수지 적자, 환율 제도

세수가 모자라면 차입에 의존하게 된다. 이렇게 되면 빚에 허덕이고 국가 재정에 위기가 와서 화폐 발행을 늘리거나 정부의 공신력을 잃어 국가가 망하지 않더라도 정권이 바뀐다.

다들 아는 역사를 다시 새기자. 국가 파산(sovereign default) 또는 재조정(restructuring, 탕감, 만기 연장 등)의 역사는 길고 다양하다[Sturzenegger and Zettelmeyer(2007, ch.1); Reinhart and Rogoff(2009, chs. 6-7)]. 떠오르는 것만 이야기할까?

17세기에 대서양을 주름잡고 있던 스페인이 손을 들었다. 카를로스 5세의 뒷북을 친 펠리페 2세의 파산이라는 풍자가 세르반테스의 『돈키호테』이다. 스페인의 무리한 제국 경영과 그것을 뒷받침했던 당시 최고의 국제 금융 그룹 푸거가(Fuggers)의 동반 몰락은 많이 기록되었다[Elliott(1961); Kamen(1978, 1981); Flynn(1982); Drelichman and Voth(2014)]. 주로 합스부르크 왕조의 성쇠와 종교전쟁을 다루느라 '소소한' 경제적 저작은 보기 힘들다. 그것도 소위 '가격 혁명' 논쟁에 가려버렸다.

국가 파산의 예를 드는 데 뺄 수 없는 것은 19세기 말 이집트이다. 알리 파샤의 근대화 집착, 이에 따라온 외자 등이 초기에는 잘 굴러갔으나 국제적 압력과 도급 기업들의 유착, 특히 금융의 취약 때문에 결국 아무도 원하지 않았던 갈림길로 갔다. 즉, 채권국 영국, 프랑스가 점령했다[Landes(1958)].

19세기 내내 중남미 여러 나라의 파산도 흥미롭다. 이들은 파산 후에도 계속 높은 수익률을 약속하며 국제 금융 시장에서 투자를 유치했다[Paolera and Taylor(2012)]. 요즘 주목되는 지방 정부 파산의 예도

그림 8-1 스페인 지역 정부의 부채(지역 GDP 대비 %, 2012년 추정)

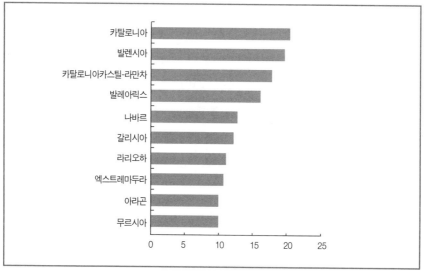

자료: *The Economist*(2012b), p. 39.

많다. 지금 최대 채무국인 미국이 19세기 초에도 채무국이었는데 주정부 파산이 많았다[Wallis, Sylla and Grinath(2011)]. 재산세 부과 대상 토지의 증가와 지가 상승을 낙관적으로 예상하고 운하, 은행, 철도에 투자했다. 1830년대에 주정부의 공채가 남발되었고 이를 주민들과 런던 시장에서 소화했지만 1841-1842년에 8개 주가 이자 지불을 중단하게 되었다.[5]

지방 분권, 지방 자치가 오래된 나라일수록 지방 예산이 불안하다. 유로존 위기 중에서도 지방 파산이 염려되는 곳이 있는 것은 당연하다. 참고로 〈그림 8-1〉에 스페인의 지방 재정을 소개한다. 스페인

5 1870년대에도 10개 주가 파산했다[Reinhart and Rogoff(2009, p. 112)].

경제의 5분의 1을 차지하는 카탈로니아는 자기네 재원이 외부로 유출되는 것을 빌미로 분리 독립을 주장하나 사실 카탈로니아의 누적 부채가 가장 열악하다. 그런가 하면 발렌시아는 가장 먼저 정부의 도움을 요청하고 나선 상태이다. 불황, 부동산 가격 하락, 은행 도산, 정경유착과 부패로 점철된 예산 낭비로 발렌시아 경제가 파탄 지경에 이르렀다. 지방 정부 적자를 통제하는 것이 스페인의 골칫거리이다. 지방 정부 적자의 총계는 GDP의 1.3% 목표를 훨씬 넘어 최근에 3.4%까지 증가했다. 이탈리아에서도 시실리 정부의 적자가 큰 문제가 되고 있다.

이제 21세기 선진국들의 위기로 돌아오자. 적자는 유럽보다 미국에서 더 심하다.

미국은 2008년까지 매년 7,000억 달러의 경상 수지 적자(GDP의 6%)와 4,000억 달러의 재정 적자를 기록했다. 2009년 재정 적자는 1조 8,000억 달러(GDP의 15%)까지 이르렀다가 이후 약간 줄고 있다(2011년 GDP의 11%). 연간 적자가 이 지경이며, 총누적 정부 부채는 2011년 기준으로 GDP의 103%로서, 스페인 68%, 아일랜드, 포르투갈 108%, 이탈리아 120%, 그리스 165%에 비근할 만큼 매우 크다(유로권 전체 87%).[6] 이제 재정 적자와 경상 수지 적자의 관련을 따져보자. 단순 계산으로

$$GDP \equiv Q(\text{생산 쪽}) \equiv (\text{요소 소득 처분}) \ C+S+T$$

$$(\text{균형 조건}) = (\text{지출 쪽})$$

---

6 〈부표 8-A1〉, 〈부표 8-A2〉, 〈부표 8-A3〉 참조. 미국은 Statistical Abstract 각 연도. 2012년 9월 13일 FRB가 발표한 대로 3차 양적 완화가 시행되면 재정 적자도 총정부 부채도 더욱 증가할 것이 예상된다.

$C+I+G+NX$(순수출)

$\text{GNP} \equiv Y$(생산, 소득)$=Q+rB$(세계 이자율 × 해외 자산 스톡)

(지출)$=C+I+G+NX+rB$

CA(경상 수지)$\equiv NX+rB=(Y-C-G)-I$

$=rB+(S-I)$(저축-투자)$+(T-G)$(재정 수지).

이것은 항등식인데 중국이 저축을 많이 하고 해외 자산이 큰 것을 비난하는 버냉키 FRB 의장의 '과다 저축'(savings glut)이란 표현이 이를 보여주고 있다. 또한 경상 수지 적자와 재정 적자가 비슷하게 가는 것을 알 수 있다.

미국은 기본적으로 국제 경쟁력 하락 때문에 경상 수지 적자가 계속 쌓이는데도 이를 조정할 의사를 보이지 않고 있다. 달러 가치가 하락하고 미국의 저축이 늘어야 하는데 민간 소비도 줄지 않고 정부 재정은 적자를 키운다. 달러 가치는 경착륙의 위험을 안고서도 떨어지지 않는다. 중국이 3조 달러 이상, 기타 동아시아 흑자국을 합하면 5조 이상, 여기에 산유국이 2조 정도의 달러를 보유하고 있다. 이들이 자산 가치 하락을 우려하여 팔지 않기 때문에 미국으로서는 달러 가치 하락을 염려할 필요가 없는 셈이다. 재정 적자도 재무부 증권 등을 중국이 계속 구입하는 한 걱정할 필요가 없다. 소위 '안전 자산'의 프리미엄을 누리는 것이다. 달러와 환율-페그를 한 나라들이 많을수록, 이 같은 '글로벌 임밸런스' 상황은 진행될 수밖에 없다[양동휴(2012a, 7장 3절)].

유럽의 재정 적자는 얼마가 국내분이고 얼마가 해외분인지 나라마다 다르고 구분하기 어렵다. 유로존이 서로 고정 환율을 고집하는 한, 경상 수지 적자국, 흑자국이 생길 것은 몇십 년 전부터 예상해온 바이다. 부채의 국내분은 인플레이션으로 해결할 수 있고 해외 차입을 은행이 했으면 은행 위기가, 국가가 했으면 외환 위기가 염려된다. 물론 인플레이션이 심해지면 고정 환율을 유지하기 힘들고 은행 위기나 국가 재정의 위험은 신인도를 떨어뜨리므로 곤란하기는 마찬가지이다.

유럽은 고정 환율을 고집함으로써 '유럽판 미니 임밸런스'를 초래했다. 대표적인 흑자국 독일, 네덜란드, 스웨덴, 덴마크와 적자국 프랑스, 스페인, 이탈리아, 그리스, 포르투갈, 폴란드 등으로 갈라진 것이다.[7] 흑자국의 협조와 함께, 적자국이 저축을 늘리고 구조 조정을 하면서 신뢰도를 회복하는 수밖에 없다. 이하에서는 이러한 이야기들을 풀어보자.

---

7 〈부표 8-A1〉 참조. 〈부표 8-A1〉에 흑자국, 적자국이 드러난다. 본문에 쓴 그대로이다. 고정 환율 때문에 흑자국, 적자국이 갈린다는 말은 경쟁력이 차이난다는 이야기와 같다. 혹시 흥미 있을까 하여 경쟁력 차이에 관한 한 가지 설명을 소개한다. 유럽연합 나라별 기업 규모의 차이에 주목하는 시각이 있다. 즉, 그리스, 이탈리아, 스페인, 포르투갈 등 남유럽은 독일, 영국, 스웨덴에 비해 제조업체 가운데, 소기업(종업원 10명 미만) 비중이 높고(18~30%), 대기업(종업원 250명 이상)의 비중은 낮다(20~30%). 사람들은 기업이 일단 일정 수준 이상 성장하면 그 기업을 좋아하기 어려운 모양이지만, 소기업을 맹목적으로 숭배하는 것은 경제 현실과는 맞지 않다. 일반적으로 대기업이 소기업보다 생산성이 더 높고 더 높은 임금을 제공하며 세금도 더 많이 낸다. 소기업이 주류인 경제는 곧잘 지지부진하여 성장이 정체하기 쉽다. 소기업이 주류인 그리스, 이탈리아, 포르투갈 등이 대표적 예이다. 이들 나라에는 250명 규모를 고용한 회사가 제조업 일자리의 반 이하이며 유로 지역 최강자 독일에 비해 반에도 못 미친다. 대기업이 없다 보니 생산성이 굼뜨고, 경쟁력이 없으며 이 점이 유로 지역 위기의 심층적 원인으로 작용한다. 지금까지 유럽 제조업 생산성 연구에 따르면 대기업이 중소기업보다 30~50% 정도 생산성이 높다[*The Economist*(2012a)]. 물론 이것은 제조업에 국한되는 연구 결과이기 때문에 서비스업이 대종인 국가에 원용하려면 다시 생각할 필요가 있다. 미국의 경우 종업원 500명 이상 대기업이 중소기업보다 고용 창출도 많다 [Haltiwanger, Jarmin and Miranda(2010)].

4. 20세기의 환율 제도

19세기까지의 국제 통화 제도는 영국이 주도한 금본위제였다. 대강 1870년대까지 거의 모든 나라가 금본위제를 채택했다. 이 국제 금본위제는 그 성립에 필연성이 있었는지 의문이 없지 않지만 1914년 제1차 세계 대전이 발발할 때까지 그럭저럭 굴러갔다. 이것은 영국이 막강한 경제력으로 이 제도를 보호, 유지한 측면도 있고, 선진 각국이 고정 환율의 이점을 누리기 위해 국내에서 보정적 거시 정책을 쓰지 않은 때문도 있다. 그리고 네트워크 외부 효과 때문에, 즉 강대국 영국이 금본위를 고집하는 한, 영국과 통상을 하려는 나라들은 그에 따를 수밖에 없었을 것이다[양동휴(2012b)].

부연 설명하자면, 널리 알려진 국제 통화 제도와 자본 이동을 설명하는 가설에 트릴레마(trilemma)라는 것이 있다. 즉, 자유로운 자본 이동, 안정적 환율, 독립적인 통화 정책 수행 세 가지를 동시에 달성할 수 없다는 것이다. 이러한 가설을 원용한 역사 해석은 금본위제 때는 각국이 독자적 거시 정책을 포기했고, 전간기 혼란 때는 자본 이동이 파행되었으며, 브레튼우즈 체제 때는 외환 통제를 허용함으로써 자본 이동을 제한했다는 것이다. 그리고 변동 환율 제도로의 이행 이후 안정적 환율을 희생했다고 한다[Obstfeld and Taylor(2004); 양동휴(2012a, 2장)].

그러나 20세기 중엽까지 '독자적 거시 경제 정책'이란 개념은 없었다. 케인스(Keynes)가 창시한 '거시 경제 이론'은 세계 대공황 이후 나왔고, 이를 실제 정책 대안으로 생각한 것은 1960년대이다. 요즘의 잣대로 과거를 평가하는 것은 잘못이다. 그러나 나는 그 가설이 지금의 현실과 이 글의 목적에 적합하다고 본다.

　양차 세계 대전 간에는 여러 가지 불안정을 겪었다. 간략하게 요약해보자. 제1차 세계 대전으로 금의 거래가 끊기자 환율은 변동하기 시작했다. 환율의 변동 폭은 외환 통제에 의해 제한되었다[Eichengreen (2008, chs. 3-4)]. 결과적으로 전후 재건의 일부는 통화 문제였다. 전쟁 중 영국과 프랑스에 자본을 제공하던 미국은 종전 후 이를 끊었다. 금 태환이 가능한 통화는 달러뿐이었고 다른 나라들이 금본위에 복귀하는 데는 5년 이상 걸렸다. 그런 동안 오스트리아, 독일, 헝가리, 폴란드 등은 초인플레이션을 겪기도 했다. 온건한 인플레만 경험한 나라들을 중심으로 금태환이 복원되었는데, 복원 가치가 경제 현실을 무시한 채 나라마다 제각각이어서 혼란을 겪었다. 특히, 전쟁 전 평가로 복귀한 나라들은 상대적으로 높은 통화 가치 유지를 위해 긴축 정책을 계속 쓸 수밖에 없었다. 즉, '금족쇄'(golden fetters)에 묶여 경기 불황에 시달렸다. 결국 1930년대 세계 대공황에 이르러 금본위를 포기해야 했다. 그 이후는 스털링 지역, 금 블록, 외환 통제 지역 등 여러 블록으로 갈라져서 세계 무역도 급격히 감소했다. 이러한 환율 불안의 역사 때문에 제2차 세계 대전 이후 국제 통화 체제 재건을 시도할 때 아무런 망설임과 저항을 받지 않고 국제 자본 흐름을 통제할 수 있었다.

　간단히 말해 전간기 국제 통화 제도는 세 가지 정치 · 경제적 변화를 보아야 이해 가능하다. 첫째, 제1차 세계 대전까지는 통화 안정과 금태환이 중앙은행의 최우선 과제였으나 1920년대와 1930년대에는 국내 경제 목표를 위해 통화 정책을 사용했다. 둘째, 자본 이동이 의미가 달라졌다. 국제 자본 이동은 중앙은행에 대한 압력을 덜어주는 것이 아니라 가중시켰다. 셋째, 국제 경제의 중심이 영국에서 미국으로 옮아갔다. 그러나 미국은 예전에 영국이 했던 금융과 자본 공급의 역할을 하려 하지 않았다.

　제2차 세계 대전 이후 브레튼우즈 체제는 한 마디로 '조정 가능한 고정 환율제'이다. 기축 통화인 달러가 금으로 태환되고 여타국 화폐는 달러와 태환되며 구조적인 불균형이 발생하면 평가 절하를 허용한다는 것이었다. 이것은 1944년에 협의되었으나 실제 다른 나라 화폐가 달러로 태환되기 시작한 것은 1959년이다. 일본은 이보다 3년 늦었다. 브레튼우즈 체제는 1961년부터 주요 선진국들이 '골드풀'을 창설하여 금 시장에 개입했음에도 불구하고 단명했다[Eichengreen(2007, ch. 2)]. 1971년에 달러의 금 태환이 포기되었다. 오히려 그때까지 존속한 것이 기적이었다. 물론 미국은 서독과 유럽뿐 아니라 일본을 대상으로 국제 유동성 공급에 힘을 썼으며, 월남전에 뛰어들어 달러 유출이 컸고, 가트(GATT) 체제의 자유 무역 노력을 도왔다. 그러면서 점차 달러가 경쟁력을 잃은 배경도 있다. 국제 유동성을 풍부하게 하지 않으면 미국 중심의 세계 경제가 원활히 운행하지 않고, 거의 유일한 국제 통화를 추가 공급하다 보면 기축 통화인 달러의 가치가 떨어지는, 이른바 '트리핀 딜레마'가 발생하는 것이다. 결국 달러의 금에 비한 평가 절하가 불가피했다[양동휴(2012a, 7장 2절)].

　그러나 달러가 금태환을 포기하고 변동 환율을 채택한 이후에도 미국의 경상 수지는 악화일로였다. 이후 달러는 공식적으로는 국제 통화의 지위를 상실했다. 태환도 되지 않았고 충분히 가치가 하락한 것처럼 보였다. 그런데도 아마도 대안이 없어서였는지 달러의 국제적 지위는 아직 유지된다. 많은 나라들이 달러-페그를 채택하여 브레튼우즈 체제 때와 거의 비슷한 국제 결제 및 가치 저장 관행이 지속되었다. 국제 통화 제도가 변동 환율제로 이동한 이후에도 달러-페그를 포함한 고정 환율을 채택한 국가가 IMF 회원국 중 1996년에 75%, 2006년에 73.5%를 차지했다[Eichengreen(2008, 〈표 6-1〉)]. 경쟁력과 관련 없이 환율이 고정된다는 것은, 다른 말로 미국 달러가 상대적으로 고평가된다는 것은, 미국 경상 수지 적자가 누적되는데도 조정이 되지 않고 대부 자본이 미국으로 몰린다는 뜻이다. 앞서 말한 '글로벌 임밸런스'의 심화이다. 원인이 글로벌 임밸런스 한 가지 때문만은 아니었으나 2008년 세계적 금융 위기가 있었고 여러 긴급 처방 덕에 2009년에는 진정되는 듯 보였다. 그러나 저축, 인구 구성, 복지 지출 등을 고려한 글로벌 임밸런스의 중장기 전망은 심상치 않다. 문제 해결을 미국도 회피하지만 세계 금융인들이 달러를 '안전 자산'으로 평가하여 지속적으로 구입, 보유하기 때문이다. 이런 현상이 계속 진전되면 경제 발전의 불균형은 더욱 심화될 것이고, 이는 세계 경제 안정에 매우 불안한 신호가 된다[양동휴(2012a, 7장 3절)].[8]

5. 유럽 통합과 유럽통화제도의 정착

마셜 플랜과 유럽지불동맹(EPU)을 배경으로 하여[양동휴(2006, 5장)], 유럽 통합 과정이 6개국으로 시작한 유럽석탄철강공동체(ECSC, 1952),

---

8 불확실성의 증가, 규제 개혁, 중앙은행들의 위기 관련 대응이 안전 자산에 대한 수요를 늘릴 것이다. 반면, 앞으로 몇 년간 공급은 줄어들 전망이다. 자연히 '안전 자산'의 가격이 상승할 가능성이 큰데, 이에 신축적으로 적응하도록 적절한 규제가 필요할지 모른다[IMF(2012, ch. 3)]. 다른 말로는 임밸런스가 지속되는 방향이 예측된다는 것인데 프라단(Pradhan)과 테일러(Taylor)는 오히려 낙관적이다. 신흥 시장에서 억압되었던 투자 수요가 실현되고, 경기 회복에 따라 위기 대비용 비축의 필요가 줄어들면 안전 자산 수요가 감소한다는 것이다. 즉, 투자가 늘고 저축이 줄어 신흥 시장의 경상 수지 흑자 규모가 축소되므로 savings glut이 완화되어 임밸런스가 해결되는 쪽으로 간다는 전망이다. 부수 효과로 세계 이자율의 상승을 전망한다[Pradhan and Taylor(2011)].

유럽경제공동체(EEC, 1958), 유럽공동체(EC, 1967)를 통해 유럽연합(EU, 1992)으로 발달한 것은 잘 알려져 있다. 통합 유럽은 그 동안 1차 확장 (1973) 때 영국·덴마크·아일랜드, 2차(1981)에 그리스, 3차(1986)에 스페인·포르투갈, 4차(1995)에 오스트리아·핀란드·스웨덴, 5차(2004)에 중부와 동부 유럽·사이프러스·몰타, 6차(2007) 확장 때 루마니아·불가리아를 더해 무려 27개국 3억 명의 인구를 가지고 있다. 이후 2013년에 크로아티아가 가입함으로써 가맹국이 28개로 늘었다. 너무 빠른 확장을 염려하는 사람들이 많다.[9]

단일 화폐 도입의 역사는 훨씬 복잡하며 우여곡절이 많았고 현재는 19개국을 포함한다. 웬만한 교재에 잘 설명되어 있으므로 간단히만 언급하자[Eichengreen(2008, chs. 5-6); Overtveldt(2011, chs. 1-3)]. 서유럽의 상호 의존적 경제들(즉, 서유럽 나라들)은 브레튼우즈 체제 붕괴 이후 여러 차례 단일 통화를 모색했다. 1972년 이들은 '스네이크(snake) 제도'라고 부르는 방식에서 환율 변동 폭을 4.5%로 좁히자는 합의를 이루었다. 그러나 1980년까지 단일 통화를 달성하자는 베르너 보고서 (Werner Plan, 1970)가 시기상조였듯이 스네이크 제도도 잘 운영되지 않

---

9 중·동유럽 국가들을 너무 빨리 통합 유럽 회원국으로 받아들인 것이 내실 있는 통합 과정을 지연시킬 소지가 있다는 주장도 일리가 있다. 그렇다고 해서 이를 늦추는 것이 조기 통합보다 더 나은 대처는 아닌 듯하다. 이들은 공산주의가 소멸했기 때문에 이제 공산주의로 돌아갈 수 없고, 다른 것을 시도할 수밖에 없는데, 이 지역의 이행 과정에서 오랜 분쟁과 민족 문제가 심지어 인종 청소로까지 표출되었다. 이는 제1차 세계 대전 이후 합스부르크제국과 차르제국(러시아)이 붕괴하며 생긴 문제들과 유사한 면이 있다. 이 지역에서 장기적으로 드높아질 서유럽으로의 이주 성향 등을 잠재우고 최소한의 지역 안전을 보장하기 위해서는, 조기에 EU 준회원국 자격을 제공하는 것도 한 방법이었을 것이다. 이외에도 이들의 생산품은 일반적으로 질이 떨어져 서방에의 수출이 불가능했고, 구공산권 정부가 남긴 외채만 짊어졌다. 뿐만 아니라 이들 나라는 무역, 지불 체계 편의 등이 체계적으로 조성되지도 않은 상태였다. 이들이 시장 경제로 이행하기 위해 외부 도움이 절실했고, EU 확장 초기부터 대대적인 유럽 내 개발 기금이 시행되었어야 했다. 현재 그 문제가 잘 해결되고 있다고 볼 수 있을까[양동휴(2012a, 제5장)]? 2012년 7월 6일 이미 헝가리와 슬로베니아가 IMF 구제 금융을 요청했다. 그러나 이들 나라는 아직 '금융적으로' EU에 통합된 정도가 덜하므로 PIGS와는 단기적 진단, 처방이 다르다.

았다. 실패 원인은 회원국 간 경제 및 금융 정책이 충분히 조율되지 않았기 때문이다. 스네이크 제도는 여러 국가들이 참여했다가 떠나기를 반복하면서 흔들렸고 회원국들의 통화는 평가 절상과 절하를 되풀이했다. 석유 위기와 상품 시장 교란도 이에 한몫했다.

결국 1979년에 유럽통화제도(European Monetary System: EMS)를 설립하여 새로운 시도에 나선다. 이 제도의 중심에는 모든 회원국의 통화 간 고정 환율을 설정하는 환율 조정 장치(Exchange Rate Mechanism: ERM)가 있었다. ERM은 해외 대규모 투자시 급격한 환율 변동으로 발생하는 투자 위험을 없애기 위해, 통화 가치의 대폭적인 변동을 방지하고자 모색되었다. 이것이 제대로 작동하려면 통화 정책이 이에 맞도록 실시되어야 한다. 만약 한 국가가 나머지 국가에 비해 통화 공급을 증가시키면 그 국가의 통화 가치는 불안정하게 되므로 유럽통화제도가 필요하다. 이에 따라 2.25%로 둔 가맹국 간 환율 변동폭을 유지하기 위한 노력이 이루어졌다. 그러나 어느 정도 안정적으로 보이던 EMS도 세계적 불황과 동서독 통일의 충격으로 결국 추진력을 잃고 만다.

이에 대한 대응이 1989년 들로르 보고서(Delors Report)와 1991년의 마스트리히트(Maastricht) 조약이었다. 베르너 보고서가 중앙은행들이 모인 통화 연방을 구상한 것이라면, 들로르 보고서는 공동 통화 정책을 집행하고 단일 통화를 발행하는 새로운 유럽중앙은행(ECB)을 제안했다. 통화 정책이 국가 간에 연계되려면 유럽중앙은행 설립이 필요하다. 공동 통화 정책이 채택될 것이었다. 개별 국가의 재정 적자가 다른 회원국의 설비 투자에 이용될 자본을 흡수하지 못한다면 각국 정부 재정 적자의 상한선 설정이 필요하다. 통화 정책 협조는 재정 정책 협조가 있을 경우에만 가능하다. 시장이 개방되어 국경 간 재화 유입이 가능해지면, 회원국 기업들이 조세율 낮은 쪽으로 몰려가지 않게 하기 위해 모든 회원국 기업 조세율이 동일해져야 한다. 조세 제도가 같아지려면 각국은 공동 지출 양식을 마련해야 하고, 유사한 조세와 지출 양식을 갖춘다는 것은 회원국 정부가 고유 권한을 많이 상실한다는 뜻이다. 대신 유럽의회의 권한은 점차 더 강력해질 것이다. 이런 식으로 경제 통합은 결국 정치 통합을 수반하게 될 것이다. 마스트리히트 조약에서는 유럽통화동맹(EMU)과 정치적 통합을 과제로 삼았다. 1990년에 시작할 제1단계는 자본 통제 철폐였다. 1994년에 발효되는 제2단계에서는 ECB의 전신인 유럽통화기구(EMI)를 설립하고 운용한다. 제3단계(1999년 출범)는 참여국의 환율을 고정하고 EMI를 ECB로 교체한다. 조약에는 네 가지 '수렴 기준'(convergence criteria)이라는 가입 요건이 있었다. 환율 안정, 물가 안정, 공공 부채와 재정 적자 상한 설정(각각 GDP의 60%와 3%), 금리 하향 등이 그것이다. 이외에 훗날 중요한 역할을 할 부가 조항이 명시되는데, 가맹국의 중앙은행이나 ECB는 재정 적자를 직접 지원하지 않으며, 구제 금융을 금지한다는 두 가지였다.

우여곡절이 없지 않았으나 각 단계의 전환 과정은 비교적 순조로웠다. 1997년 과잉 적자국에 대한 벌금 부과와 예산의 지속적 감시를 위한 '안정성 협약'(Stability Pact)이 체결되었다. 2002년 유로 회원국은 각국 통화를 유로 지폐와 동전으로 교체했다. 이후 유로화의 가치도 안정되고 명성도 올라 금리도 하향 조정되었다. 각국의 소비 진작 요구는 재정 긴축으로 제한해야 했는데, 이는 말은 쉽지만 정치적 이유로 실행되기는 어려웠다. 실제로 수렴 기준에 통과하기 위해 회계 조작을 시도하는 나라가 많았다. 다른 말로 하면, 2009년 이후 유로존

위기는 이 모든 수렴 기준과 안정성 협약이 무용지물이었음을 보여
주었다.

통화 통합에 대한 낙관주의로서 '평화로운 유럽'이 있는가 하면,
경제학적 뒷받침으로 '최적 통화 지역'(optimal currency areas) 이론이 있
다. 경제적으로만 본다면 통화 통합은 환율 위험을 없애 무역과 자본
이동을 촉진하고 물가와 금리 관리에 도움을 준다. 그러나 동일 통화
라는 옷이 모든 나라에 맞을 수는 없다. 먼델(Mundell)의 최적 통화 지
역 이론에 따르면 최적 통화 지역이 되려면 생산 요소, 특히 노동 시
장의 내부 유동성이 커야 한다[Mundell(1961); Rockoff(2000)]. 다른 학자들
이 주장하는 조건들은 가격과 임금의 신축성, 유사한 물가 상승률, 비
슷한 개방도와 경제 구조의 다각화, 금융 정책의 수렴과 재정 통합,
그리고 무엇보다 정치 통합이다. 이런 조건이 거의 충족되지 않는 통
화 통합은 성공하기 어렵다. 당장 국가 경쟁력 때문에 흑자국과 적자
국으로 분열될 것이다. 가맹국이 많을수록 해체 위험이 커진다.[10] 물
론 시간이 지나면서 수렴 조건에 미달한 국가들도 조건을 차츰 충족
할 기회를 얻을 수도 있다. 그러나 2009년 유로존 위기가 시작되면서
정치 통합, 재정 통합, 노동 유연성, 가격과 임금의 신축성이 매우 중
요해졌다. '안정성 협약'은 종이호랑이에 불과했다.

그래서 여러 보완 정책, 즉 2010년에 유럽금융안정기구(EFSF),
2011년에 장기 저리 환매채 지원(LTRO), 안정성 협약의 개정인 '과도
채무 조정 방안'(EDP), '신재정 협약'(NFC), 경쟁력 협약(CP), '과도 불
균형 조정 방안'(EIP)[European Council(2011)] 등이 도입되고는 있으나, 아

---

10 펠드스틴(Feldstein)은 유럽 통화 통합뿐 아니라 유럽 통합 자체에도 끊임없이 비판했다.
정치적 이유 말고 경제적 이득이 없다는 이유에서이다[Feldstein(1997, 2000, 2005)].

직 효과가 나타나기에는 이르다. 정작 ECB는 적극적인 팽창 정책을 쓸 의사가 없다.[11]

급기야는 2012년 6월 29일 EU 정상 회담에서 몇 가지 긴급 합의가 도출되었다. 첫째, EFSF의 후신인 유럽안정기제(European Stability Mechanism: ESM)가 스페인, 이탈리아 등의 부실 은행들을 직접 지원함으로써 각국의 재정 부담 증가를 막는다는 것이다. 은행 위기와 외환 위기를 분리하여 해결하는 방식이라 해석할 수 있다.[12] 둘째, 통합 은행 감독 기구를 2012년 말까지 설립하여 금융 통합(은행 동맹, banking union)을 촉진함으로써 나라마다 제각각인 금융 문제를 일관적으로 다루자는 것이다.[13] 셋째, 성장 기금을 별도로 조성하여 유럽투자은행(EIB)이 관장한다. 이 합의는 스페인, 이탈리아, 새로 좌파 정부가 구성된 프랑스의 요구에 독일이 양보함으로써 극적으로 타결된 것처럼 보인다. 방향은 긍정적이지만 그 효과를 아직은 예측하기 힘들다.[14]

---

11 7월 12일 ECB는 기준 금리를 0.75%로 낮췄다. 그러나 까다로운 대출 조건은 불변이기 때문에 별 효과가 없을 듯하다. 또 9월 6일 ECB 총재는 파산 위험국의 채권 무제한 구입 계획을 발표했다(Outright Monetary Transactions: OMT). 이 역시 긴축 조건의 불변을 이유로 스페인이 시큰둥하고, 또 독일 중앙은행의 반발에 부딪혀 그 추이가 주목된다. 그래도 스페인과 이탈리아의 스프레드가 즉각 대폭 하락하는 효과가 있었다.

12 독일의 반발도 상당하여, 페터 가우바일러(Peter Gauweiler) 기독교사회당(CSU, 뮌헨을 중심으로 한 보수 정당으로 기독교민주당 CDU와 연합 활동) 의원 등 '더 많은 민주주의' 운동가 3만 7,000명이 제출한 ESM 비준을 정지해달라는 가처분 신청이 9월 12일 헌법재판소에서 기각되는 등 소동이 있었다.

13 EU 27개국의 공통 은행 규제 기구인 European Banking Authority(EBA)와 유로존을 위해 새로 생길 통합 감독 기구 Single Supervisory Mechanism(SSM)의 역할 분담이 미묘하여 유로국과 비유로국, 유로존 내에서도 국가 간 갈등이 예상된다. 또한 은행 동맹은 궁극적으로는 재정 통합을 요구하게 될 전망인데 이것은 더욱 큰 정치적 합의를 의미한다.

14 유럽 통합에 비판적인 학자 펠드스틴의 즉각적인 대응은 당장 유로화 가치를 떨어뜨려야 한다는 것이었다[Wall Street Journal(2012. 6. 29)]. 이것은 크루그만의 반응과 방법은 같다. 재정 위기를 두려워하지 않고 팽창 정책을 쓰라는 것[Financial Times(2012. 6. 28)]. 이것은 그의 책과 같은 맥락이다[Krugman(2012)].

　　두 노벨상 수상자의 의견에 동의한다. 다만 그들은 유로 지역 전체를 놓고 이야기하는 데 비해 이 글에서는 유로 지역 내부에서 조정이 필요함을 강조하는 것이다. 또한 그들의 논리는 기본적으로 적자국의 통화 가치가 떨어져야 한다는 뜻이므로 달러 가치도 떨어져야 우선 ESM의 구체적 지원 방식이 어떻게 정해질지도 의문이다. 스페인 부채 해결의 우선 변제권(seniority)이 없어지므로 더욱 혼란이 우려된다. 또한 자금 조달은 어떻게 할 것인가? 일단 기다려보는 수밖에 없다. 물론 합의하에 '맞는 방향'으로 공동 전선을 펴고 있다고 사람들이 믿게, 안심하게 하는 효과가 중요하다.[15] 1930년대 대공황에 대처한 것에 비해 더 잘하고 있다는 집단적 인식을 조성하는 정책이 '인지 과학'(cognitive science)적으로 정책 효과를 나타낼 수도 있다. 그만큼 이데올로기와 정치의 역할(정치적 리더십의 역할)이 중요해질 것이다[Eichengreen(2012, pp. 289-307)].

어쨌든 불균형은 커졌다. 경상 수지 적자와 재정 적자, 부채 확대, 그 뒤에 있는 부실 대출, 자산 거품, 국제 경쟁력 약화 등의 문제를 가진 나라들이 위기를 부채질했다. 물론 건전한 나라들이 많이 도와주고 있다. 그러나 구조적·거시적 문제를 근본적으로 해결하지 않으면 '유럽판 임밸런스'는 미국발 '글로벌 임밸런스'와 똑같이 세계 경제를 위태롭게 할 암적 존재로 자리잡을 것이다. 문제국들의 회계 감사, 구조 조정, 자구 노력 등이 보장되지 않는 구제 금융은 해결책을 단지 늦출 뿐이다. 건전국들도 정치, 재정, 노동을 더 생각하고 ECB의 역할을 강화해야 한다. 이 모든 것이 일거에 이루어져야 신뢰 회복이

한다. 그래야 '글로벌 임밸런스'가 해결되는 방향이다. 유로도, 달러도 무엇에 비해 하락하느냐고? 전 세계의 모든 통화에 비해서가 아니고 흑자국 전체에 비해서이다. 또한 수요 팽창에서 인플레이션을 우려할 필요가 없다는 이야기이기도 하다. 실업률이 두 자리 숫자나 되는 나라에 '양적 완화' 정책이 효과가 있을 예상이라는 것. 그러나 유로존 전체로서 문제 해결은 내부 결속을 위해 나라마다 선별적인 정책을 고안해야 하는 것임에 틀림없다. ECB의 양적 완화책의 기대 효과에 대해서 펠드스틴은 극히 부정적이다[Feldstein(2015)].

15 Casale et al.(2012). 이 밖에 Eurobond도 거시-금융 안정 도구로서 제안되고 있다. 채무를 공유하자는 뜻이다. 여기에 대해서는 특히 독일이 적극 반대하고 있다. 이 모든 것들이 EU 예산으로 보장되지 않는 한 재원 조달 효과가 의문시된다. 더욱이 10월 19일 열린 후속 정상 회담의 결과는 그다지 희망적이지 않다. 통합 은행 감독 기구의 설립이 늦추어지고 2013년부터 ECB가 은행 감독권을 확장하도록 타협했는데 이것도 확실하지 않다.

될 것이며, 시간을 끌수록 문제 해결이 더욱 어려워질 것이다.

6. 맺음말: 남은 이야기와 조심스러운 전망

이 장은 재정 국가의 역사와 유로존 위기 두 개의 주제를 동시에 다루었다. 유로존이 단일 화폐를 사용함으로써 경상 수지 불균형을 증대시킨다는 사실은 앞에서 지적했다. 경상 수지는 저축에서 투자를 뺀 나머지이고, 정부 부문에서는 재정 수지를 의미함을 3절에서 밝혔다. 실제로 유로의 도입과 함께 유로존 회원국 간에 경상 수지 임밸런스가 확대되었음을 보여주는 연구가 많다[Stavrev and Decressin (2009); Berger and Nitsch(2010); Barnes, Lawson and Radziwill(2010)]. 그리고 이것이 유로존 부채 위기의 주요인임을 주장하는 기존 연구도 드물지 않다[Lane and Pels(2012)]. 특히, 경상 수지 적자가 큰, 따라서 재정 적자도 큰 남부의 유로 국가(PIGS)들이 낮은 국내 저축률에도 불구하고 EMU와 유로 덕택에 해외 저축을 공유할 수 있으므로 높은 투자 지출을 유지했다는 지적이 있다[Jaumotte and Sodsriwiboon(2010)]. '글로벌 임밸런스'가 2008년 세계 금융 위기의 요인 중 하나였던 것과 같이 '유럽판 미니 임밸런스'가 유로존 위기의 요인으로 잠재하고 있었다. 세계 금융 위기의 도래와 이에 대응한 재정 지출 팽창은 남부 유로 국가들을 위기로 내몰았다.

그러면 재정 국가의 역사와 현재 진행중인 유로존 부채 위기가 어떻게 연결되는가? 재정 국가의 진화 설명은 1914년까지로 마무리되고 유로존 위기의 잠재성은 1950년대부터 분석되어 얼핏 연계가 보이지 않을 수 있다. 그러나 그렇지 않다. 1914-1945년의 양차 대전과 전간기는 대공황, 국제 경제의 블록화 등의 혼란으로 각국 정부의 규모가 커져서 재정 부담이 늘어난 것을 빼고는 진전이 없었다. 전후에는 곳곳에서 분배적 갈등이 만발했다. 마셜 플랜의 효과 중 하나는 소비재 공급으로 생활 수준을 향상시킴으로써 프랑스와 이탈리아에서 특히 강세이던 사회당과 공산당을 무마하고 중도파의 입지를 강화한 것이다[양동휴(2006, p. 181)]. 그런 맥락에서 보면 오토만제국의 사슬에서 벗어난 후 오랜 우여곡절을 겪은 그리스의 문제가 더욱 심각했다. 그리고 스페인과 포르투갈은 각각 1970년대까지 파시스트 독재 하에서 억압되었을 뿐 대중 소비를 위한 재정 수요가 상존했다. 즉, 20세기 초까지 북서유럽보다 재정 건전도가 뒤졌던 남유럽의 유산이 사라지기보다는 증폭되었다.[16]

재정 수지만 문제라면 신뢰에 바탕을 둔 차입으로 어느 정도 해결이 된다. 물론 임밸런스는 지속될 수 없으므로 구조적으로 극복해야 한다. 달러화는 1970년대부터 지속적으로, 또 2008년 위기로 국제 통화로서의 위상에 온갖 상처를 입고 사라져갈 것으로 예상한 사람들이 많았지만 아직 '안전 자산'이라는 믿음에 기대어 '글로벌 임밸런스'를 악화시키고 있다. 거의 유일한 동반 국제 화폐인 유로화는 가치가 계속 하락하고 있는데 더 하락해야 한다는 주장도 많다. 유로화 안정이야말로 유로화 지역의 경제에 대한 신뢰가 바탕이 되어야 하는 일이다.

국제적인 믿음은 종종 주도적 역할을 하는 국가의 정책에 의존하는 경우가 많다. 그래서 킨들버거(Kindleberger)는 19세기 말에 영국이

---

16 1981년 그리스, 1986년 스페인, 포르투갈의 유럽연합 영입은 그런 의미에서 시기상조라고 할 수 있다.

헤게모니를, 제2차 세계 대전 이후에는 미국이 헤게모니를 행사했기 때문에 세계 경제가 안정되었고(패권 안정론, hegemonic stability theory), 전간기에는 패권국이 없거나 제 역할을 다하지 못해 대공황과 세계 경제의 블록화를 낳았다고 설명한다[Kindleberger(1986, ch. 14)]. 그의 이론에 전적으로 동의하는 바는 아니지만 시사점이 많다. 우선 유럽연합 회원국이지만 유로존은 아닌 영국의 협조를 생각해볼 수 있다. 독일도 유럽 경제를 이끌 리더 역할을 장기적 관점에서 떠맡을 자세를 더 적극적으로 고려해야 할 것이다. 문제는 영국의 불황이 심각하고 독일도 여력이 크지 않다는 데 있다.

다시 한 번 요약해보자. 재정 건전도란 재정 수지 자체보다 조세 징수와 정부 지출의 효율성, 국내외 차입 능력 및 부채 관리의 신뢰도 등을 포괄한다. '재정 국가' 형성의 비교사로 보아 지금 위기 상황에 처한 남유럽 국가들은 취약한 재정 관리의 유산을 이어받았다. 재정 적자와 경상 수지 적자는 불가분의 관계에 있다. 달러-페그 때문에 '글로벌 임밸런스'가 빨리 사라지지 않는 것과 마찬가지로, 유로화(고정환율제)의 도입은 유럽연합 내 적자국/흑자국 간 조정을 어렵게 하여 '유럽판 미니 임밸런스'를 초래했다. 이러한 잠재적 요인에 2007/2008년 세계 금융 위기가 겹쳐 결국 2009년부터 유로존 부채 위기로 나타났다. 이와 같은 구조적 문제를 해결하는 것이 본질이다.

부표 8-A1 경상 수지

(단위: 백만 유로)

	2005	2006	2007	2008	2009	2010	2011
EU(27 countries)	−83,503	−139,618	−125,859	−261,517	−90,284	−82,234	−66,551
Euro area (17 countries)	10,794	−12,625	7,403	−143,538	−21,927	−6,792	−2,290
Belgium	5,992	5,931	5,427	−5,686	−5,313	5,005	−3,679
Bulgaria	−2,705	−4,647	−7,756	−8,182	−3,116	−375	362
Czech Republic	−1,042	−2,391	−5,671	−3,297	−3,428	−5,894	−4,453
Denmark	9,008	6,515	3,093	6,774	7,338	13,003	15,541
Germany	112,591	144,739	180,912	153,634	140,559	150,668	147,652
Estonia	−1,115	−2,053	−2,563	−1,577	513	513	459
Ireland	−5,690	−6,304	−10,124	−10,169	−4,697	761	1,075
Greece	−14,744	−23,759	−32,602	−34,798	−25,814	−22,971	−21,093
Spain	−66,861	−88,313	−105,265	−104,676	−50,539	−47,427	−37,497
France	−8,327	−10,345	−18,924	−33,725	−25,143	−30,172	−38,934
Italy	−12,603	−22,344	−19,916	−45,222	−30,076	−54,725	−50,324
Cyprus	−800	−1,006	−1,865	−2,679	−1,808	−1,711	−1,855
Latvia	−1,626	−3,603	−4,710	−3,014	1,598	535	−241
Lithuania	−1,482	−2,551	−4,149	−4,194	1,182	410	−481
Luxembourg	3,495	3,516	3,784	2,002	2,428	3,091	3,034
Hungary	−6,378	−6,634	−7,224	−7,728	−112	1,185	1,427
Malta	−421	−497	−343	−294	−483	−388	−212
Netherlands	37,995	50,438	38,424	25,494	23,455	41,494	52,448
Austria	5,309	7,256	9,619	13,757	7,487	8,617	5,855
Poland	−5,863	−10,421	−19,253	−23,818	−12,059	−16,486	−15,969
Portugal	−15,924	−17,186	−17,105	−21,736	−18,402	−17,226	−11,023
Romania	−6,876	−10,220	−16,758	−16,178	−4,938	−5,499	−6,007
Slovenia	−498	−772	−1,646	−2,295	−246	−210	1
Slovakia	−3,262	−3,490	−2,912	−4,021	−1,627	−1,637	38
Finland	5,277	6,891	7,668	4,877	3,055	2,574	−2,246
Sweden	20,191	26,805	31,249	29,353	20,531	24,007	27,151
United Kingdom	−47,697	−66,800	−51,573	−25,081	−23,095	−56,749	−33,473
Belgo-Luxembourg	−	−	−	−	−	−	−
Iceland	−2,151	−3,172	−2,347	−2,846	−1,046	−767	711
Norway	39,694	46,234	40,127	54,547	35,815	38,697	:
Croatia	−1,876	−2,606	−3,091	−4,138	−2,189	−365	−363
Turkey	−17,761	−25,595	−27,915	−28,108	−9,551	−35,135	−55,433
United States	−602,241	−637,113	−519,747	−460,480	−269,207	−356,954	−339,793
Japan	133,259	136,457	154,915	106,987	104,986	153,722	85,563

자료: Eurostat.

부표 8-A2 재정 수지

(단위: GDP 대비 %)

	1995	2000	2005	2006	2007	2008	2009	2010	2011
EU(27 countries)	–	0.6	-2.5	-1.5	-0.9	-2.4	-6.9	-6.5	-4.5
Euro area (17 countries)	-7.5	-0.1	-2.5	-1.3	-0.7	-2.1	-6.4	-6.2	-4.1
Belgium	-4.5	0.0	-2.5	0.4	-0.1	-1.0	-5.6	-3.8	-3.7
Bulgaria	–	-0.5	1.0	1.9	1.2	1.7	-4.3	-3.1	-2.1
Czech Republic	-12.8	-3.6	-3.2	-2.4	-0.7	-2.2	-5.8	-4.8	-3.1
Denmark	-2.9	2.3	5.2	5.2	4.8	3.2	-2.7	-2.5	-1.8
Germany	-9.5	1.1	-3.3	-1.6	0.2	-0.1	-3.2	-4.3	-1.0
Estonia	1.1	-0.2	1.6	2.5	2.4	-2.9	-2.0	0.2	1.0
Ireland	-2.0	4.7	1.7	2.9	0.1	-7.3	-14.0	-31.2	-13.1
Greece	–	-3.7	-5.2	-5.7	-6.5	-9.8	-15.6	-10.3	-9.1
Spain	-7.2	-0.9	1.3	2.4	1.9	-4.5	-11.2	-9.3	-8.5
France	-5.5	-1.5	-2.9	-2.3	-2.7	-3.3	-7.5	-7.1	-5.2
Italy	-7.4	-0.8	-4.4	-3.4	-1.6	-2.7	-5.4	-4.6	-3.9
Cyprus	-0.9	-2.3	-2.4	-1.2	3.5	0.9	-6.1	-5.3	-6.3
Latvia	-1.6	-2.8	-0.4	-0.5	-0.4	-4.2	-9.8	-8.2	-3.5
Lithuania	-1.5	-3.2	-0.5	-0.4	-1.0	-3.3	-9.4	-7.2	-5.5
Luxembourg	2.4	6.0	0.0	1.4	3.7	3.0	-0.8	-0.9	-0.6
Hungary	-8.8	-3.0	-7.9	-9.4	-5.1	-3.7	-4.6	-4.2	4.3
Malta	-4.2	-5.8	-2.9	-2.8	-2.4	-4.6	-3.8	-3.7	-2.7
Netherlands	-9.2	2.0	-0.3	0.5	0.2	0.5	-5.6	-5.1	-4.7
Austria	-5.8	-1.7	-1.7	-1.5	-0.9	-0.9	-4.1	-4.5	-2.6
Poland	-4.4	-3.0	-4.1	-3.6	-1.9	-3.7	-7.4	-7.8	-5.1
Portugal	-5.4	-3.3	-6.5	-4.6	-3.1	-3.6	-10.2	-9.8	-4.2
Romania	-2.0	-4.7	-1.2	-2.2	-2.9	-5.7	-9.0	-6.8	-5.2
Slovenia	-8.3	-3.7	-1.5	-1.4	0.0	-1.9	-6.1	-6.0	-6.4
Slovakia	-3.4	-12.3	-2.8	-3.2	-1.8	-2.1	-8.0	-7.7	-4.8
Finland	-6.1	6.9	2.8	4.1	5.3	4.3	-2.5	-2.5	-0.5
Sweden	-7.4	3.6	2.2	2.3	3.6	2.2	-0.7	0.3	0.3
United Kingdom	-5.9	3.6	-3.4	-2.7	-2.7	-5.0	-11.5	-10.2	-8.3
Iceland	–	–	4.9	6.3	5.4	-13.5	-10.0	-10.1	-4.4
Liechtenstein	–	–	–	–	–	–	–	–	–
Norway	–	–	15.1	18.5	17.5	18.8	10.6	11.2	13.6
Switzerland	–	–	–	–	–	–	–	–	–
Montenegro	–	–	–	–	–	–	–	–	–
Croatia	–	–	-4.0	-3.0	-2.5	-1.4	-4.1	–	–
Yugoslav Republic of Macedonia	–	–	–	–	–	–	–	–	–
Turkey	–	–	-0.6	0.8	-1.0	-2.2	-6.7	–	–

자료: Eurostat.

부표 8-A3 총정부 부채

(단위: GDP 대비 %)

	1995	2000	2005	2006	2007	2008	2009	2010	2011
EU(27 countries)	–	61.9	62.9	61.6	59.0	62.5	74.8	80.0	82.5
Euro area (17 countries)	72	69.2	70.2	68.6	66.3	70.1	79.9	85.3	87.2
Belgium	130.2	107.8	92.0	88.0	84.1	89.3	95.8	96.0	98.0
Bulgaria	–	72.5	27.5	21.6	17.2	13.7	14.6	16.3	16.3
Czech Republic	14.0	17.8	28.4	28.3	27.9	28.7	34.4	38.1	41.2
Denmark	72.6	52.4	37.8	32.1	27.1	33.4	40.6	42.9	46.5
Germany	55.6	60.2	68.6	68.1	65.2	66.7	74.4	83.0	81.2
Estonia	8.2	5.1	4.6	4.4	3.7	4.5	7.2	6.7	6.0
Ireland	80.2	35.1	27.2	24.5	24.8	44.2	65.1	92.5	108.2
Greece	97.0	103.4	100.0	106.1	107.4	113.0	129.4	145.0	165.3
Spain	63.3	59.4	43.2	39.7	36.3	40.2	53.9	61.2	68.5
France	55.5	57.3	66.4	63.7	64.2	68.2	79.2	82.3	85.8
Italy	120.9	108.5	105.4	106.1	103.1	105.7	116.0	118.6	120.1
Cyprus	51.8	59.6	69.4	64.7	58.8	48.9	58.5	61.5	71.6
Latvia	15.1	12.4	12.5	10.7	9.0	19.8	36.7	44.7	42.6
Lithuania	11.5	23.6	18.3	17.9	16.8	15.5	29.4	38.0	38.5
Luxembourg	7.4	6.2	6.1	6.7	6.7	13.7	14.8	19.1	18.2
Hungary	85.6	56.1	61.7	65.9	67.1	73.0	79.8	81.4	80.6
Malta	35.3	54.9	69.7	64.4	62.3	62.3	68.1	69.4	72.0
Netherlands	76.1	53.8	51.8	47.4	45.3	58.5	60.8	62.9	65.2
Austria	68.2	66.2	64.2	62.3	60.2	63.8	69.5	71.9	72.2
Poland	49.0	36.8	47.1	47.7	45.0	47.1	50.9	54.8	56.3
Portugal	59.2	50.4	67.7	69.3	68.3	71.6	83.1	93.3	107.8
Romania	6.6	22.5	15.8	12.4	12.8	13.4	23.6	30.5	33.3
Slovenia	18.6	26.3	26.7	26.4	23.1	21.9	35.3	38.8	47.6
Slovakia	22.1	50.3	34.2	30.5	29.6	27.9	35.6	41.1	43.3
Finland	56.6	43.8	41.7	39.6	35.2	33.9	43.5	48.4	48.6
Sweden	72.8	53.9	50.4	45.0	40.2	38.8	42.6	39.4	38.4
United Kingdom	51.2	41.0	42.5	43.4	44.4	54.8	69.6	79.6	85.7
Iceland	–	–	26.0	27.9	28.5	70.3	87.9	93.1	98.8
Liechtenstein	–	–	–	–	–	–	–	–	–
Norway	–	–	44.5	55.4	51.5	48.2	43.5	43.7	29.0
Switzerland	–	–	–	–	–	–	–	–	–
Montenegro	–	–	–	–	–	–	–	–	–
Croatia	–	–	43.7	35.5	32.9	28.9	35.3	–	–
Turkey	–	–	52.3	46.1	39.4	39.5	45.4	–	–

자료: Eurostat.

참고 문헌

양동휴(2006), 『20세기 경제사』, 일조각.

_____(2012a), 『세계화의 역사적 조망』, 개정판, 서울대학교 출판문화원.

_____(2012b), 「금본위제는 역사적 진화인가 – 복본위제 단상」, 『경제논집』, 51-1, pp. 39-65(이 책의 3장).

Allen, Robert C.(2009), *The British Industrial Revolution in Global Perspective*, Cambridge: Cambridge University Press.

_____(2011), "Why the Industrial Revolution was British: Commerce, Induced Invention, and the Scientific Revolution," *Economic History Review*, 64-2, pp. 357-384.

Barnes, Sebastian, Jeremy Lawson and Artur Radziwill(2010), "Current Account Imbalances in the Euro Area: A Comparative Perspective," OECD Economics Department Working Paper 826.

Berger, Helge and Volker Nitsch(2010), "The Euro's Effect on Trade Imbalances," IMF Working Paper 10/226.

Bonney, Richard, ed.(1999), *The Rise of the Fiscal State in Europe, c.1200-1815*, Oxford: Oxford University Press.

Casale, Alessandra, Alessandro Giobannini, Daniel Gros, Paul Ivan, Jorge Nez Ferrer and Fabrizia Peirce(2012), "The Implications for the EU and National Budgets of the Use of EU Instruments for Macro-Financial Stability," CEPS SPECIAL REPORT, September.

Cox, Gary W.(2012), "Was the Glorious Revolution a Constitutional Watershed?," *Journal of Economic History*, 72-3, pp. 567-600.

Drelichman, Mauricio and Hans-Joachim Voth(2014), *Lending to the Borrower from Hell: Debt, Taxes, and Default in the Age of Philip II*, Princeton University Press.

Eichengreen, Barry(2007), *Global Imbalances and the Lessons of Bretton Woods*, Cambridge, MA: MIT Press(박복영 옮김, 『글로벌 불균형』, 미지북스, 2008).

_____(2008), *Globalizing Capital*, 2nd ed., Princeton: Princeton University Press(강명세 옮김, 『글로벌라이징 캐피털』, 미지북스, 2010).

_____(2012), "Economic History and Economic Policy," *Journal of Economic History*, 72-2, pp. 289-307.

Elliott, John H.(1961), "The Decline of Spain," *Past and Present*, 20, pp. 52-75.

European Council(2011), Statement by the Euro Area Heads of State or Government, Brussel, December.

Feldstein, Martin(1997), "The Political Economy of the European Economic and Monetary Union," *Journal of Economic Perspectives*, 11-4, pp. 23-42.

_____(2000), "The European Central Bank and the Euro: The First Year," NBER Working Paper 7517, Fall.

_____(2005), "The Euro and the Stability Pact," NBER Working Paper 11249, April.

_____(2015), "Ending the Euro Crisis?" NBER Working Paper 20862.

Financial Times(2012), "A Manifesto for Economic Sense," June 28.

Flynn, Dennis O.(1982), "Fiscal Crisis and the Decline of Spain(Casrile)," *Journal of Economic History*, 42-1, pp. 139-147.

Gelderblom, Oskar and Joost Jonker(2011), "Public Finance and Economic Growth: The Case of Holland in the Seventeenth Century," *Journal of Economic History*, 71-1, pp. 1-39.

Haltiwanger, John C., Ron S. Jarmin and Javier Miranda(2010), "Who Creates Jobs? Small vs. Large vs. Young," NBER Working Paper 16300, August.

IMF(2012), *Global Financial Stability Report: The Quest for Lasting Stability*, Washington, D.C.

Jaumotte, Florence and Piyaporn Sodsriwiboon(2010), "Current Account Imbalances in the Southern Euro Area," IMF Working Paper 10/139.

Kamen, H.(1978), "The Decline of Spain: A Historical Myth?" *Past and Present*, 81, pp. 24-50.

_____(1981), "A Rejoinder," *Past and Present*, 91, pp. 181-185.

Kindleberger, Charles P.(1986), *World in Depression 1929-1939*, 2nd ed., University of California Press(박명섭 옮김, 『대공황의 세계』, 부키, 1998).

Krüger, Kersten(1987), "Public Finance and Modernisation: The Change from Domain State to Tax State in Hesse in the Sixteenth and Seventeenth Centuries – A Case Study," in Peter-Christian Witt, ed., *Wealth and Taxation in Central Europe: The History and Sociology of Public Finance*, Hamburt, BERG.

Krugman, Paul(2012), *End This Depression Now*, New York: W. W. Norton.

Landes, David S.(1958), *Bankers and Pashas International Finance and Economic Imperialism in Egypt*, Harvard University Press.

Lane, Philip R. and Barbara Pels(2012), "Current Account Imbalances in Europe," CEPR Discussion Paper 8958.

Ma, Debin(2011), "Rock, Scissors, Paper: the Problem of Incentives and Information in Traditional Chinese State and the Origin of the Great Divergence," London School of Economics, Economic History Department Working Paper 152/11, March.

Mundell, R.(1961), "A Theory of Optimal Currency Areas," *American Economic Review*, 51-3, pp. 657-665.

North, Douglass C.(1981), *Structure and Change in Economic History*, New York: W. W. Norton.

North, Douglass C. and Barry R. Weingast(1989), "Constitutions and Commitment: The Evolution of Institutions Governing Public Choice in Seventeenth-Century England," *Journal of Economic History*, 49-4, pp. 803-832.

O'Brien, Patrick(2011), "The Nature and Historical Evolution of an Exceptional Fiscal State and Its Possible Significance for the Precocious Commercialization and Industrialization of the British Economy from Cromwell to Nelson," *Economic History Review*, 64-2, pp. 408-446.

Obstfeld, Maurice and Alan M. Taylor(2004), *Global Capital Markets:*

Integration, Crisis, and Growth, Cambridge: Cambridge University Press.

Overtveldt, John van(2011), *The End of the Euro: The Uneasy Future of the European Union*, New York: Wiley(정향 옮김, 『유로화의 종말』, 골든북미디어, 2012).

Paolera, Gerardo della and Alan M. Taylor(2012), "Sovereign Debt in Latin America, 1820-1913," NBER Working Paper 18363.

Pradhan, Manoj and Alan M. Taylor(2011), "The Great Rebalancing," Emerging Issues, Morgan Stanley, February 18.

Reinhart, Carmen M. and Kenneth S. Rogoff(2009), *This Time Is Different: Eight Centuries of Financial Folly*, Princeton, Princeton University Press(최재형·박영란 옮김, 『이번엔 다르다』, 다른세상, 2010).

Rockoff, Hugh(2000), "How Long Did It Take the United States to Become and Optimal Currency Area?" NBER Historical Paper 124, April.

Schumpeter, Joseph A.(1918), "Die Krise des Steuerstaates," *Zeitfragen aus dem Gebiet der Soziologie* 4; translated in English, "The Crisis of the Tax State," *International Economic Papers*, 4, 1954.

Stavrev, Emil and Jörg Decressin(2009), "Current Accounts in a Currency Union," IMF Working Paper No. 09/127.

Sturzenegger, Federico and Jeromin Zettelmeyer(2007), *Debt Defaults and Lessons from a Decade of Crises*, Cambridge, MA: MIT Press.

Sylla, Richard(2002), "Financial Systems and Economic Modernization," *Journal of Economic History*, 62-2, pp. 277-292.

Temin, Peter and Hans-Joachim Voth(2008), "Private Borrowing during the Financial Revolution: Hoare's Bank and Its Customers, 1702-24," *Economic History Review*, 61-3, pp. 541-564.

_____(2013), *Prometheus Shackled: Goldsmith Banks and England's Financial Revolution after 1700*, Oxford University Press.

The Economist(2012a), "Companies and Productivity: Small Is Not Beautiful," March 3.

_____(2012b), "Europe's Troubled Regions: Another Weak Link in the Euro Zone," July 28.

Wall Street Journal(2012), "A Weaker Euro Could Rescue Europe: Devaluation Is the Only Way to Save the Single Currency," June 29.

Wallis, John Joseph, Richard E. Sylla and Arthur Grinath III(2011), "Land, Debt, and Taxes: Origins of the U.S. State Debt Crisis, 1839 to 1842," Paper Presented at the Conference, "Sovereign Debt and Default after the Financial Crisis of 2007-08," Federal Reserve Bank of Atlanta, November 28-29.

Wareham, Andrew(2012), "Fiscal Polices and the Institution of a Tax State in Anglo-Saxon England within a Comparative Context," *Economic History Review*, 65-3, pp. 910-931.

Yun-Casalilla, Bartolome and Patrick O'Brien, eds.(2012), *The Rise of Fiscal States: A Global History, 1500-1914*, Cambridge: Cambridge University Press.

9

금융 세계화와 국제 자본 이동

● 이 장은 2008년 세계 금융 위기가 도래하기 전에 집필했지만 아직 의미가 있을 것으로 믿는다.

1. 머리말

세계화(globalization)에 관한 찬반 논란은 그 차원이 기술, 정치, 문화, 환경 등 다방면으로 확대되고 있으나 비교적 전문적 수준에서 논의가 이루어지는 분야는 경제적 차원이다. 그 중에서도 금융 세계화, 즉 자본 시장 통합에 대한 관심이 급속도로 증대하고 있다. IMF의 자본 계정 자유화 권고 방안에 대한 수정 의견, 단기 자본 이동과 외환 위기의 불안, 국제 통화 제도를 불신하게 하는 국제 수지 조정의 미흡 등등이 세간의 우려로 떠오르고 있다. 이런 계제에서 국제 자본 이동의 역사적 추이를 검토하고, 자본 시장 통합이 경제 성장과 불안, 신용 위험, 금융 시장의 효율성 등에 미친 영향을 살펴본 실증적 문헌들을 개관하여 향후 과제를 부각시키려고 한다.[1]

우선 다음 절에서는 19세기 후반부터 시작된 국제 자본 시장의 형성 · 발달 과정을 역사적으로 살핀다. 3절에서는 금융 세계화, 구체적으로 자본 시장 개방, 또는 자본 계정 자유화가 성장에 미친 영향을

---

1 각각 조금씩 다른 뜻이 있으나 이하에서는 금융 세계화, 자본 시장 및 금융 통합, 자본 시장 개방, 자본 통제 완화/철폐, 자본 계정 자유화 등의 개념을 느슨하게 혼용하고자 한다.

문헌 서베이를 통하여 종합 평가한다. 4절은 자본 이동의 결과 산출 및 소비의 안전성을 해쳤는지, 신용 위험도를 높여 통화 위기를 초래 하였는지, 따라서 외환 통제의 필요성이 커졌는지 가리기 위한 노력 이다. 5절에서는 경상 수지 조정 메커니즘으로서 국제 통화 제도의 최근 흐름을 검토한다. 마지막 절은 요약과 전망 및 향후 과제에 할애 한다.

2. 국제 자본 이동의 역사적 추이

세계화와 관련된 거의 모든 것이 그렇지만 국제 자본의 이동도 기술 진보와 제도 변화에 의해 촉진되었다. 19세기 말부터의 시기를 보면 귀금속 운송 비용의 하락, 통신 및 보험, 기타 금융 기관의 발달 이 있다. 또한 정보 비대칭성이나 계약의 문제, 거시 경제적 위험 등 도 차차 줄어들었다. 적절한 회계 기준도 광범위하게 채택되었으며 중앙은행 간 협력도 향상되었다[Bordo, Eichengreen and Irwin(1999)]. 물론 이와 같은 추세에는 진퇴와 완급이 있었다. 19세기 후반부터 국제 자 본 이동에 관한 나라별·시기별 연구들을 종합하면 대개 국제 통화 제도의 변화에 따른 네 개의 기간으로 나누어 접근하고 있음을 알 수 있다[Eichengreen(1996); Obstfeld and Taylor(2004, pp. 24-29)].

첫째 기간은 1870년대부터 제1차 세계 대전에 이르는 세계화의 첫 물결이다. 세계 경제의 큰 부분이 점차 '고전적 금본위제'에 흡수 되며 런던 중심의 세계적 자본 시장에 합류한다. 1880년이 되면 많은 국가들이, 1900년까지는 대다수의 국가들이 금본위제를 채택하였는 데, 이 고정 환율 제도는 대부분의 나라에 규율과 구속 장치로 작용한

'안정성과 신뢰도 체제'를 제공하였다. 이에 따라 국가 간에 이자율이 수렴하였고, 자본 이동이 급증했다. 서유럽의 연장인 신세계는 물론이고 많은 주변부 국가들이 자본뿐 아니라 상품과 노동의 세계적 교역에 참여하였다.

1914년에서 1945년에 이르는 두 번째 기간에 세계 경제는 큰 타격을 입었다. 양차 대전과 대공황은 민족주의와 비협조적 경제 정책의 대두를 수반하였다. 금본위제에 대한 신뢰도가 제1차 세계 대전과 함께 무너졌고 통화 정책은 정치적 목표에 따라 흔들렸다. 우선 전시 부채 처리의 방도로서 오락가락하였고, 그 이후에는 변동 환율 하에 국내 경제 행위를 안정화하기 위한 수단으로 이용되었다. 통화 위기를 방지하기 위해, 또 금을 보호하기 위해, 자본 통제가 만연하였다. 세계 경제는 불과 몇십 년 동안 거의 아우타르키 상태에 이르렀다. 민간 자본 이동도 고갈되었으며, 국제 투자에 대한 의혹이 증폭되어 국제 가격과 이자율의 동조화 현상도 완전히 사라졌다. 국제 자본, 국제 금융은 금기시되었고 1930년대 세계적 공황의 주된 원인으로 여겨졌다.

세 번째 기간, 즉 브레튼우즈 시기(1945-1971)에 세계 경제를 재건하기 위한 시도가 있었다. 국제 무역이 괄목할 속도로 팽창하였고 세계 경제가 역사상 가장 빠른 속도로 성장하였다. 그러나 전간기에 형성된 국제 자본에 대한 공포감은 쉽게 사라지지 않았다. 1944년에 고안된 IMF는 초기에 고정 환율에 대한 투기적 공격을 예방하기 위한 방편으로 자본 통제를 허용했다. 자본 통제는 국내 정책 독자성을 각국 정부에 부여했는데, 이것은 한편 적극적 통화 정책을 가능하게 함으로써, 또 한편 필요에 따라 미국 달러에 대한 공식 환율을 비교적 질서 있는 방식으로 조정할 수 있게 함으로써 운영될 것이었다. 약 25

년간 이와 같은 방식이 유지되었으며, 자본 시장이 회복되었으나 그 속도는 느렸다. 그러나 1960년대 말이 되자 국제 무역이 급속도로 팽창함에 따라 세계 자본을 더 이상 손쉽게 통제할 수 없게 되었다. 세계 자본의 운행은 결국 브레튼우즈 체제의 핵심인 '조정 가능한 고정 환율 네트워크'를 붕괴시킨 것이다.

대부분의 선진 공업국이 변동 환율을 채택한 네 번째 기간에는 추세의 변화가 명확했다. 선진국들이 달러 고정 환율을 포기하였고 20세기 마지막 30년 동안 자본 계정 제한은 광범위하게 철폐되었거나 완화되었다. 다시 말하여, 선진국 정부들이 고정 환율을 유지하기 위한 수단으로서 자본 통제를 더 이상 필요로 하지 않았다. 고정 환율제가 사라졌기 때문이다. 변동 환율이 시장 변화에 적응할 수 있었으므로 통제를 철폐할 수 있었다. 그러나 유럽 국가들은 통화적 독자성을 포기하고 통화 통합을 채택하는 방식으로 자본 통제를 포기하였다. 두 방식 모두의 결과로 통제의 완화는 자본 이동을 촉진하였다. 많은 저개발국들에서 경제 개혁이 해외 투자의 거래 비용과 위험을 감소시켜 그쪽에서도 자본 이동이 증가하였다. 1990년대 후반의 전염성 금융 위기 이후 상황이 약간 바뀌었다. 투자자들이 주변부에 잔존하는 고정 환율을 의심할 뿐 아니라 취약한 금융 인프라 등에 신경을 쓰고 있기 때문이다. 점차 소규모 저개발국들은 국내 통화 정책 독자성을 포기하고 고정 환율의 신뢰도를 높이기 위해 커런시 보드(currency board)나 달러화(dollarization) 등을 선호하고 있으며, 멕시코, 칠레, 브라질 등 규모가 큰 신흥국들은 변동 환율과 인플레이션 타게팅(inflation targeting)을 동시에 사용하는 방법을 택하고 있다.

이렇게 볼 때 국제 자본 이동의 급증 기간이 1차 세계화 물결(1870-

그림 9-1 해외 자본 스톡

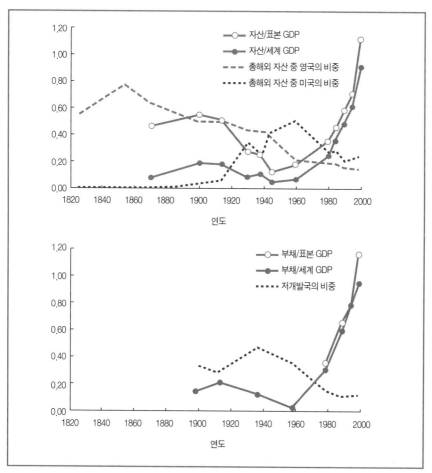

자료: Obstfeld and Taylor(2004), p. 54.

1914) 및 2차 물결(1971-)과 일치할 것으로 추정할 수 있으며, 제1차 세계 대전 이후만을 관찰하면 자본 이동이 대개 U자형으로 나타날 것이 예상된다. 〈그림 9-1〉은 자산과 부채의 총량으로 본 해외 자본 스

그림 9-2 GDP 대비 경상 수지

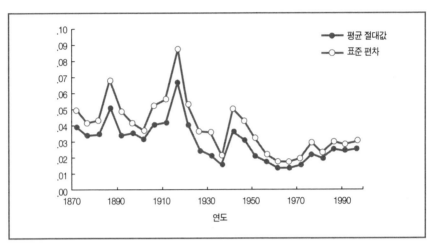

주: 15개국, 5년 평균.
자료: Obstfeld and Taylor(2004), p. 60.

톡이며, 〈그림 9-2〉는 경상 수지로 본 해외 투자 플로우이다. 스톡과
플로우의 차이, 표본 수의 차이 등의 문제가 있지만 기본적인 U자 패
턴은 확인된다.[2] 물론 자본 시장 통합이 주된 관심사라면 다른 척도
들, 예를 들어 이자율이 낮은 수준에서 안정적으로 국가 간에 수렴하
는가, 투자율을 저축률로 회귀했을 때의 기울기 계수('saving-retentation
coefficient', Feldstein and Horioka 계수)가 1보다 0에 가까워지는가를 검토할
필요가 있을 것이다. 그러나 여기에서는 그런 척도도 비슷한 결과를

---

2 단순히 하여 다음 관계가 있음에 주목하라[Obstfeld and Taylor(2004, p. 58)].
   GDP≡$Q=C+I+G+NX$(순수출)
   GNP≡$Y=Q+rB$(r은 세계 이자율, B는 해외 자산 스톡)
   $=C+I+G+NX+rB$
   CA(경상 수지)≡$NX+rB=(Y-C-G)-I=S-I$
   $\Delta B_{t+1}=B_{t+1}-B_t≡CA_t=-KA_t$(자본 수지)
   여기서 〈그림 9-1〉은 B/Q, 〈그림 9-2〉는 $|CA/Q|$ 이다.

보인다는 것을 언급만 하기로 하자[양동휴(2012, pp. 7-10)].

세계 대전 중의 예외적인 기간을 뺀다면 해외 대부 붐을 네 번, 즉 1880-1913년, 1920년대, 1970년대, 1990년대로 추적할 수 있다. 첫째 물결이 가장 크고 길어서 주요 자본 수출국과 수입국의 GDP 대비 경상수지 절대값으로 측정된 자본 이동은 3.5%에 달했다. 이에 비해 1920년대 후반과 1990년대 초반은 2.5%, 1970년대는 그보다 낮았다. 자본 이동의 구성도 1930년대 이전의 채권 금융에서 1970년대는 은행 대부로, 1990년대는 채권 및 주식 투자로 변화하였고 직접 투자(FDI)의 비중이 꾸준히 커졌다.[3] 해외 대부 붐의 배경도 공통점을 가졌다: ① 세계적 경기 변동의 상승 국면에; ② 세계 무역의 팽창기에; ③ 우호적인 정치적 조건 하에; ④ 금융 혁신 기간에, 즉 19세기 말에는 금융 기관과 자본 이동 중개 기법의 발달, 중심지가 뉴욕으로 옮아간 1920년대에는 미국의 은행들이 해외 시장에 지점망을 설치하고 투자 트러스트(요즈음의 상호 기금)가 투자자들에게 다각화 서비스를 제공, 1970년대에는 유로 달러 시장의 발달과 자본 통제의 완화, 1990년대에는 은행 채권의 증권화 등; ⑤ 1970년대와 1990년대에는 해외 투자 붐과 은행 및 통화 위기와의 연결이 있다는 것 등이다[Eichengreen(2004a, pp. 14-18)].

19세기에는 국제 자본이 중심부, 즉 영국, 프랑스, 독일에서 상대적으로 주변부라 할 수 있는 캐나다, 호주, 아르헨티나로 이동하였으나 더욱 가난한 나라로 투자되지는 않았다. 이것은 아마 더 가난한 국가의 경우 기술 수준의 저위에 의해 임금뿐 아니라 자본 수익률도 낮았던 데 기인했을 것이다. 자본 공여국은 규모가 클 때는 국내 총저축

---

3 대개의 경우 의결권 주식 소유 25% 이상이면 FDI로 분류하고 있다[Lipsey(2001)]. 최근에는 10% 기준으로 분석하는 경향이 있다.

표 9-1 세계 총부채 잔액과 총직접 투자 스톡

연도	총부채 잔액(A)	총직접 투자 스톡(B)	(B/A)
1980	407	698	1,71
1985	752	990	1,32
1990	1,094	2,081	1,90
1995	1,553	3,426	2,21
2000	1,818	7,511	4,13
2005	2,058	11,739	5,70
2006	2,183	14,276	6,54
2007	2,583	17,990	6,96
2008	2,855	15,491	5,43

자료: UNCTADstat website.

의 거의 절반을 해외에 투자하였고 자본 수입국은 외자 의존도가 매우 높아서 요즈음 대표적 채무국들보다 더 심하였다. 이들 자본은 주로 채권 등 포트폴리오의 형태로 사회 간접 자본(SOC) 또는 정부 부문으로 흘러들어갔다. 20세기에는 주식 또는 직접 투자의 비중이 늘어났다(〈표 9-1〉 참조). 해외 직접 투자(FDI)는 대개 기술 이전을 수반하므로 소득 수준 수렴에 일조를 했을 것이다. 19세기 말 자본 이동이 신대륙으로 노동 이동과 동반함으로써 수렴이 아닌 발산의 동력이 된 것과 대조적이라 할 수 있다[O'Rourke and Willamson(1999, chs. 11-12)].

또한 100년 전에 비해 서비스에 대한 직접 투자가 늘어난 것도 특징이다. 1914년에 미국 해외 직접 투자의 40% 이상이 광업과 석유 부문이고 제조업과 서비스(주로 철도와 전기, 가스, 수도 등)가 각각 20%였는데, 오늘날에는 50% 이상이 은행, 금융, 보험, 유통, 에너지, 정보 통신 등 서비스 부문이고 제조업이 35% 정도이다. 이것은 상품 시장뿐 아니라 서비스 시장에도 국제 경쟁이 심화되었음을 의미한다[양동휴 (2012, pp. 7-8)].

〈그림 9-1〉의 점선을 보면 미국의 해외 자산 비중이 지난 40년간 감소 추세이고, 국제 자본 이동에서 저개발국의 비중이 지난 60년간 작아지고 있음을 알 수 있다. 자본 이동은 주로 선진국 간에 이루어지고 저개발국으로 덜 가는, 심지어 2000년 이후에는 역방향으로 자본이 이동하는 이러한 현상은, 자본 부족국이 자본의 한계 생산성이 낮아서 국제 자본을 흡인하는 효과가 있으리라는 기본적인 논리에 어긋나므로 '역설적'(paradox)이라고 불렸다[Lucas(1990)]. 루카스는 식민 지배를 경험한 저개발국의 경우 법적·제도적 환경이 선진국과 동일하므로 원리금 변제 위험은 문제가 아닐 것이라고 하여 인적 자본 형성의 외부성에서 그 설명을 찾았다. 그 이후 법제적·정치적 계약 이행과 자본 시장의 발달 정도 등 여러 가지 설명 요인들을 놓고 실증적 연구들이 축적되었다. 더욱더 의욕적인 연구는 자본 유입을 종속 변수로 놓고 지난 30년간 12개국에 걸쳐 20여 가지 독립 변수로서 이를 설명하려는 시도이며 제도적 질과 국내 정책의 역할을 중시하였다. 여기서의 문제는 각 독립 변수의 측정이 자의적일뿐더러 물가 변동, 은행 신용, 자본 통제 등이 정책 변수로 될 수 있는가 하는 것이다 [Alfaro, Kalemli-Ozcan and Volosovych(2004)]. 최근의 한 연구는 상습적 채무 불이행 국가의 정부 채권과 정부 보증 채권에 대한 투자자들의 자기 실현적 불신이 가장 큰 원인이라고 주장한다. 채무 불관용(debt intolerance)이 안전 채무 수준 '역치'(threshold)를 높임으로써 상습적 파산자(serial defaulter)에서 선진국 위치로 '졸업'하는 데 걸리는 시간이 보다 더 늘었다는 것이다[Reinhard and Rogoff(2004); Reinhard, Rogoff and

Savastano(2003)]. 이에 관한 저자의 논의도 있다[양동휴(2012, ch. 4)].

3. 국제 자본 시장의 공과 I: 성장

금융 세계화, 즉 국제 자본 시장 통합이 가져온, 그리고 잠재적으로 가져올 이점은 경제 이론상 명백하다. 국제 금융 시장은 서로 다른 나라의 주민들로 하여금 다양한 위험을 연합, 분산하게 하여 국내에서보다 더 효과적인 보험을 제공한다. 또한 일시적 불황이나 자연재해를 겪는 국가가 해외 차입을 할 수 있게 한다. 자본이 부족한 저개발국의 경우 투자 자금을 외국에서 조달하여 저축률의 증가 없이도 경제 성장을 추진할 수 있다. 국제 자본 시장은 세계적 수준에서 저축을 입지에 상관없이 가장 생산적인 용도에 효율적으로 배분한다. 또 국내 정책 입안자들이 닫혀 있는 국내 자본 시장을 악용하는 것을 방지하는 역할을 한다. 예를 들어, 지나친 정부 차입이나 불충분한 은행 감독 같은 불건전한 정책은 금융 개방 하에서라면 투기적 자본 유출이나 더 높은 국내 이자율을 초래할 것이다. 적어도 이론적으로는 시장 규율에 따른 이러한 효과를 우려하여 분별없는 행동을 삼가게 할 것이다.

물론 국제적 금융 계약에는 부가적 집행 비용이 수반되며 정보 비대칭성 문제도 있다. 또한 정책 독자성의 상실 우려도 따른다. 금융 위기의 국제적 파급 문제도 복잡하다. 선진국 간의 자본 이동은 문제점들을 극복하고 서로 이득이 되는 방향으로 팽창해왔다. 그러나 선진국으로부터 저개발국으로의 자본 이동의 비중이 줄어들고 있음에 비추어 이론적 수준의 논의는 실증적 뒷받침이 필요한 듯 보인다. 이

하에서는 최근의 실증 연구를 개관하기로 한다.

우선 가치 판단과 신념의 개입 여지가 있는 빈곤과 불평등 문제부터 보자. 2004년의 NBER 콘퍼런스 "세계화와 빈곤" 중에서 자본 이동에 관한 교훈을 정리하자면, ① 횡단면 분석과 나라별 사례 연구 결과 자본 이동이 빈곤을 완화하는지 불분명하지만 인적 자본과 인프라, 신용 및 기술 지원, 거시 안정 등 보완적 요인이 있을 때는 긍정적 효과가 있다. ② 금융 위기의 비용이 매우 크므로 무제한적 자본 이동은 조심스럽게 받아들여야 한다. 그러나 직접 투자 유치의 경우 빈곤 퇴치에 도움이 된다. ③ 세계화는 빈곤층 내에도 비대칭적 효과를 가져오므로 이들을 식별하여 보완하는 정책이 필요하다는 등이다 [Harrison(2005)]. 이러한 일반론은 후에 다시 검토하려니와 빈곤과 불평등의 척도 문제에 관한 지적이 눈에 띈다. 절대 빈곤 상한을 구매력 평가 수준으로 하루 1달러로 잡느냐 2달러로 잡느냐에 따라 연구 결과가 좌우되는 경우가 많았다. 물질적 척도 이외에 건강과 교육을 고려할 때 결과는 더욱 모호해진다. 불평등의 경우에도 지니 계수 같은 '상대적' 지표 외에 '절대적' 지표, 즉 빈자와 부자 간 소득의 절대액 차이를 사용하면 훨씬 부정적인 결과가 나온다. 또한 결과에 관계없이 세계화 '과정'이 정치적으로 독점되는 경우 형평성에 어긋난다고 판단하는 연구가 많다는 것이다[Aisbett(2005)]. 이를 실증 연구 종합과 정책 함의에 포함시키는 일은 마지막 절로 미룬다.

자본 계정 자유화를 저개발국에도 강력히 권고하는 입장에서는 자본 통제 실시국과 자본 자유화국 간의 비교, 같은 나라일 때에도 자본 자유화 이전과 이후의 비교를 통해 자본 계정 자유화가 투자 및 성장에 긍정적인 영향을 주었음을 입증하고자 하였다. 물론 통화 위기의 위험에 대처하기 위해 자유화의 구성 부문에 따른 속도 조절을 같이 주장하고 있다. 이 문제에 관해서는 다음 절에서 논의하기로 하고, 여기서는 통제 완화 및 철폐가 실제로 경제 성장에 도움이 되었는가에 초점을 맞춘다.

이와 같은 실증 연구에는 자본 계정 자유화 또는 자본 통제의 정도를 측정하는 척도를 선택하는 일이 우선되어야 한다. 가장 많이 쓰이는 자본 계정 제한 척도는 1950년 이래 IMF가 작성, 출판하는 '외환 조정 및 외환 규제에 관한 연차보고서'(AREAER) 자료에 의거하고 있다. 이러한 규정에 따른 척도(rules-based measure) 외에 주식 시장 자유화 연도, 또한 몇 가지 수량적 척도들이 '법적인'(de jure) 분류에 의한 것이라면, 자본 이동 제한 노력의 효과에 중점을 두는 '사실적'(de facto) 인 것, 즉 자본 이동의 양이라든가 해외 자산과 부채 스톡 등이 있다. 〈표 9-2〉는 이들 다양한 척도를 정리한 것이다[Edison et al.(2002)]. 자본 자유화와 성장의 관계 연구 결과가 다양하게 나타나는 것은 자본 통제 척도의 선택을 비롯하여 어떤 나라들을 몇 개국이나 어느 시기 몇 년간에 걸쳐 분석했느냐에 달렸을 것이다.

이 절의 첫 문단에서 이야기했듯이 금융 세계화가 성장에 기여하는 경로는 다양한데, 자본 유입국의 입장에서 이를 다시 정리한다면 직접적으로는 국내 저축을 높이고, 자본 비용을 절감하고, 기술 이전을 촉진하며, 국내 금융 발전을 돕는다. 간접적으로는 위험 관리를 통해 생산 특화를 추진하고, 시장 규율과 경쟁 압력의 결과 거시 정책과 제도를 개선한다는 등이다. 그러나 1990년대부터 최근까지 출간된 국가 간 횡단면 분석을 검토한 결과, 즉 국가 수로는 20개국부터 117개 국까지, 분석 연도는 1950-1989년부터 1980-2000년까지를 대상으로 한

표 9-2 자본 이동 규제 척도 요약

이름	출처	내용	변화 범위	연도	적용 국가 수
1. IMF	IMF AREAER, line E2, 매년호	국경을 넘는 자본 이동을 제한하는 규칙의 존재 여부를 나타내는 on/off 척도	0(완전 자유)부터 1(항상 통제)까지	1967-1995년 이후 형태 변화	1976-1995 117개국부터 1986-1995 137개국까지
2. Share	IMF AREAER, line E2, 매년호	자본 계정이 자유로웠던 연도의 비중을 정하기 위해 IMF 척도 사용 1966-1995 중 아무 기간에나 적용 가능	0(완전 자유)부터 1(항상 통제)까지	1967-1995년 이후 형태 변화	1976-1995 117개국부터 1986-1995 137개국까지
3. Quinn	Quinn(1997)	자본 계정 규제에 관한 AREAER의 구술 자료에서 작성	큰 숫자는 덜 규제되고 더 개방되거나 합의에 따름. 1/2씩 0에서 4까지 증가	완전 표본 1958, 1973, 1982, 1988	63개국 중 20 선진국 43 저개발국
4. △Quinn	Quinn(1997)	Quinn 척도의 증분	자본 계정의 실제 범위 1988-1982: -10에서 2 1988-1973: -20에서 2	위와 같은 시점으로부터 작성	63개국 중 20 선진국 43 저개발국
5. OECD Share	자본 이동 자유화 기호집	11개 범주 중 규제되지 않은 비중을 해당 기간에 평균	0(항상 통제)부터 1(완전 자유)까지	1986, 1988, 1990, 1993, 1995	21 OECD 가맹국
6. MR	Montiel & Reinhart(1999)	자본 계정 규제 강도의 척도	0(자유) 1(온만한 규제) 2(강력한 규제)	1990-1996 매년	15개 신흥 시장

표 9-2 계속

이름	출처	내용	변화 범위	연도	적용 국가 수
7. Levine/ Zevos and Henry	Levine & Zervos(1998) and Henry(2000a, b)	신흥 시장의 주식 시장 자유화 시점	사건 연구에는 0/1 더미로 작성 또는 횡단면 분석에는 자유화 이후 연도의 비중	May 86 -Dec. 91	11개 신흥 시장
8. BHL	Bekaert, Harvey & Lundblad(2001)	신흥 시장과 선진 경제의 주식 시장 자유화 시점	사건 연구에는 0/1 더미로 작성 또는 횡단면 분석에는 자유화 이후 연도의 비중	1980-1997	95개국 중 43개국은 금융 자유화 경험 있음(25 신흥 시장, 18 OECD).
9. EW	Edison & Warnock(2001)	1-(IFC 투자 가능 지수/IFC 세계화 지수)	0과 1 사이에서 작성	1988-현재	29개 신흥 시장
10. FH	Feldstein & Horioka(1980)	저축률에 회귀한 투자율을 회귀 계수	0(완전 자유)에서 1(통제)까지		
11. Capflows	Kraay(1998)	실제 자본 이동에 기반을 둔 척도	GDP에 대한 %로 작성		국제 수지 통계가 있는 모든 나라
12. Capstocks	Lane & Milesi-Ferretti (2002)	총자본 이동의 축적된 스톡에 기반을 둔 척도	GDP에 대한 %로 작성	1970-1998	70개국 선진국 및 저개발국 포함함

자료: Edison et al. (2002).

14개의 연구 결과는 뚜렷하게 긍정적이지 않다. 3개 연구에서 양의 상관관계가 찾아졌는가 하면, 7개 연구에서는 전혀 효과가 없다는 결과가 나왔고, 4개 연구는 불분명하다고 결론짓고 있다[Prasad et al.(2004, ch. 3)]. 성장 효과가 이럴진대 불안정성이나 금융 위기의 위험을 생각한다면 자본 계정 자유화보다 오히려 자본 통제를 권고해야 하는 실망적인 자료 아닌가?

자본 유입의 형태를 고려하면, 즉 FDI, 포트폴리오 주식, 채권, 장기 및 단기 은행 신용, 공적 차관으로 나누어 분석한 5개의 연구 결과는 FDI가 OECD국뿐 아니라 저개발국에서도 국내 투자, 그리고 성장과 일관되게 정상관관계에 있음을 보여주었다[Prasad et al.(2004, Appendix I)]. FDI 연구의 대가인 립시[Lipsey(2002)]의 실증 문헌 개관에 의하면, FDI는 양 당사국에 모두 이로운 방향으로 연구 결과가 나오고 있다. 자본 유입국의 입장에서는 외국 기업이 내국인 소유 기업보다 거의 항상 높은 임금을 지불하며 전반적인 임금 수준 상승에 기여한다. 외국 기업이 일반적으로 생산성이 높으나 국내 기업으로 생산성 이전이 관찰되는지는 불확실하며 이것은 자본 유입국의 정책과 환경, 기존 기술 수준에 따라 달라진다. 일반적인 성장 효과도 마찬가지이다. FDI 도입이 수출 성장과 연쇄 효과를 갖는 것은 불분명하며, 일정 정도로 원자재나 식품 수출국에서 제조업 내지 고기술품 수출국으로 전환하는 데 기여했다. 충격의 상당 부분은 표준적 생산성 추계에서는 누락되는 세계 시장에 대한 지식의 전파나 세계적 생산 네트워크에 동참하는 방법의 습득 같은 형태에서 온다고 한다.[4]

---

4 〈표 9-1〉에서 보는 바와 같이 FDI의 중요성은 증가일로에 있다. 참고로 미국은 아직 자본의 순수입국이었던 19세기 말에 해외 직접 투자자로서의 역할을 시작하였다. 그 후 1960년대

자본 계정 자유화의 성장 효과가 거시적 횡단면 분석에 일관적으로 나타나지 않은 것을 심각하게 받아들이지 않는 연구도 있다. 자유화 혹은 규제 척도 선택이나 기타 기법상 문제를 극복하기 위해 표준적인 내생적 성장 모형에 4개의 다른 자본 자유화 또는 주식 시장 자유화 척도를 각각 집어넣어 최소 자승법과 도구 변수법을 이용, 8개의 방정식을 추정한 결과와 감응도 분석은 상당히 고무적이었다 [Edison et al.(2002, III)].[5] 또한 자본 계정 자유화와 성장의 상관관계가 거시적 횡단면 분석에서 입증되지 않더라도 이것이 곧 자본 통제의 우월성을 의미하는 것은 아니다. 다른 종류의 자본 이동마다(예를 들어, FDI) 다른 효과가 나올 것을 예상해야 하며 자유화의 순서와 정도를 정할 필요가 있을 것이다. 또한 각국의 제도와 기업 지배 구조에 따라 규제의 효과가 다를 것을 생각해야 한다. 또한 규제의 역치 효과는 아마도 비선형으로 작용할지 모른다. 그리고 다음 절에서 다시 다루겠지만 자본 통제에도 고유한 비용이 따르기 마련이다. 자본 계정 자유화의 거시적 효과에 부가적인 미시적 장점이 있는데, 이러한 이점을 전부 잃게 된다는 것이다.

4. 국제 자본 시장의 공과 II: 불안정성과 위기

이론상으로 자본 시장 통합은 금융 다각화와 위험 분산을 통해

에 전 세계 FDI 스톡의 약 절반 정도를 차지할 만큼 선도적 FDI 공급자로 성장하였다. 유럽과 일본이 주요 공급자로 참여하여 20세기 말 미국의 비중은 4분의 1 이하로 줄어들었다. 현재 미국은 FDI의 주요 유입국으로서 1997년부터는 순유입국으로 변신하였다 [Lipsey(2001)].

5 Prasad et al.(2004)는 그들의 Table 3 최근의 연구 요약에서 Edison et al.(2002)의 결론을 불분명(mixed)한 것으로 인용했다.

산출 및 특히 소비의 불안정성을 완화하는 기능을 갖는다. 그러나 실제로는 1990년대 산출 증가의 불안정성이 이전 30년간에 비해 평균적으로 감소하였음에도 불구하고 소득 증가의 불안정에 비한 소비 증가의 불안정성은 오히려 커졌다. 신흥 시장의 경우 금융 세계화가 급속도로 진전된 1990년대에 국제 자본 시장에서의 친순환적 접근성이 소비의 상대적 안정성에 악영향을 미쳤던 것이다. 이곳에서도 역치 효과가 작용했음을 의미하는 것으로서, 금융 통합의 초기 단계에는 추가적 통합이 소비 수준의 상대적 불안정을 수반하다가 금융 통합 수준이 역치를 넘어선 이후에 상관관계의 방향이 바뀌었다는 것이다. 다시 말하여, 금융 개방도가 충분히 높은 경제에서 상대적 소비 불안정성이 감소하기 시작한다. 국제 금융 통합이 국내 금융 부문 발달을 촉진하기 때문이다. 그러나 불행히도 자본 시장 통합의 이와 같은 이점은 주로 선진국에만 해당되는 듯 보인다.

이런 의미에서 저개발국의 금융 위기 및 통화 위기 빈발은 금융 세계화의 '성장적 고통'이라고 표현되기도 한다. 이 고통은 다양한 형태를 띠는데, 국제 투자가들의 충동적 행위 및 투기적 공략, 경제의 근간과는 관계없는 전염성 전파, 재정 적자 및 외채 누적 등 정책 당국의 근시안적 조치를 포함한다.

다시 말하여, 금융 위기를 불안정성의 특수 경우로서 고찰할 필요가 있다는 것이다. 자본 시장 통합은 금융 위기의 빈도와 강도, 전염성에 영향을 미친다. 금융 세계화의 1차 물결에서는 통화 위기가 더 오래 지속되었으며 이것은 금융 시장과 금융 제도가 미성숙한 상황이었기 때문인 것으로 보인다. 1970년대 후반 이후에는 위기가 종종 통화 및 은행의 동시 위기(twin crisis)의 형태를 띠었다. 그러나 위기의 강도는 낮았다. 즉, 실물 생산 손실이 심하지 않고 회복도 빨랐다. 자본의 높은 이동성은 소규모 경제에 항상 불리하였다. 이것은 자본 이동이 소규모 경제의 거시 정책 수행 범위를 불비례적으로 더 제한하기 때문이다[Eichengreen and Bordo(2002)]. 금융 제도가 미성숙한 소규모 경제일수록 소위 트릴레마(trilemma), 즉 자유로운 자본 이동, 안정적 환율, 독립적인 통화 정책 수행 세 가지를 동시에 구가할 수 없다는 수렁에서 빠져나오기 힘들고 자본 시장의 통합에 직면했을 경우 과감히 자유로운 변동 환율을 택할 여지가 없다.

자본 계정 자유화와 산출 및 소비 불안정성과의 상관을 분석한 최근 실증 연구의 절반 가량은 통계적으로 유의한 관계를 찾지 못하였다. 양의 관계, 음의 관계를 보고한 연구가 각각 하나씩이었으며 여러 연구들이 선진국, 예를 들어 OECD 국가에서는 역관계, 저개발국에서는 정상관관계를 보고하고 있다[Prasad et al.(2004, ch. 4)].

자본 계정 자유화가 이론적으로 예상된 성장 및 안정성의 잠재력을 발휘했다는 실증적 증거가 거시적 횡단면 분석에, 특히 저개발국에서 안 나타나는 것은 어떤 연유인가? 아마도 부분적으로는 자료 및 기법상의 문제일 터이고 부분적으로는 저개발국이 갖는 금융적 취약성을 반영한 결과일 것이다. 금융 재정 제도의 신뢰성 문제, 정책 당국의 행정 능력 부족, 금융 시장의 미발달, 자국 화폐 차입의 불가 등등이 그것이다. 그러면 자유화를 미루고 자본 통제에 안주하는 대안에는 비용이 없는가? 이하에서는 금융 규제의 미시적 문제점을 살펴봄으로써 적절한 대안을 모색해보자.

2절의 말미에서 언급했듯이 오늘날 자본 이동의 대부분은 선진국 간에 이루어지고 있으며, 저개발국으로 유입이 되지 않고 거꾸로 신흥 시장에서 선진국 쪽으로 자본이 유출되고 있다. 국제 자본이 투자 자금을 공급하고 기술 이전을 수반하며 경쟁력을 높이는 이점이 있음에도 불구하고 자본 부족국인 후진 경제를 외면하는 까닭으로는 자본 통제가 없을 경우에도, ① 재산권 이행의 불비, ② 비공식적 행정 장벽(부패, 투명성 결여, 유능한 전문 관료의 부족 등), ③ 인적 자본의 저 수준, ④ 채무 불이행의 역사와 높은 신용 위험 등을 들 수 있다. 또한 자본 통제를 완화하면 국제적 위험 분산 효과로 인해 수익률의 안정성을 확보하고 자본 비용을 줄일 수 있을 것이다.

미시적인, 즉 기업 수준의 실증 분석에 따르면 여러 나라를 대상으로 할 때 상장 회사가 외국인 소유를 허용할 경우 주가 상승, 자본 비용 하락 등의 결과를 보이고 있다.[6] 국별 연구에서도 긍정적인 예를 찾을 수 있다. 칠레의 자본유입세(encaje) 부과 기간 중(1991-1998) 금융 세계화의 혜택을 많이 받던 상장 소기업들의 투자 활동이 위축되었다[Forbes(2004)].

자본 통제는 시장 규율을 해쳐 자본의 효율적 배분을 방해하고 주식 가격을 왜곡한다. 이 부분에도 미시적 실증 연구가 많으나 말레이시아 금융 위기의 예를 들어보자. 바그와티[Bhagwati(2004, ch. 13)]는 '투자 은행–재무부 복합체'(Wall Street-Treasury complex)가 외국의 자본 시장 개방을 강요하여 단기 자본이 급속도로 이동함으로써 1997년 아시아 5개국의 외환 위기를 야기했다며, 말레이시아의 경우 IMF의 긴축 정책 권고를 받아들이지 않고 대신 자본 통제를 실시하여 금융 위기가 실물 경제 침체로 확산되는 것을 막을 수 있었다고 설명한다.[7]

---

6 FDI의 경우 거시적 분석의 결과도 긍정적이었음을 상기하라.
7 이 주장은 Kaplan and Rodrik(2001)을 원용한 것이다.

그러나 당시 주가를 분석한 한 연구는 위기의 초기(1997. 7-1998. 8) 동안 정치와 유착되었던 기업들의 주가가 폭락한 반면, 자본 통제 실시 (1998. 9) 이후 같은 기업들의 주가만 오른 것을 밝혀내어 자본 통제가 주식 시장의 효율을 떨어뜨린 사례로 평가하고 있다[Johnson and Mitton(2003)]. 더 나아가 기업 특수적 변화분(firm-specific variation)[8]이 신흥 시장에서도 금융 세계화와 함께 커지는 현상이 관찰되었으며, 말레이시아의 자본 통제 시에 이 부분이 하락하였음이 드러나 자본 통제의 비용이 자산 시장 효율 하락의 형태로 나타났음이 확인되었다[Li et al.(2004)].

이에 부가하여 자본 통제를 회피 내지 우회하려는 개인과 기업들의 경제 행위 변화, 이를 강제하려는 행정 비용의 증가 등이 추가로 지적되었다. 한 마디로 자본 통제는 결코 '무료 점심'(free lunch)이 아님이 강조되고 있다[Forbes(2004)]. 따라서 자본 계정 자유화를 무작정 지연하거나 이미 자유화된 자본 시장을 다시 규제하는 정책은 일시적 미봉책은 될 수 있을지언정 장기간에 걸친 분별 있는 조치는 되지 못한다는 것이다.

이하는 저개발국이나 신흥 시장에 대한 아이켄그린[Eichengreen (2004a, ch. 11)]의 처방이다. ① 금융 시장이 자유화되거나 통제가 해제된 이후에 자본 계정을 개방할 것, ② FDI를 먼저 자유화할 것, ③ 다음에 주식 시장과 채권 시장을 자유화할 것, ④ 은행 차입은 맨 마지막에 자유화할 것,[9] ⑤ 자본 계정을 관리할 때 친시장적 도구에 의존할 것, ⑥ 국내 제도와 정책을 자본 계정 체제(capital account regime)에 정

---

8 즉, 공조 변동(comovement)을 뺀 것으로 주식 시장 효율성의 한 척도이다.
9 한국의 금융 위기에서 얻을 수 있는 교훈이라고 흔히들 이야기한다.

렬시킬 것,[10] ⑦ 국제 협력이 따르면 더 좋다.[11]

5. 요약, 전망과 과제

이제 트릴레마의 입장에서 요약하고 전망과 과제에 연결시켜 보자. 국제 자본 이동은 1880-1913년 기간에 절정을 이룬다. 영국의 자본 수출은 평균 GDP의 5%에 이르렀고, 주요 채권국인 프랑스와 독일의 자본 수출은 영국 수준의 절반 정도에 달했다. 자본 유입은 주로 SOC 투자로서 캐나다의 3분의 1, 호주와 뉴질랜드의 4분의 1을 담당했다. 고전적 금본위 기간 동안 트릴레마 중에 독자적인 통화 정책을 희생하는 합의가 있은 듯 보인다.

트릴레마 중에 자본 이동을 희생해온 브레튼우즈 기간이 끝나고 고정 환율을 포기하자 1970년대부터 다시 금융 세계화가 가속되었다. 자본 계정 규제는 완화 내지 철폐되었다. 1990년대가 되어 국제 자본 이동은 더욱 광범위하게 심화되었으며 오늘날 금융 세계화의 의미는 그 어느 때보다 심장해졌다. 자본 이동이 제조업과 서비스 쪽으로 다양화되었고, 자본 수입국의 경우 19세기처럼 주로 이미 상당히 부유한 나라이거나 자본 수출국과 문화 및 제도를 공유한 신정착지일 필요가 없어졌다. 최대의 자본 수입국이 중국 아닌가?[12] 이동 자본의 구성도 주로 채권에서 차츰 주식 투자와 FDI 쪽으로 바뀌었는데, 이

---

10 이것은 외환 정책에서는 adjustable peg, crawling peg, wider band, target zones 등을 포기하고 고정이나 변동의 극단 쪽으로 방향을 선택하라는 뜻이다.

11 그러나 이것은 선진국들이 도와주어야 한다는 의미가 아닌가? 결국 세계화의 거버넌스 문제로 돌아온다[양동휴(2012, pp. 24-26)].

12 이 장의 초고를 집필할 때의 상황이고 이 책이 나올 때 쯤에는 중국이 최대의 자본 수출국임에 틀림없다.

것은 공기업의 민영화, 정보 통신 기술의 발달(주주의 모니터링이 쉬워짐), 그리고 기관 투자자들의 성장을 반영하는 것이다.

금융 세계화는 자본 비용을 절감하고 기술 이전을 촉진하며 국내 금융 발전을 돕는다. 또한 금융 다각화와 위험 분산을 가능하게 하며 시장 규율과 경쟁 압력의 결과 거시 정책과 제도를 개선한다. 그리고 국제 자본 시장을 세계적 수준에서 저축을 가장 생산적인 용도에 효율적으로 배분한다. 자본 시장 통합이 궁극적으로 세계 각국의 성장과 안정에 기여할 것이라는 이론적 설명들이다. 그러나 자본 계정 자유화와 성장, 자본 계정 자유화와 산출 및 소비의 안정성 간의 상관관계를 밝히려는 실증 분석의 결과는 그다지 고무적이지 못하다. 금융 발달의 정도가 낮은 저개발국의 경우, 특히 이런 경향이 두드러지는데 이것은 부분적으로는 거시적 횡단면 분석의 자료 및 기법의 한계에 기인했을 수도 있지만 금융 세계화의 이득을 누리기 위해서는 상당한 정도로 제도적·정책적 금융 발달이 선행되어야 한다는 역치(threshold) 효과가 작용한 때문일 것이다.

자본 이동이 선진국 간에 주로 이루어지고 저개발국으로 유입되지 않는 요즈음의 현상이 이와 관련된다. 이는 금융 재정 제도의 신뢰성 부족, 정책 당국의 행정 미숙, 금융 시장의 미발달 등 저개발국의 취약성을 의미하는데, 여기서 자본 통제의 필요성이 대두한다. 그러나 자본 통제도 여러 가지 비용, 즉 자본 비용의 상승, 시장 규율의 결여에 따른 자본의 효율적 배분 저해 등을 초래하며, 집행 비용도 만만치 않다. 따라서 자본 통제는 임시적, 선별적으로 실시하고 단계적으로 완화하는 방법이 바람직하다.

브레튼우즈 체제가 붕괴된 이후에도 달러의 영향력이 유지되고 있다. 주변부 국가들이 수출 경쟁력을 위해, 또한 보유 달러 자산 가치 하락을 방지하기 위해 달러 표시 자산을 계속 구입하기 때문이다. 이 자체가 한 형태의 자본 이동이지만 이와 같은 해외 자산 보유 형태가 영속적일 수는 없다.

위와 같이 요약될 수 있는 국제 자본 이동 및 국제 자본 시장 통합의 전망은 어떠한가? 금융 세계화의 압력은 매우 강력하여 거의 불가항력적이다. 심지어 재화 용역 시장과의 관련을 초월하는 듯하다. 실증 분석 결과 여하를 막론하고 선진 각국과 IMF의 믿음은 돈독하다.[13]

정보 통신 기술의 진보로 인해 국제 금융 시장으로부터 국내 경제를 단절시키기 위한 자본 통제는 효과적으로 실행하기가 극도로 어려워지고 있다. 이러한 통제의 문이 아직은 열려 있지만 이를 총체적으로 시행하려는 의도와 능력이 있어야만 가능하다. 총체적 자본 통제는 국내 자본 시장 발달의 포기이며 금융 압박이다. 더욱이, 제3세계에 민주화가 전파되면서 시민의 금융 행동을 억압하는 엄격한 규제는 대중의 저항을 불러일으킬 것이다.

제도와 정책 환경이 열악한 금융 저개발국이 이와 같은 세계화 물결에 대응할 방향을 4절 말미에 소개하였다. 미국경제학회의 엘리(Ely) 강연에서 피셔[Fischer(2003, p. 14)]가 주장한 대로 시기와 순서를 적

---

13 스툴츠[Stulz(2005)]에 의하면 '쌍둥이 대리인 문제'(twin agency problems) 때문에 금융 세계화의 영향력에 한계가 있다고 한다. 이것은 위정자들과 기업 내부자들이 외부 투자자들과 경쟁적으로 자기 이익만 추구하기 때문에 발생한다. 이 문제가 커지면 소유 분산이 비효율적이 되고, 기업 내부자들은 다량의 주식을 확보하여 외부 투자자들과 공동 투자(co-invest)를 행하게 된다. 이 결과로 생긴 소유 집중은 경제 성장과 금융 발전을 제한하며, 국가가 금융 세계화로부터 이득을 얻기 힘들게 한다. 공동 투자가 위험 분산이나 자본의 효율적 배분을 저해하기 때문이다. 이것은 4절에서 언급한 정경유착을 새로운 방식으로 접근한 것처럼 보인다.

절히 조정해가며 세계화된 자본 시장에 통합되는 편('well-phased and well sequenced integration into the global capital market')이 엄격한 자본 통제보다 득이 된다는 설이 지배적이다. 실물 부문을 포함한 제도 및 정책 환경 개선 노력이 기본적으로 필요하며 금융 세계화로 인해 직접적 불이익을 받는 계층, 특히 빈곤층을 위해 적절한 사회 안전망을 구축해야 함은 물론이다.

참고 문헌

양동휴(2012), 『세계화의 역사적 조망』, 개정판, 서울대학교 출판문
화원.

Aisbett, Emma(2005), "Why Are the Critics So Convinced That
Globalization Is Bad for the Poor?" NBER Working Paper, 11066,
January.

Alfaro, Laura, Sebnem Kalemil-Ozcan and Vadym Volosovych(2004),
"Capital Flows in a Globalized World: The Role of Policies and
Institutions," paper presented at the NBER Conference on
International Capital Flows, Santa Barbara, December 17-18.

Bhagwati, Jagdish(2004), In Defense of Globalization, Oxford University
Press.

Bordo, Michael, Barry Eichengreen and Douglas Irwin(1999), "Is
Globalization Today Really Different from Globalization a Hundred
Years Ago?" Brookings Trade Policy Forum, pp. 1-73.

Dooley, Michael P., David Folkerts-Landau and Peter Garber(2003), "An
Essay on the Revived Bretton Woods System," NBER Working
Paper, 9971, September.

Economist(2005), "You Need Us and We Need You," The Economist
Global Agenda, April 6〈http://economist.com/agenda/
PrinterFriendly.cfm?Story_ID=3834261〉.

Edison, Hali J., Michael W. Klein, Luca Ricci and Torsten Sloek(2002),

"Capital Account Liberalization and Economic Performance: Survey and Synthesis," NBER Working Paper, 9100, August.

Eichengreen, Barry(1996), *Globalizing Capital: A History of the International Monetary System*, Princeton: Princeton University Press.

_____(2004a), *Capital Flows and Crises*, Cambridge: MIT Press.

_____(2004b), "Global Imbalances and the Lessons of Bretton Woods," NBER Working Paper, 10497, May.

_____(2005), "Sterling's Past, Dollar's Future: Historical Perspectives on Reserve Currency Competition," NBER Working Paper, 11336, May.

Eichengreen, Barry and Michael D. Bordo(2002), "Crises Now and Then: What Lessons from the Last Era of Financial Globalization?" NBER Working Paper, 8716, January.

Fischer, Stanley(2003), "Globalization and Its Challenges," *American Economic Review*, 93, May, pp. 1-30.

Forbes, Kristin J.(2004), "The Microeconomic Evidence on Capital Controls: No Free Lunch," paper presented the NBER Conference on International Capital Flows, Santa Barbara, December 17-18.

Harrison, Ann(2005), "Introduction," in Ann Harrison, ed., *Globalization and Poverty*, University of Chicago Press.

IMF, *International Financial Statistics*, yearly.

Johnson, Simon and Todd Mitton(2003), "Cronyism and Capital Controls: Evidence from Malaysia," *Journal of Financial Economics*, 67, pp. 351-382.

Kaplan, Ethan and Dani Rodrik(2001), "Did Malaysian Capital Control Work?," NBER Working Paper, 8142, February.

Li, Kan, Randall Morck, Fan Yang and Bernard Yeung(2004), "Firm-specific Variation and Openness in Emerging Markets," *Review of Economics and Statistics*, 86, August, pp. 658-669.

Lipsey, Robert E.(2001), "Foreign Direct Investment and the Operations of Multinational Firms: Concepts, History, and Data," NBER Working Paper, 8665, December.

_____(2002), "Home and Host Country Effects of FDI," NBER Working Paper, 9293, October.

Lucas, Robert E., Jr.(1990), "Why Doesn't Capital Flow from Rich to Poor Countries?" *American Economic Review Papers and Proceedings*, 90, pp. 92-96.

Obstfeld, Maurice and Kenneth Rogoff(2004), "The Unsustainable U.S. Current Account Position Revised," NBER Working Paper, 10869, October.

Obstfeld, Maurice and Alan M. Taylor(2004), *Global Capital Markets: Integration, Crisis, and Growth*, Cambridge: Cambridge University Press.

O'Rourke, Kevin and Jeffrey Williamson(1999), *Globalization and History*, MIT Press.

Prasad, E., K. Rogoff, S. J. Wei and M. A. Kose(2004), "Financial Globalization, Growth and Volatility in Developing Countries," paper presented the NBER Conference on Globalization and

Poverty, September 10-12.

Reinhart, Carmen M. and Kenneth S. Rogoff(2004), "Serial Default and the 'Paradox' of Rich to Poor Capital Flows," *American Economic Review Papers and Proceedings*, 94, May, pp. 52-58.

Reinhart, Carmen M., Kenneth S. Rogoff and Miguel A. Savastano(2003), "Debt Intolerance," *Brookings Papers on Economic Activity*, 1, Spring, pp. 1-74.

Stulz, Ren M.(2005), "The Limits of Financial Globalization," NBER Working Paper, 11070, January.

World Bank(2005), *Global Development Finance*.

1장「화폐금융사의 연구동향」,『경제논집』, 서울대학교 경제연구소, 54권 1호(2015. 6), pp. 321-351.

2장「16세기 영국 가격혁명의 재조명」,『경제논집』 53권 2호(2014. 12), pp. 125-152.

3장「금본위제의 성립은 역사적 진화인가: 복본위제 단상」,『경제논집』 51권 1호(2012. 6), pp. 39-65.

4장「16-19세기 귀금속의 이동과 동아시아 화폐제도의 변화」,『경제사학』, 경제사학회, 54호(2013. 6), pp. 131-166.

5장「트리핀 딜레마와 글로벌 불균형의 역사적 조망」,『경제논집』 50권 1호(2011. 3), pp. 1-29.

6장「1930년대 세계대공황과 2008년 위기」,『금융경제연구』 407호(2009. 11), 한국은행 금융경제연구원, pp. 1-43.

7장「2007-2009년 국제 금융위기의 역사적 조망」,『경제발전연구』, 한국경제발전학회, 15권 2호(2009. 12), pp. 8-46.

8장「재정국가의 역사와 유로존 부채위기」,『경제논집』 51권 2호(2012. 12), pp. 379-410.

9장「금융 세계화와 국제 자본 이동: 역사적 경험적 개관」,『경제논집』 44권 3·4호(2005. 12), pp. 365-386.

찾아보기